Autor Wolf Arenberg
Nach den Aufzeichnungen
und
Erzählungen von Ullrich Berger
Verdammt zwischen
Halbmond und Kreuz

Das Leben eines Geschäftsmannes, Technikers und Abenteurers in der ganzen Welt. Das Leben des Ullrich Berger, eine Story ein Leben ein Mann. Abenteuer, Liebe, Arbeit im wirklichem erleben des Lebens. Das Abenteuer Leben in der ganzen Welt. Spannung von der ersten bis zur letzten Seite. Es ist erstaunlich was ein einziges Leben alles geben nehmen und bringen kann wenn man es lebt so wie Ullrich Berger. Zu dieser Kurzbeschreibung gibt es 13 Bücher a ca. 500 Seiten mit den ausführlichen Abenteuern die wirklich gelebt wurden von einem Mann. Abenteuer die ich Wolf Arenberg aus den Tagebüchern dieses Mannes geschrieben habe und zum Leben verholfen habe. Eine Romanartige Story die auf waren Gegebenheiten beruht. Hier auf 610 Seiten Auszüge aus seinem kompletten Leben von Ullrich Berger seit 1942 – 2015. Lesen sie seine Lebensgeschichte.

Ich Ullrich Berger bin geboren am 19.09.42 In der Schwanenstraße 4. Später sind wir dann umgezogen in die alten Militärwohnungen an den Rand der Stadt, gegenüber einer Brauerei. Hier setzen meine Erinnerungen an meine Kindheit ein. Bei der Brauerei mit dem schönsten und dem besten und herrlichsten Biergarten in unserer Nachbarschaft unter den Riesigen Kastanien der mein Spielplatz war. Diese Bilder und folgende Ereignisse habe ich seit Beginn meines zweiten Lebens Jahres gespeichert. Bilder von meiner Heimat die 60 Jahre nur Bilder geblieben sind. In meiner Erinnerung gespeichert wurden bis ich die Wahre Heimat endlich gefunden habe. Meine Heimat habe ich so als Kind erlebt, aber ohne die Namen der Straßen, der beiden Flüsse. des Ortes, des Landes und den Namen der Stadt zu kennen. Dies habe ich leider erst als fast 60 jähriger in Erfahrung gebracht. Alles Bedingt durch die Wirren und Verwirrungen in der Nachkriegszeit ist es mir wie Millionen anderen verwehrt meine Heimat und meinen richtigen Vater kennen zu lernen. Ich konnte mich an alle Gegebenheiten dieses Ortes immer erinnern sie sind fest eingeschlossen in meinem Herzen, aber der Ort, das Land, die Stadt, mein Vater, blieben mir verschlossen bis ins hohe Alter. Nur eine leise Ahnung davon war da, ich ahnte, dass etwas an den Aussagen der Familie nicht stimmen kann. Aber meine Papiere die ich mit 18 Jahren erhalten habe sagen etwas völlig anderes über meine Heimat aus wie ich. Diese in meinem Kopf und in meinem Herzen habe. Da war etwas in mir von meinem jungen Leben in meinen Gedanken und Gefühlen gespeichert. Etwas was anders ist als es meine Papiere aussagen. Erinnerungen an meine Kindheit, an das mir Lange unbekannte Land und meine Geburtsstadt. War dies wirklich Schlesien, heute Polen?.

Ich wohnte nach dem Umzug in die Militärwohnungen innerhalb des Ortes mit meiner Mutter und den beiden Schwestern in der Zweiten Etage mit Balkon. Mit dem Blick auf die nahen Berge die den ganzen Ort umringen. Ich hatte immer den frischen Duft des Grases des Heus der nahen Wiesen in der Nase. Auch noch nach dem mich der Zug längst in eine fremde Welt gebracht hat. Sind diese Wiesen mit ihrem herrlichen Duft und die Berge lange meine einzigen Erinnerungen an das was man Heimat nennt. Dazu Gehörte auch der Duft und die Erinnerung an die vielen Schafe und Ziegen auf dieser Wiese. Die dann von denen auf der Wiese lagernden Engländer vertrieben wurden. Die mit ihren Kettenfahrzeugen und LKW,s dort lange campierten. Uns von unserem Hunger befreiten und uns die ersten Süßigkeiten unseres Lebens brachten. Sie brachten viel Leben auf diese Wiese unter meinem Balkon und viel Leben in die Stadt. Sie verbreiteten mit ihren Zelten und Feldküchen den Geruch von mir völlig fremden Lebensmitteln, Zigaretten und Motorengerüchen. Ein wunderbares Gemisch von Geruch eines anderen Lebens. Dazu das flimmern der verbrennenden Benzindämpfe und dessen himmlischer unbekannten Duft. Der Duft der Abgase der Motoren der Geruch von Benzin, den ich lernte zu lieben. Der Duft der oft alle anderen Gerüche verdeckte, für mich waren dies die Traumhaftesten Düfte der Welt. Düfte die mich angezogen haben, wie ein Magnet. Ich brauchte nur durch den Garten zu gehen und schon war ich in diesem Paradies der Düfte und der schönsten Leckereien. Was wichtiger für mich war, die ersten tollen Gespräche mit Männern die etwas erlebt haben, die etwas zu erzählen haben. Leider gab es zu dieser Zeit von meinem Vater noch keine Spur, so waren mir die dort lagernden Engländer sehr angenehm und ein Ersatz für den fehlenden Vater.

Später, zogen die Soldaten zu meinem leid wesen leider ab, in die festen Kasernen im Ort, in denen auch mein vermisster Vater Offizier gewesen ist und nun vermisst wird. Vermisst auf den Schlachtfeldern des Ostens von Europa. Meine Mutter sagte immer dein Vater ist vor Stalingrad, geblieben, er ist als vermisst gemeldet. Viele kleine Erinnerungen blieben und konnten nicht ausgelöscht werden. Die zwei Flüsse deren Namen. Ich erst später wieder entdeckte als ich meine vergessene und verlorene Heimat wieder fand. Die große ruhige Drau und die wilde Liesa die sich donnernd und mit viel Lärm und Getöse ihren Weg aus den Bergen in die Drau bahnt. Oft stand ich Zwerg am Geländer dieser Brücke und bewunderte die geballte Kraft der Natur. Ich habe nach dem Abzug der Engländer von meiner Wiese oft mit dem dann dort weidenden Bock der Schafsherde gekämpft. Der Kampf endete immer damit. Das meine Nase fürchterlich blutete und der Bock immer der Sieger blieb. Aber ich habe zum Unverständnis meiner Mutter niemals aufgegeben und nicht locker gelassen. Der Bock mochte es nicht wenn ich mit seinen jungen Kitzen spielte. Ich hielt mich dann oft an den Hörnern des Bocks fest, der mich dann über die ganze Wiese schleifte. Meine Mutter schickte mich oft mit der Alu Milchkanne zum nahen Milchgeschäft. Ich habe dort Milch geholt und das Geld manchmal in der Kanne vergessen und konnte dann nicht bezahlen wenn der Milchmann die Milch auf mein Geld geschüttet hat. Das wurde dann immer für den Kaufmann und mich kompliziert. Vor diesem kleinen Milchgeschäft steht ein gewaltiger Pflaumenbaum dessen Verlockungen ich nicht wiederstehen konnte. Es fehlten einige Latten im Zaun, was ich natürlich immer ausnutzte. Da der Milchmann nicht mehr alle Latten am Zaun hatte, war das stibitzen der so verlockend rufenden Pflaumen leicht für mich.

Aber mit einer der fehlenden Latten vom Zaun bekam ich dann so manch einen Schlag ins Kreuz. Des Öfteren blieb meine Milch dabei auf der Strecke und ich hatte wieder Probleme mit häuslicher Gewalt. Genau so wurde es dann immer bitter für mich wenn mich die Dame mit ihre Nähmaschine unter uns ärgerte. Wenn sie stundenlang ihre uralte Nähmaschine in Betrieb nahm. Eine Nähmaschine die einen höllischen Lärm macht. Wenn sie dann einmal aufstand pinkelte ich durch die Ritzen. Des Bretterfußbodens des Balkons auf die Maschine. Einer musste die alte Kiste ja ölen. Wenn sie dann zurückgekommen ist, war auf den Balkon das Geschrei der alten immer groß. Aber ich war schon längst wieder im Garten. Konnte hören wie sie sich mit meiner Mutter stritt. ,, Gute Frau, hier ist niemand auf dem Balkon. Also kann niemand Wasser verschüttet haben, ich bin das erste Mal seit heute Morgen auf dem Balkon". ,, Aber Frau Berger hier ist alles nass und das ist kein Wasser". Ich pflückte mir dann oft schon eine schöne rote Tomate des Nachbarn und verzehrte diese dann in der Sicherheit und in der Deckung der Hecke. Danach machte ich mich dann meistens auf den Weg auf die Wiese zu meinen Freunden den Schafen und Lämmern. Bis der Bock mir wieder einmal Schwierigkeiten macht. Ich klammere mich dann fest an seinen Hörnern. Der Bock zieht mich dann quer über die Wiese bis zu seiner und meiner völligen Erschöpfung. Ich durfte nicht loslassen wenn ich es einigermaßen erträglich machen will. Oft rettete mich dann einer der Nachbarn. ,, Wie oft muss ich dir noch sagen, halte dich von den Lämmern fern. Der Bock mag das nicht!!". Dieses Mal hatte ich zum Glück nicht einmal Nasenbluten, nur weil ich den Bock nicht losgelassen habe. Aber ich sehe trotzdem grauenvoll aus, von dem Schmutz der Wiese.

Durch die mich der Bock gezogen und geschoben hat. Natürlich machte er auch keinen Bogen durch die dicke Scheiße der Schafe die überall herumliegt. Meine Mutter hatte plötzlich einen Freund, einen ehemaligen deutschen Soldaten der in englischer Gefangenschaft ist. Ein echter Kriegsgefangener, für mich ist ein Kriegsgefangener damals ein Verbrecher, ich machte immer einen Bogen um ihn. Mit den anderen Kindern und mit meiner älteren Schwester war ich auch oft im so schönen und nahen Wald. Dort habe ich dann auf der Flucht vor den bösen Waldgeistern mein Herz in den Stauden verloren. Ich trug es immer an einer dünnen Kette um den Hals. Man konnte mich über den Verlust meines Herzens kaum trösten. Auch an den Winter habe ich tolle Erinnerungen, der war bei mir zu Hause immer toll, ich bin mit dem Schlitten den Berg herunter gesaust über die damals noch wenig befahrenen Hauptstraße hinweg in den Zaun der Gärtnerei. Der Zaun war unsere Bremse, es gab keine Möglichkeit dies sonst zu tun. Es stand jeweils ein älteres Kind unten auf der Straße um notfalls die Autos zu stoppen. Wir auf dem Schlitten konnten es nicht. Es war nicht ganz ungefährlich, aber wer hatte damals schon ein Auto. Der Freund meiner Mutter der deutsche Kriegsgefangene versorgte dann auch die halbe Stadt mit Lebensmitteln, auch zur Freude und zu Gunsten der englischen Besatzer die von den Schiebereien profitierten. So zogen sich meine schönen so jungen Jahre in den Bergen dahin. Wir hatten Dank des Freundes meiner Mutter keine Not mehr zu erleiden, wir profitierten ebenfalls davon. Das der Freund meiner Mutter als Fahrer bei den Engländern beschäftigt war. Er machte meiner Meinung nach seine bösen Taten als Kriegsverbrecher jetzt wieder gut natürlich auf Kosten der Sieger. Die Zeiten der Hungersnot waren durch ihn und die Engländer für uns vorerst vorüber.

Wir saßen jetzt oft gemeinsam auf dem Balkon zum Frühstück und es war ganz angenehm, zumal ich dann auch fast immer Schokolade hatte. Dann ganz plötzlich brach eine Katastrophe über uns herein, der Freund meiner Mutter. Wurde als Kriegsgefangener entlassen und musste zurück nach Deutschland. Alle Reichsdeutschen wurden aus meiner Heimat ausgewiesen. Ich wurde von meiner Mutter und meinem werdenden Stiefvater aus meinem Land und meiner Heimat die ich fast für 60Jahre verloren habe geraubt und entführt. Stattdessen bekam ich später die Identität eines Schlesischen, polnischen Kindes aber auch ich wusste dies viele Jahrzehnte nicht besser. Die Vertreibung aus der Heimat. Flucht oder Reise quer durch Deutschland für viele Wochen im Güterwagen und in Behelfslagern. Ich erinnere mich genau an die Verladetage auf dem Bahnhof meiner Heimat. Es war ein verrücktes durcheinander auf dem Bahnhof. Mehrere Züge standen dort mit den stark qualmenden alten Dampf Lokomotiven. Sie standen auf den drei Gleissträngen die in alle Richtungen führten. In dem großen Gedränge, Gekreische, Zischen und dem Schreien habe ich meine Leute aus dem Auge verloren. Ich war völlig durcheinander, man hatte mich einfach stehen lassen. Ich stieg dann zum Glück doch in den richtigen Zug. In die Richtung nach Deutschland ein. Der Teufel war los auf diesem Bahnhof. Viele Entlassenen Kriegsgefangene Familien und Berge von Gepäck wurden auf diesem Bahnhof bewegt und vieles wurde wieder aus dem Zug hinaus geworfen, so vieles hatte keinen Platz im Zug. Mir schien es so als würde meine ganze Heimat geleert und ich wurde einfach mit hinaus gefegt.

Die Fahrt in dem alten Zug musste ich bis über die Grenze unter der Eisenbahnbank verbringen. Meine Mutter hatte eine Decke über die Bank gelegt um den Blick unter die Bank zu verdecken. Die Frauen, die Nachbarin und meine Mutter saßen bequem auf der Bank. Ich wurde dazu verdonnert bloß meine Klappe zu halten. So entging ich jeder Kontrolle. Ich schwieg unter der Bank obwohl die Luft dort nicht angenehm war. Mit der Drohung, dass mich sonst die Soldaten mitnehmen würden hielt ich mich an meine Zusage mich still zu verhalten. In Deutschland, ich hörte immer nur wir sind in Deutschland, mussten wir dann noch irgendwo auf einem Bahnhof in noch ältere Viehwagons umsteigen. Tagelang fuhren wir dann in diesen Wagons durch Deutschland. Kreuz und quer durch das Land. Mit nur kurzen Haltepunkten zum pinkeln und zum Schlürfen einer dünnen Wassersuppe. Deutschland das war damals kein Begriff für mich. Ich hörte immer nur die Namen der Stationen. Auf denen wir oft Stunden oder auch Tage standen, München, Frankfurt, Osnabrück, Münster, Rheine blieben haften. Es waren ganze 10 Tage und Nächte die wir mit 30 Personen im Stroh des Viehwagons, zwischen unserem Gepäck verbrachten.

Ich hatte als kleiner Knabe natürlich keine Ahnung davon wo wir gewohnt haben. Wo unser zu Hause war, ich kannte nur meine nähere Umgebung, ich wusste, dass dieser Ort Spittal hieß oder das Land in dem ich wohnte Österreich hieß, davon hatte ich keine Ahnung. Ich war gerade einmal vier Jahre als meine Mutter meine Entführung startete.

Die dann vorerst in Uelzen in Norddeutschland endete. Wir durften das erste Mal seit vielen Tagen aussteigen und wurden in Wellblechhütten, in Nissenhütten eingelagert. Immer bewacht von englischen oder von holländischen Soldaten. Das Gedränge und Geschiebe hörte auch hier nicht auf, auf keinem Bahnhof ist es anders. Als auf dem ersten bei der Abfahrt. In diesen Blechhütten, in denen es dann noch enger war als im Viehwagon wurde es erst richtig schlimm. Es wurde heiß und die Sonne brannte ohne Erbarmen auf das Blech der Rundhütte. Wenn man es anfasste verbrannte man sich die Finger, so heiß, so höllisch heiß wurde dieses Blech. Leicht hätte man ein Schnitzel oder Spiegeleier auf dem Wellblech braten können. Hunderte von Flüchtlingen quetschten sich wie Öl Sardinen in diese Blech Hütten. Aber ich war schon sehr froh darüber, dass man aus diesen Viehwagons und dem ständigen Geratter und Geklapper endlich heraus gekommen ist. Endlich sind wir dem ständigen Lärm der schwerstbeschädigten Wagons entkommen. Aber auch hier zermürbte alle erst einmal die Ungewissheit darüber was noch kommen kann. Diese Ungewissheit war schlimmer als die Angst darüber wo man einmal landen wird. Viele Erwachsene hockten auf ihrem wenigen Hab und Gut und weinten. Gelegentlich wurden dann die vom Hunger und Durst ausgefransten Mäuler gestopft. Man schob in sich rein was man bekommen konnte. Aber man war froh, dass man für einige Tage dem fahrenden Zug entkommen oder auch entronnen ist. Es gab einen Stillstand und endlich eine acht Wochenlange Atempause. Meine Flüsse, meine Wiese, meine Berge, mein Balkon und meine Ziegen und Schafe waren weit weg. Waren für mich nicht mehr erreichbar, das war mir nach dieser Reise klar geworden.

Wir alle sind in einer anderen uns unbekannten Welt angekommen. Entwurzelt aus der Heimat und verloren. Aber hier waren wieder englische Soldaten und holländische Soldaten. Damit auch Kaugummi, Schokolade und andere feine Sachen für uns Kinder. Mir wurde klar, dass ich auf dem größten Abenteuer Spielplatz Niedersachsens angekommen bin und war damit auch einigermaßen zufrieden. Aber der Geruch, ja penetrante Gestank in den Wellblechhütten in die fast vierhundert Menschen eingepfercht worden sind. Der Geruch ist unerträglich, für alle. Obwohl diese Blechhütten nur für höchstens 100 Menschen gemacht wurden. In denen damals Kriegsgefangene hausten. In diese wurden wir Flüchtlinge oder umgesiedelte mit Gewalt hinein Gepresst. Samt unserem Gepäck hineingepresst wurden. In eine Hütte mehr als 400 Personen und so viel Gepäck. Gepäck das keiner aus den Augen verlieren durfte, man lag förmlich auf und zwischen seinem Gepäck. Es war das einzige was die Menschen noch hatten. Die wenigen Koffer die diese Menschen und auch wir nur noch hatten. Ganze Berge von Gepäck das nicht mitgenommen werden durfte oder nicht mehr eingeladen werden konnte. Das in Bergen auf dem Abfahrtsbahnhof liegen bleiben musste. Dieser Gestank von Wochen oder Monatelangem Schweiß. Ergänzt mit dem Geruch der Fäkalien, es ist so ekelig das man Angst hatte Luft zu holen. Ich habe es fast immer vorgezogen draußen vor diesen Blechdosen zu sein. Dagegen liebte ich den Duft der Soldaten, den Duft der vielen Motoren und den Benzin Gestank. Aber ich vermisste den frischen Duft meiner verlassenen Heimat im verlorenem Irgendwo und nun im Nirgendwo. Wo war er der Duft der Wiesen Felder. Wälder und der Ziegen und Schafe. Der Duft der Berge und der wilden Flüsse. Danach sehnte ich mich seit meiner Abreise von diesem verrückten Bahnhof in meiner Heimat.

Wo ist mein zu Hause wo ist mein Balkon und mein Milchladen. Wo ist mein Pflaumenbaum aber am wichtigsten wo ist meine Ruhe und Geborgenheit geblieben. Die Geborgenheit nach der ich mich die vielen Wochen der langen Reise so gesehnt habe. Lieber 100 Mal mit dem Ziegenbock kämpfen als weiter in diesem Müll reisen. Man konnte vor Gestank nicht schlafen und sich sowieso in der Nacht kaum bewegen. Gerade war man eingenickt hatte man schon wieder die Füße des Nachbarn im Gesicht. Die Kleidung und Schuhe hat man seit Wochen nicht ausgezogen. Gewaschen wurde wenn es die Gelegenheit dazu gab und das war sehr selten. Ehrlich gesagt das war das einzige schöne an der Reise und diesen Lagern. Nur die Hände und das Gesicht. Wurden manchmal gewaschen. Das waren für mich die guten Seiten der Transportwochen, oder die Flucht wie die Erwachsenen es immer betonten. Ständig donnerten über uns die Militärmaschinen der Engländer hinweg. Wir Kinder und die Erwachsenen rätselten darüber ob nun der Krieg wieder begonnen hat. Ob nun die Alliierten gegen die Russen kämpfen. Überall wurde zwischen den Erwachsenen getuschelt und gemunkelt. So bekam ich auch dadurch mit das wir uns hier ganz im Nordwesten von Deutschland befinden, eigentlich weit weg von der möglichen neuen Schlacht mit den Russen. Ganze 12 Wochen waren wir in diesem Lager in Uelzen eingesperrt. Aber wir Jungs hatten trotzdem jeden Spaß und immer Schokolade und übten uns an den ersten Zigaretten der Engländer. Meine beiden Schwestern hatten weniger Freude an dem Zustand im Lager. Dann kam der große Tag, der Aufruf, dass man eine Unterkunft für uns und einige andere Familien gefunden hat. In wenigen Tagen sollten wir in einem Sondertransport von Uelzen nach Lingen an der Ems gebracht werden.

Vorher wurden wir geduscht in einer Massenabfertigung, wir wurden nackend mit Wasserschläuchen abgespritzt. Danach wurden wir alle eingehüllt in eine unangenehme Nebelwolke. Eine Wolke die der Entlausung diente. Der totalen Vernichtung sonstiger kleiner Lebewesen an unseren Körpern. Davon waren ganze Heere vorhanden, man kratzte und juckte sich den ganzen Tag am ganzen Körper. Viele der betroffenen fürchteten, dass dies Wolke aus Gas besteht und wir umgebracht werden sollten. Manche Erwachsene fingen fürchterlich an zu schreien und wälzten sich auf dem Boden. Diese Erwachsenen mussten scheinbar Erfahrungen mit solchen Vernichtungsmitteln haben. Wir alle sind nicht auf solche wirren Ideen gekommen. Oft wurden Männer aus den Blechhütten herausgeholt, mit Waffengewalt. Es hieß dann immer das sind Nazis SS Männer, Verbrecher. Wir Kinder hatten dagegen gegen diese Ungeziefervernichtung nichts einzuwenden, wir waren da nicht vorbelastet. Diese Tierchen die man nun mit Gewalt mit diesem Pudernebel auslöschte. Haben wir schon fast lieb gewonnen und diese gar nicht mehr gespürt. Das kratzen ist schon eine liebe Angewohnheit geworden. Die Wanzen, Läuse und das andere Ungeziefer, das waren bald liebenswerte Mitbewohner unserer Körper geworden. Man kratzte sich dann nach der Vernichtung noch wochenlang einfach weiter. Obwohl es nichts mehr zu kratzen gab. Es waren die Bewegungen und die Gefühle der Gewohnheit. Dann wurden wir später mit militärischem Beistand und mit Militärischer Ehren und Begleitung in den uralten Zug verfrachtet. Dieser Zug brachte uns dann in einer fast 10 stündigen Fahrt in das uns völlig unbekannte Lingen an der Ems. Unterwegs sahen wir die zerstörten Bahnanlagen und kleinen Städte und Dörfer. Aber es gibt keine Berge, alles ist so entsetzlich flach.

Als hätte man die Berge beseitigt und im Krieg weg gesprengt. Wir wunderten uns auch nicht über das viele notwendig gewordenen Rangieren des Zuges. Wir konnten sehen, wie schwierig es war Lingen wegen noch vieler fehlender Gleisanlagen und Weichen zu erreichen. Es gab aber Wiesen. Ganz viel grüne und saftige Wiesen. Ich konnte diese durch die Holzverschläge sehen die statt Fensterscheiben in dem Zug montiert worden sind. Die Zugluft durch die Fenster ist sehr angenehm für uns Reisende.

Kapitel 2
Endstation Emsland/Lingen   Ein neuer Lebensabschnitt hat mit dieser Reise nach Lingen begonnen. Lingen soll unsere vorläufige Endstation werden. Wir waren fern der Heimat in der neuen Welt, wie wir erfuhren im Emsland. Unser eigentlicher Vater den ich nie bewusst gesehen hatte, den ich nicht gekannt habe, der galt dann plötzlich während dieser Fahrt als gefallen. Für uns nicht mehr als vorhanden. Meine Mutter, ihr Freund und wir drei Kinder wurden dann gemeinschaftlich einer Familie in Lingen zugeteilt. Auf dem Weg vom Bahnhof bis zu dem Wohnhaus der Gastfamilie wurden wir beschimpft von den alt eingesessenen Bürgern von Lingen. Die sich vor dem Bahnhof versammelt hatten. Verdammtes Pack und Verbrecher schert Euch zum Teufel, riefen sie uns laut stark und sehr aufgebracht entgegen. Wir wurden schon sehr stark eingeschüchtert von diesem Gegröle der Lingner Bürger die sich zu unserem Empfang zusammengerottet haben. Wobei sich später zu unserer Freude herausstellte das die Ureinwohner der Stadt Lingen alle Verbrecher und Banditen waren, viel schlimmer waren als wir es je hätten werden können. Lingen war früher ein echtes Strafgefangenen Lager ein riesiges Offenes Gefängnis.

Diese Gefangenen haben Lingen gegründet. Mit dieser Kenntnis konnten wir uns später gut zur Wehr setzen, gegen die, die uns Flüchtlingskinder beschimpften. Aber auch der Hass und die Wut auf uns Flüchtlinge Verschwand schnell. Die, die uns so beschimpften die Nachkommen der echten Verbrecher waren. Sie wurden unsere Freunde. Ich habe mich in all dieser Zeit so oft zurück gesehnt auf meinen Balkon, meine Wiese. An die Ruhe und an das friedliche Leben in meiner Stadt der zwei Flüsse. Dort konnte ich so manches Mal. Die Mieterin unter uns ärgern. Dann wenn ich durch die Fußbodenbretter des Balkons auf ihre Nähmaschine pinkelte, diese so ölen wollte weil sie ständig ratterte und die uns störte in unserer Ruhe. Ich konnte mich daran erinnern das ich einmal herunter klettern wollte auf diesen unteren Balkon und ich mit meinem Pullover an der Außenwand des Balkons hing und dort fast vier Stunden an einem einzigen rostigen Nagel in einer gefährlichen Situation hängen blieb, bis mich ein Nachbarn rettete. Dann habe ich anschließend vor Ärger das ganze Haus mit Tomaten beworfen bis es die gewünschten Farbkleckse hatte. Ich war damals schon ein kleiner Hundertwasser, man hatte es nicht verstanden. Diese Flecken hatte ich dann später auch auf meinem Hintern als mich der Verwalter der Militärhäuser herzhaft verprügelte. Alles das war wunderschön gegen das erlebte in den letzten Monaten auf einer Flucht die für mich nicht hätte sein müssen. Ich hätte schön auf meinem Balkon mit meiner Drau, Liesa den Bergen und dem geliebten Goldeck friedlich weiter leben können. Ich kannte die Berge und Flüsse damals nicht namentlich aber die Erinnerung an diese, haben sich tief eingebrannt in mein Herz. Ich hatte diese immer bildlich vor meinen Augen. Als auch den Duft meiner Heimat die ich wie mein Herz in den Stauden Spittals verloren hatte.

Man hat mich mit Gewalt aus meiner Welt entfernt und hier in das unfreundliche Norddeutschland verfrachtet. Statt des Friedens sind traurige Zeiten angebrochen. Zum Glück waren wir mit unserer Traurigkeit nicht alleine. Mit Unterstützung der Soldaten und der örtlichen Polizei konnten wir dann in unsere Einzimmerwohnung einziehen, 16 qm mit fünf Personen und einem Ofen, einem kleinen mini Ofen auf deren mini Platte wir kochen mussten. Alles in einer ausgeklügelten Reihenfolge. Das eine war noch roh und das andere schon wieder kalt. Es war schon gut, dass wir überhaupt etwas zu Essen hatten. Das meiste essbare kam aus den Lingner Gärten die ich dann in der Nacht mit dem Freund meiner Mutter besuchte. Aber es war sauber und wir waren dort alleine und sicher, endlich einmal unter uns. Wir konnten eine Tür zu machen und in Ruhe den Tag oder die Nacht verbringen. Das schlafen mussten wir noch abwechselnd machen, da natürlich nur zwei Schlafgelegenheiten in den kleinen Raum passten. Es dauerte Wochen bis unsere Familie bei der wir wohnten Feststellte, dass wir die Flüchtlinge auch Menschen sind, nicht nur Flüchtlinge sind die ihnen etwas wegnehmen wollen. Es entwickelte sich nach einiger Zeit auch eine tolle Freundschaft zwischen uns. Grund dafür war dann natürlich auch der Umstand, dass man schnell wusste, dass wir bald eine eigene kleine Wohnung in einer alten Militärbaracke in Lingen/Ortsteil Reuschberge bekommen werden. In unmittelbarer Nähe der alten Wehrmachtskasernen und jetzt der englischen Kasernen. Wir sind dann dort zwischen Ems und dem Dortmund Ems Kanal angesiedelt worden. Gut getrennt von den Einheimischen im Rücken die Ems und vor uns der Kanal. Es war trotzdem für uns alle wieder ein großer Schritt nach vorn. Für mich noch lange nicht mein geliebtes altes zu Hause. Keine Berge, keine Wiese.

Aber es war schon ein großer Fortschritt. 1 Fluss die Ems ist nur 100 Meter entfernt von der Baracke, der Dortmund Ems Kanal ist nur 2000 Meter weit entfernt. Es ist hier wie eine kleine Insel. Auch winzige Berge gibt es hier, die Sanddünen vor der EMS. Dazu wieder die englischen Soldaten keine 100 Meter von uns entfernt. Das bedeutet Schokolade und viele andere schöne Dinge. Ein kleines bisschen zu Hause ist wieder eingekehrt. So war ich auch durch die bessere Wohnsituation nicht unzufrieden. Ich musste mir ein Zimmer nur mit meinen beiden Schwestern teilen, aber wir waren nicht mehr unter ständiger Aufsicht unserer Eltern. Wir hatten ein wunderbares Fenster durch das wir dann oft verschwunden sind. Das Fenster wurde ganz wichtig als bei meiner Mutter die Idee mit dem Mittagsschlaf. Ganz plötzlich und unerwartet gekommen ist. Wir hatten eine Wohnküche ein Eltern Schlafzimmer und eben das Kinderzimmer. In der Baracke waren 3 weitere Wohnungen mit einer gemeinsamen Toilettenanlage. Es sind schon wieder erste Traumbedingungen entstanden. Es gab auch in den drei Nachbarbaracken einige Spielfreund für mich. Gemeinsam verschafften wir uns einen Zugang zu den Kasernen in dem wir durch den Sand einen kleinen Tunnel. Unter dem Zaun hindurch schaufelten. Da ich bereits Erfahrungen mit dem Umgang mit englischen Soldaten hatte wurde ich zum Anführer. Es hat sich für uns immer gelohnt unter dem Zaun hindurch zu kriechen. Man hatte nie unseren geheimen Zugang entdeckt, wir haben diesen geschickt mit Büschen getarnt. Waffen war etwas was wir Jungs alle liebten, es gab so viele Waffen. Ganze Berge von Waffen lagen überall herum. Wir schossen mit diesen in der Gegend herum. Haben einmal einen ganzen VW Jeep in den Emsdünnen ausgegraben, noch besetzt mit vier deutschen Soldaten.

Diesen Fund haben uns dann leider die Engländer abgenommen und für sich behalten. Wir waren frei und beweglich, ich habe meine Heimat vergessen und habe mich in der Fremde im Emsland neu sortiert und orientiert. Dann begann die neue Katastrophe, die schöne Zeit wurde von der Schulzeit eingeholt. Für mich das schlimmste was mir passieren konnte, die Schule. Das einzige schöne an der Schule war der Lange Schulweg von Reuschberge über den Dortmund Ems Kanal in das Herz der kleinen Stadt Lingen in die Kastellschule. Kastellschule weil sie in einem alten Kastell ausgebaut wurde. Auf diesem Schulweg verzapften wir so viel Unsinn. Der Weg zur Schule und zurück war das einzige Vergnügen in der jungen Schulzeit. Wir kletterten über den hohen Bogen der Brückenkonstruktion als sportliche Einlage auf dem Schulweg, es wurde eine Art Mutprobe für alle. Wir fanden viele tolle Sachen als dann der Kanal ausgebaggert wurde und wieder frei für die Schifffahrt gemacht wurde. Berge die gut 10 Meter hoch waren mit Waffen, Orden und mit allem an dem wir Kinder Spaß hatten. Unsere Lehrer waren für uns nur uralte Männer und Frauen die gerne auf uns herum prügelten. Der eine mit dem Krückstock die anderen mit feinen Gerten oder einem Rohrstock. Aber diese Schläge machten uns nur noch härter. Es gab viel Beulen und Verletzungen durch Prügeleien in der Schule. Wir aus den Baracken von Reuschberge waren immer noch die Flüchtlinge, auch für die Kinder in der Schule. Wir sahen natürlich auch ulkig aus. Mein Tornister war eine alte Rotekreuztasche vom Militär und wenn es regnete musste ich diese einpacken damit diese nicht aufweichte. Dann die alte rostige Konservendose die mit einem rostigen Drahtbügel an diesem Tornister festgemacht war. Für die Schulspeisen. Diese Dose bedeutete mir so viel, denn darin gab es in der Pause Milchsuppe, manches Mal sogar mit Rosinen darin.

Es waren Traum Milchspeisen für uns, ich hatte es bald heraus wie ich an drei bis vier Portionen kommen konnte. Das war eigentlich neben dem Schulweg das schönste an der Schulzeit in der Kastelschule. Außer meiner interessanten Schulkleidung im Besonderen im Winter. Da es nur kurze Hosen gab wurden die Socken fachgerecht von meiner Mutter bis übers Knie verlängert und mit den Strumpfhaltern der Mädchen an meinem Unterhemd angeknöpft. Die Winterschuhe waren einige Nummern zu Groß und mein Stiefvater der technisch eine Niete war. Hatte diese selbst besohlt. Es war natürlich nicht verwunderlich das wir wie Wunderkinder angeschaut wurden. Den Respekt holten wir uns dann vor den anderen Wohlhabenden Kindern durch Frechheiten Dummheiten und durch die vielen Streiche, dies hat und geprägt. Streiche die dann auch den Lehrkörper gegen uns aufbrachten. Ein Lehrkörper der damals Hauptsächlich aus Hohlkörpern bestand, den wir natürlich auch gegen uns aufbrachten den auch sie waren gegen uns. Dann kam die für mich Segensreiche Krankheit meiner Schwester Lilo, Segensreich natürlich nur für mich, 6 Wochen Sonderferien durch Ihre Masern. Ich hatte natürlich Cleverer Weise niemanden gesagt das meine Schwester im Krankenhaus liegt. Da man dachte, dass sie zu Hause liegt, wurde ich ganz offiziell für 6 Wochen vom Schuldienst befreit. Nur meine Eltern wussten dies nicht. Ich ging jeden Morgen zur Schule und verschwand dann an der Ems. Ich hatte danach noch herrliche 6 Wochen Urlaub weil drei Tage nach meinem Wiedereintritt in den Schulbetrieb die Sommerferien begonnen haben. So konnte sich auch mein neuer Klassenlehrer, Tod auf Socken nannten wir ihn. Nicht mehr an mir und einigen anderen Spezialisten austoben. Schon Morgens an der Klassenzimmertür fragte er, Schularbeiten gemacht?, ja-oder nein.

Wir haben uns daran gewöhnt keine Schularbeiten mehr zu machen. Die Schmerzen hielten wir im Gegenzug gern aus für die gewonnene Freizeit. Das schlagen der Schüler war zu dieser Zeit noch sehr beliebt und erwünscht. Meine neue Klassenlehrerin krempelte mich dann völlig um, unter ihrer Leitung wurde ich beinahe zum Musterschüler. Der Name dieser Lehrerin hat sich eingeprägt bei mir bis heute. Frau Herting, hieß die alte Dame, für mich eine ältere Dame. Sie muss um die 50 gewesen sein. Das Krasse Gegenteil zu dem ersten alten Lehrer Herrn Prellewitz, der uns mit seinem Krückstock bediente als Erziehungshilfe. Oder mit seinem Holzbein nach uns warf. Dann der zweite Lehrer, der Nachfolger des Holzbein Werfers, den nannten wir umgehend nur Tod auf Socken, seinen wahren Namen wusste wir nie. Er war einer der ersten Junglehrer die den Krieg überstanden hatten. Statt besser wie wir alle glaubten wurde die Schule noch viel schlimmer als zuvor. Wir haben einen schlechten Tausch gemacht den Junglehrer mit dem alten zu tauschen. Dann durfte ich die dritte Klasse durch die Misshandlungen von Tod auf Socken noch einmal wiederholen, ich hatte bei diesem Lehrer das Lernen absolut eingestellt. In der neuen Klasse bekam ich dann eine Lehrerin die sehr nett war und mit der ich mich beinahe anfreunden konnte. Diese nette Frau Herting mochte mich sehr, sie hatte aber auch ihre Probleme mit mir, obwohl ich Musterschüler wurde. Sie hatte ihre Probleme mit meiner Rechtschreibung. Sie war bei den Zeugnissen oft verzweifelt. Ich hatte mich in allen Fächern auf eine Zwei eingearbeitet und in Religion auf eine eins. Aber in dem Fach Deutsch da war sie machtlos, da konnte ich bei aller Mühe nur eine fünf bekommen. Dann hatte ich als einziger Schüler in der ganzen Schule eine Doppel NOTE in Deutsch.

Schriftlich habe ich eine fünf und mündlich eine eins bekommen. Ich konnte damals bereits Aufsätze ohne Ende schreiben, wenn andere über ein Thema 1 Seite zustande brachten. Waren es bei mir oft 15-25 Seiten. Auch gewannen meine Aufsätze oft beim NDR Wettbewerb. Aber natürlich erst nach der Überarbeitung meiner Lehrerin. 20 Fehler auf einer Seite waren nicht selten. Ich hatte wohl immer in den aufregenden und wichtigen Zeiten des Deutschunterrichtes die Schule geschwänzt. Hatte im wichtigsten Jahr das Lernen völlig eingestellt. In der Baracke in der wir unsere Wohnung hatten, gab es auch einen kleinen Laden in dem wir das nötigste einkaufen konnten. Die Dinge konnten wir dort kaufen die der Staat uns zur Verfügung stellte, die wichtigen Grundlebensmittel. Ich sollte mit der entsprechenden Fleischmarke und Buttermarke versehen diese in dem kleinen Geschäft nur abholen. Zur Sicherheit schob ich die Lebensmittelkarten zwischen meine Lippen um sie auf diesen 100 Metern nicht zu verlieren. Als ich im Laden angekommen bin, hatte ich diese verschluckt, einfach aufgefressen. Statt Fleisch und Butter hatte ich nur Papier. Mit großer Mühe bekam meine Mutter dann noch Ersatz, weil der Lebensmittel Mann dies bestätigt hat. Natürlich gab es auch eine Jachtreise mit der Bügeleisenschnur. Aber Schläge war ich inzwischen gewohnt, überall gab es etwas davon, denn man konnte nur durch den Mundraub überhaupt überleben. Man musste sich ja durch das Leben stehlen um zu überleben, es war immer einfacher Mundraub. Wir sammelten auf dem nahen Truppenübungsplatz Lohne, Scheppsdorf, Patronen und Granaten. Einfach alles was wir selbst entschärfen konnten. Die Kupfergehäuse waren beliebt bei den Schrotthändlern. Die Firma Deppe nahm auch uns Kindern alles dankbar ab.

Uns Kindern war es nicht klar wie gefährlich das Aufschlagen der Geschoße und das Entfernen der Zündhütchen war. Die Geschoße waren alle noch scharf und waren noch voll in Takt. Erst als die ersten Unfälle damit passierten, einigen unvorsichtigen Kindern die ersten Finger fehlten und auch ganze Hände der Kinder abgesprengt wurden, bei den Versuchen die Granaten zu entschärfen. Erst da wurde es den Schrotthändlern verboten solche Patronen und Granaten Hülsen von Kindern anzunehmen. Aber wir badeten in dieser Zeit in den großen Mengen von Waffen. Wir Kinder ahnten warum wir den Krieg verloren hatten. Die Deutschen Soldaten haben ihre Waffen einfach weggeworfen, in der Ems und im Kanal wurden diese in großen Mengen versenkt und entsorgt. Die Heldenhafte Wehrmacht wurde von uns Kindern zerlegt. Auch der angeblich Heldenhafte Angriff auf Polen, ein Polen das in sieben Tagen überrannt wurde. Wurde zur Farce für uns Kinder, als wir nun erstmals ansehen konnten wie Heldenmutig die Polen mit Holzpanzern und zu Pferd gegen die Macht der Deutschen Panzer und Kanonen gekämpft haben. Bei den Kindern meines Alters gab es den heldenhaften Deutschen Landser und Offizier nicht mehr. Im Gegenteil, diese haben uns das alles hier in ihrem Hitlerwahn eingebrockt. Die Flucht die neue Heimat das völlig neue Leben, die Armut von Millionen und aber Millionen Menschen. Der Tod und die Verwundung von vielen Millionen Männern, Frauen und Kindern. Unsere Eltern schwiegen sich aus über die vergangenen und einfach von ihnen vergessenen Kriegsjahre. Aber wir Kinder haben es doch erfahren, es gab mutige Männer aber nur wenige die diese Wahrheiten erzählten. Wir konnten dann auch verstehen wenn sich unsere Lehrer manchmal so einfach ohne einen für uns erkennbaren Grund.

Sich während des Schulunterrichtes unter die Schultische stürzten. Deckungsversuche vor dem Fliegeralarm oder den Granaten die sie in ihren Köpfen des Öfteren noch hörten in Deckung warfen. Auf der Straße sind Männer ohne Beine und ohne Arme. Männer ohne Gesicht und Blinde. Bittere Kriegsfolgen die bei manchen Kindern unberechtigte Belustigungen hervorriefen. Ich dagegen habe diese Lehrer immer verteidigt. Es gab dann auch die ersten kleinen Bollerwagen mit Eis und mit Waffeln. Die Kugel kostete 10 Pfennig, ganz vorsichtig mussten wir die 10 Pfennig Papierstücke behandeln. Diese waren so ähnlich wie Briefmarken. Aber das Eis war meine erste Schleckerei Made in Germany. Meine jüngste Schwester wurde geboren und meine Eltern heirateten, Sie konnten dies erst tun als mein Vater als Gefallen erklärt wurde. So hatten wir nun eine geteilte Familie. Einen Teil der nach der Geburt und Hochzeit Schmidt heißt und 3 Kinder die Berger heißen. Wir mussten dann auf die kleine Barbara aufpassen. Für mich war der Kinderwagen das schönste Spielzeug. Ich raste immer mit diesem die Sanddüne an der Ems herunter. Ich hatte viel Spaß und ich glaubte die kleine Barbara auch. Spannend wurde es als wir einmal zu viel Schwung bekommen haben und in die Ems gerast sind. Die kleine Bärbel lachte, aber mir wurde es mulmig, zum Glück ist die Kiste, ein Korbwagen auf dem Wasser der Ems geschwommen. Meine jüngere Schwester die oben auf der Düne stand hat einen Schreikrampf bekommen und wir konnten dann gerettet werden. Die Ems war immer ein gefahren Punkt für uns aber nicht so gefährlich wie die Waffen die wir lieben und die überall um uns herum liegen. Dann wurde es wieder ein Stück besser für uns, nach einigen Jahren im Barackenlager haben wir in einer Neubausiedlung in Lingen in dem Stadtteil Heukampstannen eine Wohnung bekommen.

Wir waren die ersten Bewohner in dieser neu entstehenden Siedlung. Es war ein Neubau zwei Doppelhaushälften auf dem Drosselweg 4. Es war sehr interessant für uns Kinder hier auf dieser Baustelle zu wohnen. Gefangene der Strafanstalt Lingen, damals noch Zuchthaus genannt arbeiteten dort an den Häusern und beseitigten mit Loren den Aushub der Häuser. Sie planierten die Vorgärten und Gärten ein. Sie waren immer unter der Kontrolle der mit Gewehren bewaffneten Gefängniswärter. Der einzige Nachteil dieser Wohnung ist, die Schule eine Gemeinschaftsschule diese ist nun in Sichtweite von zu Hause. Keine 100 Meter entfernt von unsrem neuen Haus entfernt. Der Spaß auf dem Schulweg entfiel, die Schularbeiten mussten nun immer vorgelegt werden. Der Spruch ich habe das Heft vergessen galt hier nicht mehr für mich. Das zweite Problem unten die Evangelisten und oben die Katholiken. Das waren damals noch Tod Feinde und keine einfache Sache. Es dauerte etwas bis wir Kinder uns daran gewöhnten. Die Katholische Kirche wurde in dieser Schule sehr hoch gehalten. Die Katholiken mussten den Evangelisten zeigen wie fromm und heilig sie sind. Zweimal in der Woche Andacht, dass am frühen Morgen um 6.00 Uhr vor der Schule. Da wollten wir alle gern Evangelisten sein, so sind wir uns auch näher gekommen durch diese uns Auferlegten Sonderleistungen. Der Unsinnigen Last Auflagen der Katholischen Kirche auf seine Kinder. Wir haben immer gesungen- evangelische Ratten in Scheiße gebacken in Pisse gerührt und von Luther verführt. Aber niemand hat diese Worte wirklich mehr ernst genommen und so böse gemeint wie sie klingen. Die Evangelisten haben diese Worte dann auch gleich umgedreht. Aber die Erwachsenen hatten damals eine schlimme Blockade in ihren Köpfen.

23

Es war eine Zeit in der eine Heirat zwischen Evangelisten und Katholiken von beiden Seiten eine Sünde war. Eine Zeit wo Geschlechtsverkehr vor der Ehe noch eine Große Sünde für Katholiken und Evangelisten war. Das meine älteste Schwester Angst hatte das ihre zukünftigen Schwiegereltern sie untersuchen wollen auf das vorhanden sein ihrer Unschuld. Wir die Katholischen und die Evangelischen waren zu dieser Zeit nicht sehr weit weg vom Islam seitens ihrer fanatischen Auslegung der Religion. Dann kam wieder der nächste Schritt in mein Leben, eine Katholische Schule und neue Katholische Kirche in Lingen/ im Ortsteil Sandbergen. Da war wieder der tolle Schulweg von 5 Kilometern, es wurde wieder eine schöne Zeit für uns Kinder. Dort war alles Katholisch, aber mir zu sehr und zu sehr angehaucht und verwaltet von der Kirche. Dort habe ich dann die letzten Jahre meiner Schulzeit bis in die 8 Klasse verbracht. Die dritte Klasse durfte ich vorher zweimal durchlaufen so hatte ich neun Jahre Schulzeit. Aber auch das extra Jahr hat meiner Rechtschreibung nichts genützt. Meine neue kleine Schwester wuchs heran und wurde auch immer frecher, aber sie war unser aller Liebling. Mein Liebling bis sie sich vom Dach des Hühnerstalls stürzte und sich ein Bein gebrochen hat. Wie sie auf das Dach des Stalles gekommen ist, konnte niemand mehr sagen. Natürlich bekam ich die Schuld weil ich nicht aufgepasst hatte. So habe ich den ganzen Sommer und diese Ferien damit verbracht mit ihr im Garten auf der Decke zu liegen. Die anderen Kinder zogen lachend mit den Decken unter dem Arm an uns vorbei auf dem Weg ins Freibad. Natürlich zu Fuß. Gute 6 Kilometer entfernt bis nach Reuschberge. Alles Wasser war nun weiter entfernt von uns in Heukampstannnen viel ferner als noch in der Baracke. In der Zeit in der ich nun das kleine Luder bewachen musste.

Habe ich zwischendurch unsere Hühner dressiert. Manchmal bekamen sie dann auch Brot in Alkohol getränkt. Es war lustig für mich und meine kleine Schwester, wenn dann die Hühner und der Hahn durch den Stall torkelten, so hatten wir dann auch etwas Ferien Spaß. Wir wohnten in der Anfangszeit mitten im Wald, bis dann nach und nach alles bebaut wurde. Wir Jungen spielten den ganzen Tag Cowboy und Indianer. Wir bauten uns im Wald unsere Tippis und kämpften gegen andere Banden aus Heukampstannen. Gegen feindliche Indianerstämme oder Cowboys. Oft haben wir vergessen überhaupt nach Hause zu kommen. Jede Straße hatte ihren eigenen Stamm oder eine eigene Bande. So wurde oft der Schulweg ein gefährliches Pflaster für uns alle. Dann bekamen die Kinder alle Fahrräder, mein erstes Fahrrad, wurde ja leider nicht vom Kartoffelgeld das ich mühsam verdient hatte gekauft, es wurde verqualmt und aufgefressen. Als Ersatz Bastelte mir mein Stiefvater ein Fahrrad aus mehreren Teilen aus dem Schrott zusammen. Aber dies erst als mein Kartoffel Bauer der Graf von Galen sich zu Hause darüber beschwerte. Darüber das man mir mein Hart erarbeitetes Geld abgenommen hat. Ich verehrte diese Bauernfamilie sehr, ich hatte es sehr gut bei ihnen. Ich hätte bleiben können aber ich wollte meinen Eltern nicht so vor den Kopf stoßen. Für mein Fahrrad war damals jedes Stück Schrott wertvoll und mein Vater musste nehmen was er finden konnte ohne Geld dafür hinzulegen. Hinten wurde das Ding ein Moped und vorn war es ein Fahrrad. Aber ich war endlich auch beweglich, es war egal ob jeder über dies Unikum lachte. Ich konnte wieder mitfahren mit den Jungs, auch auf den Truppenübungsplatz nach Lohne. Alles was Kupfer war und nach Kupfer roch wurde gesammelt, es war kaum noch etwas zu finden. Wir wollten dann auch nur noch das Stangenpulver das schwarz Pulver.

Dies gab es noch in großen Mengen. Wir packten es dann wenn wir wieder zurück in Heukampstannen waren unter alte Blecheimer und zündeten es an. Wir sprengten diese Blechaufsätze hoch in die Luft. Aber einmal wollten wir es besonders gut machen. Wir nahmen einen riesen Eimer einen schweren Eiseneimer und beschwerten diesen noch zusätzlich mit Steinen. Darunter packten wir so viel Stangenpulver wie noch nie. Wir wollten wissen was passiert mit diesem super Kanonenschlag. Oben in den Eimer hatten wir Löcher geschlagen. Was dann passierte reichte zum Entsetzen von ganz Lingen. Es gab keinen Knall, der Eimer flog nicht in bis in die Wolken wie wir es erwartet haben. Es qualmte nur so fürchterlich das wir uns dem Eimer nicht mehr nähern konnten wir konnten diesen in der dichten Wolke nicht mehr finden. Bald hatten wir erst die Siedlung und dann den ganzen Stadtteil Heukampstannen eingenebelt. Nur wir Jungs wussten natürlich woran das lag, aber wir kamen nicht mehr an das geschehen heran. Überall blitzten dann die Blaulichter der Polizei und der Feuerwehren. Keiner wusste was los ist, alle suchten den Brandherd. Es dauerte Wochen bis sich die Stadt beruhigt hatte. Man fand zwar den Eimer, aber niemand konnte sich erklären was genau los gewesen ist denn von dem Pulver gab es nur noch geringe Spuren. Die ersten Winter brachten auch die ersten Freuden nach Heukampstannen, das Schlittenfahren. Wir Kinder waren immer alle gemeinsam, den ganzen Tage im Wald beim Rodeln. Natürlich erst nach der Schule. die Berge sind wir rauf gelaufen und runter gesaust. Berge in Anführungsstrichen, nicht ein solcher Berg wie ich ihn kannte. Nein bessere Hügel die gerade mal 20 Meter hoch sind. Nur musste ich des Öfteren zwischendurch nach Hause um meinen Schlitten wieder zusammen zu nageln.

Der Schlitten war wieder einmal ein Eigenbau meins technisch ungeschickten Stiefvaters. Der Schlitten bestand nur aus den Brettern von Obstkisten die sich dann manchmal lösten. Ich nur mitten in den Brettern sitzend im Gelächter der anderen Kinder. Nach lachend nach unten gekommen bin, ich war glücklich mit meinen Brettern. Besonders lustig für alle war es wenn der super Schlitten unter mir zusammenkrachte wenn ich einen Huckel überfahren habe und dann schlitternd auf den Brettern liegend den Rest des Berges auf dem Bauch liegend hinunter gerutscht bin. Das Schlittschuhlaufen war ebenfalls gefährlich für mich, es gab immer nur die geliehenen Hackenreißer. Diese Dinger wurden einfach nur mit Haken in den Absatz. Der Halbschuhe geschraubt. Dann noch mit Bindfaden über den Fuß verstärkte. Das dauerte meistens nur 200 Meter bis der Schlittschuh mit dem Absatz oder der ganzen Sohle alleine weiter rutschte. Es war dann immer ärgerlich und schmerzhaft wenn ich dann ohne Absatz oder mit abgerissener Sohle nach Hause gekommen bin. Die Schnur des Bügeleisens der Mutter oder der Leder Gürtel des Vaters warteten dann auf ihre Betätigung. Zwischen durch hatte ich die Gelegenheit für die Kinder auf dem Drosselweg Süßigkeiten durch ein für mich gutes Geschäft zu erwerben. Am Ende unseres Gartens hatten wir ein kleines altes Militärisches Kettenfahrzeug das dort seit unserem Einzug lagerte. Es war fast zugewachsen, ich machte unseren Freund Deppe, der bereits immer unser Kupfer kaufte darauf aufmerksam. Der rückte mit schwerem Gerät an und hat diesen Schatz geborgen. Ich bekam für diesen Hinweis 20,- DM. Das war zu dieser Zeit ein Vermögen. Wir Kinder der ganzen Straße hatten für Wochen unsere Süßigkeiten gesichert. Der Mann der irrtümlich glaubte der Besitzer dieses Fahrzeuges zu sein tobt.

Er schaltete die Polizei ein. Aber diese konnte nichts mehr ausrichten, der Schrott war geborgen und längst auch bei Deppe verarbeitet. So etwas blieb nie lange liegen die Eisenbahn Wagons mit dem Schrott mussten rollen. Die Eisenhütten benötigten diesen Schrott dringend. Die größeren Freunde schlossen sich ebenfalls zu Banden zusammen wie wir jüngeren. Wir konnten sie dabei beobachten wie sie zu viert oder fünft in Geschäfte gingen, die Verkäufer ablenkten. Dann für wenig Pfennige tatsächlich einkauften aber manches Mal für 100 DM und mehr Ware mit aus dem Laden nahmen. Wir schwiegen weil wir des Öfteren auch davon profitierten, für uns waren diese Jungs damals auch Helden. So war es klar, dass in der Nachkriegszeit aus purer Not gestohlen und betrogen wurde. Wir die Flüchtlinge machten es im Kleinen und die Einheimischen bereicherten sich im ganz großen Stil. Mit ihren Firmen und mit ihrem Geld waren sie die Gewinner des Krieges. Wenn die kleinen Diebe dann einmal erwischt wurden gingen diese Gnadenlos in den Knast. Da kannte man keine Gnade, wir Kinder konnten dies täglich erleben. Wir kamen zum Glück nicht in den Knast. Aber wir mussten so manche Tracht Prügel einstecken. Aber meistens, nein fast immer waren die Kinder der Reichen Mitbewohner Lingens die schlimmsten unter den Dieben. Man kannte ja die Abstammung, es ist noch nichts aus ihnen herausgewachsen. Ich hatte in Lingen und in der Schule in den Sandbergen die ersten jungen Erfahrungen mit den Mädchen und der Liebe. Die ersten Mädchen Erfahrungen war die Liebe einer Lehrerin die vergessen hatte, dass ihr Mann ein Jäger ist und dann trotzdem mit mir in den Wald fuhr um mich in die Geheimnisse der Liebe einzuweihen. Dies ging gut, bis ihr Mann das Gewehr durch das Autofenster schiebt und auf Sie richtete.

Es ging alles gut ab und die Lehrerin hatte eine gute Erklärung für den Sonderunterricht in Naturkunde im Wald. Sonderunterricht für mich für meine Schulleistung in Naturkunde. Der Jäger glaubte dies nach meinem unschuldigen Blick. Ich bestätigte ihm dies und Erklärte ihm, dass ich diese Nachhilfe für meinen neuen Schulaufsatz für den NDR benötige. Er glaubt uns nimmt das Gewehr aus dem Autofenster und verschwindet mit einer Entschuldigung auf den Lippen. Dies und die ersten Petting Einheiten nach der Abendschule in den nahen Büschen der Schule waren unsere Aufklärung. Wir nahmen das damals alles selbst in die Hand. Irgendwann trat dann Elvis Presley und die Gitarre und der herrliche Rock und Roll in unser Leben. Die ersten Kinosäle in Lingen wurden im Rock und Roll Fieber zerlegt. Das Kofferradio und die Gitarre wurden ein Muss für jedermann. Die Kirmes und die Raupe wurden unser Stammplatz. Schwarz weiße Schuhe, Lederjacken und Jeans und die damals typische Elvis Tolle und Ringelsocken wurden zwingender Standard. Lingen bebt und bekommt zum ersten Mal die Kraft der Jugend zu spüren. Auch bricht nun in der gesamten Jugend eine neue Welt und Zeitenrechnung an. Die Erwachsenen wurden wahnsinnig von dieser Musik und der damit begonnenen Veränderung der Jugend. Wir kämpften trotzdem aber mit mehr Freude um das Überleben. Wir haben in Heukampstannen auch das große Glück in der Nähe einer Bahnlinie zu wohnen. Die meisten Züge fahren schwer beladen mit Kohle zur Raffinerie nach Holthausen. Mit Lokomotiven die zwar immer fürchterlich die Luft verpesten aber uns mit Kohle versorgen. Es gibt auf dieser Strecke einen kleinen Anstieg der es uns möglich machte, dass wir während der Fahrt aufspringen und abspringen können. Der Zug wird so langsam das wir während der Fahrt auf den Wagons herum klettern.

Wir klettern nur für den notwendigen Diebstahl auf den Wagons herum und werfen die dicken Steinkohlebrocken herunter. Andere Jungs sammelten diese blitzschnell auf und verstauen die Brocken auf den Leiterwagen. Auf diese Weise wird der Wintervorrat gesichert für viele Familien in unserer Straße. In den Sommerferien sind wir dann im Wald Tannenzapfen sammeln und Baumrinde von den gefällten Bäumen. Mit schwer beladenen Handkarren wird dann alles nach Hause gebracht. Im Herbst werden dann Kartoffeln gesammelt. Ich immer bei einer tollen Familie dem Grafen von Galen in alten Lingen. Das verdiente Geld sollte eigentlich für ein Fahrrad für mich sein. Floß aber in die Allgemeine Familien Kasse der Ernährung und in den Zigaretten Bedarf meiner Mutter ein. Ich hatte dann nach dem sich der Herr Graf persönlich eingeschaltet hat. Weil er erbost darüber ist das meine Mutter qualmte und ich mein selbst erarbeitetes Geld nicht für ein Fahrrad verwenden durfte. Es gab dann nach dem Auftritt des Grafen ersatzweise das super Fahrrad aus dem Schrott, halb Mofa halb Fahrrad. Mit diesem Spezial Fahrrad fuhr ich mit den anderen oft in das, ca. 6 Kilometer weiter entfernte Biene, oder nach Thüne oder Backum. Wir Kinder sammelten dort Blaubeeren die dann auf dem Markt in Lingen von meiner Mutter verkauft wurden. Der Freund meiner Mutter mauserte sich so langsam zu meinem guten Vater Ersatz, da ich ja keinen wirklichen Vater mehr hatte. Es soll sich bestätigt haben, dass dieser gefallen ist, er wurde für tot erklärt. Nach dieser Nachricht haben meine Eltern dann schon in Reuschberge geheiratet. Weil ein Kind aus ihrem Zusammenleben entstanden ist, eine neue Schwester. Der eine Teil der Familie heißt ab diesem Tag der Hochzeit Schmidt, der andere Teil Berger. So wie ich auch früher hieß, es hatte sich nichts geändert für mich.

Die Eltern, das neue Kind und unsere Mutter heißen ab jetzt Schmidt und ich und meine zwei Schwestern Berger. Das wurde dann manchmal kompliziert und auch meine Mutter schien das alles nicht zu verkraften. Sie war manchmal die netteste Mutter der Welt und manchmal wurde sie zur Hyäne. So manches Mal verschwand sie für viele Stunden im Wald und wir mussten sie suchen. Meistens dann wenn ihr neuer Gatte Helmut wieder einmal stink besoffen nach Hause gekommen ist und es einen riesen Krach gab. Er hat eine sehr gute Arbeit bekommen und arbeitete bei der Lingner Baufirma Helmus und war dann später auch bei anderen Bauunternehmungen in Lingen, Osnabrück und Münster tätig, in all diesen Firmen war es üblicher Standard am Wochenende war immer gemeinsames saufen erste Pflicht. Aber nicht nur dort, in ganz Norddeutschland ist das saufen zur Pflicht geworden. Da fing auch der erste Streit zwischen den Eltern an der oft damit endete das meine Mutter für Stunden und manchmal Tage verschwand. Aber das saufen sollte sich erst dreißig Jahre später von selbst regeln, begrenzen. Bedingt durch das Auto. Aber in Norddeutschland ist es noch so ähnlich wie in Bayern. Wer nicht trinkt muss krank sein!!, so einer konnte auch für die Arbeit nichts taugen. Er düste anfangs mit seinem ersten Moped einer NSU Quckly und dann mit dem kleinen Motorrad einer NSU Fox. Auf seine Baustellen in die nahe als auch in die weitere Umgebung. So zwischen 10 und 50 Kilometer von Heukampstannen entfernt. Bei der Firma Brinkmann die auch in Heukampstannen ihren Sitz hat wurde er dann Schachtmeister und bekommt einen Dienstwagen. Der natürlich auch uns Kindern zu gehören schien. Die ersten in der Siedlung die über ein Auto verfügen konnten. Das war schon einmal etwas Gewaltiges für uns Kinder.

Es war ein alter Militär VW Käfer der noch Ketten und Säcke als Auto Tür hatte. Bei den eigenen Mopeds und Motorrädern da musste ich so manches Mal wenn die Raten fällig waren in die Stadt und in der NSU Werkstatt die Verzögerung entschuldigen. Wenn ich dort auftauchte wusste man schon immer bescheid. „ Na kleiner traut dein Alter sich nicht selber hier her?". „ Doch, doch log ich, nur kann der nicht er ist noch auf einer Baustelle in Osnabrück und kommt erst in ca. 10 Tagen. Nur das sie Bescheid wissen. Natürlich wusste ich immer das er dann meistens mit zwei Raten im Rückstand war und Angst hatte man würde ihm dann den Vertrag kündigen und ihm das Motorrad abnehmen. Aber seit er den Dienstwagen hatte war das nicht mehr nötig, dass ich für ihn schwindeln musste. Man spürte auch wie es so langsam besser mit dem täglichen Leben wird. Meine Streitigkeiten in der Schule mit anderen Kindern klärte auch so manches Mal meine jüngere Schwester. Die ging auf jeden auch größere Jungen ohne jede Furcht los wenn diese mich angriffen. Alle anderen gewöhnten sich dann daran sich erst umzuschauen ob meine Schwester in der Nähe ist wenn sie mit mir mal wieder einen Streit hatten. Es lief so im Allgemeinen alles in der Spur, durch die Arbeit meines Vaters und die Näharbeiten meiner Mutter sind wir gut durchgekommen. Nur die Stricksachen meiner Mutter die an sich gut waren, nur äußerst Mangelhaft an den Übergängen der Ärmel haben. Wir Kinder konnten uns noch nicht an die neue ausgefallene Art der Kleidung meiner Mutter gewöhnen. Es wurde immer so eine besondere Art von Puffärmeln aus den Übergängen. Die Socken sind in den Schuhen sehr unbequem, weil sie vorne immer spitz zulaufen und zusammengenäht sind, aber sie halten meine Füße warm, im Sommer und im Winter. Aber ich hatte inzwischen selbst auch im Winter richtige lange Hosen.

Manchmal passierte es auch das die Mädchen neue Kleider hatten die identisch waren mit unseren Tischdecken oder unseren Vorhängen oder mit meinen Hosen.

Zu meinem völligen Unverständnis hatte meine Mutter immer neue Ideen und wollte immer mehr sein als sie war. Sie hatte so langsam Ihren Helmuth fest im Griff dieser stand völlig unter ihrem Einfluss. Deshalb ging die nächste große Veränderung auf ihre Kappe und die meiner ältesten Schwester.

Kapitel 3

Vom Emsland in die Grafschaft Bentheim

Mit ihrem jetzigen Einfluss meiner Mutter auf Helmuth ist dann die nächste große Veränderung in meinem in unser aller Leben gekommen. Meine Eltern entschließen sich eine Gaststätte mit Fremdenzimmern und mit einer Bäckerei und Konditorei in Uelsen Grafschaft Bentheim zu kaufen. Aber auch unsere älteste Schwester hat großen Anteil an diesem Familien Drama. Ein gewaltiges Drama das daraus entstanden ist. Ihr war diese Veränderung sehr recht, sie war dann aber auch jedes Wochenende mit ihrem Mann da um zu helfen und um sich etwas Geld dazu zuverdienen. Daraus wurde eine völlig neue Pleite des Lebens unseres Lebens, aus reiner selbst Überschätzung der Geschäftsfähigkeit meiner Eltern. Das war die verrückteste Idee überhaupt die sie jemals hatten, der Anfang vom Ende. Auch war dieses Unternehmen das Ende eines Familienlebens. Für mich das Ende meiner Berufswahl die ich schon lange anstrebte. Gerade ging es wieder GUT und etwas Geld war da, da wurden neue Pläne geschmiedet.

Das Kapital war da um dieses kleine Haus zu kaufen in dem wir wohnen, 18.000 DM, damals ein vermögen standen zur Verfügung. Diese wurden dann verwendet um eine wertlose alte Inneneinrichtung dieses Betriebes zu kaufen. Ich hatte die Eltern soweit gebracht das die Papiere bereits im Ofen stecken. Meine ältere Schwester hat diese wieder herausgeholt und alles nahm seinen Lauf. Ich hatte gerade meine Hauptschule erfolgreich beendet. Mit tollen 4 zweien und einer besagten 5 schriftlich + 1 mündlich in Deutsch. Auch diese fehlenden Kenntnisse konnte ich nicht mehr nachholen in den anderen Jahren. Ich war gerade 14.5 Jahre, hatte meine erste Freundin in Lingen und sollte schon wieder umziehen. Zu meinem Glück waren es nur ca. 50 Kilometer bis an den neuen Wohnort, ich habe mich dann überreden lassen mit zu gehen, was sollte ich auch machen, ich hatte keine Wahl. Wir hatten alles in 2 Möbelwagen verstaut und fahren dann in Richtung Uelsen. Wir staunten nicht schlecht als wir dann beim ausladen der Möbel meine Freundin im alten Schrank in dem Möbelwagen finden. Sie blieb dann zwei Tage bis sie von ihren Eltern abgeholt wurde. Das war meine erste Einführung in das Seelen Leben der weiblichen Geschöpfe. Dafür habe ich mich dann später an ihre Freundin gehalten die etwas anders und einfacher gestrickt war. Da diese natürlich auch aus Lingen kam, konnte ich erst später mit meinem neuen Moped des Öfteren aufgeladen mit Liebe nach Lingen fahren. Um dann völlig entleert wieder heimwärts zu rollen, das waren immerhin fast 50 Kilometer. Die Nacht verbrachte ich so manches Mal unter ihrem Bett wenn ihr alter Herr so manches Mal durch das Hausstrich und alle Fenster kontrollierte ob da nicht so ein versauter Bengel an seine Tochter kommen konnte. Aber diese Tochter war viel abgebrühter als sich ihr Vater dies vorstellen konnte.

Natürlich war ich zu diesem Zeitpunkt schon älter als Sechzehn und ein gestandener Mann. Ich war im ersten Lehrjahr als Bäcker und Konditor meinem Traumberuf?. Ich habe mich mit meinem Vater geprügelt weil ich nicht Bäcker werden wollte nur weil er dieses Hilfshotel mit Kneipe und die Bäckerei gepachtet hat. Erst nach gutem Zureden der Bäckerinnung Nordhorn habe ich nachgegeben. Er selbst war angeblich Bäckermeister, der sein können nie unter Beweis gestellt hat. Er war eine Niete in diesem Beruf und ich die zweite nach ihm. Ich hatte mir schon selbst eine Lehrstelle als Elektriker gesucht, genau in der Nachbarschaft in Uelsen bei dem Ortselektriker Haferkamp. Aber nur die Rohe Gewalt und der Zuspruch der Bäckerinnung in Nordhorn zwangen mich in diesen Lehrberuf 3.6 Jahre Bäcker und Konditor. 3.6 Jahre nutzlose und verlorene Jahre in einem nutzlosen, für mich sinnlosen Beruf. Der sich natürlich in meinem späteren Leben in Afrika und Arabien und als Familienvater als nicht ganz so verloren zeigte. Uelsen wurde mein Jugendanker und der Beginn meines neuen und freien Lebens. Wir wohnten sehr nahe an der holländischen Grenze. Ich bekam das schwere Zusammenwachsen der Deutschen und Holländer in Uelsen life zu spüren. Aber auch das Leben zwischen den Dörfern und Gemeinden, ein Fuß in ein anderes Dorf zu setzen bedeutete hohe Kosten oder blau Augen etc. Ein Mädchen in einem anderen Ort Anzugraben war damals fast Lebensgefährlich. Ich brachte natürlich das Stadtleben der damals ca.5.000 Einwohner zählenden Gemeinde Uelsen in Bewegung. Nein das nannte sich damals Kirchspiel Uelsen, vielleicht heute noch. Es ist eine Ansammlung von kleinen Orten deren Mittelpunkt Uelsen ist.

Hier war das Wort Elvis Presley noch fast ein Fremdwort. Ich war der erste Mensch der mit dem Radio auf der Schulter in der Lederjacke und den Jeans durch das Dorf Rockte. Das gefiel natürlich nur den jungen Leuten, für die war ich in meinen Klamotten ein abgezockter Typ. Der Pfarrer wetterte gegen mich auf der Kanzel und warnte alle jungen Mädchen vor dem Typen, zudem war ich auch noch ein Katholik, damals ein Feind der Altreformierten Evangelisten. Der Mittelpunkt des Ortes war diese evangelische Kirche, eine besondere eine alt Reformierte Kirche. Diese Kirche ist eine der größten Kirchen Gemeinden in der Grafschaft Bentheim. Es dauerte ein wenig bis ich überhaupt die Grafschaft Bentheim begriff. Es hieß nicht Landkreis Nordhorn obwohl dies die größte Stadt im Landkreis ist. Auch das Nummernschild NOH änderte daran nichts. Man war nicht Nordhorner sondern Uelsener und Grafschafter. Aber eben Nordhorn war unsere Kreisstadt, eine schöne Kreisstadt in die fast alle Uelsener Männer zur Arbeit fahren. Dort gab es zu meiner Zeit noch große Textilfabriken. Alle arbeiten dort in diesen Fabriken, die meisten als Weber. Nios und Dütting, (NINO) Rawe und andere. Diese Produktionen wurden dann alle nach Asien ausgelagert. Noch heute kämpft Nordhorn mit den alten gewaltigen Ruinen dieser Fabriken. Aber trotz all dieser Verluste ist Nordhorn eine wunderbare und hübsche kleine Stadt geblieben und eine noch schönere geworden. Mit einem kleinen Fluss der das ganze Stadtbild belebte und ihr jetzt noch eine wunderbare Aura gibt. Diese kleine Stadt hat bereits einen großen holländischen tatsch und liegt auch direkt an der Grenze. Nordhorn entdeckte ich erst als wir die ersten Mopeds hatten und beweglich waren. Zwischen Uelsen und Nordhorn sind es noch zwölf Kilometer. Zwischen Uelsen und der holländischen Grenze.

Sind es in die andere Richtung auch nur 4 Kilometer. Dort waren damals noch viele Zöllner stationiert. Aber um 21.00 Uhr wurde diese Grenze dicht gemacht. Man ist nicht mehr hin oder zurückgekommen. Da ist es Zappenduster wenn man sich verspätet hatte. Man musste dann den Umweg über Nordhorn machen, das waren dann viele Kilometer mehr. Diese Grenze hatte einmal meinen Hintern gerettet, ich kannte die Zöllner alle durch den Schäferhunde Verein in dem wir gemeinsam waren, ich war dort Mitglied. Ich war ein Schäferhunde Fan und bin dies bis heute. Ich hatte meinen ersten Schäferhund Kuno auch von einem Zöllner übernommen. Der Riesen Schäferhund ist vier Jahre alt und entspricht nicht mehr den Bedingungen als Schutzhund für den Zoll, er will nicht mehr beißen und verbellen. Ich kaufte Kuno für 90.- DM und einer Flasche Mariacron. Ich beschäftigte mich mit diesem lieben Kerl und wir wurden beste Freunde. Das war dann auch die Voraussetzung dafür, dass er wieder Teufel gebissen hat um mich zu verteidigen. Er hat dann alle Prüfungen mit Auszeichnung bestanden. Ich war wie so oft mal wieder alleine in unserem Lokal, während meine Schwester mit Ihnen oder meine Eltern mit meiner Schwester in Lingen auf Einkaufstour waren und ich den Dienst übernommen habe. Genau an diesem Tag sind zwei Busse vollbesetzt zum Kaffee gekommen, ca. 110 Leute, 110 Holländer und ich alleine in der Hütte. Natürlich musste ich das Uelser Platt lernen, um mit meinen Freunden umzugehen. Plattdeutsch das war Standard in Uelsen und der Grafschaft. Aber auch im angrenzenden Emsland war plattdütsch angesagt. Das Uelser platt ist dem holländischen sehr ähnlich, somit konnte ich mich mit allen gut verständigen. Zur Reisegruppe gehörten auch einige junge Mädchen in meinem Alter die sofort einsprangen als sie merkten.

Das ich Probleme mit der Bewirtung der vielen Reisenden hatte, sie halfen diese zu bedienen. Wir waren bald zu viert und es lief wie geschmiert. Die Kasse stimmte auch als alle wieder abfuhren. Meine Eltern hatten ihr Einkaufsgeld von diesem Tag mit Sicherheit zurück. Die Kuchentheke im Laden ist völlig leer. Ich habe einen Schock bekommen als ich die Gläser und Aschenbecher zur Reinigung von den Tischen einsammeln wollte. Ich fand nur noch zwei Aschenbecher und fünf Bier Gläser. Ich konnte meine Zöllner anrufen, die konnten die Reisebusse stoppen. Dort an der Grenze konnten die Zöllner alles wieder einsammeln. Am Abend brachten sie 120 Gläser und 30 Aschenbecher vorbei. Die anderen Gläser und Aschenbecher blieben verschollen. Aber mir blieb noch länger eine der netten Aushilfsbedienungen erhalten, die Kleine ist aus dem nahen Holländischem Ort Vase und ihre Eltern hatten auch ein kleines Kaffee. Diese Verbindung habe ich aber schnell aufgegeben weil sie so nett und so lieb war und so süß und meiner Meinung nach so jung, sie war ein Traum von einem Mädchen. Um ehrlich zu sein, sie war mir einfach zu schade für meine damaligen Ideen und Gelüste. Mir stand der Kopf zu dieser Zeit nach wildem Verlangen. Diesen Typ Frau fand ich einige Monate später in unserem Hotel als Gast. Es war wieder Montag, da schließen wir um 5 Uhr. Ich war wieder einmal allein im Hotel, da ist ein holländisches Pärchen auf einem Motorrad gekommen. Er ein Riese von einem Mann, musste wieder alleine nach Holland zurückfahren. Er bedrohte mich, aber das zog bei mir nie. Sie wollte bei mir bleiben. Ich habe sie dann kurz vor 9.00 Uhr nach Hause gefahren mit meinem Heinkel Roller Ich musste natürlich später über Nordhorn zurück fahren weil es sehr spät wurde und wir Dinge taten die ich mit dieser netten jungen Fee nicht machen wollte. Meine neue Freundin war eine Junglehrerin in Tubbergen.

Die nächste schöne kleine Stadt in Holland. Ich mochte die Holländer und vor allem die Holländerinnen. In Tubbergen gab es bereits sehr tolle Lokale, andere als die in Deutschland die wir so kannten. Dort entdeckte ich dann auch das Lokal in dem man für 10,- Gulden so viel Essen konnte wie man wollte. Ich habe das einige Male getestet aber nach dem dritten Mal. hat man mir Hausverbot gegeben. Der Wirt hat bei jedem meiner Essen mindestens 10 Gulden zugesetzt. Der glaubte ich hätte das Essen irgendwo verschwinden lassen, er mochte nicht glauben, dass ich alles wirklich gegessen habe. Dann war es mit der Lehrerin auch bald vorbei, Schuld hatte ein Sturzregen. Ich fuhr wieder einmal durch Tubbergen um sie abzuholen. Kurzvorher setzte ein Sturzregen ein. Ich war nass und sauer und sie stand am Straßenrand und sah so klitschnass aus wie eine überfahrene Gans. Mit einer dicken Blume im Haar, mit fettigen und strähnigen Haaren die wie Stallmist an ihr herunterhingen. Sie sah so mehr aus wie eine Vogelscheuche als eine reale Frau. Ich bin vorbei gefahren und tat so als hätte ich sie nicht erkannt. Letztendlich war dies wohl auch der beste Weg für ein Ende. Aber ich hatte sehr gute Lehrstunden und ich hatte keinerlei Beschwerden nach diesem Ende der Beziehung. Sie hat dies auch direkt so verstanden und begriffen ohne viele Worte. Ich hatte dann auf dem Weg mit meinen Freunden auf dem Rückweg von Vase nach Uelsen einen Unfall mit meinem Motorroller. Wir waren in Eile und gaben auf der schmalen Kurvenreichen Straße richtig Gas. Klaus der bei mir hinten auf dem Roller saß klopfte mir auf die Schulter und sagte, pass hier auf es sind scharfe Kurven. Genau in dem Moment als wir mitten in dieser Kurve waren. Wegen der schlechten Sicht und der Ablenkung fuhr ich schon langsam ich wartete auf diese Kurven die mir wohl bekannt waren.

Genau in dem Moment als ich mich zu Klaus umdrehte waren wir genau in der ersten engen Kurve. Wir knallten durch den Zaun und donnerten die Böschung herunter. Klaus lag fast vier Meter entfernt von mir und ich neben dem schweren Roller auf der Wiese. Ich konnte sehen wie Klaus sich aufrappelte und sich drehte und wendete, es war ihm nichts passiert. So ein Glück dachte ich und stand ebenfalls auf, ich dachte ich hätte mir nach diesem Abflug einiges gebrochen. Aber es war alles OK. Nur den Schlüssel für den Roller vermisste ich, ohne diesen konnte ich diesen nicht starten. ,, Klaus, der Schlüssel steckt nicht mehr im Schloss, wir kommen nicht mehr weg". Klaus schaute auf die Uhr,, Bully in 10 Minuten ist die Grenze zu wir müssen uns sputen". Es war ein Wunder, ich bückte mich ein einziges Mal und hatte das Schlüsselbund in der Hand. Es war stockdunkel, das konnte nur die Hilfe von dort oben gewesen sein Klaus, ,, Weil wir so anständige Jungs sind, das war ein Wunder". ,, Bully, hoffentlich kommen wir noch über die Grenze". ,, Ich denke Bully das Adolf und Hans Hermann bei den Zöllnern Bescheid sagen das wir noch kommen. Die werden an der Grenze auf uns warten". Wir ackerten die schwere Maschine den kleinen Abhang hoch und diese Kiste sprang bei der ersten Umdrehung des Schlüssels auch noch direkt an. 6 Minuten später genau 10 Minuten nach 21.00 Uhr waren wir an der Grenze. Unsere Freunde und die Zöllner haben auf uns gewartet. ,, Bully was hast du denn da sagte einer der Zöllner und zeigte auf meine Rechte Hand. Ich bemerkte es ebenfalls erst jetzt, der kleine Finger war abgetrennt und hing nur noch an der Hand. Ich hatte es nicht einmal bemerkt, ich hatte keine Schmerzen bis dahin, die sind erst gekommen als ich den Schaden sah. Der Zöllner band mir den Finger mit Verbandsmitteln fest an die Hand und es ging ab nach Hause.

Der Roller den ich nun verfluchte der aber natürlich keine Schuld hatte den schmiss ich zu Hause in die Ecke. Ich fuhr mit dem Taxi direkt nach Neuenhaus in das nächste Krankenhaus. Dort wurde die Wunde gereinigt und geklammert, genäht und stark verbunden. Bei meinem guten Heilfleisch konnte ich den Verband bereits nach 14 Tagen abnehmen. Ich dachte aber noch lange nach diesem Unfall schmerzlich an meine alte, so schöne 500 BMW. Mit dieser Maschine gab es nie einen Unfall aber meine Eltern haben mich so lange gebettelt diese BMW zu verkaufen bis ich nicht anders konnte. Sie hatten eine Höllen Angst, den zwei meiner Freunde, wir waren 5 BMW Fahrer sind schwer verunglückt. Einer von den Jungs tödlich und einer beinahe tödlich. Zum Glück konnte er gerettet werden, er hat aber ein Bein verloren. Diese Jungs fuhren aber auch wie die Henker ohne Rücksicht auf sich selbst und auf andere. Mit einem unvernünftigen Affenzahn rasten sie selbst durch kleinste Städte und Dörfer. Natürlich waren die Siebe und Schaldämpfer alle aus dem Auspuff entfernt. So eine Kleinstadt ist schon ins beben gekommen. Wenn fünf solche Höllenmaschinen hindurchrasten. Vor einer Polizei brauchten wir uns nicht fürchten. Die hatten solche Fahrzeuge nicht oder nur ganz selten. Der Standard waren zwar auch BMW aber BMW Isetta. Manche die gut ausgerüstet waren hatten auch einen Käfer. Aber die bekamen uns niemals. Ich wollte mit Atze in seinem neuen Beiwagen mitfahren. Er hat sich den Beiwagen einen Tag vorher gekauft. Er fuhr an unserem Laden vorbei, komm Bully Steig ein, ich will nach Nordhorn". „ OK, Atze, ich hole mir nur eine Jacke. Zu meinem großen Glück dauerte es länger bis ich meine Jacke wegen meiner Ordnungsliebe gefunden hatte. Atze konnte zu meinem Glück nicht warten. Die heiße Kiste brannte Atze wohl unter dem Hintern.

Er war schon weg als ich wieder vor der Tür war. Eine halbe Stunde später hörte man die Sirenen eines Krankenwagens, ich dachte dabei nicht an Atze. Eine Stunde später war es schon Gespräch an unserer Theke, Atze ist schwer verwundet und mit voller Pulle mit dem Gespann mitten in den letzten Baum am Ortsausgang gerast. Er liegt im Krankenhaus in Nordhorn er ist sehr schwer verletzt. Keiner darf zu ihm. Er lag dort mehr als 8 Monate bis man ihn wieder zusammengeflickt hatte. Man konnte aber das Rechtebein nicht mehr retten. Es dauerte noch einige Jahre bis er wieder einigermaßen auf Krücken und dann mit der Prothese laufen konnte. Nach Atzes Unfall habe ich dann meinen Eltern den Gefallen getan und habe die BMW verkauft. Obwohl ich der Meinung war, dass diese 500 BMW viel sicherer als der Roller ist. Nur war der Heinkel - Roller lange nicht so schnell wie die 500 BMW. In den ersten Lehrjahren hatte ich erst ein Moped, das schnellste im Dorf eine Puch aufgemotzt und ohne Siebe. Es gab in der ganzen Grafschaft kein einziges Moped das noch Schaldämpfer oder Siebe hatte. Ich konnte zum Ärger aller Kreidler, Dürkopp, Zündap und NSU Piloten jeden von ihnen ja nach meiner Lust und Laune mit der Puch abhängen. Dann kam die Überraschung, meine Eltern wollten mich im Frühjahr mitnehmen auf eine Österreich Reise, 14 Tage Urlaub in Österreich. Spittal, Graz und Bleiburg sollten diese Ziele werden. Ich wusste, dass meine Mutter eine Österreicherin war und war deshalb erstaunt darüber. Darüber das ich ganz woanders geboren bin als in Österreich. Nämlich in Glogau Schlesien, ein Schlesien fand ich heraus gehörte auch einmal zu Österreich aber zu den Zeiten des alten Fritz. ich war zwar sehr verwundert aber in den Kriegsjahren ist viel möglich gewesen. So sah ich es auch für möglich an das ich in Schlesien geboren bin.

Warum auch nicht, es konnte auf einer Reise oder sonst irgendwie passiert sein. Ich war aber zu dieser Zeit mit einem mir selbst auferlegtem Härtetraining beschäftigt. Weil ich mich abhärten wollte. Mein Ziel war es nach meiner technischen Ausbildung in die Fremdenlegion zu den harten Jungs zu gehen. Ich trainierte wie wild und unterzog mich den blödesten Härtetests in dem ich im Winter bei offenem Fenster schlief. Dies war sehr erfolgreich, denn an dem Tag an dem meine Eltern mit mir in den Urlaub fahren wollten bin ich einfach umgefallen. Mir wurde es schwindelig im Kopf und schwarz vor den Augen. Ich war dann statt in Österreich im Urlaub für 6 Wochen in Nordhorn im Krankenhaus. Ich hatte mir eine schwere Lungenentzündung eingehandelt. Meine Ideen mit der Fremdenlegion habe ich danach auch auf Eis gelegt. Ich habe auch nie darüber nachgedacht das es in Afrika keinen Winter gibt mit Frost und Minus Graden. Da hatten unsere Lehrer etwas versäumt, aber wir hatten nur Heimatkunde. Dafür hatten wir dann bald in Nordhorn einen jungen Star, den Sänger Bernhard Brink. Oft standen wir dann mit unseren Maschinen und Mädchen vor seinem Haus. Ein Wochenende ohne eine handfeste Schlägerei in Uelsen war kein Wochenende. Des Öfteren ist es auch zwischen den Dörfern zu Massenschlägereien gekommen. Wenn sie sich auf Festen irgendwo auf neutralem Boden getroffen haben. Es ist oft vorgekommen, dass die Uelser Verstärkung auf fremden Boden anfordern mussten. Dann Fuhr der Kiesunternehmer Warink und andere durch das Dorf und sammelten mit ihren LKWS Schlagkräftige Faustkämpfer ein. Wir waren dann schon immer mitten im Geschehen. So war auch ohne Kino und Fernsehen immer etwas los in der Grafschaft. Oft lag ich in meinem Bett und wartete darauf, dass es unten in der Kneipe wieder einmal kracht.

Sehr oft war dann hinter der Kneipe auf der Straße zwischen der Backstube und der Kneipe der Teufel los. Einmal musste ich mit ansehen wie unser kleiner Dorfschuster sich todesmutig auf den Riesen Derk geworfen hat. Dann saß er irgendwie im Lauf des Kampfes auf den Schultern des Riesen und bearbeitet seinen Kopf, bis seine Kräfte nach ließen und er für seinen Mut bestraft wurde. Einmal in dem kleinen Ort Hesingen, in den Blauenbergen sagten wir immer zu diesem einsamen und schönen Gaststättenbetrieb hat es wieder einmal so richtig gekracht. Ich war dann mit meinen Freunden schon vor Ort und mitten im Geschehen. Auch das Fuhrunternehmen Warink war wieder voll im Einsatz und brachte Verstärkung für die Uelser nach Hesingen. Meine Freunde Klaus, Adolf, Gerhard, Sami, Hans Herrmann und viele andere waren immer dabei und natürlich mitten drin. Es war erst eine Schlägerei zwischen den jungen Männern aus Neuenhaus und Uelsen und einigen Holländern. Die auch Abwechslung suchten. Der Zoll und die Polizei Rückten gemeinsam an, dann war es auf einmal eine Schlägerei zwischen allen Kämpfern aus allen Orten verbündet gegen die Polizei und den Zoll. Nach einigen Stunden Kampf und ganz vielen blauen Flecken ebbte das ganze durch Kraftlosigkeit und Übermüdung der kämpfenden ab. Messer Attacken, das war ein Ehrenkodex das war zu dieser Zeit völlig ausgeschlossen. Wer ein Messer in die Hand nahm der war verloren weil alle ihn dann platt gemacht hätten. Stuhl oder Tischbeine waren das äußerste was man als Gegenstand in die Hand nehmen durfte. Natürlich gab es keine Schlägerei ohne Alkohol, Alkohol war damals das Allheilmittel gegen die Langeweile aber auch immer der Auslöser für Schlägereien. Das Dorf Leben und das in den kleinen Städten war ohne diese Menschlichen.

Kontakte mit den Fäusten tödlich langweilig. Erst das gelegentliche Kino in den Dorfsälen brachte erst kleinste Abwechslungen in unser Leben. Die Gaststätte Hölters die andere große Kneipe in Uelsen, brachte durch ihre gelegentlichen Kino Vorführungen kleine Abwechslungen in das Dorf. Wir, Klaus und ich hatten uns darauf spezialisiert in den Sälen oder bei Festen Kurzschlüsse in der Elektrik zu verursachen. Ich war dann immer die technische Anlaufstelle der Konkurrenz Gastwirte. Schnell hatte ich den Schaden behoben in dem ich die überbrückten Stecker zog und die Sicherungen auswechselte. So hatte ich mit meinem Freund Klaus oft Freibier für den Abend oder freien Kino Besuch. Dann hat auch Uelsen der Rock und Roll eingeholt. Ich weckte oft das halbe Dorf in dem ich Elvis und Bill Haley auflegte bis unserer Musikbox bebte, die Fenster wurden weit aufmachte und das Dorf beschallt. Ich war dann auch bald nicht mehr der einzige der in wilder Lederkleidung und mit Elvis Tolle die ich damals noch vorweisen konnte. Dann mit dem Radio auf der Schulter durch das Dorf Rockte. Wie ein Bazillus verbreitete sich der Rock und Roll auch in Uelsen. Die gute Arbeit der alt Reformierten Kirche rief dann auch bald die Katholische Kirche auf den Plan. Diese war bisher nicht vertreten in Uelsen. Wir alle die Flüchtlinge die auch Uelsen bevölkerten waren katholisch oder evangelische Christen. Oder normale Lutheraner die auch bereits eine kleine Kirche im Ort hatten. Die Katholische Kirche sammelte ihre Schäfchen und blies zur Attacke. Die Katholiken hatten eine alte Baracke zu einer Kirche ausgebaut. Ich war neugierig und besuchte diese notdürftige Kirche, sie war nach meinem Geschmack. Ich mochte niemals den Prunk in den Kirchen besonders in den Katholischen Kirchen nicht. Aber dies war mein erster Besuch in dieser Kirche.

Die mir zwar in ihrer Armseligkeit sehr gefiel. Aber der Herr Pfarrer der schien seine Kirche in die man ihn verbannt hatte nicht zu mögen. Er setzte zu seiner ersten Predigt in der Baracke an und brach dann nach den ersten Worten stinkbesoffen mit seinem Bretter Altar zusammen.

Das war das erste und das letzte Mal das ich in dieser Kirche gesehen wurde. Erst zu meiner Hochzeit, viele Jahre später betrat ich wieder eine Katholische Kirche. Der Dorfpfarrer der Alt Reformierten in Uelsen war nie mein Freund, aber nur wegen seiner Tochter. Sie war zu oft mit mir zusammen, für seinen Geschmack viel zu oft. Aber es war in der Hauptsache nicht. Die Abneigung gegen einen jungen wilden Rocker, sondern die Abneigung gegen das Katholisch. Dies machte es zu etwas besonderem. Der Typ passte nicht in sein Religionsbild. Ich dagegen war dieser junge Mann äußerst offen in der Religionsfrage. Schon als junger Mann war für mich jede Religion die richtige wenn diese auch richtig gelebt wurde. Denn wir alle, das war mir schon sehr früh klar, wir haben alle nur einen Gott. Einen Gott dem es egal ist wie wir beten, sondern der nur darauf bedacht ist, dass wir an ihn glauben, dass wir beten und uns an seine Gebote halten. Nur dann ist ihm jeder Recht für seinen Himmel, die Eintrittskarte konnte nicht eine Angehörigkeit zu einer bestimmten Religion sein. Denn alle stammen aus einer einzigen Religion. Für mich persönlich war es in den jüngsten Jahren schon klar, dass es nur einen einzigen Gott für alle geben kann. Es diesem einzigen Gott scheiß egal ist wie wir beten, wie wir den Glauben leben sondern nur das wir glauben und uns alle an die 10 Gebote halten. Ob Katholisch, Evangelisch, Christ oder Jude, Moslem, oder Hindu und andere. Er erwartet von uns nur, dass wir vernünftige und Gute Menschen sind und seine Gebote achten und wir vernünftig miteinander umgehen.

Man wollte mich bereits in Lingen in das Klosterinternat in Meppen bringen, weil ich es in zwei Jahren in Religion auf eine 1 gebracht habe. Nach einem Gespräch mit den Zuständigen in dem ich meine Ansichten kundgetan habe, hat man dann darauf verzichtet und mich umgehend von der Liste der Anwärter gestrichen. Vermutlich ist mir einiges erspart geblieben. Wobei ich auch überhaupt nicht die verstehen kann die belästigt und misshandelt wurden. Aber man hat diese Kinder bereits gezielt ausgewählt. Mir fiel es bereits als Kind sehr schwer das Glaubensbekenntnis der Katholischen Kirche zu sprechen. Weil ich diese nicht glauben konnte, trotzdem bin ich aber zur Kommunion gekommen. Die Beichte, auch so etwas was niemand braucht. Wir haben als Kinder aus den Büchern auswendig gelernt welche Dinge Sünden sind damit wir überhaupt etwas zum Beichten hatten. Wir plapperten zur Freude unseres Pfarrers einfach etwas herunter. Damit er der Herr der Sünden uns Strafgebete auferlegen konnte und er zufrieden aus seinem Beichtstuhl steigen konnte. Aber ich war nie gegen irgendeine Kirche oder einen Gläubigen irgendeiner Kirche eingestellt. Einer war mir so wichtig und lieb wie der andere. Seine Tochter teilte meine Ansichten der Religionen, sie kam dann des Öfteren nur noch zu einem Kurzbesuch nach Uelsen. Auch dieses Mal war es so, sie studierte Irgendwo, mich interessierte nicht einmal wann und was sie studierte. Es war Kirmes angesagt in Uelsen, auf dem Nackenberg. Natürlich war ich mit meiner ganzen Klicke auch dort. Viele Mädchen und jungen tobten sich an der Raupe die zum ersten Mal in Uelsen war aus. Es ergab sich einfach so, dass wir die letzten auf dem Kirmesplatz waren, die Tochter des Pfarrers und ich. Ich bin mir nicht mehr ganz sicher nach so vielen Jahren ob es seine Tochter war oder eine Verwandte?.

Wir hatten fast den gleichen Heimweg, nur gab es bei ihr Probleme, der Vater hatte wütend das Haus verschlossen und sie kam nicht mehr rein. Meine Eltern waren genauso veranlagt wie ihr alter Herr. Wer nicht kommt zu deren angenehmen Zeit musste sehen wo er bleibt, der kommt nicht mehr ins Haus hinein. Der Sünder soll sich wieder reuig ins Haus zurückbetteln. Ich sorgte da immer vor, irgendeines der kleinen Toilettenfenster war dann immer nur angelehnt so dass ich es nur aufdrücken brauchte und mich hindurchzwängen konnte. Es war erstaunlich durch was für kleine Löcher man auch noch besoffen schlüpfen konnte. Da waren meine Eltern genauso unvernünftig wie der Herr Pfarrer, der wollte seine Tochter nur erziehen, zur Pünktlichkeit, zu seiner Pünktlichkeit. Ein Mädchen mit 18 Jahren kann doch nicht so wie ein alter Sack mit 58 Jahren um 21.00 Uhr ins Bett gehen. Was nun Bully, was mache ich, soll ich den alten aus dem Bett trommeln. ,, Nein das mache ich nicht". ,, Komm, wir schauen mal ob bei uns noch Licht brennt, vielleicht ist die Kneipe noch offen?". Die Kneipe war nicht mehr offen das ganze Haus war in Finsternis gehüllt. Was nun?. ,, Du kannst ja nicht durch das Fenster krabbeln, du brichst dir das Genick. Ich habe eine Idee, ich habe den Autoschlüssel in der Tasche, wir pennen im Auto in der Garage". ,, OK, einverstanden, besser als hier die ganze Nacht rumzustehen". So verschwanden wir zwei in der Garage und auf der hinteren Sitzbank des Mercedes 180 D. Es war sehr bequem, so bequem, dass wir die Zeit verschlafen haben. Wir wollten im Morgengrauen aufstehen damit uns niemand aus der Garage kommen sieht. Die Garagen waren auf dem Hof zu unserer Stammkneipe bei Sepp Kiechle. Gegenüber war die Tischlerei und keine 50 Meter weiter ist unser Gasthaus und die Bäckerei. Wir stiegen aus und machten uns etwas zurecht.

Wir hatten keine Ahnung davon was auf uns wartete. Das Garagentor schnellte mit einem krachen nach oben. Vor der Garage standen fast 30 Leute und mittendrin der Herr Pfarrer. Wir konnten nicht ahnen, dass ausgerechnet in dieser Nacht der alte Herr der Tischlerei verstorben ist und alle Verwand und der Pfarrer gekommen sind. Wir sind zu Salzsäulen erstarrt und glaubten das wäre nun das Jüngste Gericht, Dies würde nun über uns hereinbrechen. Wir glaubten im ersten Augenblick man hat hier auf uns gewartet. Alle hier vor der Garage versammelten Leute. Drehten die Köpfe zu uns und starren uns an. Ich reagierte Blitzschnell, tat so als wären wir gerade angekommen und wollen mit dem Auto wegfahren. Komm, schnell Steig ein, wir tuen so als wollten wir wegfahren. Keiner weiß das wir hier übernachtet haben. Alle machten brav Platz, so sind wir aus der Garage gekommen. ,, Ulli die haben uns doch alle gesehen". ,, Glaub mir keiner weiß ob wir gerade angekommen sind oder aus der Garage gekommen sind. Die sind da alle mit etwas anderem beschäftigt als mit uns. Man spürte, dass sie sich alle nur gestört fühlten. Da fingen sie alle an zu beten und singen. Ich fuhr etwa zwanzig Meter an den Straßenrand, steige aus und schließe vorsichtig die Garage und wir gesellten uns zu den betenden. So bekamen wir mit das der alte Herr der Chef Tischler in dieser Nacht verstorben ist. Wir konnten uns dann mit der Masse von Menschen entfernen und die kleine konnte sich ihrem Vater anschließen. Da es ein Sonntagmorgen war, gingen sie alle gemeinsam direkt in die Kirche. Um 9.30 / 11.30 und Nachmittag um 16.Uhr sind alle Gläubigen der alt Reformierten zum Kirchgang verpflichtet. An den Sonntag über sind alle alt Reformierten ausgelastet, erst nach 17.00 sind dann die ersten in die Kneipe gekommen. Manche die weiter weg wohnten sind dann auch zwischendurch in die Kneipe.

Oder in das Kaffee gekommen. Ich konnte die Pfarrers Tochter nicht mehr sprechen, sie war am Montag auch wieder abgereist, auf Anraten ihres Vaters etwas früher als geplant. Neben Vorrink der gepachteten Kneipe und Bäckerei gab es noch Hölters und Helbos. Schmidt/Vorrink als größere Kneipe im Ort mit den meisten Vereinen. Dazu gab es dann noch 5 kleinere Nebenerwerbsgaststätten in Uelsen. Damit war Uelsen mit Getränken gut versorgt. In der Richtung holländischer Grenz ist noch der Ortsteil Waterfall. Dort gibt es noch eine Kneipe die sehr ordentlich war und noch etwas weiter wo unser Fußballplatz ist. Da gab es auch noch eine Kneipe. Fußball ist mein Sport, lange spielte ich in Uelsen in der B und dann in der A Jugend. Ich lernte dann auch Uwe Seeler und Dieter Seeler kennen. Die beiden waren nach einem Fußballspiel in Nordhorn und dann noch in Uelsen auf dem Heideblüten Fest. Ein Fest das in ganz Norddeutschland bekannt war. Die beiden waren bei uns um Grünkohl mit Pinkel zu essen. Ein Traditionsessen in Norddeutschland. Die beiden hatten dies aus Uelsen im Fernsehen gesehen und sie wollten den Grünkohl in der Kneipe essen in der sie dies im Fernsehen in Uelsen gesehen hatten. Vier Tage war das Fernsehteam des WDR in Uelsen und in unserer Kneipe. Ich habe mit meiner Schwester zwei Tage nichts anderes gemacht als den Grünkohl von den Stilen zu zupfen. Wir waren auch das Stammlokal der Sportler und mussten mehr als 100 Essen bereithalten. Immer in der Zeit in der in Uelsen und in der ganzen Grafschaft die Klodscheeten Krankheit ausbricht, dann ist Grünkohl Zeit. Über Monate ziehen die Vereine. Familien durch die Felder und Wälder und werfen die Klodscheibe. Im Gegensatz zu Ostfriesland ist es in der Grafschaft eine Scheibe die gerollt werden muss. Die Gaststätten sind in dieser Zeit alle ausgebucht.

Das Klodscheeten ist eine tolle Gemeinschaftssache. Mit Handwagen werden die Getränke und Häppchen mitgenommen. Die Häppchen damit niemand zu früh dem Alkohol erliegt. Aber so mancher schlief dann bei dem leckeren Essen schon erschöpft ein. Dieter und Uwe, versprachen zum nächsten Klodscheeten zu kommen. Wir fuhren dann noch gemeinsam mit unserem Stammkunden und Lieblingstaxi Fahrer Hänschen auf das Heideblütenfest. Leider war mein Freund Klaus, zu dieser Zeit nicht in Uelsen und konnte die beiden nicht miterleben. Uelsen war und ist ein lebhaftes Kirchspiel, es war dann bald als alle mobil wurden ein hochlebendiges Kirchspiel und wurde dann auch noch Luftkurort. Mit großen Campingplätzen, kleinen Seen die aus den alten Kiesgruben entstanden sind mit herrlichen Sandstränden. Mit Hügeln die mit Heide bewachsen sind, die Wilsumer Berge. Am anderen Ende ein großes Feriendorf und das schöne Waldbad. Ein schöner Ort in dem man leben kann, ich wäre längst zurückgekehrt wenn nicht die großen Entfernungen. Zu den internationalen Flughäfen wären die ich benötige. Es gab dann wieder einmal einen großen Sylvester Alarm bei uns in der Kneipe. Der Sohn des Kneipers Helbos hat dann an einem darauf folgendem Sylvester Abend. Aus Übermut eine volle Flasche Jägermeister durch unser Kneipenfenster geworfen. Die Party war erheblich gestört und es gab leicht verletzte durch die Glassplitter. Wir konnten den Kerl aber nicht mehr erwischen und mussten unsere Rache verschieben. Es war natürlich ehren Sache das wir dies rächen mussten. Klaus und ich, wir hatten die zündende Idee, während einer kleinen Feier im Saale der Gaststätte Helbos bei der wir dabei waren. Da ich technisch, elektrotechnisch gut vorgebildet war, war ich in der Lage die Entlüftungsanlage unauffällig umzupolen und dem Belüftungsflügel.

Die umgekehrte Laufrichtung zu geben. Es wurde unangenehm stickig im Saal, aber mehr passierte nicht. Da am nächsten Tag eine Hochzeitsfeier stattfand hatte mein Freund Klaus eine bessere Idee. Wir holten aus einer Klärgrube das schöne Dicke halbflüssige Zeug und warfen dies dann in die Blätter der Belüftung. Als Richtige Stimmung im Saal war. Erst schienen die Blätter stehen zu bleiben doch dann drückten sie die zähe stinkende Masse mit voller Wucht in den Saal hinein. Ein Riesenaufschrei war die Folge und wir mussten schnell verschwinden, der beste und sicherste Fluchtweg war der zu Klaus nach Hause. Erst am nächsten Tag hörten wir was da so passiert ist, die Gäste waren alle voller Sommersprossen und haben gestunken wie die Schweine. Die Feier musste für Stunden unterbrochen werden. Keiner hatte eine Ahnung davon was da passiert ist. Man stellte erst später fest, dass die Lüftung verkehrt herum gelaufen ist und die Scheiße dadurch in das Lokal befördert wurde. Alle vermuteten das es ein verkappter geliebter der Braut gewesen sein muss der ihnen dieses Fest verdorben hat. Wir gehörten zum Glück nicht zu den Verdächtigen. Der Elektromeister von Uelsen hat dann den Ventilator untersucht. Konnte aber auch nur feststellen, dass irgendjemand den Ventilator von innen in der Gaststätte umgepolt hat. Er hat dann den Schaltkasten versiegelt. So das niemand mehr so leicht an die Kabel heran kommen konnte. Es musste wohl ein Fachmann gewesen sein, auf mich als Bäcker und Konditor ist niemand gekommen. Viele meiner Freunde waren bereits in den jungen Jahren leider dem Alkohol verfallen. So manchen habe ich nach Hause schleppen müssen, weil sie es zu Fuß nicht mehr selbst geschafft hätten. Ich war immer wütend auf diese Jungs.

Einige von ihnen haben mein hohes Alter nicht erreicht, viele davon hat der Alkohol Konsum jung dahin gerafft. Aber es gab einige Standfeste Familien in Uelsen. Auch in der nahen Umgebung die Männer haben noch mit 80 Jahren gesoffen das die Schwarte nur so krachte. Es gab da in Uelsen einen Vater und Sohn die besten und schnellsten Verfuger der Grafschaft Bentheim. Sie verfugten schnell am saubersten und am besten, wenn sie dann mal an die Arbeit gebracht werden konnten. Sie sind zum Frühstück in die Kneipe gekommen und spät abends auf ihren Mopeds nach Hause gefahren. Ein Schnäpschen, das war ein einfacher klarer kostete 25 Pfennig und ein Bier 50 Pfennig. Einer unserer guten Kunden, Röslein der bereits 73 Jahre war, der sagte immer zu mir wenn ich Theken Dienst hatte. Bully, las dich nicht von den anderen ärgern wegen deiner Mädchengeschichten. Wenn du in mein Alter kommst, dann ärgerst du dich über jede die du ausgelassen hast". Diese Worte nahm ich mir zu Herzen aber ich habe diese nicht immer umgesetzt obwohl im flierten schon damals ein Weltmeister war. Ich hatte damals noch keine Ahnung, davon dass dies ein Kärntner Erbe war. Aber nicht nur in der Grafschaft, im ganzen Emsland und ganz Norddeutschland herrschte diese Freude am übermäßigen Alkoholgenuss. Es war auch immer noch das einzige Vergnügen das man hatte, die alten hatten sehr viel zu vergessen und die Jungen hatten keine anderen Möglichkeiten ihre Freizeit zu verbringen. Alkohol machte auch Mut für die nächsten Schlägereien und sorgte für Beschäftigung. Wehe man kam dann in ein anderes Dorf, es herrschte Krieg zwischen allen Dörfern. Meinen ersten Liebeskummer erlebte ich auch in Uelsen. Diesen schweren Liebeskummer hatte ich selbst verschuldet.

Ein Traum von einem jungen Mädchen ließ mich einfach wie eine heiße Kartoffel fallen. Ich hatte diese Reaktion selbst verschuldet. Erst nach dem alles heraus gekommen ist über meine Vielweiberei, als sie heraus bekommen hat das ich mit allen ihren Kolleginnen. Im Frisiersalon im Nachbarort gleichzeitig auch etwas hatte, machte sie wütend Schluss mit mir und schickte mich zum Teufel. Ich war noch so ungeübt und suchte natürlich dringend Erfahrungen in Sachen Liebe und hatte den Bogen weit überspannt. Ich war mindestens 1 Woche sehr Krank und verbrachte einige Tage auf dem Sofa im hinteren Gastraum in der Kneipe. Ich hatte zum Glück einige sehr gute Freunde in Uelsen die mich ablenkten und wieder auf die richtige Spur brachten. Mein bester Freund Klaus, er war etwas jünger aber gleich groß wie ich, wir beide machten so manchen Unsinn in Uelsen. Vor allem liebten wir im Sommer das Waldbad und die vielen schönen Mädchen die es in Uelsen und im nahen Holland gibt. Wir hatten auch so manchen kleinen Unfall, hauptsächlich in der Backstube bei uns. Dort kamen meine Freunde auch in der Nacht gerne hin um den Duft des frischen Brotes zu genießen. Klaus habe ich dann einmal mittelschwer verletzt. Er hat mir meine Sandale geklaut und ich stand da mit einem Schuh in der Backstube. Ich warnte ihn aber er ließ nicht nach. Da habe ich mit dem großen Messer das ich in der Hand hatte auf den Schuh geschlagen, darauf schlagen wollen. Klaus zog aber geistesgegenwärtig die Hand zurück und ich traf dann was wesentlich schlimmer war seinen Arm. Er hatte eine Tiefe Schnittwunde und rannte direkt zum Arzt des Dorfes. Der wohnte zum Glück keine 20 Meter von der Backstube entfernt. Eine große Blutspur zog er hinter sich her.

Der Dok war zum Glück zu Hause und der Arm konnte gerettet werden. Die Frau Doktor die kein Doktor war, wollte aber immer so genannt werden. Sie schimpfte in ihrer Unvernunft mit Klaus weil er seine Blutspur durch den ganzen Flur zog. Sie wollte auch immer mit Frau Dr. angesprochen werden. Das konnte ich zu ihrem Ärger nie. Sie war für mich einfach Frau Locher. Es war mir zu wieder jemand Doktor zu nennen der keiner war. Klaus bedankte sich dann anschließend für den Heimatschuss bei mir, er wurde Krankgeschrieben und sein Meister war stink sauer er hatte für 3 Wochen einen Helfer für seine Klempnerei weniger. Nach meinen über Wochen anhaltenden großen Liebeskummer, ergab es sich dann doch noch, dass ich mich wieder sehr mutig mit einem anderen jungen Mädchen verabredete habe. Ich mit dem Moped sie mit dem Fahrrad auf dem Weg in die Wilsumer Berge. Das waren Tatsächliche kleine Berge und sind dies heute noch, ein tolles Naherholungsgebiet. Wir trafen uns dort umarmten uns und küssten uns das erste Ma, wir wussten beide was wir wollten. Es schien sich etwas zu entwickeln, dann geschah etwas Fürchterliches. Wir liegen friedlich auf der Decke und sind uns beide darüber im Klaren das es etwas zwischen uns werden könnte. Die ersten zarten Versuche sprengten aber das Vorhaben. Wir legten uns auf eine kleine Decke zwischen die Heide, die ich vorher nach Schlangen absuchen musste. Hier gibt es gelegentlich auch die beliebten Kreuzottern. Im Liegen, während der ersten Schmuserunde drückte ich vorsichtig auf die weit durch die Bluse ragenden Wunderschönen und so angenehm aufgerichteten Brüste. Es zischte bei dem ersten leichten Druck so als würde aus dem Luftballon die Luft herausgelassen. Mir stockte der Atem als die Brust flacher und flacher wurde und das zischen stärker wurde.

Die Glocken der Uelser Kirche schlugen in diesem Augenblick 18 Uhr. Mein Gott, entschuldigte ich mich, ich habe doch tatsächlich mein Fußballtraining vergessen. Wenig Minuten später waren wir beide getrennt auf dem Weg nach Hause. Mir tat dies hinterher sehr leid und ich habe mich entschuldigt. Aber diese Entschuldigung wurde nie angenommen, ich verstand auch warum und es tut mir heute noch Leid, nach so vielen Jahren bereue ich mein dämliches verhalten, es war nicht fair, aber ich war so verstört von diesem Geräusch, diese Enttäuschung. In der Backstube gab es viel Ärger und auch viel Spaß ich musste diese dreieinhalb Jahre nehmen. So wie sie nun einmal waren. So mancher Meister versuchte mir etwas vom Backen und von Torten beizubringen. Es reicht gerade für den späteren Hausgebrauch, ich habe dann später noch nach meiner Umschulung Notgedrungen meinen Eltern in der Backstube ausgeholfen bis sie einen vernünftigen Meister gefunden hatten und ich meine Ausbildung vom Bäcker und Konditor zum Schwachstromtechniker. Dann zum Starkstrom Elektriker bei der BBC fortsetzen konnte. Ich hatte da schon Kontakte mit der BBC in Mannheim geknüpft. Wir hatten von der Backstube einen direkten Weg mit allen Fertig Waren in das Haupthaus. Wir mussten mit den Torten und Blechen über die Straße balancieren. So manche Torte landete dann auf der Haube eines Autos. Ich stand immer auf dem Kriegsfuß mit meinem Stiefvater, ich konnte ihm nicht verzeihen, dass ich diesen Beruf erlernen musste. Es war natürlich auch eine Zeit in der ich Essen konnte das es fast ein Wahnsinn war. Keiner im Dorf konnte mit mir mithalten. Als wir dann unsere erste Stammkneipe in Uelsen hatten die ein Bayer namens Sepp bewirtschaftete, da hatten wir unser Jugendzentrum und unseren Mittelpunkt.

Dort habe ich oft einen ganzen Fasan verzehrt plus vieler Portionen Kartoffelsalat. Zu meiner bestandenen Gesellenprüfung habe ich es in Nordhorn in einem Imbiss auf 7 halbe Hähnchen gebracht. Die Kollegen sind nach der bestandenen Prüfung Saufen gegangen ich habe mich nach Herzenslust voll gefressen. Aber ich war trotz meiner Vielfraß Aktionen schlank wie eine Tanne. Konnte unter Türen hindurch schlüpfen und passte so auch noch durch unsere Toilettenfenster wenn ich wieder einmal ausgesperrt wurde. Nach meiner Gesellenprüfung fing aber auch das Biertrinken an. Bier mochte ich damals noch nicht trinken aber mit einem Schuss der wunderschönen rosa Fassbrause Regina schmeckte das Bier wunderbar. Wir Jungs nannten es Tango, aber mehr als 3-4 Stück trank ich selten. Man hatte mich im Gegensatz zu meinen Freunden selten betrunken gesehen. Das mit dem trinken startete ich erst als ich aus Hamburg. Von meiner Umschulung in die Schwachstromtechnik bei T&N zurückkam. Ich mochte einfach kein Bier, es war mit viel zu Bitter, als Tango oder als Alster konnte ich es trinken. Davon konnte ich aber nicht betrunken werden, nicht so wie meine Freunde die damals alle schon Bier mochten. Meine ersten beiden Tango Getränke blieben mir ebenfalls in schlechter Erinnerung. Ich war als einziger meiner Familie zur Hochzeit meiner ältesten Schwester in Lingen eingeladen. Vor dieser Feier, es war das tollste Wetter hatte ich mit 17 Jahren meine ersten beiden Gläser Tango getrunken. Ein Lob an die Brauerei Rolinck aus Steinfurt, es schmeckte lecker. Aber nach dem zweiten Glas spürte ich schon ein leichtes Schwanken. Aber ich fühlte mich noch recht wohl und ging frohen Mutes zur Feier, zum Mittagessen. Man setzte mich an das eine Kopfende des Tisches. Man wurde offiziell, es wurden Reden geschwungen.

Man freute sich das ich dabei war. Diese Freude währte nur bis zur Suppe, diese Suppe war eine fette Brühe, in der ekeliges super fettes gelbliches Fettes Zeug Schwimmt. Ich wusste, dass es üblich ist im Emsland fett zu essen. Aber solche ekligen Fettbrocken hatte ich noch nie gesehen. In mir zog sich alles zusammen, ich spürte wie alles samt meinen beiden Tangos nach oben kommt Ich sprang auf und wollte den Tisch verlassen. Aber es bäumte sich in mir auf und ohne das ich es verhindern konnte prustete ich es über den ganzen Tisch, die Feier war vorerst gelaufen aber ich konnte hoffen das viele froh waren diese Suppe nun nicht mehr essen zu müssen. Es war sonderbarer Weise niemand bis auf die Brauteltern sauer auf mich. Ich war dann auch schon ein gestandener Mann mit 17 Jahren. Den Führerschein machte ich mit 17 Jahren bei der Fahrschule Dahlmann in Uelsen. Die Kosten beliefen sich damals gerade auf 280.- DM Klasse 1+3. Diesem Anlass benötigte ich auch meinen ersten Ausweis und staunte dann nicht schlecht, als ich dann im Rathaus erfuhr, dass ich in Glogau Schlesien geboren bin. im Osten Deutschlands, jetzt Polen. Aber mich interessierte dies damals überhaupt nicht, ich war nur darauf fixiert mein Leben auf die Reihe zu bekommen. Ich war gerade mal 17 Jahre und 9 Monate, trotzdem durfte ich den Führerschein machen. Natürlich musste ich die drei Monate auf den Lappen warten bis ich dann 18 wurde. Ich konnte mir dann meine heiß gegehrte BMW kaufen und mit meinen anderen BMW Freunden die Umwelt unsicher machen. Nur mein vieles Futtern, mein ständiger Kohldampf gab dann auch immer den zusätzlichen Anlass von Stress zwischen mir und meinem Stiefvater. Er trank in dieser Zeit oft einige Bier und Schnäpse zu viel und war oft sehr aufgeregt.

Wie immer, wie jeden Tag zur Mittagszeit sitzt die ganze Mannschaft, Putzfrau – Bäckermeister, Kellner. Schwestern am großen Tisch in der Küche. Ich hatte mir wieder einmal die fünfte Wurst genommen, ich hatte Hunger. ,, Dummheit frisst, sagte da mein alter Herr der neben dem Tisch stand, vor allen Leuten". ,, Das stimmt Papa, aber Intelligenz säuft". Antwortete ich trocken, da wurde der alte Herr Fuchsteufelswild und knallte mir eine, so richtig mit Schmackes. Da ich Schläge gewohnt war und erprobt bin seit meiner frühen Kindheit, spürte ich keinerlei Schmerz. ,, He, ich dachte du warst einmal Schlesischer Meister im Boxen. Der Schlag war doch nichts, ich hielt ihm die andere Wange hin. ,, kannst ja noch einmal üben". Er schäumte nur so und brummelte sich etwas in seinen Bart, ,, ich und saufen". Da musste ich noch einen Spruch nachsetzen. ,, Ich weiß nicht warum du dich so aufregst, ich hatte mit keiner Silbe gesagt das Du Intelligent bist". Er schoss wie ein wilder auf mich zu, nur der mir Gegenüber sitzende Bäckermeister konnte den Schlag auf meinen Kopf noch geistesgegenwärtig abwehren. Mein Alter streifte mich nur mit seiner Faust und verschwand schleunigst aus der Küche. Ich hatte dann hinterher eine kleine Beule, die er mir dann später mit einem Heiermann, einem Fünfmarkstück kühlte. Den Heiermann konnte ich dann natürlich behalten. Diesen schönen Heiermann das schöne fünf Mark Stück vermisse ich noch heute. Wir hatten des Öfteren richtigen Stress miteinander aber nie hielt dies länger an. Nie war einer von uns länger sauer auf den anderen. Er wurde schnell wütend und ich war ganz schön frech. Ich wusste genau, dass ich an unserem Streit nie unschuldig war. Es gab nichts, wo ich nicht das letzte Wort hatte. Das trieb ihn oft zur Weißglut, aber ich habe es früh gelernt mit Schlägen und Stress umzugehen ich verspürt kaum Schmerzen.

Vermutlich weil ich vollgepumpt war mit Adrenalin wenn es zum Streit kam. Das war auch so wenn ich draußen mit den Freunden mal Streit hatte. Ich bekam nur 2.- DM Lohn in der Woche als Lehrling, zu meiner Zeit war das so, manche Eltern bezahlten dem Meister sogar die Lehrjahre ihrer Kinder. Uelsen war für mich der allerschönste Ort der Welt und das beste was mir in meiner Jugend passieren konnte. Uelsen machte mir noch sehr lange sehr viel Spaß. Der Mühlenberg hatte es mir und meinen Freunden sehr angetan, die alte Mühle war unser Standard Spielplatz. Natürlich waren in diesen Büschen und den hohen Gräsern auch immer Mädchen mit dabei. Als ich etwas älter war und zurück aus Hamburg gekommen bin als beinahe Erwachsener Mann mit knapp 19 Jahren wurde es noch richtig spannend. Nordhorn wurde durch meine 3.5 Jahre Berufsschul Jahre ebenfalls ein fester und wichtiger Anlaufpunkt für mich und meine Freunde. Mit Elvis und dem Rock und Roll wurden auch die ersten Milchbars in Nordhorn aufgemacht. Die ersten Läden für uns junge Leute in die wir gehen konnten. Adolf hat mich einmal aus einer Milchbar angerufen, kein Bus ist um diese Zeit mehr nach Uelsen gefahren. Er musste nach Hause, ich holte ihn als Freundschaftsdienst dort ab. Auf dem Rückweg waren wir dann kurz vor Uelsen in Lemke ein mini Kaff bestehend aus drei Häusern und einer Ziegelei und einer Kneipe die es in sich hatte. Man konnte dort gut Essen trinken und in der Bar noch viel mehr erleben. Wir verbrachten so manche Nacht dort zwischen den willigen Mädels. Es waren die Nächte in denen uns das Lied brennend heißer Wüstensand begleitet. Wir sangen dann immer brennend heißer Würstchenstand. Wir vergrößerten dann oft die Ausschnitte der Mädels wenn sie nicht genügend Einblick gewährten.

Wir mussten natürlich noch in die dortige BAR, ein Restaurant und Bar oder auch Kneipe die dann am Abend zur BAR wurde. Wir haben dort so manchen Abend verbracht und kannten die Mädchen dort alle. Erst gegen 6 Uhr morgens sind wir dann aus der BAR geworfen worden samt Barfrau. Wir hatten uns wieder einmal daneben benommen meinte aber nur der Wirt. Erst fuhr ich die Barfrau zu uns nach Hause in die Bäckerei, Willi war schon fleißig am Brötchen drehen. Dann holte ich Adolf ab. Als ich bei ihm vor der Haustür stand und ich ihn abladen wollte war der Rücksitz leer. Ich bekam einen Schock als ich feststellte, dass der Rücksitz meiner Heinkel leer ist. Ich hatte Adolf verloren, blitzschnell drehte ich die Heinkel um, keinen Kilometer vor dem Ortseingang Uelsen liegt Adolf mitten auf der Straße und schläft ganz friedlich und fest. Zum Glück war der Berufsverkehr schon durch, aber der bestand auch nur aus einem Bus oder vier bis fünf mini PKWs. Es gab in Uelsen damals nur wenige Autos, einige Gogomobile und BMW Isetta. .Wenn der lange Holstein mit seinem Sport GOGO losfuhr musste er immer das Schiebedach aufmachen und dort hinaus schauen. Bei Regenwetter lag er fast im Auto und saß dann auf der Rückbank. So konnte Adolf noch zu dieser fast Autolosen Zeit ruhig auf der Landstraße schlafen. Ich hatte Mühe ihn zu wecken aber es gelang mir ihn sicher nach Hause zu bringen. Wir machten vorher noch einige Übungen um ihn fit zu machen für die nächsten 2 Kilometer. Die kleine Bardame blieb noch zwei Tage in meiner Obhut bis sie ihr Chef zurückholte. Er hatte keine Bardame mehr und keine Wahl, er musste vorher noch das Hotelzimmer und die Rechnung der Lady begleichen. Wir haben so manche Fete in dieser Bar gehabt. Es sind die die erste Schlager auf die wir ständig dudelten. Berennend heißer Wüstensand war da der meist gedudelte.

Oder Ralf Bendicks der Baby Song oder Mama hol den Hammer. Fredi machte uns jungen dann alle zu Matrosen, Viele junge Männer aus Uelsen fühlten sich zur Marine hingezogen. Auch ich blieb von dieser Sucht nicht verschont. Obwohl ich gern in Wilhelmshafen war wurde meine Ausbildung als Seemann jäh unterbrochen. Ich wurde Krank- geschrieben mit einer Lungenentzündung. In Wirklichkeit habe ich mich mit einem verrückten. Einem Bootsmann meinem Ausbilder angelegt. Ich war Fußballer jung und gut drauf. Wir hatten aber Freiwillige in der Kompanie die dick und unbeweglich waren, diese hatte er dermaßen drangsaliert das ich einschreiten musste. Bei einer Nachtübung ist er dann von der Hafenkannte in das Hafenbecken gestürzt, acht Meter tief. Ich konnte das natürlich nicht sehen. Ich wunderte mich nur wie lange es dauert bis es platsch machte. Die ganze angetretene Kompanie war überrascht und wir mussten den Kerl auch noch retten. Er war ganz schön angeschlagen und kam dann auf das Krankenrevier. Es war einer der alten Ausbilder aus der für mich und meine Freunde damals schon beschissenen Hitler Armee. Er war ein Schwein. Da er ein 16 Ender war konnte man ihn nicht loswerden bei der Marine. Aber nun hatten sie den Anlass und sie schickten den Kerl in Pension. Ich durfte für einen Tag die gesiebte Luft im Bau atmen. Am nächsten Morgen wurde ich zum Arzt geführt der mir eine schwere Lungenentzündung unterstellte und mich nach Hause schickte. Meine Befreiung vom Wehrdienst kam dann während meiner Krankenzeit nach Uelsen. Nur das Erlebnis mit der flotten Zigeunerin in Uelsen, das mir beinahe mein junges Leben gekostet hätte. Wieder einmal lagerten die Zigeuner mit ihren Pferdewagen oben in Richtung Waterfall in dem kleinen Waldstück, auf dem an Uelsen Angrenzendem kleinen Wald. Uelsen war dann immer in Aufregung, man hatte Angst vor dem Ruf der Zigeuner.

Ich lernte dann im Dorf eine der jungen Frauen der Zigeuner kennen. Ich bot ihr das alte Brot als Futter für die Tiere an. Sie nahm dies dankend an und ist dann jeden Tag gegen Abend gekommen und hat sich das alte Brot geholt. Natürlich packte ich ihr auch für die Kinder gute leckere Sachen ein. Ihr Dank war überschwänglich und sie wollte dies alles nicht ohne Bezahlung annehmen. Wir wurden dadurch für einige Wochen ein beinahe Liebespaar. Sie hatte ihren Spaß mit mir, sie war 10 Jahre Älter und ein lustiger Typ. Es war so lange lustig bis ihr Mann die ersten Vermutungen hatte. Es wäre vielleicht schief gegangen wenn nicht mein Freund Waldi. Ein junger Zigeuner ein Freund und Roma, hat mich gewarnt vor dem Ehemann dieser wunderbaren Frau. Waldi lebte mit seinem Vater schon länger alleine in Uelsen und hatte natürlich zu seinen Stammesbrüdern einen Kontakt aufgenommen und hat erfahren was passiert sein soll zwischen mir und der jungen Frau des Anführers der Sippe. ,, Bully, verschwinde für einige Tage, solange bis die Truppe weg ist, die müssen Übermorgen abziehen. Die Polizei zwingt sie zu deinem Glück dazu. Verschwinde diese zwei Tage aus dem Ort". ,, Das war natürlich nicht möglich, aber jeden Abend war ich dann für 2 Tage bei Klaus. Die Gefahr war dann auch bald vorüber und ich um eine wunderbare Erfahrung reicher. Es war eine tolle Frau und ich beneidete den alten Zigeunerhäuptling um diese junge schöne Frau. An Waldis Vater erinnere ich mich noch immer weil er so ein wunderbares Motorrad hatte, eine 125 Adler, die einen solchen schönen Klang hatte und so toll niedrig war. Als meine Bäcker und Konditor Lehrjahre und Liebes Lehrjahre in Uelsen dann endlich vorüber waren. Ich meinen nutzlosen Gesellenbrief in der Hand hatte. Nun auch das Thema Bundeswehr abschließend für mich nach meiner Lehre beendet war.

Mit 6 Wochen Dienst an der Knarre war das schnell vorbei. So hatte ich für mich alles geregelt, mit meinen 17.5 Jahre war ich gut ausgebildet und die Welt stand mir offen. Ich hatte Kontakt aufgenommen mit der Firma Telefonbau und Normalzeit in Hamburg und vereinbarte eine Umschulung in einen für mich richtigen Beruf nach meiner Wahl. Ich wollte zu Hause jeder Diskussion aus dem Weg gehen. Ich packte heimlich meine Sachen und verschwand in Richtung Hamburg in ein neues Leben und in ein neues Abenteuer. Ich bin in Hamburg angekommen, und habe mich bei der Firma T&N vorgestellt, hier bin ich, ich will morgen anfangen. Herr Berger, wie stellen sie sich das vor, haben sie schon eine Wohnung". ,, Die suche ich mir morgen". ,, Bei ihnen zu Hause ist das möglich aber nicht hier bei uns. Fahren sie wieder nach Hause und besorgen sie sich erst eine Unterkunft?". Das ging natürlich nicht nach meiner Art der Abreise, aber ich wäre nicht der schnell Entschlossene wenn ich auch nicht handeln würde. Es war spät am Abend und ein wunderschöner Sommertag, ich hatte meine Koffer im Bahnhofs Schließfach und war somit frei mitten in der Stadt und ich war Vermögend mit meinen 200.- DM Reisegeld Überschuss. Die erste Nacht in Hamburg verbrachte ich dann auf einer Parkbank und im Bahnhof. Am zweiten Tag klapperte ich alle Buden ab die in der Innenstadt waren und fragte nach einem Zimmer. In die Zeitung schaute ich überhaupt nicht, ich wusste, dass auf jede Anzeige 100 Bewerber bei dem Vermieter auftauchten. Ich merkte schnell, dass es nicht einfach wird und alle bestärkten den Chef der Firma T&N in seiner Aussage es ist sinnlos in Hamburg ein Zimmer zu suchen. Ich ging dann abends in eine Bar am Hansaplatz der neben der Reeperbahn das größte Nuttenviertel in Hamburg war. Ich trank dann einige Bier und blieb bis zum Ende in der Bar.

Die Kellnerin die sich ebenfalls anbot für eine heiße Nacht musste ich eine Absage erteilen, es war viel zu viel Geld unerschwinglich für mich was sie forderte. Ich konnte ihre Art zu arbeiten beobachten. Sie blieb dann immer für 15 bis 20 Minuten mit den Gästen in irgendeinem Hinterzimmer. Länger dauerte so ein umstrittenes Vergnügen zwischen ihr und den Männern nie. Die meisten dieser Männer erschienen dann wieder mit langen Gesichtern und vermutlich mit zwei leeren Beuteln in der Gaststätte. Niemand ist mit einem freundlichen Gesicht aus dem Arbeitszimmer gekommen. Zwischendurch schenkte die kleine Bier ein. Sie bediente auch noch die Gäste die nur Durst hatten. Ihre anderen Kunden verschwanden dann auch immer direkt aus der Bar. Man sah vielen an das sie sich dann nach dem abzapfen und abzocken doch fürchterlich über sich selbst ärgerten. Ich hoffte immer nur, dass die fleißige Service Dame sich die Hände Gewaschen hat wenn sie mir ein neues Bier zwischen den einzelnen Befriedigungen servierte. Mit meinen 18 Jahren sah ich das noch sehr locker und war stolz auf meine erste und neue professionelle Bekanntschaft. Sie nahm mich dann nach sie sich meine Geschichte. Mit meiner Wohnungssuche angehört hat mit zu sich mit nach Hause. Sie dröhnte sich dort noch völlig zu mit einem billigen Wodka. Ich schüttete meinen Wodka immer heimlich in die Blumen ich hatte keine Lust mehr auf die bereits abgefüllte Tante. Sie machte sich zwar teilweise frei aber sie hatte ihren Reiz für mich längst verloren. Sie erzählte mir dann lallend wie sind dann in Rumänien ihren Mann umgelegt hat. Mit meinen nackten Händen habe ich das Schwein erwürgt. Der hatte mich das letzte Mal geschlagen, damit drehte sie sich zufrieden um und schlief fest ein. Sie grunzt noch einmal und fiel in einen Tiefschlaf.

Ich konnte nicht mehr an Schlaf denken und verschwand beim ersten Tageslicht. Ich war froh wieder draußen an der frischen Sommerluft zu sein. Dieser Gestank nach Schweiß, Nutte, Fisch und Alkohol war grausig, aber ich hatte doch 2 Stunden fest geschlafen und fühlte mich komplett ausgeruht. Ich ging dann in die Richtung Dammtorbahnhof, diese Gegend nahm ich mir als nächste für meine Wohnungssuche vor. Gleich am zweiten Kiosk der in der Richtung Eimsbütteler Straße steht hatte ich Glück. ,, Ja junger Mann gerade Gestern war eine Kundin bei mir die ein Zimmer vermieten möchte. Hier in der Eimsbütteler Straße, ich wollte gerade den Zettel aufhängen. Ich las ihn noch liegen bis sie mir Bescheid geben ob es geklappt hat". Sofort machte ich mich sehr glücklich auf den Weg und habe das Zimmer, ein kleines Zimmer mit einem Bett einem kleinen Schrank und einer Waschstelle bekommen. So wie es damals üblich war mit einer Porzellan Schale und darin eine Porzellan Kanne mit Wasser als Waschgelegenheit für die kleine Wäsche. ,, Mein Mann ist im Ausland und ich bekomme nur gelegentlich Geld, ich bin auf die Vermietung des Zimmers angewiesen. Ist das OK für sie 90,- DM". ,, Das ist Ok für mich, ich nehme das Zimmer sofort". ,, Welches Zimmer soll der Mann haben, doch nicht mein Zimmer Mama", mischt sich ein kleines Mädchen ein. ,, Doch mein Schatz, dein Zimmer, du schläfst solange bei mir im Bett". So hatte ich das Zimmer und ziehe sofort ein, zahle die erste Miete und hatte dann nur noch 40.- DM übrig für den Rest des Monats der ja nur noch 14 Tage hat. Ich holte meinen Koffer vom Bahnhof und muss diese natürlich bis zur Wohnung tragen und schönes Stück vom Hauptbahnhof bis in die Mitte der Eimsbüttlerstraße. Ein kleines aber preiswertes Zimmer.

Ein Bett ein Nachtschrank ein kleiner Tisch mit einem Stuhl aber kein Schrank. Mein Schrank wurde meine Koffer unter dem Bett. Duschen konnte ich natürlich auch im Familien Badezimmer. Am nächsten Tag gehe ich dann wieder strahlend zu T&N, man will es dort nicht glauben, dass ich ein Zimmer habe. Ich muss für den nächsten Tag eine Bescheinigung meiner Vermieterin beibringen, sie mussten wissen, dass meine Angaben auch stimmten. So unglaublich war meine so erfolgreiche Zimmersuche. Sofort am nächsten Tag konnte ich dann mit meiner praktischen Arbeit beginnen. Dies im Neubau des Unilever Bürohauses das gerade neu eingerichtet wird. Dort bekomme ich meine erste Arbeit, dort war ich fast beide Jahre meiner Ausbildung. Ich hatte mich elektrisch super vorgebildet denn die Elektrik war immer mein Leben. Ich war sofort eine wertvolle Hilfe auf der Baustelle. Dann Kommt die Buga nach Hamburg und einige kleine andere Jobs für mich hinzu. Einmal in der Woche Theoretische Schulung gibt der ganzen Arbeit etwas Ruhe. Bei der Bundesgartenschau habe ich die Aufgabe die Sprechanlagen für die Bühne einzurichten, es war eine Ehre und ein Vertrauensbeweis in meine fachmännischen Künste. Deshalb durfte ich auch beim Empfang des Bundespräsidenten dabei sein, zum Glück war ich dabei. Dr. Theodor Heuss setzte zu seiner Ansprache an und nimmt das Mikro in die Hand aber nur ein zartes hauchen ertönt. Ich erstarre und weiß sofort, dass der Stecker. Noch nicht eingesteckt ist der die ganze Anlage unter Strom setzt. Ich flitzte sofort los, es dauerte nur wenige Sekunden. Alle konnten nun hören wie es dann durch die ganze Buga Halle und das Gelände schalt. Welcher Idiot hat das installiert, oh da ist ja der Ton.

Das war das was mich dann lange noch bei T&N verfolgte. Natürlich war ich auch hier nicht um eine Ausrede verlegen. Denn ich konnte ja nicht dafür, dass irgendein Idiot den Stecker gezogen hat. Ich konnte diesen ja nicht durchgehend bewachen. Die kleine Tochter meiner Vermieterin wurde mein Augenstern und ich war ihr ein guter Ersatzvater für die Kleine. Ich selbst hatte natürlich Probleme mit dem eigenen Überleben. Denn die 270.- DM im Monat sind wenig Gehalt für die Umschulung. Davon gingen dann 90.- DM für die Miete ab und Fahrgeld mit der Straßenbahn 20,- DM. Ich hatte in meinem Arbeitskittel und Spind immer viele harte Brötchen die ich dann so nebenbei bei der Arbeit verzehrt habe um meinen Hunger zu stillen, Wasser gibt es auf der Baustelle genügend. Wenn es Gehalt gibt ging ich immer auf die Reeperbahn in den Fuchsbau der meine Stammkneipe wurde. Dort gab es immer tollen und den besten Kartoffelsalat mit Currywurst oder Pommes mit einer tollen Gulaschsoße. Dann habe ich es mir zweimal im Monat richtig gut gehen lassen und habe mich satt gegessen und mir drei Bier dazu genehmigt. Dass waren dann meine Feiertage in Hamburg, ich machte viele Spaziergänge und war viel mit der Tochter meiner Vermieterin unterwegs. Wir hatten viel Spaß zusammen und die kleine war dann froh, dass sie mich hatte. Meine Zeit der Umschulung war zu Ende und ich hatte die Abschlussprüfung bei der IHK erfolgreich Abgeschlossen. Diese natürlich mit sehr gut bestanden, mit 2 + in allen Fächern. Ich war nun gelernter Bäcker und Konditor und Schwachstromtechniker für Telefonbau und Normalzeit. Ein Hilferuf meiner Eltern die mich sich die ganzen Jahre nicht bei mir in Hamburg gemeldet hatten erreichte mich.

Sie benötigen meine Hilfe dringend, der bisherige Bäckermeister ist einfach abgehauen. Sie stehen nun ohne Bäcker da, ich sagte natürlich zu. Konnte und wollte sie nicht im Stich lassen. Das natürlich höchstens für ein halbes Jahr bis sie einen Bäcker gefunden haben. Ich hatte vorher meinen Termin als Stuart auf einem kleinen Kreuzfahrschiff verschlafen. Ich war mir mit dem Kapitän des Schiffes in einer Kneipe einig geworden, ich wollte diesen Job, der war interessant und vermutlich voller Abenteuer. Wir verabschiedeten uns nach 5 Flaschen Pernod für den anderen Morgen um acht Uhr. Ich hatte alles gepackt und wurde auch pünktlich wach. Dann hatte ich so einen Durst das ich das gesamte Waschwasser aus der Kanne austrank. Ich bin stink besoffen wieder zurück auf das Bett gefallen und meine Seemann Kariere war zu Ende bevor diese angefangen hat. Ich behielt mein Zimmer noch für drei Wochen und wollte dann zurück in die Richtung Nordhorn nach Uelsen. Es war sehr warm in dieser Zeit und ich verbrachte einige Tage am Elbstrand. Machte dort auch sehr nette weibliche Bekanntschaften. Darunter auch eine sehr nette braune Lady aus Brasilien, wir kuschelten und ich hatte auf einmal bei dem Griff in den BH. Ich habe ein Büschel Haare zwischen den Fingern und leite umgehend meinen Rückzug ein. Das Erlebnis war so ähnlich wie mit das Erlebnis mit dem mit Luft aufgepumpten BH. Ich reagierte genauso blöde, aber diese Haare stören mich wirklich mehr als die Luft. Die Luft konnte ich mir nie verzeihen. Ein Arbeitskollege bei T&N der verheirate war und zwei Jungs hat, hat natürlich mitbekommen das ich in der Hauptsache von Wasser und trockenen Brötchen lebte hat mich zu sich nach Hause eingeladen. ,, Komm zu mir ich sage meiner Frau Bescheid, dass sie dich einmal richtig vollstopft.

Irgendwann musst du dich doch auch einmal satt essen".
Natürlich ist mir dies sehr Recht, ich hatte in der Tat
immer Hunger. So machte ich mich dann am gleichen
Abend auf den Fußweg nach Eimsbüttel, es sind nur 4
Kilometer von meiner Wohnung entfernt. Obwohl vor
meiner Haustür der Wendeplatz und Kreisel der
Straßenbahn ist, der mich jede Nacht verrückt macht mit
dem wilden Gekreische der Fahrwerke der Bahnen die
alle nicht in Ordnung sind. Ich entschloss mich auch das
Fahrgeld zu sparen und zu Fuß zu gehen. Die Wohnung
meines Kollegen war ganz oben unter dem Dach, es ist
eine kleine Dienstwohnung. Denn nebenbei ist er noch
Hausmeister von diesem Riesigen Block. Er stellt mich
seiner Frau vor, ,, Das liebe Helga ist mein junger Kollege
von dem ich dir erzählte habe, das er nun seit Jahren nur
von trockenen Brötchen und Wasser lebt". ,, Na, dann
wollen wir mal schauen. Wir werden doch den jungen
Mann einmal richtig satt bekommen". Sie führt mich
nach diesen vielversprechenden Worten in das Wohn
und Esszimmer. ,, Setzen sie sich es dauert noch einen
Moment, ich denke Bratkartoffeln und Eier sind das
Richtige um sie einmal richtig satt zu bekommen". ,, Das
ist nicht schlecht Frau Brandes, das habe ich schon eine
Ewigkeit nicht mehr gegessen. Wenig später kommt eine
große Schale voll mit Bratkartoffeln auf den Tisch und
vier Spiegeleier auf einem Extra Teller. Es war in der Tat
ein Riesenberg Bratkartoffeln ich schaute diesen
entgeistert an und glaubte nicht das ich diesen schaffen
würde. Mein Kollege kommt kurz in das Zimmer. ,, Ulli
nun las dich nicht bitten hau rein ich habe noch im
Treppenhaus zu tun, höchstens noch eine halbe Stunde".
,, Ok", sagte ich und lege los. Ich schaffe den ganzen
Berg Bratkartoffeln und diese vier Eier, Ich war in der Tat
Satt, so Satt wie man nur sein kann.

Die Hausfrau kommt herein und ich wollte mich bei Ihr für das gute Mal bedanken. Als ich ihr Gesicht sehe, als sie die leere Schüssel ohne jede Bratkartoffeln sieht, schlägt sie die Hände vor dem Gesicht zusammen und verschwindet mit einem Aufschrei. Ich höre sie nur schwer erschüttert nach ihrem Mann rufen. Der dachte die Bude sei eingestürzt. Sie überschüttete ihn mit einem gewaltigen Redeschwall. Der Unmensch hat alles aufgefressen, was gebe ich jetzt den Jungs zu essen wenn die nach Hause kommen. Mir wurde es spei übel, da bin ich ja wieder einmal auf einen Kollegen so richtig reingefallen. Oder konnte es tatsächlich sein das von dieser Portion Bratkartoffeln noch vier Leute essen wollten und sollten, die wären doch sowieso kalt gewesen. Die Bratkartoffeln wären doch sowieso kalt gewesen?. Ich konnte es nicht verstehen aber ich hörte den Streit der Eheleute und verschwinde nach unten. Ich habe in der Nähe einen Imbiss gesehen und kaufte dort vier Portionen Curry Wurst mit Pommes, klingelte und stellte das Paket vor die Tür und verschwinde ohne ein weiteres Wort. Die Einladung meines Kollegen hatte nur zur Folge, dass ich einmal richtig satt geworden bin aber nun 4 Tage Hungern muss, weil mein Geld nun alle ist, bis zur Abschlusszahlung meiner Firma. Ich habe für diese vier Tage bis zum nächsten Zahltag nur noch 6 harte Brötchen. Was hätte ich für dieses Geld für die vier Portionen Pommes mit Currywurst für Schöne Abend im Fuchsbau haben können. In meiner Kneipe auf der Reeperbahn im Fuchsbau gibt es seit Wochen Theater zwischen dem Wirt und seiner Freundin. Sie setzte sich zu mir und erzählte mir von ihren Problemen und das sie unbedingt raus muss aus dieser Kneipe. Sie will Fredi mal einen Denkzettel verpassen. ,, Komm mit zu mir nach Hause, da kannst du erst einmal bleiben.

Wenn du willst dir deinen Unterkunft in unserem kleinen Hotel und der Kneipe verdienen". Wenn du willst melde ich dich bei meinen Eltern an, unserer Kneipe und Uelsen tut dir bestimmt gut". ,, OK mach das klar, sage mir Morgen Bescheid damit ich mich darauf vorbereiten kann. Fredi braucht dringend einen Denkzettel. Dieses Weib ist eine super Frau und sieht verteufelt gut aus. Ich weiß sie wird Uelsen in Aufregung versetzen. Ich machte mich dann nach dem vierten Bier auf dem Weg über die Reeperbahn zur Eimsbütteler Straße. Ich stolpere dabei über eine Horde Menschen die sich lustig machten über einen Idioten auf der Motorhaube eines amerikanischen Straßenkreuzers. Der mit einer riesigen Gurke oder Zuchini auf der Motorhaube Blödsinn treibt. Ich fast den Blödmann auf der Motorhaube am Bein und zieh ihn von der Haube herunter. Im Nu stehen fast zwanzig wildgewordenen Männer um mich herum und wollen mir an die Wäsche. Du Idiot, hau ab wir machen hier Filmaufnahmen. Du hast alles zerstört, wir müssen von vorn anfangen. Ich wurde in Sekundenschnelle beseitigt. Ich war nur noch Zuschauer am Rande der Filmszene die ich als diese nicht erkannt habe. Nur so nebenbei bekomme ich mit, dass dieser junge Kerl auf der Motorhaube nicht älter als ich ist und der neue Star der Music Szene ist, UDO Lindenberg ist. Ich kannte ihn nicht und hatte bisher noch nie etwas von ihm gehört. Wenige Tage später bin ich dann mit Fredis Braut und einigem Gepäck. Mit meinem neuen Berufsnachweis auf dem Weg nach Uelsen. Wir werden in Nordhorn abgeholt, ich sehe mein Stiefvater seit 2 Jahren zum ersten Mal. Es wird eine trockene freundliche Begrüßung und ich stelle fest dass mein Mitbringsel aus Hamburg ihm gefällt. Es passierte was ich geahnt habe. Diese Lady bringt Leben in unsere Kneipe.

Die Männer stehen manchmal in sechser Reihen vor der Theke. Sie sind alle in diese schöne und schlagfertige Lady vernarrt, jeder suchte Anschluss bei ihr. Sie wird die Attraktion des Dorfes und der Umsatz von Bier steigt gewaltig an. Aber es gibt immer wieder kleine Probleme zwischen mir und meinen Eltern, besonders meiner Mutter, diese geglaubt fest daran, dass diese Lady meine Freundin ist. Das war sie und ist sie nicht, eine Freundin ja aber im Sinne einer echten Freundschaft ohne eine Beziehung. Obwohl ich sie ganz sicher nicht von der Bettkannte geschupst hätte. Diese Lady mich auch des Öfteren ganz schön an und aufregte. Ich blieb innerlich stabil und Baggert sie auch nicht an, ich hatte es ihr versprochen und habe mich daran gehalten. Dann nach der 4 Woche tauchte im Dorf ein großer amerikanischer Straßenkreuzer auf, mit vier Typen im Auto die nach Reperbahn riechen und die auch gern eine Schlägerei im Dorf angezettelt hätten. Sie sind aber nicht in unser Hotel gekommen, ich weiß sofort, dass dies Fredi ist. Ich gehe zu dem Wagen weil ich natürlich Fredi sofort erkannt habe. Fredi denkt natürlich auch, ich bin mit seiner Freundin durchgebrannt. Die Typen hinten im Fond machten Anstalten aus dem Auto zu steigen und wollten sich sicher auf mich stürzen. Fredi bremst sie und steigt aus. Ich wusste nicht was auf mich zukommen würde aber Fredi blieb sehr ruhig und ich entspannte mich auch.,, Was ist Bully", so nannten mich meine Freunde alle, Engelbert konnte nie jemand behalten und ich machte aus meinem Rufnamen von zu Hause, wo immer das war Burzi, einfach Bully. ,, Sie wartet auf dich Fredi, es geht alles gut, sie ist einfach nur vor deinen Wutausbrüchen geflüchtet, sie liebt dich und wartet darauf das du sie holst". ,, Du hast nichts mit ihr?". ,, Hatte ich zu keiner Zeit, sie ist gut 10 Jahre älter als ich.

Wir sind Freunde und ich war gerade Gast als du mal wieder ausgerastet bist, das geht nicht mein lieber". „ Ich weiß Bully, ich habe Scheiße gebaut, ich habe immer mit meinen Gästen mit gesoffen, das war ein riesen Fehler". „ Fredi ich hole sie raus und ihr könnt sprechen wenn sie will". Es wurde ein kurzes Gespräch zwischen den Beiden und sie ging wieder ins Hotel zurück. Fredi kam zu mir „ OK Bully du hast Recht, sie will zurück kommen, benötigt aber noch etwas Zeit und ich muss ihr beweisen das ich mich geändert habe. Als erstes Zeichen dafür fahre ich jetzt ohne Sie und ohne Theater zu machen nach Hause. Was ist mit dir Bully, willst du in diesem Gottverlassenen Kaff bleiben?". „ Ja Fredi, das ist nach der so aufregenden Flucht meine Heimat geworden. Ich weiß auch noch nicht wo mich das Leben hintreibt. Ich habe da noch so einiges im Sinn und in der Planung". „ Wenn du willst Bully kannst du bei mir im Fuchsbau Partner werden?". „ Danke nein Fredi ich muss in die Welt der Technik". „ Ok dann bis in einigen Tagen wenn ich sie abhole. Drei Wochen später holte Fredi seine Freundin tatsächlich ab und verschwindet im Fuchsbau mit Ihr wo sie heute hoffentlich noch glücklich sind. Dort lebten sie sicher noch lange und zufrieden. Ich bin wieder eingesprungen als Bäcker und Konditor und schmeiße die Bäckerei vorerst ganz alleine. Dann kommt plötzlich ein ganz junger Meister aus Lingen zu uns. Wir wurden auf Anhieb Freunde und verstanden uns, nicht nur deshalb weil ich nicht mehr lange Backen musste sondern wir waren uns menschlich sehr nahe. Auch stellte ich fest, dass Willi ein ausgezeichneter Bäcker ist und wieder Schwung in den Laden bringen kann. Ich blieb noch 6 Monate, alles klappt mit Willi hervorragend, wir arbeiteten sehrt gut zusammen und gingen dann abends auch zusammen aus.

Wenn wir uns an der Theke mit unseren anderen Freunden so richtig einen gebrannt haben, dann wurde Willi oft gefragt ob er denn am anderen Morgen gut aufstehen kann. ,, Klar, kann ich das ich bin jeden Morgen um 4.00 Uhr in der Backstube egal wie besoffen wir waren. Fragt doch Bully, der muss ja immer mit raus aus dem Bett. Aber dann wenn die Teigmaschine kreiselt passiert es schon manchmal das ich in den Teig Kotze. Da sind dann die kleinen Stückchen in den Brötchen". ,, Ihr seid ja Schweine, bei euch hole ich keine Brötchen mehr". ,, Gestern, legte Willi noch eine Schüppe drauf. Gestern haben wir eine Spezialität gebacken. Brot mit Frosch Schenkeln das war lecker". ,, Willi das ist ja nur Blödsinn, das habt ihr nicht macht, aber dein Kumpel Bully der hat meinem Vater eine Maus in ein Brötchen gebacken. Der hat monatelang keine Brötchen mehr gegessen. Der wollte zur Polizei gehen, ich konnte ihn nur mit großer Mühe davon abhalten". ,, Was ist nun mit dem Froschschenkelbrot, das stimmt doch auch wieder nicht". ,, Nicht ganz aber wir haben drei Frösche in einen Karton gepackt. Unseren Nachbarjungen haben wir mit dem Karton in das Lebensmittel Geschäft Müller genau gegenüber unserer Backstube geschickt mit diesen Fröschen im Karton. Wir haben uns bereits sehr darüber amüsiert und haben uns ausgemalt wie erschrocken die beiden Mädchen in dem Laden wohl schauen würden wenn ihnen die Frösche entgegen hüpfen. Wir warteten fast eine halbe Stunde bis der kleine mit dem Karton zurückgekommen ist. Wir waren jetzt die gelackmeierten die staunten als wir den Karton öffneten. In dem Karton waren nun 9 Frösche. Genau genommen 9 Froschteile, natürlich haben wir diese Teile nicht verarbeitet in ein Brot, so wie Willi es gesagt hat. Die armen Kerle haben sofort eine Würdige Feuerbestattung.

In der Feuerung des Backofens bekommen". „ Eine ganze Welt stürzte in mir zusammen, von wegen zartes Geschlecht, diese Weiber sind echte brutalis wird mir klar. „ Aber das mit der Maus im Brötchen mein Freund Klaus, das stimmt aber du hast mich auch darum gebeten weil dein Vater manchmal so ein Arschloch ist". Aber alle unsere Väter waren zu dieser Zeit seltsame Zeitgenossen. Alle lebten noch in ihrer vergammelten Hitler Welt und Träumten schon wieder von deren Machtergreifung. Den Krieg hat niemand von ihnen verloren, da hätten nur noch wenige Wochen gebraucht und hätten gewonnen war die feste damalige Meinung aller Väter. Ja, das war unser aller Last mit dem verlorenen Krieg, aber wir mochten es nicht zu Ende denken wenn diese Väter und der Adolf Hitler den Krieg tatsächlich gewonnen hätten. Es war uns Jungs klar dann würde es uns noch sehr viel schlechter gehen. Als es uns jetzt geht. Inzwischen wissen wir Kinder längst was es mit der Wunderbaren Wehrmacht auf sich hatte, die haben mehr Unheil angerichtet in Europa und mehr Menschen vernichtet als irgendeine andere Armee es jemals wieder tun könnte. Keine Armee hat dies jemals vorher fertig gebracht und selbst die Unschuldigsten und harmlosesten wurden grauenvoll vernichtet. Dies hatte natürlich zur Folge das wir Recht Respektlos mit den älteren Menschen umgingen. Sie beantworteten diese Respektlosigkeit wieder mit der noch gewohnten Gewalt. „ Las uns wieder zu den Brötchen zurückkommen das können wir wenigstens Willi. Seit Willi bei uns als Bäckermeister ist, gibt es bei uns die beste Brot und Brötchen Qualität in Uelsen. Den leckeren Kuchen nicht zu vergessen. Ich bin zwar schon Geselle aber mit Willi habe ich in den wenigen Monaten erst das richtige Backen gelernt".

,, Willi scheint nicht nur bei Euch zu backen, der schraubt auch schon ganz schön an deiner Schwester herum". ,, Das lieber Klaus ist sein Recht. Auch wenn du mein Freund bist". Meine Schwester sucht sich ihren Freund selbst aus". ,, Ich werde schon noch meine Chance bekommen, mein lieber Bully". ,, Dann halte dich ran, ich sehe nur das es bereits zwischen den beiden mächtig gefunkt hat". Dann spielt die Musik auf bei Sepp in der Gaststätte und es erscheinen einige Mütter meiner Freunde die mit uns den Freunden ihrer Söhne Tanzen wollen. Tanzen nach so tollen Schlagern von Fred Bertelmann, Gerhard Wendland, Ronny. Tanze mit mir in den Morgen war der Standardtanz einer Mutter meiner Freunde, die mich dann immer durch den Saal bewegte und gelegentlich ihre Finger in verbotenen Zonen schickt. Am nächsten Tag gab es dann eine Katastrophe zumindest für den Rektor der Volksschule und meine jüngsten Schwester die dort in seiner Klasse ist. Willi und ich haben wieder einmal ein kleines Gefecht in der Backstube. Es ist tolles Wetter und die Fenster stehen weit offen. Ich habe eine große Schüssel mit Buttercreme aus der Maschine genommen und stehe am Arbeitstisch zum Herd hin. Willi steht am offenen Fenster und ich hebe mit meiner Hand eine riesige Portion Creme aus der Schüssel. ,, Feigling, sagte Willi, Feigling, er hatte noch nicht ausgesprochen da habe ich auch schon geworfen. Willi kennt mich und hat den Wurf auch erwartet. Genau in diesem Augenblick schreitet der Schuldirektor auf, der genau in diesem Augenblick der Auseinandersetzung auf dem Bürgersteig an unserem offenen Fenster vorbei geht. Willi bückte sich natürlich, es klatschte fürchterlich und der Rektor Örnsken so nennen ihn die Kinder, hat die geballte Ladung Buttercreme mitten im Gesicht.

Er sieht toll aus und wir brauchen einige Zeit um ihn beim Säubern zu helfen. Ständig müssen wir dabei lachen, Willi zieht ihm dabei einige Male das Wischpapier durch das Gesicht. Der Rektor ist so wütend und drohte auch mit einer Anzeige. Aber wir müssen mit dicken aufgeblasenen Backen laut prusten vor Lachen. Seine Drohung beeindruckte uns nicht. Er verschwindet und ist vermutlich später nur noch auf der anderen Straßenseite an der Bäckerei vorbei gegangen oder hat einen anderen Weg genommen. In diesem Fall kam der Wurf aus der Konditorabteilung, vom Konditor Gesellen. Wir, Willi und ich hatten beide lange Gespräche mit meinem Vater wegen der Bäckerei. Der Backofen ist völlig Überaltert und frisst Unmengen von Energie. Wir müssen diesen bereits abends anheizen damit er morgens für die ersten Brötchen auf die Temperatur gekommen ist. Ich erkläre ihm auch in diesem Gespräch das ich mich dazu Entschlossen habe wieder Geld zu verdienen. Ich will meine nächste Weiterbildung als Starkstromelektriker bei der BBC in Mannheim machen dort habe ich schon alles geklärt. ,, Willi bestätigte das er alles auch alleine schaffen wird". Der Vater sollte es sich überlegen ob er einen neuen Ofen anschafft oder die Backstube ganz aufgibt. Es wäre billiger den Kuchen und das Brot von einem anderen Bäcker zu beziehen wenn er vernünftige Preise aushandelt. Immer wenn es zu Problemen gekommen ist hat unser Boss einen Hexenschuss und Kopfschmerzen. Er benötigte um seinen dröhnenden Kopf wieder vom Alkohol zu besänftigen jeden Morgen. Ein Röhrchen der Spalttabletten. Mit Hexenschuss benötigte er zwei davon. Willi und ich haben unsere Arbeit beendet und ich beschäftigte mich mit dem neuen Fiat 1800 der vor der Bäckerei steht.

Ich hielt es für meine Aufgabe die Autos sauber und in Takt zu halten es machte mir immer großen Spaß. Aber an diesem Tag wurde aus meinem Hobby bitterer Ernst für viele in diesem Dorf, zumindest für unsere Gäste und den besten Gast Hänschen mit dem Taxi Mercedes. Ich reinigte den Motor, denn wir waren gerade von einer Tour einer Auslieferung von Brot aus Getelo gekommen. Da mussten wir auch durch Feldwege hindurch. Ich reinigte natürlich auch das Innenleben des Motors und hartnäckig eingebrannten Torf entfernte ich mit Benzin. Ich ging dann wieder in die Bäckerei um Willi beim Aufräumen zu helfen. Er hatte gerade den letzten Ofen Brot eingeschoben, das Brot mit dem Sauerteig. Dann dachte ich das Benzin im Motorraum dürfte verflogen sein. Ich startete den Motor und kleine Flämmchen schlagen aus der Haube. Ein gutes Zeichen dafür. dass Benzin ist noch nicht verflogen. Ich renne in die Bäckerei um eine Decke zu holen. Willi der das beobachtet hat ist mir schon mit einem Eimer Wasser entgegen gekommen. Bevor ich etwas verhindern kann löscht Willi den Brand mit Wasser. Er wollte dies tun, natürlich klappte dies nicht. Da wir einiges an Gefälle an der Straße haben brennt schon die ganze Wasserrinne die Straße herunter. Wir müssen die Kunden die ihre Autos dort stehen haben noch aus der Kneipe heraustrommeln damit sie ihre Autos retten. Unter fünf Autos fliest das brennende Benzin Wassergemisch durch. Die gesamte Straße ist in Aufregung, mein Vater ist aus dem Bett gesprungen und ruderte wild mit den Armen am Fenster herum. Er kommt dann in Unterhosen heruntergefegt. Der Hexenschuss ist weg, die Kopfschmerzen sind weg. Dafür steht Schaum vor seinem Mund. Ich kann den Brand dann mit der Decke im Auto ersticken. Nur die Straße die Rinne am Bordstein brennt noch etwas länger.

Alle Autos die dort standen wurden gerettet. Eine Stunde später ist dann auch der Chef der Fiat Vertretung Völling vor Ort und begutachtete den Schaden am Auto. Der Schaden war nicht sehr groß am Auto, da es sich um einen Werksfehler handelte und die Benzinleitung undicht war, hat mein verzweifelter Vater einen neuen Fiat 1800 bekommen. Das war eine richtige Schocktherapie, er benötigte an diesem Tag kein Bett mehr. In Uelsen haben wir dann auch einen Polizeiposten direkt gegenüber, der Dorfsheriff kann uns in die Backstube schauen. Sein Polizeiauto parkte er oft vor unserem Küchenfenster, es steht uns dort immer im Weg. Wir verfrachteten das Auto dann des Öfteren hinter die Umzäunung des kleinen Denkmals vor dem Rathaus. Das Rathaus grenzte direkt an die Gaststätte und den Laden. Das gefährliche an diesem Parkplatz ist die Straße die aus Holland nach Uelsen führt, führt direkt auf die Mitte des Hauses zu auf das Küchen und das Bürofenster. Wir haben gerade wieder einmal den Streifenwagen über den Zaun gehoben als ein Holländer direkt in die Küchenmauer krachte. Der kleine BMW wäre platt gewesen. Auch hier hatte der Dorfsheriff eine schnell Genesung von seinem Kater. Wir wissen das er ist ebenfalls in der Nacht, es war bereits am frühen Morgen nach Hause gekommen. Wir waren bereits in der Bäckerei am Arbeiten und können beobachten wie August Mühe hat den Schlüssel ins Schloss zu bekommen. Das war auch die gute Gelegenheit mal wieder einmal dem Kerl einen Streich zu spielen. Er war bei diesem Lärm genauso schnell wach wie mein Vater trotz des starken Alkohol Pegels. Er hatte ebenfalls Angst um sein Dienstfahrzeug als er den Knall hörte. Er suchte sein Auto vergebens vor unserem Küchenfenster und fand es dann Freude Strahlend vor dem Denkmal ohne einen Kratzer.

Wir befreiten dann im Auftrag der Polizei das Auto aus seinem Gefängnis. Die Mühe bringt uns einen Freibierabend bei Sepp ein gespendet von der Polizei. Aber diese Straßenecke hat es in sich. Die Straße führte direkt auf das Haus zu und gabelt sich dann auf beide Seiten des Hauses auf. Wer zu schnell fährt den erwischte es, wir hatten so manchen Motoradfahrer in der Küche oder im Büro liegen. Aber in diesen beiden Fällen haben wir zwei Männer blitz geheilt. Der Dorfsheriff, war ein feiner Mann und er war sehr beliebt. Oft ist er in den Uelsener Kneipen der letzte Gast. Er hatte einen Kollegen im Nachbarort, einen Riesen. Wenn es kritisch wurde dann ist ihm dieser zur Hilfe gekommen. Auch wir haben einmal seine Hilfe nötig. Ein Bäcker bei uns drehte besoffen durch. Er wollte mit Gewalt in das Zimmer meiner Schwester. Mein Vater und ich konnten ihn bremsen und in Schach halten bis die beiden Büffel gekommen sind. Anton wagte es sich mit den beiden anzulegen. Mir hat der arme Kerl fast leidgetan, soviel Schläge hat noch niemand bekommen. Er wurde von einem Streifenwagen aus der Kreisstadt Nordhorn abgeholt und tauchte erst 4 Tage später wieder auf. Mit einem völlig buntem Gesicht. Das war damals einfach so, alles wurde sofort geregelt, die Gerichte hatten wenig Arbeit. Es war alles noch einfacher und Rustikaler, auch hatten die Dorfpolizisten einen gewaltigen Vorteil. Sie kannten jeden und wussten alles was im Dorf oder in der Stadt geschah. Es begann dann so langsam die Zeit der Dezentralisierung der Polizei. Die eigentlichen Waffen der Polizei, das wissen im Ort geht damit Stück für Stück verloren. Vieles konnte noch direkt geregelt werden, man benötigte nur ganz selten ein Gericht. Mein Leben spielte sich dann etwas später im düsteren.

Damals düsteren Kohlen Pot für mich ab. Damit bricht für mich wieder einmal ein neues Leben an, ich hatte zu Hause kaum etwas Verdient. Obwohl ich einen voll time Job in der Backstube hatte und abends oft noch hinter der Theke stand. Für meine Eltern wurde es wesentlich schwerer, aber ich konnte dann an den Wochenenden einspringen und zahlte für mein Zimmer – 200,- DM im Monat. Die BBC war clever und organisierte meine Arbeit so, dass ich in einer Kolonne beschäftigt war die komplett aus Uelsen gekommen ist. Mein Vorarbeiter war der Vater meines Freundes Klaus, er war schon 10 Jahre bei der BBC im Fahrleitungsbau. Der Vater von Klaus überredete Klaus und unseren Freund Adolf noch, auch mitzukommen. Es würde passen weil der Onkel von Klaus aufhören würde. Es passte dann auch deshalb gut weil der einzige der ein Auto hatte Adolf unser Freund ist. So konnten wir drei Freunde immer unabhängig von den anderen sein. Adolf hatte schnell seinen Job als Weber in Nordhorn aufgegeben der sowie so in Frage stand. Klaus hat gerade seine Lehrebeendet und war vorerst auch frei gestellt. So ging es jetzt die ganze Woche über in das Ruhrgebiet. Unsere erste Baustelle ist im Bahnhof Berge Bohrbeck Oberhausen. Die Unterkunft die die Firma stellt ist wieder so eine Art Flüchtlingsunterkunft. Es sind Eisenbahnwaggons die auf einem Abstellgleis stehen. In Jedem Wagon sind eine provisorische Küche und 2 oder 4 Etagenbetten. Es ist mit Sicherheit in einer Zelle im Knast viel bequemer. Aber wir sind zusammen, wir sind jung und haben eine gute Arbeit. Ich wurde eigentlich als Elektriker eingestellt und sollte im Fahrleitungsbau Starkstrom dazu lernen. Aber diese Arbeit beschäftigte mich nur am Rande, erst dann wenn die Masten für deren Fundamente wir auch zuständig waren aufgestellt wurden.

Dann begann meine eigentliche Arbeit. Nach 10 Tagen als der Onkel von Klaus die Baustelle verlassen hat ist der Bauleitung erst aufgefallen das sie jetzt keinen Baggerfahrer mehr haben. Ich wurde auserkoren um auch noch Baggerfahrer zu werden. Ich hatte Spaß an dieser Beschäftigung. Der Wagon mit dem Bagger einem Fuchs 301 Seilbagger wurde auf ein Nebengleis gezogen und ich hatte drei Tage Zeit um mit der Maschine zu üben. Ich war nach diesen drei Tagen in der Lage Bierflaschen mit dem Bagger zu versetzen ohne diese zu beschädigen. Der Einsatz als Baggerfahrer konnte beginnen. Das kritische ist immer das wir Gruben für die Fundamente ausheben müssen. Diese sind so eng, dass die Baggerschaufel nur mit Mühe hinein passt. Ich muss ganz vorsichtig durch die Holzverschalung das Material den Dreck mit der Schaufel greifen. Auf einen anderen Wagon laden. Ich stehe mit dem Bagger dann oft auf einem Gleis das noch befahrenen wird, ein Gleis das dann oft auch schon eine Oberleitung hat. Da der Vater von Klaus Hilfspolier ist steht er beim Ausbaggern der Gruben immer auf der Holzverschalung und dirigierte mich mit dem Bagger. Wir hatten wieder einmal ein richtiges Schlammloch und eine viel zu enge Schalung. Der kleine Kerl kann ein Giftzwerg sein ein wirklich richtiger Stinkstiefel sein. Der steht da auf dem Holbalken über der Grube und ruderte so herum und tobte da auf dem Holbalken so herum das die Mitarbeiter in der Grube ihn wegjagen wollen. Das machte den kleinen Kerl immer wütender. Er drohte mir mit der Faust und lässt sich dann an den anderen Männern aus. Die Schalung ist zu eng gebaut, was er zu verantworten hat. Es ist für mich zur Millimeter Arbeit geworden. Ich konnte von meinem Standort nicht in die Grube sehen und bin auf seine Einweisung angewiesen.

Ich werde ebenfalls zornig über diesen Zappelphilip, ich drehe ganz langsam den Bagger herum. Ich habe hier frei Bahn und keine Oberleitung ist im Weg. Ich klopfe dem tobenden Hilfspolier ganz langsam die schwere Schaufel an den Hintern und er verschwindet mit einem Aufschrei in der Schlammgrube. Ich kann es nicht sehen aber er steckt bis zum Hals im Schlamm, die Kollegen müssen ihm raushelfen. Wir verlieren den restarbeitstag bis ihn vier Männer aus dem Schlamm gezogen haben. Ich war längst gewaschen und umgezogen als man den kleinen Tobsüchtigen befreit hat. Sicher brauchen sie noch Stunden um ihn mit dem Wasserschlauch zu reinigen. Wir haben in den Wagons kein fließendes Wasser, so haben die Kollegen noch das Vergnügen ihn auf der Baustelle mit dem Wasserschlauch gründlich zu säubern. Diese nutzten ihre Chance es dem kleinen wilden einmal richtig zu zeigen. So glaube während ich mit Klaus bereits beim Bier in der nächsten Kneipe sitze und wir darüber sprechen, dass wir nach vier Wochen bereits wieder die Firma verlassen können nach dieser guten Tat.. Der Oberpolier hat uns gesucht und setzte sich zu uns an den Tisch. Er kann sich vor Lachen nicht halten. Jungs, das war Klasse das Beste was ich jemals gesehen habe so lange ich Polier bin. Klaus dein Alter hat diese Abreibung mehr als verdient. Er stand bei mir schon längst auf der Abschussliste, er wäre nicht mehr bei mir wenn er nicht die neue Mannschaft aus Uelsen mitgebracht hätte. Ihr braucht euch keine Gedanken machen, ich habe das ganze aus der Entfernung beobachtet. Ich Bully, du heißt doch Bully, ich hätte es genauso gemacht. Als ich sah, dass du den Bagger drehst ist mir das Herz vor Freude gehüpft. Endlich einmal jemand der dem aufgeregten Kerl es einmal zeigt. Ich gehe jetzt und spreche mit ihm.

Ihr macht euch keine Sorgen ihr habt einen dicken Stein bei mir im Brett. Dein Vater Klaus stand gerade noch als ich wegging unter dem Wasserschlauch, die Jungs nutzen ihre Chance. Keine bange es wird keinerlei Folgen für Euch beide haben nur das ihr in meiner Achtung gestiegen seid". ,, Ja Klaus so ist das sagte ich, es stimmt das man sich nicht alles gefallen lassen darf, sonst wird man untergebuttert und solche Männer wie dein Vater gibt es überall. Der ist aber auch ein echter Giftzwerg der versucht seine kleine Gestalt mit einem großen Maul aufzuwerten. Manche lernen es damit umzugehen und manche lernen es aber nie, sie glauben nur wer brüllt und laut ist hat etwas zu sagen und hat Recht". Diese Zeiten sind endgültig vorbei in Europa. Nach diesem Vorfall ging es weiter ohne, dass der Hilfspolier nur ein Wort darüber mit mir gewechselt hätte, er war auch nicht unfreundlicher als zuvor. Wir drei Freunde haben einen riesen Spaß trotz der harten Arbeit, statt Elektriker war ich mehr Betonarbeiter und Baggerfahrer, aber es macht mir Spaß. Abends wenn die anderen auf Reisen durch die Kneipen des Ruhrgebiets sind. Liege ich auf dem Bett und studierte die Elektrik der Eisenbahn Elektrifizierung. Den Irgendeinmal werden auch die Unterbauten fertig und die Masten werden gestellt. Dann beginnt meine eigentliche Arbeit bei der BBC. Wir sind inzwischen fast 1,5 Jahre bei der BBC führten wir ein tolles und freies Leben. Wir haben Arbeit, Geld und Unterkunft. Die Fahrzeit von Oberhausen nach Uelsen beträgt auch mit dem uralten VW nur 2.5 Stunden. Auto ist für das Gefährt zu viel gesagt. Wenn es regnete haben wir alle im Auto nasse Füße. Als auch nasse Klamotten, weil das Wasser von der Straße von unten durch den Maroden Boden hoch spritzt und uns von unten duschte.

Aber nur so lange bis ich das ganze Auto mit Asphalt ausgegossen habe, es wurde zwar etwas schwerer und langsamer aber es war danach absolut dicht. Im Winter mussten wir die Luftklappen mit Holz verriegeln damit es warm im Auto wurde. Es war ein wildes Leben in den Eisenbahnwagons, wir wissen aber auch das hunderttausende Eisenbahner so leben müssen. Wir sind Freitags Mittag immer nach Hause gekommen, haben unsere Sachen abgeladen und sind nach kurzem Gruß wieder los mit dem Käfer. Nach Hesingen in die blauen Berge, dort wird gefeiert und gesoffen bis in die Nacht. Samstags freute sich mein Vater dann immer, er darf dann lange schlafen. Oft bis 16 Uhr mache ich dann die Kneipe und meine Schwester lernte in dieser Zeit Verkäuferin in der Bäckerei. Meine Mutter hat immer noch Schwierigkeiten mit dem Plattdeutschen, es ist ihr immer völlig fremd gewesen und geblieben. Ich muss laut lachen als eine Kundin nach einem Witz wetten Stuten verlangte (Weissbrot). ,, Das tut mir Leid junge Frau, wilde Stuten haben wir nicht". Das schönste ist es für mich immer, wenn meine Mutter die frisch gebratenen Kottelet bringt Dazu eine Schale mit Essig Gurken. Das sind meistens so dreißig Stück und reichte dann für die Gäste den ganzen Tag. Aber zwei davon gehörten immer mir, das ist das schönste vom ganzen Samstag. Dann am Samstagnachmittag geht es dann erst nach Vase und Tubbergen über die holländische Grenze zu unseren Mädchen. Die dann aber nicht mit uns mitkommen können weil die Grenze zu unserem Glück um 21.00 Uhr geschlossen wird. Wir sind dann fast immer direkt nach Hesingen gefahren in die Blauen Berge, sagen wir immer zu dieser Kneipe. Es war immer ein Rekord Saufen und für mich ein Fressen, die Wirtin kochte sehr lecker.

Diese Kneipe ist nur einige Hundert Meter von der Grenze entfernt und ist einfach ein Geheimtipp. Sie wurde für lange Zeit unsere Zweite Heimat, aber auch die Tochter des Hauses war nicht ganz unschuldig daran. Es war ein netter Käfer, aber alle Mitglieder der Familie sind sehr nett. Der andere wichtige Punkt, hier her in die Blauen Berge verlief sich keine Polizei, nicht zu unserer Zeit. Mit meinen Eltern und Geschwistern läuft alles gut, meine älteste Schwester kommt nun auch zum Wochenende oft nach Uelsen mit ihrem Mann, sie haben Spaß daran in der Kneipe zu arbeiten. Die beiden haben dann in Lingen selbst eine neue Kneipe. Seine Eltern waren mit, die ersten Lotto Gewinner in Deutschland. Der Gewinn wurde unter den 6 Kindern und den Eltern aufgeteilt. Alle Kinder wurden mit dem Geld unglücklich und rutschten in eine Pleite, auch meine älteste Schwester mit ihrem späteren Laden. Ich fahre dann am Montag, wie jeden Montag um 4 Uhr wieder in den Kohlen-Pott. Zu dieser Zeit ist es noch ein echter Kohlen-Pott Raben schwarz. Man hat nur schwarzgesehen die Autos sind nach einer Woche Stillstand nicht mehr zu erkennen. Wäsche kann man nicht draußen aufhängen. Die ist in wenigen Minuten dreckiger als je zuvor. Ich bringe schon lange meine Wäsche immer im Ruhrgebiet zu einer Wäscherei und Reinigung, zu Hause habe ich keine Zeit mehr dies zu erledigen. Der nächste Vorfall ließ mich dann nach fast 2 Jahren den dienst bei BBC quittieren. Ich kam zwar noch an meine Starkstromleitungen aber anders als ich es wollte. Ich hatte zum Glück gerade 14 Tage zuvor meine Prüfung bei der IHK in Essen bestanden. Es hätte nicht viel gefehlt da wäre ich nicht größer als ein Brathähnchen gewesen. Ich hatte zwar schon schwierige Aufgaben mit dem Bagger gelöst.

Schon viele noch größere Masten gestellt als diesen Unglücksmasten. Aber noch nie direkt unter einer Oberleitung mit 20.ooo KV. Ich wusste, dass diese Leitungen es schaffen bis 1.5 Meter Abstand zu überbrücken wenn sie dort Leitfähiges Material finden. Mein Bagger und die Eisenmasten sind Leitfähiges Material. Der Bagger steht auf einem Bahnwagon und ist mit Ketten und Seilen darauf befestigt. Ich klappe mein Frontfenster vom Bagger auf und frage vor dem Beginn. Ob die Leitungen auch abgeschaltet sind und geerdet sind. Bevor ich dann direkt den Bagger Arm anhob frage ich noch einmal den Hilfspolier und den Sicherheitsbeamten der Bahn. ,, Es ist alles Ok", bestätigten mir die beiden fast schon ärgerlich. Ich hebe den Gittermasten an, es war das erste Mal das ich diesen direkt unter einer Fahrleitung aufstellen muss. Ich habe natürlich meine Ausbildung gelernt für den Fahrleitungsbau aber nur aus den Büchern. Mehr Erfahrung konnte mir die BBC nicht vermitteln. Alles Theoretische über den Fahrleitungsbau musste ich mir selbst beibringen. Ich hatte dies zum Glück auch gründlich gemacht. Deshalb habe ich auch Gummistiefel an, habe mein Lenkrad isoliert und habe auch Dicke Gummi Handschuhe an. Die Männer unter dem Mast die diesen mit langen Seilen führen sollen haben die Enden der Seile in der Hand. Ich muss die Männer erst unter dem Masten wegjagen, den der Standort ist gefährlich unter einer hängenden Last steht man niemals. Der Mast muss von den Männern nach unten gezogen werden damit dieser nicht in die Fahrleitung schlagen kann. Auch bei abgeschalteter Leitung kann sonst großer Schaden entstehen. Ich ruf noch einmal hinaus, ,, alles OK, es geht los". ,, Alles OK", schallt es von unten zurück. Ich hebe an und der Mast schwebt ganz gerade wie gewünscht nach oben.

So wie es sein muss. Ich schwenke ganz vorsichtig und nur leicht herum mit dem Ausleger. Ich muss ganz dicht unter der Fahrleitung hindurch, nur wenige Zentimeter. Deshalb musste die ganze Leitung dieser Strecke abgeschaltet werden.. Der Mast kommt sauber mit der Drehung des Baggers mit, ich muss diesen nun noch etwas anheben. So das er in die Gefährlichste Position direkt unter den Fahrdraht kommt. Nur wenige Zentimeter, höchstens 10 Zentimeter sind es noch. So hatten die Poliere das Drehen des Mastes berechnet, jetzt konnte ich den Ausleger absenken und die Spitze des Mastes heben. Bevor ich auch nur etwas berührt habe gibt es einen gewaltigen Knall und einen noch Gewaltigeren Blitz. Die Reifen meines Baggers stehen direkt in Flammen, begleitet von einem fürchterlichen Knall.. Ich wage mich nicht zu rühren. Alle sind entsetzt und erstarrt zu Salzsäulen und schauen zum Bagger, zu mir. Ich blieb selbst auch wie erstarrt und bewege nichts. Stehe fest in der Bremse der Seilwinde und halte diese getreten. Ich weiß, dass ich jemanden erschlagen hätte wenn ich den Mast sausen lassen würde. Ich weiß ich habe sichere Gummistiefel, Handschuhe und ein gesichertes Lenkrad. Ich durfte nur nichts anderes am Bagger mit meinen Körperteilen berühren. Nicht solange bis die Idioten von der Bahn und mein noch blöderer Polier die Entwarnung gegeben haben. Das nun tatsächlich abgeschaltet ist, die ganze Fahrleitung abgeschaltet ist. Vermutlich sind sowieso alle Sicherungen in der Zentrale herausgeflogen. Aber ich will nichts riskieren was mich und andere gefährden kann. Der Qualm der brennenden Reifen dringt unangenehm in die Kabine und macht mir das ruhige sitzen bleiben schwer. Die ersten Schaumlöscher sind auf die Reifen gerichtet.

Der ganze Bagger hat kurz unter 20.000 Volt gestanden oder tut es noch. Ich rühre mich keinen Millimeter. Man denkt draußen, dass ich das nicht überlebt habe. Man wunderte sich darüber das die Bremsen noch halten. Alle Leute haben sich in Sicherheit gebracht. Dann nach einer Ewigkeit kommt die Entwarnung die Strecke ist komplett abgeschaltet. Ich kann den Mast ablassen und springe aus dem brennenden Bagger. Der Sicherheitsbeamte der Bahn und der Hilfspolier sind verschwunden. In meinem Rücken Brennt der Wagon und der Bagger. Ich habe mir eine Schaufel geschnappt und suche die beiden Verantwortlichen für diesen Bösen Fehler. Die Schaufel hätte ich ihnen auf deren Rücken zerschmettert, zu meinem und zu ihrem Glück. Waren und blieben sie für diesen Tag verschwunden. Ich machte Feierabend und ging erst einmal ein Bier trinken. Später drehten wir dann alle noch gemeinsam eine Runde mit dem Spezial VW von Adolf durch den Pott. Wir landeten mit unserem Frust irgendwie auf dem Eierberg in Bochum. Das war der Treffpunkt aller überladenen Männer wenn es dann spät wurde. Aber auch für unzählige einsame Männer im Ruhrgebiet. Das ist vielleicht eine der schönsten Befriedigungsanlagen für einsame und geile Männer zumindest damals. Einige Straßen voller kleiner Häuser überfüllt mit schönen Weibern die von diesen Männern leben. Alle meine Freunde sind schnell irgendwo Verschwunden wenn sie das passende für sich gefunden habe. Ich stehe noch mit meinem kleinen unter dem gewaltigen Schock des Stromschlages, ich und mein kleiner haben diesen Schock noch nicht überwunden. Ich schaue mir nur die Mädels in den Fenstern an. Ich habe an diesem Abend kein verlangen nach diesem Typ von Frau, um die sich zu viele Männer gleichzeitig bewegen.

Der Eierberg wimmelte an diesem Abend nur von geilen Männern. Ich bin da als einer der wenigen enthaltsamen nicht aufgefallen. Meine Freunde konnten verstehen, dass es mir nach der Hochspannungsbefriedigung nicht nach einer weiblichen Befriedigung war. Obwohl ich nun Mister 20.000 Volt geworden bin. Eine Woche später war dann mein letzter Arbeitstag bei der BBC. Ich half dann wieder einige Tage meinem Freund und dem Freund meiner Schwester dem Willi in der Bäckerei.

Kapitel 4
Neuer Beruf neues Glück im Harz- Eichsfeld Wolfenbüttel- Braunschweig- Holland - Ägypten-Irak-Holland- Liebe und Ehe mit Kindern. Ich fahr dann 3 Wochen später nach Hannover, weil ich von dort von der Seismos ein JOB Angeboten bekommen habe. Ich habe die Jungs von der Seismos in Uelsen kennen gelernt, als sie hier im Raum Uelsen und Emlichheim für einige Wochen nach Oel und anderen Bodenschätzen gesucht haben. Dabei habe ich diesen Job und die Männer kennengelernt, ich sollte angelernt werden bedingt durch meine Ausbildung in der Schwachstrom Technik im Messwagen. Ich fuhr direkt nach Hannover zu einem Einstellungsgespräch. Mit der Geschäftsleitung, das sofort gut verlief. Ich konnte eine Woche später bei einem Trupp in Lindau anfangen. Ich freute mich sehr über den Ort Lindau, ich wollte schon immer an den Bodensee. Doch der erste Schrecken kam als ich dann am Bahnhof in Neuenhaus stehe. ,, Lindau, ja das ist schön, aber in welches Lindau wollen sie fahren". ,, Ich machte ein dummes Gesicht, für mich gab es da nur ein Lindau das erwähnenswert war. Lindau am Bodensee, das kennt doch jeder. Ich musste in Hannover anrufen und war nach dieser Auskunft sehr enttäuscht.

Es war Lindau bei Northeim, zwischen Northeim und Duderstadt im Eichsfeld und ca. 30 Kilometer von Osterode entfernt. Für mich war das dann am Arsch der Welt. Ich musste die Fahrkarten holen und machte mich dann auf nach Lindau bei Bodensee, nicht am Bodensee. Denn der nächste kleine Ort bei Lindau heißt Bodensee. Ich habe dann die Probleme der Bäckerei, der Gaststätte des Hotelbetriebes. Zum Glück wieder verlassen mit einem für mich wieder gutem Gefühl, den Familie die gibt es dort nicht. Ich habe diese ganze Aktion meiner Eltern für einen großen Fehler gehalten. Dieses Haus stand so ungünstig, mitten auf einer Hauptdurchfahrtsstraße das es außer Frage stand, wann das Haus einmal abgerissen werden musste. Dazu war der Backofen nur Schrott und die Toilettenanlagen und alles andere bedurften für die neue Zeit, die in Deutschland angebrochen ist eine totale Erneuerung. Nichts ist in diesem Haus mehr für den Umbruch der in Deutschland begonnen hat geeignet. Dazu kommen die Probleme. Meine Eltern mit der Führung des Geschäftes völlig überfordert sind. Sie haben über viele Jahre keinerlei Buchführung gemacht. Mit viel Aufwand und Verlust musste ein Steuerberater dies alles nachempfinden. Das Finanzamt schlug ein tiefes Loch in die Kasse die nie korrekt geführt wurde. Ich ahnte, dass hier bald. Etwas Unvermeidliches geschehen wird. Meine Gedanken an mein Elternhaus ließen mich nur selten los, oft konnte ich deshalb nachts nicht schlafen. Sie stritten sich fast immer, es kehrte keine Ruhe und kein Frieden ein. Meine Mutter verschwand dann oft für einige Tage einfach, mein Vater musste sie dann oft irgendwo abholen. Ich habe sie bereits zweimal vom Dachboden geholt sie wollte sich erhängen. All dies verfolgte mich oft in den Nächten.

Ließ mich sehr oft nicht schlafen. Es gab für mich auch nur den einen Weg, den Weg mich frei zu schwimmen von zu Hause. Ich bin wieder ein Stück weiter gekommen, ich bin in meinem ungeliebten Lindau angekommen. Dort stellte ich mich im Trupp Büro vor und fand auch direkt ein Zimmer, in einer nahen kleinen Gaststätte mit Fremdenzimmern. Es passte alles zusammen, meine ganzen Kollegen des Kabeltrupps sind dort untergebracht worden. So habe ich sie alle gleich zusammen, gleich am ersten Abend lernten wir uns kennen bei Rum und Cola, dies ist in dieser Truppe das Nationalgetränk. Wir stimmten auch gleich mit dem Wirt das Frühstück und Abendessen ab. Es wurde mit einer täglichen Pauschale von 10.-DM abgerechnet für jeden von uns. Wirklich Geld verdient hat er dann abends mit uns, wenn wir uns jeden Abend die kannte gaben. Wir waren spezialisiert auf Rum, Rum und Cola. Damit er auch genug verdiente besorgte sich der Wirt auch Rumfässer, das sah auch äußerst gut aus, so ein Rum Fass auf der Theke. Ich hatte einen guten Truppführer und auch einen guten Vorgesetzten im Kabeltrupp, ich erlernte schnell die wichtigen Dinge auf die es beim Kabelverlegen und dem Einsetzen der Geophone angekommen ist. Dann wurde der Kabeltrupp Leiter nach 10 Tagen meiner Arbeit Krank und ich übernahm viel früher als erwartet den Kabeltrupp. Das brachte auch die ersten Probleme mit sich, ich war der jüngste Vorgesetzte den sie jemals hatten und war mit Abstand der jüngste der ganzen Truppe. Nur zwei waren gerade mal 4 Jahre älter als ich. Die beiden Brüder kamen aus der Heide in der Nähe von Hitzacker. Sie prügelten sich oft und stänkerten viel in der Truppe herum. Sie waren früher bei dem Bohrtrupp aus Celle. Diese Jungs sind eine andere rohere und abgefahrene Truppe.

93

Dagegen waren wir Kabelleute und Sprengleute ein Kindergarten. Diese Jungs lerne ich des Öfteren kennen, wir teilten es immer so ein, dass die Trupps weit genug auseinander untergebracht wurden. Die Jungs sind in Giboldehausen untergebracht, ca. 6 Kilometer von Lindau entfernt in Richtung Duderstadt. Diese Jungs haben natürlich auch eine Schweinearbeit an ihren Bohrgeräten, sie müssen in das Gelände und stehen mit ihren Bohranlagen den ganzen Tag im Matsch. Wie die Schweine sehen sie dann oft aus, sie müssen abends ihren Frust herunter spülen. Sie prügeln sich täglich mit den Jungs aus Giboldehausen. Da ist in meiner Truppe nicht ganz so krass, ich sorgte aber auch so für sie, dass wir in dieser Kneipe in der wir wohnten auch beschäftigt sind. Ich habe meine Jungs immer unter Kontrolle. Aber erst nach dem ich 2 Männer nach Hause schicken musste die sich nicht anpassen wollen, die beiden aus Hitzacker. Man glaubte nicht, dass ich dies nach meinen wenigen Wochen Durchsetzten konnte in der Firmenleitung. Sie staunten als Hannover meinen Rausschmiss bestätigte. Ich modelte das gesamte System um und stimmte mich mit dem Führer des Messwagens ab. Ich habe von ihm Unterricht darüber bekommen wie er die Geophone verlegt haben muss. Um vernünftig Messen zu können. So konnte ich nun den Verlege plan eigenmächtig verändern wenn es dort Hindernisse gab. Nur musste ich ihm die Änderung mitteilen um auch gute Messergebnisse Ergebnisse zu haben. Weil dies so gut klappte konnten von da an die vorbereiteten Messpläne eigenmächtig verändern wenn uns Dinge im Wegstanden. Dinge und Gegenstände wie, Felsen, Gestrüpp, Wasser die uns an der Verlegung der Kabel und Geophone hinderten. Wir sparten dadurch die beiden Männer ein und viel Zeit. Von da an wurden wir mit unserem Trupp.

Die Rekord Schützen pro Bohrloch und pro Sprengung. Die Bohrmannschaft kam in Verzug und ich für einige Wochen zu einem Sprengmeister Lehrgang nach Celle. Aber dann versandete wieder alles im Eichsfeld. Ich konnte noch einmal die Truppe motivieren und wir waren dann einige Woche früher fertig im Plan. Inzwischen sind auch die Mädchen des Dorfes in der Kneipe aufgetaucht. Wir sind fremd und mit unseren Unimog Fahrzeugen interessante Typen für die dörflichen Weiber. Eine Lady hatte es uns besonders angetan, sie machte alle Verrückt, war eine grobe wilde Schönheit und war voller Temperament. Für mich hatte sie zu viel Temperament und trank zu viel Alkohol. Sie suchte sich meinen Mitarbeiter aus der aus Hannover kommt und mit mir in einem Zimmer schläft. Der vögelte sie die halbe Nacht und den Rest der Nacht wollte sie dann in mein Bett. Ich mochte sie schon und hätte sie gern vernascht, aber besoffene Weiber waren mir immer ein Greul. Deshalb ließ ich Sie nie unter meine Decke. Meinen Kumpel schaffte sie komplett und sie hätte sich noch gern an mir ausgetobt. Ich musste dann diese Besuche auf unserem Zimmer unterbinden, es störte mich nicht aber mir fehlte der Mitarbeiter, der hing dann immer in den Seilen. Ich musste ihn schützen und der Wirt erteilte dann das nächtliche Besuchsverbot generell in den Gäste Zimmern. ,, Bully, sagte eines Tages der Wirt zu mir, wir müssen mal gemeinsam in das Zimmer des Bayern schauen. Meine Frau beschwert sich, sie muss jeden Tag das Bett überziehen. Wastel war einer der ältesten die in diesem Trupp sind und bereits über 25 Jahre bei der Seismos, er ist über den Kabeltrupp nie hinaus gekommen. Er Verschwindet fast immer direkt nach der Arbeit auf sein Zimmer. Er war nie bei den Saufgelagen dabei, uns hatte das nie gestört.

Er war im Bett gut aufgehoben. Wir haben am Tage oft mehr als 20 Kilometer zurückgelegt mit den Geophonen und den Kabeltrommeln auf dem Rücken. Dann um Zehn Uhr gehe ich mit dem Wirt wir nach oben, wir klopften absichtlich nicht und öffneten die Tür. Was wir da sehen ist eine Riesen Überraschung für uns. Wastel liegt im Bett in seinen Arbeitsklamotten und in Gummi Stiefeln. Vor sich auf der Brust eine Dose Ölsardinen und Brötchen. Eigentlich eine Riesenschweinerei, der schien sich nie zu Duschen oder zu waschen. Ich schau ihn nur entsetzt an, ,, Wastel, das geht nicht, das du mit deinen Dreckklamotten im Bett liegst". ,, Bully", sagt der Wirt, ,,ich gebe ihm altes Bettzeug und lege Gummilacken ein und überziehe das Oberbett auch mit Gummi, dann kann der Kerl machen was er will. Ich muss natürlich für meine Umstände pro Tag 10.- DM mehr berechnen". Damit war die Angelegenheit geritzt. Ich musste mich nur noch mit der Trupp Leitung auseinander setzen. die mussten den Mehrbetrag bezahlen und waren froh das es so geregelt werden konnte. Auch sie mochten Wastel, der solch ein interessantes bayerisches Urgestein ist. In unserer Unterkunft, in der Kneipe nehmen die Damenbesuche überhand. Es sind tolle Mädchen in Lindau, eine hatte es auch mir angetan, die Wilde Schwarzhaarige brachte ihre jüngere Schwester mit und wir wurden ein Paar. Sie war der Gegensatz von Ihr dem schwarzen Teufel. Eine die mehr trank als die Männer und sich am nächsten Tag wieder mit harten Aufputschmitteln aufbaut.. Sie konnte auch auf Kommando ohnmächtig werden. Wenn sie glaubte sie musste diesen Trick einsetzen. Mir waren solche Aktionen nicht fremd, auch meine Mutter beherrschte solche Tricks sehr gut. Als ich dies gesehen habe war mit ihr Zustand klar.

Sie war oft völlig von der Rolle. Wenn sie dann ihren Willen nicht bekommen hat. Dann fiel sie ganz gekonnt in Ohnmacht. Ich bin niemals darauf hereingefallen und stieg dann immer trocken über sie hinweg, beachtete sie nicht. Ich war dann bald bei der Familie zu Hause und lernte dann auch die Verwandtschaft kennen und die älteste Schwester meiner nun Freundin. Gestört hat mich erstmals lediglich die Wohnsituation der Familie die keinen Vater hat, trotzdem waren sie alle mehr Familie als meine eigene Familie. Die Wohnung ist klein und hatte kein Badezimmer. Die Toilette ist von diesem Dreifamilien Haus auf dem Hof. Ein richtiges altes Plumpsklo, man musste nachts tatsächlich nach draußen in den kleinen Garten. Dort traf man des Öfteren in der Nacht einige Mitbewohner zu einem Plausch. Dann ist die Hammernachricht gekommen, der erste Schuss der erste Sex zwischen uns hat zu einem Treffer geführt. Es ist das eingetreten was alle befürchtet haben. Auch die Familie hat immer gewarnt, diese Oelsucher sind überall. Sie hinterlassen überall nur Flurschaden und Kinder die ohne Väter aufwachsen müssen. Du liebe Schwester hast es doch selbst erlebt. Deine Wilde Tochter der schwarze Teufel hat dir schon ein solches Mädchen ins Nest gelegt. Willst du noch ein fremdes Kind großziehen. Lass das Kind wegmachen und Ruhe ist für die Familie. Für mich selbst gab es keinen anderen Gedanken mehr als das Kind und meine Freundin. Für mich war es sicher wir würden eine Familie werden. Wie das geschehen sollte wussten wir beide nicht. Sie war eine folgsame Tochter ihrer Mutter und hatte schon über Jahre ihr gesamtes Geld das sie in einer Schuhfabrik verdiente abgegeben. Wobei ihre Schwestern kein Geld abgeben brauchten. Dies änderte ich umgehend, mit dem Wissen das ein Kind kommt.

ich habe dafür gesorgt, dass ihr Geld auch ihr gehört. Sie lediglich Kostgeld abgibt und das die anderen auch zum Kostgelde herangezogen werden. Ich steuerte Geld hinzu wenn ich über das Wochenende dort war. Es dauerte nicht lange da wurden wir von der Seismos in ein neues Gebiet geschickt. In die Heide, nach Hankensbüttel. Da wir alle vier Wochen 7 Tage Urlaub haben dies ist im Oeltarif so verankert blieb ich vor dem Umzug mit meinem Firmenauto in Lindau und besorgte uns eine neue Wohnung. Ich fand ein kleines Haus in das wir mit der Schwiegermutter einziehen konnten. Aber dieses Haus musste erheblich. Ausgebaut und umgebaut werden. Dies machte ich dann mit meinem Vermieter immer dann wenn ich meine 7 freien Tage habe. Nach dem ersten Räumen fuhr ich dann nach Hankensbüttel mit einigen Stunden Verspätung weil ich mich im Fahrweg verschätzt habe und die Autobahn sehr verstopft war. Man war im Trupp Büro sehr aufgeregt man hatte mich schon einen Tag früher erwartet, selbst von Hannover hat man mich schon suchen lassen. Ich war gerade zwei Tage in Hankensbüttel und freute mich auf den neuen Einsatz, da wurde ich nach Hannover gerufen. Man erklärte mir, dass ich nur für 10 Tage in Hankensbüttel bleiben soll und dort dann den neuen Mann für den Kabelwagen einweisen soll. Dann muss ich umgehend nach Holland verlegt werden, nach Leewarden. Ich war geschockt, denn ich hatte viel in Lindau vor. Aber das war nicht zu ändern ich liebte inzwischen meine Arbeit und die Arbeitsteilung. Durch das viele Reisen blieb natürlich auch nicht viel vom Gehalt übrig. Das war klar das Lotterleben war nun zu Gunsten meines Kindes vorbei. Ich ließ meinen Kabelunimog zur Überprüfung in Hannover und fahre mit dem Sprengstoffwagen zurück nach Hanckensbüttel.

Der Kabelwagen kam dann nach 2 Tagen und ich konnte den neuen Kabeltrupp Mann einweisen. Die Zeit ist dafür aber viel zu kurz um ihm alle meine Ideen beizubringen. Ich hatte dann noch meine 7 Tage frei die ich dann in Lindau verbrachte und mich um das alte Haus kümmern konnte. Aber festhalten musste ich das auch in Lindau so viel gesoffen wurde wie in Uelsen. Natürlich auch in ganz Norddeutschland war Alkohol ein gutes Mittel um glücklich zu werden und um Abwechslung zu haben. Es war wohl eine allgemeine Krankheit das Saufen in Deutschland. Von den Bayern kannte man es sowieso. Ich ging natürlich auch des Öfteren in das Rathaus in Lindau oder in unsere alte Kneipe in der wir gewohnt haben und habe dann auch mit meiner Freundin, damals noch Freundin einen gesoffen. Dann kam nach sieben Tagen der Abschied und ich musste mit dem Zug nach Holland. Ich glaubte das wäre es nun für das erste, auch meine Freundin hatte Angst, dass diese Entfernung vielleicht alles ändern könnte zwischen uns. Auch die Familie hatte Sorgen dies bezüglich. Schon die Fahrt im Zug nach dem Grenzüberschritt war unschön. Ich wurde unendliche Male von holländischen Beamten kotrolliert. Man wollte wissen was ich in Leewarden will. Überall wurden Leute aus dem Zug geholt und festgehalten. Da ich natürlich noch keine Arbeitspapiere hatte, weil mein Arbeitsbeginn erst in Leewarden ist. Konnte ich bei der Kontrolle natürlich nicht nachweisen was ich in Holland will. Ohne gültige Arbeitspapiere oder Aufenthaltspapiere durfte kein Deutscher in Holland sein. Auch ich wurde aus dem Zug geholt und verbrachte 11 Stunden auf der Polizeistation. Erst ein Anruf bei meinem Arbeitgeber in Hannover klärte die Situation.

Man musste der Polizei Dienststelle die Arbeitsgenehmigung des Trupps in Holland senden und hatte auch meinen Namen der Liste hinzugefügt. Dann durfte ich noch die eine Stunde Fahrt nach Leewarden fortsetzen. Es war später Abend als ich in Leewarden ankam, es regnete in Strömen ich konnte meine Hand kaum vor Augen sehen. Ich ging zum nächsten Taxi und nannte das Hotel in dem ich angemeldet war. Fast 30 Minuten fährt mich der Mann mit dem Taxi durch die Stadt. ,, He, min Her, haben sie keine Ahnung wo das Hotel ist, sagte ich in meinem plattdeutschen holländisch. ,, Bleiben sie ruhig Mann, wir sind gleich da". Es war auch so, keine 2 Minuten später hält er vor einem Hotel an, der Regen hatte noch immer nicht nachgelassen und ich war 20.- DM los für die Fahrt. Das einchecken im Hotel ging dann sehr schnell, das Zimmer war vorbestellt vom Büro der Firma. Es ist bereits 21.00 Uhr aber ich erreichte telefonisch noch das Büro in Leewarden. Sie freuten sich als sie hörten das ich trotz der Schwierigkeiten mit den Papieren doch angekommen bin. Ich war hier in Leewarden als Wunderknabe angekündigt worden. Wir freuen uns auf sie Herr Berger, wir holen sie morgen Früh um 10.00 Uhr im Hotel ab. Am nächsten Morgen schaute ich dann bereits um 7.oo Uhr aus meinem Fenster. Es war schönes Wetter und ein Wolkenfreier Himmel. Ein typisches Wetter am Meer. Aber mir verschlägt es die Sprache, der Taxifahrer hat mich schön verarscht. Der Bahnhof liegt genau gegenüber, keine 50 Meter vom Hotel entfernt. Der Kerl hat eine schöne Stadtrundfahrt mit mir gemacht. Aber an dem Abend davor war überhaupt nichts von dem Hotel zu sehen. Ich konnte diesen Taxi Beleg auch nicht im Büro abrechnen.

Die hätten sich über ihren Wunderknaben schimmelig gelacht. Das ich überhaupt als Wunderknabe angemeldet worden bin war schon seltsam, da ich je erst wenige Monate bei der Seismos bin und Wunder habe ich auch noch keine Vollbracht. Ich Frühstücke gut, muss leider das klebrige und pappige holländische Luftbrot essen. Wenn man ein ganzes Brot zusammendrückt. Ist es nicht mehr als eine normale Scheibe Brot. Dafür ist der Schinken dick auf dem Brot und drei Spiegeleier darüber. Das waren die berühmten holländischen Uitschmieter/. Als Strammer Max bei uns bekannt. Der Schinken und die Eier haben die Pappdeckel darunter verschwinden lassen. Wir alle in diesem Trupp haben uns dann unser Brot aus Deutschland mitgebracht. Wir als Eichsfelder zu denen ich mich jetzt auch zählen muss, wir brachten natürlich auch die berühmte Eichsfelder Mettwurst und andere Dosenwurst, Rotwurst, Schwartenwurst, Weißwurst mit. In der Firma kam ich dann direkt in den bereits laufenden Betrieb hinein. Ich erfuhr warum ich als Wunderknabe bezeichnet wurde. Ich hatte in Lindau und auch in den wenigen Tagen in Hankensbüttel die Schüsse sagten wir zu den Sprengungen und die damit verbundenen Messvorgängen verdoppelt. Dazu sind auch die Messergebnisse aus der Anordnung der Geophone heraus noch besser geworden. Das erwartete man jetzt natürlich auch hier von mir, bessere Ergebnisse. Diese sind grauenvoll, das sah ich auch als Neuling sofort. Ich sah mir die ersten beiden Tage nur die Verlege Arbeit des Kabeltrupps an und erkannte sofort. Wo die Probleme liegen. Ich erkannte auch zwei erschrockene Gesichter als ich mich den Männern des Kabeltrupps vorstellte. Meine beiden Freunde die ich in Lindau bereits nach Hause geschickt hatte sind wieder dabei.

Auf der Insel Texel fingen wir an und so setzte es sich später fort über Harlem bis Leewarden. Man hat in Holland überall die Gräben die man so einfach nicht überspringen kann. Die Kabelleute machen weite Wege um auf die andere Seite der meistens 3 Meter breiten Wassergräben zu kommen. Ich sehe was zu tun ist und fahre mit dem Unimog in das Büro in Leewarden. „ Und was ist Herr Berger". „ Ich benötige 4 Stück Alu Leitern mit einer Länge von 4 Metern. Für jeden Kabelrollen Trägern eine Leiter". Der Truppführer schaut mich ungläubig an versteht dann aber und fährt mit mir los und wir besorgten die Leitern. Er schickte noch ein anderes Fahrzeug nach Texel um die Leute abzuholen weil ich nicht mehr aus Zeit Gründen zurück kann. Wir fanden in einem Laden, genau das was wir suchen. 4 ganz leichte Aluleitern. „ jetzt willst du das die Kabeltrommelmänner jeder noch eine Leiter mitschleppen und diese über den Graben werfen und dann über die Leiter dann mit der Trommel auf dem Rücken hinüber gehen und die mit den Geophonen ebenfalls über die Leiter balancieren". „ Genau das will ich, das wird so viel Zeit sparen. Wenn die Männer das erst einmal geschnallt haben werden sie froh sein das sie viel weniger Kilometer am Tag laufen müssen als bisher. Sie werden die Leitern gerne tragen und ich werde es ihnen vormachen". „ Ich spiele auch den ersten Tag wieder den Trommelträger".„ Dann lassen wir uns überraschen ob du die Männer dazu bewegen kannst". „ Wer nicht spurt den schicken wir zurück, wenn erst einer die Rückreise angetreten hat werden es sich die anderen überlegen. Querschläger gibt es überall. Einige Männer gehen auch in Opposition wenn es viel besser für sie ist, sie wollen es oft nicht wahr haben weil es gegen ihre eigene Überzeugung ist".

,, Ok, probieren wir es. Du hast zwei Rauswürfe frei wenn es sein muss, ich halte dir den Rücken frei". Am nächsten Tag, ist mein erster Einsatz und ich schnalle mir selbst eine Kabeltrommel auf den Rücken und nehme eine Leiter in die Hand. Nie habe ich irgendjemanden etwas zu gemutet was ich selbst nicht gemacht habe,, So Jungs, so machen wir es ab heute, jeder von den Trommelträgern hat eine Leiter in der Hand. Wir probieren das jetzt. Ich mache mich auf den Weg. Es war eine Kleinigkeit die Leiter hinüber zu kippen und dann auf dieser Hinüber zu gehen. Die Geophon Männer folgen mir.

Wir haben alle das Hindernis spielend überwunden. Der Unimog mit den Rest Geophonen hatte Zeit um sich eine niedrige Stelle zu suchen und konnte immer durch den Graben hindurchfahren. Wir schafften tatsächlich an diesem Tag bereits vier Schusspunkte mehr als zuvor und wir steigerten uns auf das doppelte. Die Firma Seismos setzte dann Bonuspunkte aus für den Erfolg. Die Männer waren dann noch motivierter. Als wir dann das Festland erreichten und nur noch den Strandentlang arbeiteten, brachen wir alle Rekorde. Die Jungs waren jetzt erst richtig Ehrgeizig geworden weil es auch in der eigenen Kasse so richtig klingelte. Die Alu Leitern wurden nur noch gelegentlich gebraucht wenn Gewässer in das Meer flossen. Aber ganz ohne ging es auch am Strand nicht. Wir lebten inzwischen auch in Leewarden in einer Pension, dort konnten wir auch wer wollte selber kochen. Ich machte dies ganz gerne einmal zwischendurch wenn ich ein gewaltiges Steak wollte. Schnell haben wir uns auch mit den Bedienungen und dem Putzgeschwader angefreundet. Zum Leidwesen des Pensionsvaters.

Die Mädchen hörten nur noch auf uns, wir haben schnell die gesamte Pension in unserer Hand. Zwei Mitarbeiter von unserem Kabeltrupp kamen aus Hannover, sie fuhren dann nach drei Wochen und unseren ersten Frei Tagen nach Hannover. Mit dem wunderbaren Citroen mit der Höhenverstellung. Ein wunderschönes Auto, sie brachten mich dann immer bis zum Bahnhof Hannover und fuhren dann weiter in ihren Ort. Sie holten mich dann auch immer in Hannover nach den sieben Tagen wieder ab. Es hat sich auch sehr viel in meinem Leben verändert durch die Liebe die Verlobung. Die Veränderung fand in der Hauptsache in meinem Sexualleben statt. Ich träumte jetzt oft von ihr, dachte oft an sie, an meine Traumfrau in Lindau. Ich wurde in der Nacht oft wach weil mir mein Gerät im Wege stand. Weil mich nun auch der Sex in der Nacht einholte und diese starken Gefühle mich so manches Mal weckten. Es war anders wie früher ohne meine neue Liebe, ohne die Absicht eine feste Beziehung einzugehen. Ich träumte jetzt einfach nur von Ihr. Es war ein anderer Sex wie früher. Es war nicht mehr einfach eine Lust auf Befriedigung es ging auch um ein Leben ein Kind das wir gezeugt haben. Dieses werdende Kind obwohl uns diese Situation in den Abgrund zu ziehen. Schien ist doch so etwas Einmaliges und tolles für mich. Trotz der großen Entfernung schaffte ich es sehr oft sie zu besuchen. In unseren Urlaubstagen bin ich immer gefahren. Aber auch mindesten zweimal dazwischen am Wochenende. Nicht ganz unschuldig an diesem Zug zu Ihr, war dann mein zu Hause. War die Sehnsucht nach Ihr, nach Liebe und nach Sex mit ihr. In Lindau gab es für mich ein anderes zu Hause als ich es vorher je erlebt hatte. Ich spürte auf einmal ein wirkliches, mein zu Hause. Ich hatte dies.

Die Familie den Zusammenhalt der Familie meiner Familie nicht kennen gelernt. Ich überraschte meine Freundin und ihre Familie als ich immer wieder so plötzlich und unerwartet vor ihrer Tür stand. Sie alle freuten sich tatsächlich auf mein kommen. Man hatte sich in dieser Familie viele Gedanken darüber gemacht ob ich überhaupt wieder auftauchen werde. Nicht einfach verschwinden werde wenn es ernst wird. Das Telefonieren war zu dieser Zeit nicht so einfach, viele hatten überhaupt kein Telefon und die Leitungen waren nicht stabil. Sehr oft brach das Gespräch dann mitten im Gespräch ab. Ich konnte mich in dieser freien Woche wieder um den Umbau der neuen Wohnung kümmern und legte mit dem Vermieter eine Klärgrube an und legte den Anschluss gleich weiter bis zur Straße. Weil die dörfliche Kanalisation auch im Bau war und spätestens im nächsten Jahr das Haus erreichen sollte. Mit der Grube war es natürlich für uns egal wann dies geschah.

Deshalb fand ich es gut, dass wir schon vorsorgten. Dann brauchten wir den Hof nicht mehr aufreißen. Dann hatte ich 4 Tage mit dem Gewaltigem Hoftor zu tun. Tischlerarbeiten sind in meinem Berufsleben noch nicht vorgekommen. Aber es wurde ein Gutes und stabiles Holztor. Unsere beiden Zimmer oben sind auch soweit fertig, Die Badewanne wurde eingebaut und der kupferne Badekessel, Heißwasserofen der mit Holz und Kohle zu beheizen war wurde auch noch geschafft. Der Kleine im Bauch meiner lieben Freundin wuchs auch kräftig. Es wurde immer klarer, dass wir es bis zur Geburt schaffen würden. Wir waren viele Tage vorher fertig mit der Wohnung und mit dem Garten. Dieser war auch riesig groß und hatte sogar einige Apfelbäume. Ich bereitet noch Grabeland für Kartoffeln und Gemüse vor.

Es blieb dann noch eine wunderbare Fläche mit Gras übrig auf der wir und auch der kleine spielen konnte. Meine Schwiegermutter eine sehr liebe und nette alte Dame freute sich auch auf ihre neue Wohnung und auf den Garten den sie nun direkt vor der Tür hat. Ihren alten Garten konnte sie jetzt abgeben, dieser ist fast 2 Kilometer entfernt direkt neben ihrem Arbeitsplatz dem Max Planck Institut. Sie arbeite schon seit vielen Jahren beim Max Planck Institut in Lindau als Putzfrau. Sie putze die Chefetage und ist etwas Besonderes dort und wegen ihrem Fleiß sehr beliebt. Wir alle lieben Franziska sehr und unser Sohn wird ihr Sonnenschein. Als wir nur das Plumpsklo hatten sind wir dann oft ins Institut gegangen zum Baden. Aber im neuen kleinen Haus haben wir dies alles Bad und Toiletten. Dazu haben wir eine Gemeinschaftsküche, Oma Franziska hatte ein kleines Zimmer und ein Wohnzimmer. Wir haben noch eine Waschküche und unten noch eine Toilette für Oma eingebaut. So das für sie auch das Thema Plumpsklo auch beendet ist. Für uns alle fängt ein neues Zusammenleben an. In Holland mit der Seismos läuft alles wunderbar weiter, wir bekommen unseren Bonus ausgezahlt und ich konnte diesen dazu verwenden um die neue Wohnung auszubauen. Mit zwei meiner Freunde und Mitarbeiter mache ich auch noch einen Trip nach Amsterdam und nach London. Es ist mein letzter Urlaubstripp als Junggeselle für die Ewigkeit. Es lief alles gut, bis dann plötzlich mein Vater mit meiner Schwester in Leewarden auftaucht. Sie brauchen mich dringend in Uelsen, eine Pleite ist wohl nicht mehr abzuwenden. Ich spreche mit der Bank und diese will weiter helfen nur dann wenn ich alles übernehmen würde. Ich habe lange überlegt, ich war gerne Wirt und konnte mit Menschen umgehen.

Aber meine Eltern waren nicht dazu bereit aufzugeben, sie wollten mit im Betrieb bleiben. Sie haben keinerlei Verständnis dafür, dass es nur an ihnen gelegen. Hat das der Betrieb kaputt gegangen ist und nur komplett ohne sie weitergeführt und gerettet werden kann. Das ganze Anwesen steht auch so ungünstig, dass es irgendwann einmal abgerissen werden musste. Dazu ist die Bäckerei bereits still gelegt worden und musste erneuert werden. Der Kuchen muss zurzeit dazu gekauft werden. Mein Freund Willi arbeitete bereits in Neuenhaus in einer Bäckerei, so war er noch sehr nahe bei meiner Schwester. Meine Eltern wollen nun Geld als Hilfe von mir. Geld, woher sollte ich mit meinen 22 Jahren Geld haben. Ich musste mich selbst so durchstoppeln und schauen das ich mich und mein Leben und das Leben meines Kindes geregelt bekomme. Sie kamen sogar auf die Idee ich sollte einen Kredit aufnehmen. Ich Konnte ihnen nur 500.- DM geben, auch das war sehr viel in der damaligen Zeit für mich. Sie weinen und beschimpften mich, aber ich kann es nicht ändern. Bei der Absage zur Hilfe habe ich auch an meine Kinder gedacht, ich will nicht, dass diese so unwirklich aufwachsen wie es mir passiert ist. Ich wollte nicht Flüchtling meiner selbst werden. Wir Kinder waren alle nur auf Grund der Situation ausgenommen worden. Aber ich hatte wenigstens meine Berufe. Meine jüngere Schwester konnte nicht einmal ihre Lehre machen weil man vergessen hatte sie anzumelden. Meine Eltern sind mit allem überfordert was ein geregeltes Leben betraf. Dreijahre Berufsschule machte meine Schwester mit für nichts und Geld hat sie wie ich für ihre Arbeit auch nie gesehen. Ich fahre mit dem Zug wieder von Uelsen nach Leewarden zurück und stürzte mich in meine Arbeit.

Die läuft und läuft und ich bestätigte meinen Ruf als Wunderknabe. Wir alle im Kabeltrupp und der gesamte Trupp bekommen einen guten satten Zuschuss und Bonus der sich auf unserem Lohnstreifen gut machte. Selbst die Nörgler die meine Ideen nicht mochten waren jetzt davon überzeugt, dass diese Gut und sehr erfolgreich sind. Ein Bonus der auch mir sehr viel weiter half, mir und meinem wachsendem kleinen Jungen. Für mich Stand es immer fest, dass kann nur ein Junge werden. Aber auch ein Mädchen hätte ich genauso gern angenommen. Wir blieben noch über Monate in Holland und ballerten uns von Norden bis in den Süden Hollands durch. Den ganzen Küstenstreifen entlang. Zeitweise war ich dann bedingt durch die Fahrten meiner Hannoveraner Freunde und deren Auto auch manches Mal am Wochenende Überraschend zu Hause. Mein zu Hause ist nur noch bei meiner werdenden Ehefrau. In unserem kleinen Haus ist zwischenzeitlich alles klar, die Hochzeit wurde vorbereitet. Als meine Freundin bereits im 5 Monat war. Ich habe mir für diese Zeit Urlaub genommen. Der Umzug und die Neueinrichtung wurden sofort nach der Hochzeit begonnen. Deshalb nahm ich mir auch drei Wochen wohl verdienten Urlaub. Urlaub den ich bekommen habe weil der Auftrag in Holland für die Seismos mit großem Erfolg beendet wurde. Natürlich gab es da im Vorfeld noch einige Krawalle mit dem Lindauer Jungvolk für mich. Den Jungs hatte ich noch nicht genügend ausgegeben für das Entreißen einer ihrer Dorfschönen. Wie des Öftern ging ich wieder einmal in das ehemalige Rathaus, das jetzt eine nette Kneipe Beherbergt. Natürlich wurde ich wie immer freundlich begrüßt. Ich bestellte mir ein Bier, es wurde hingestellt und bevor ich es nehmen konnte hat mein Nachbar zugegriffen und mein Bier angesetzt.

Mit einem Zug ausgetrunken. Ich dachte na, vielleicht war es doch nicht für mich bestimmt. Es kam das zweite und dritte Bier. Es ging so weiter mein Nachbar ein Riesenkerl schüttete sich mein Bier in seinen Rachen, dass Bier war mit einem Schluck weg. Ich fragte höflich den Wirt, ob das nun meine Biere waren die sich der Kerl genehmigt hat. ,, Ja, das waren ihre Biere, antwortete der Wirt trocken. Er war sicher gespannt darauf wie es weiter geht. Er steht lauernd und grinsend hinter der Theke. Ich nehme dies alles auf und bestelle ganz ruhig ein neues Bier. Die Hand meines Nachbarn kam wieder hervorgeschossen. Aber bevor diese Hand das Bierglas erreichen kann. So habe ich ihm mit der ganzen Kraft meines Körpers einen Schwinger versetzt, habe genau den Punkt getroffen. Mir war es klar der erste Schlag muss bei diesem gewaltigem Ungeheuer sitzen sonst würde ich nur mit gebrochenen Knochen aus der Gaststätte gekommen. Der Riese knallte samt seinem Hocker zu Boden und bewegt sich nicht mehr. Ich war selbst sehr erschrocken und bückte mich sofort zu ihm herunter. Der ist bewusstlos kann ich nur feststellen. ,, Hau ab Junge sagt der Wirt, wenn der Kerl wach wird bist du erledigt". Die anderen Gäste stehen um uns herum, auch diese reden eindringlich auf mich ein und sagen das ich verschwinden soll. ,, Komm gebt mir ein Glas Wasser, der Wirt reichte mir das gewünschte und ich schüttete es dem Riesen ins Gesicht. Der rappelte sich auf und schüttelte sich, er hatte überhaupt nicht begriffen was los war. Stellte sich mit meiner Hilfe wieder auf die Beine. ,, Mein Gott, was war denn das, warum bin ich einfach umgefallen". ,, Keine Angst du bist nicht von alleine Umgefallen, ich musste dir leider eine donnern als du auch noch mein viertes Bier aussaufen wolltest.

Alle Männer in der Kneipe erstarten, sie glauben das nun die Hölle los ist. Aber der Kerl schüttelte sich nur, setzte sich auf den Hocker und sagte nur, „ zwei Bier für mich und den Eindringling hier". Damit war die Sache erledigt für ihn, wir wurden danach noch sehr gute Freunde und trafen uns oft an der Theke zu einigen Bieren und einem Plausch. Im Dorf hatte ich mir Respekt verschafft, man lässt mich in Ruhe. Da nun die Hochzeit bevor steht muss ich mich auch wieder an die Katholische Kirche erinnern. Lindau und das Eichsfeld waren und sind höchst Katholisch. Ich muss zu einem kurzen Gespräch zum Pfarrer. Seine Behausung raubt mir den Atem, der Kerl residierte in Lindau wie ein Bischof in einem Riesen Haus. Mit einigen Angestellten und einem kleinen Park den er meinen Garten nennt. Natürlich musste ich auch zur Beichte gehen bevor ich heirate weil ich ja auch dabei die Kommunion empfangen muss und ohne die wissentliche Beichte geht dies nicht. Ich überlege lange was ich beichten soll, mir ist keine einzige Sünde bewusst. Es ist wie früher als Schulkind, da machte ich meine letzte Beichte. Ich hole alle Erinnerungen zurück und meine Verlobte hilft mir dabei. Ich habe dann ganz gewissenhaft alle Sünden die man machen konnte auswendiggelernt und dann auch im Beichtstuhl aufgesagt. Der Pfarrer war erschüttert über meine Vielzahl der Sünden. Aber ich versprach auch gleich, dass ich nun Gottesfürchtig leben will. und alle Sünden in Zukunft vermeiden will. Ich bekomme 20 Vaterunser und 20 Gegrüßet seist du Maria aufgebrummt und einen Rosenkranz. Ich verzieh mich in die hinterste Ecke der Kirche und bin dann bald unbemerkt aus dieser Kirche verschwunden und bin in der gegenüber liegenden Kneipe zur Fortsetzung meiner Gebete gegangen. Dieses Göttinger Bier das es hier gibt war besser als jedes Gebet.

Ich bin sehr jung von der Kirche enttäuscht worden. Und dieses Leben des abgedrehten Bischofes, der es fertig brachte seine Gläubigen zu Hause aufzusuchen wenn sie mal nicht in der Kirche waren. Der die Bauern aufsuchte wenn er nicht genügend Lebensmittel bekommen hatte. Ein Mann der wie die Made im Speck lebte und Abstinenz und Keuschheit predigte. Der Mann war meiner Meinung nach fehl am Platz in jeder Kirche. Hinzu gekommen ist das mit uns ein junges Paar ebenfalls im Unterricht bei diesem Pfarrer ist. Sie haben mit ihrem Kind noch 2 Monate Vorsprung. Bei denen ist das Kind schon sichtbar in der Entwicklung und die jungen Leute hatten große Mühe dies zu bewältigen. Die Beschaffung der Wohnung und der Einrichtung werden ein Problem für sie, verständlich wenn man die Löhne für Arbeit in dieser Zeit kennt. Der Lohn reicht kaum für das tägliche Leben. Sie baten den Pfarrer um einen Kurzfristigen Kredit von 100, DM bis zur nächsten Lohnzahlung gebeten. Ich habe noch nie einen so aufgebrachten Menschen gesehen, er hat die jungen Leute beschimpft wie ich dies noch nie gehört habe. Mein Bild über diesen Angeber und Unfähigen Mann verfinstert sich immer mehr. Damit hat er auch das Bild der Katholischen Kirche, gegen die ich von Anfang an eine Abneigung hatte noch mehr beschädigt. Ich hatte nur negatives erlebt. Nehmen ja, das konnte die Kirche, aber Geben das gehörte nicht zu ihr. Mich irritierte schon als Kind der sagenhafte Prunk in manchen Kirchen. Es herrscht in Deutschland eine solche Armut. Aber die Kirchen schwimmen im Geld, Gold und Prunk. Hinzu ist für mich das Glaubensbekenntnis gekommen, ich konnte es nicht beten weil ich nicht an den Unsinn der Dreifaltigkeit glaube. Ich war keinesfalls ungläubig wie man denken könnte.

Ich glaube an Gott, an den einen Gott der für uns alle da ist. Auch an den Gott der Katholischen Kirche aber nicht an seine Vertreter an sein Personal hier auf Erden. Egal welcher Religion wir angehören es gibt nur den einen Gott. Genau deshalb verurteilte ich nie die katholische Religion sondern nur wie diese Religion von deren Personal auf der Erde gelebt und vertreten wird. Wie katholische Pfarrer sich über ihre Gläubigen erheben und wie sie es wagen ihre, diese katholische Religion als einzige wahre hinzustellen. Für mich ist es schon als Kind, dann als junger Mann klar, jede Religion ist richtig wenn man die 10 Gebote einhält und danach lebt. Das habe ich natürlich auch im streng katholischen Lindau. Für mich behalten. Sonst hätte vermutlich auch die Hochzeit nicht stattfinden können. Die Hochzeitsfeier startet und es war ein großer Auflauf in Lindau, das Wetter war einige Tage vorher sehr schlecht. Es schneite und es starker Frost lässt alles zufrieren. Aber genau an diesem Tag ist Kaiserwetter. Es trat dann ein wovor mich alle gewarnt hatten, selbst der Wirt bei dem die Feier stattfand. Es war der ehemalige Rathauswirt der jetzt das kleine Hotel am Dorfausgang in die Richtung Giboldehausen Duderstadt hatte. Dazu gehörte auch eine Tankstelle, die einzige in Lindau. Später gab es dann noch eine andere am anderen Ortsausgang. ,, Höre Ulli, so nannte man mich dann in Lindau aus Bully ist dann Ulli geworden. ,, ich kenne die Verwandtschaft deiner Frau. Die feiern drei Tage ohne ein Limit. Begrenze die Ausgaben und setz denen ein Limit. Ich sage dann wenn es Schluss ist. Ich hätte auf den Wirt hören sollen. Ich habe meine ganze Hochzeit nicht wahrgenommen.

Ich bin wie betäubt durch die Zeremonie getaumelt und fand mich dann erst wieder im Bett meines Schwagers und der Schwester meiner Frau. Die hatten Ihr Bett für uns frei gemacht für die Hochzeitsnacht und es völlig mit Toilettenpapier eingewickelt. Meine Frau wollte dieses Bett aufräumen und das Toilettenpapier sauber aufwickeln. ,, Nein meine liebe, wir machen nichts wir machen ein Loch in das Papier krabbeln ins Bett und so wieder heraus, die sollen den Unsinn selbst weg machen. Ich bin erst 3 Tage später zum Wirt gekommen zum Bezahlen weil wir unsere Möbel ausgesucht haben. Mich konnte der Wirt nicht mehr erschrecken, es war so wie er gesagt hatte. Man hat 3 Tage durchgefeiert, ich hatte dies schon gehört. Diese Feier kostet 3.200,- DM ein Vermögen für zwei junge Menschen die eine Wohnung ausstatten mussten und auf ein Baby warten. Wir konnten die Möbel nur zur Hälfte bezahlen und mussten den Rest abstottern. Aber wir hatten dann bald unsere eigene Wohnung und konnten dann auch manchmal unsere Zimmertür zu machen. Wir haben ein Badezimmer und einen eigenen Garten. Für das Kind wurde alles gerichtet, es soll es Gut haben. Ich fahre dann nach Hannover in die Firma, will wissen wohin es geht. Der neue Job soll in Jugoslawien sein, nicht schlecht. Der einzige Pferdefuß ist das es dort die 7 freien Tage entfallen, aber es dafür mehr Geld geben soll. Dieser Job sollte zwei Jahre dauern. Ich überlegte lange, das Geld konnte ich gebrauchen aber 2 Jahre ohne Urlaub und Jugoslawien war damals eine weite Reise. Ich schrieb die Firma an das wir ein Kind erwarten und ich jeden Job in Deutschland annehmen würde aber nicht nach Jugoslawien will. Aber jetzt unter diesen Umständen will ich nicht in Jugoslawien arbeiten.

Ich will mein erstes Kind aufwachsen sehen. Die Antwort ist, dass dies nicht möglich ist ich würde dringend in Jugoslawien gebraucht. Ich schreibe zurück, dass mich meine junge Familie. Ganz dringend braucht und Kündige mit einer Kündigungsfrist von 4 Wochen, diese habe ich genau noch als Urlaub. Ich suchte mir dann eine Arbeit in Northeim oder Göttingen. In Northeim wurde ich fündig, nicht mein Traumjob aber ein guter Job. Bei einem Gemüsehändler wurde ich Verkaufsfahrer. Natürlich bekam ich als Anfänger die schwierigste tour aller Verkaufsfahrer. Wir überstanden die Geburt unseres Sohnes auf diese Weise war alles gut und alle sind zufrieden und ich war zu Hause. Ich bin sehr froh darüber es so gemacht zu haben das ich diesen Schritt gemacht habe. Dann zieht überraschend unsere Schwägerin die wilde Schwarzhaarige wieder bei uns mit ihrem Kind ein. Sie bewohnte dann mit ihrem Kind die untere Etage mit ihrer Mutter. Ich konnte nichts dazu sagen, ich mochte ihre Tochter und auch sie wenn sie dann mal nüchtern war. Wie sie die Männerverarschte war eine wahre Pracht, sie veränderte das Weltbild der Frauen in mir komplett. Ich traute von daher allen Frauen alles zu. Natürlich waren nicht alle Frauen so, aber mir wurde es klar, ganz viele Frauen sind solche Schlangen. Aber sie schaffte es auf diese Weise ein kleines Vermögen zusammen zu raffen. Dies kehrte sich dann später um, ihre Tochter gab dieses Geld mit vollen Händen wieder für Männer aus. Ihre Mutter verstarb ihrem Lebenswandel geschuldet sehr jung und sehr elendig an Krebs. Patrick wurde größer und meine Frau entschloss sich auch wieder zu arbeiten. Sie bekam ebenfalls schnell einen Job in der Zuckerfabrik in Nordhorn. Ich wurde dann auch dort vorstellig weil eine Stelle als Betriebselektriker frei wurde.

Diese Stelle habe ich dann auch bekommen. Es war ein guter Job, ich musste mich aber mit dem dortigem Arbeitstempo abfinden. Die Kollegen waren oft sauer auf mich. Mir ist es sehr schwer gefallen auf diesem niedrigen Tempo zu arbeiten. ,, Wir müssen in der Kampagne schuften wie die blöden, die Zeit dazwischen müssen wir es langsamer machen. Die Kampagne begann im September, direkt nach der Rübenernte. Ich bin eingesetzt als Springer in allen Abteilungen, es war ein super Job. Ich lernte so viel, auch von der Technik her sind die Maschinen Anspruchsvoll. Ich bin dann auch oft in der Schlosserwerkstatt eingesetzt, lernte das Schweißen und lernte alle Schlosserarbeiten kennen. Es ist das was ich eigentlich wollte um technisch voran zu kommen. Das war nun ein Ausbildungsbild- Bäcker und Konditor. Schwachstrom Techniker, Starkstrom Techniker, Betriebselektriker und jetzt auch gelegentlicher Betriebsschlosser. Plus der Ausbildung an den Drehmaschinen und Werkzeugmaschinen. Wer konnte dies in den jungen Jahren vorweisen. Ich war stolz auf meine Arbeit und meine Kenntnisse in so vielen Berufen. Damals hieß es eigentlich noch so wie in Japan, man bleibt einer Firma treu bis an sein Lebensende. Diese Zuckerfabrik hatte auch viele Besonderheiten, das muss am Zuckerstaub gelegen haben. Die meisten Männer und Frauen in der Fabrik sind so scharf wie Rasierklingen. Manchmal wurden sie im Fahrstuhl beim Popen erwischt. Ich erwischte eine gemeinsame Freundin von mir und meiner Frau im Sanitätszimmer mit dem Betriebsleiter. Im Keller des Maschinenhauses war immer etwas los, man machte schon immer Lärm wenn man hinunter ging. Ich reparierte dann auch oft die Maschinen für den Würfelzucker, in diesen Hallen ist es unerträglich heiß.

Die Frauen stehen dann in heißen Tagen nur im Kittel an der Maschine ohne Unterwäsche. Ich habe dann immer solche Reparaturen das ich unter die Maschine krabbeln muss. Dann immer einen freien Blick. habe in alle Maschinenteile auch in die der Bedienerin. Ich schaue dann immer in einen vollgestaubten Handfeger. Die Mädels grinsen mich dann immer unverschämt an. Na Herr Elektriker alles klar an meiner Maschine. ,, Ja es sieht gut aus, müsste aber mal geölt werden, sonst bildet der Zucker Krusten". ,, Kannst ja mal daran schlecken kleiner". ,, Ich mag nichts Süßes", ,,Du hast wohl einen kurzen in der Hose Elektriker", ist dann die Antwort. ,, Heb du deine Zucker Schnute für deinen Mann auf der hat mehr Spaß daran". ,, Leider muss ich vorher immer unter die Dusche. Du hast die Möglichkeit sie im vollen Saft zu probieren mit Zucker Schale". Eine der Maschinenmädchen hat mich zu ihrer Hochzeitsnacht eingeladen. ,, Mein Mann der Idiot Muss noch am Hochzeitsabend wieder zur Arbeit nach Italien. Ich will die Hochzeitsnacht nicht alleine verbringen". Ich lehne aber auf Grund meiner so jungen und intakten Ehe dies Angebot ab. So war ich auch bald erfahrener Zuckerhersteller. War wieder einen großen Schritt weiter in meiner Ausbildung. Gemüse Verkäufer und Zuckerwerker sind nun noch hinzugekommen. Es gibt natürlich in dieser Zeit einen mini Lohn. Ich bekomme gerade einmal in der Stunde 1.69 DM. Die private Situation veränderte sich auch. Die scharfe und versaute Schwägerin geht mir dann doch auf dem Senkel zumal sie mir, ihrem Schwager ständig Angebote machte für einen ordentlichen Sex den ich wohl von ihrer Schwester nicht bekommen könnte. Wenn wir alleine sind bot sie sich mir mit Obszönen Stellungen an. Es war einen schöne Frau und eine Aufregende Frau.

Ich hatte so manches Mal das Gefühl zu wollen aber dann wäre ich ihr ausgeliefert gewesen. Deshalb zog ich es vor mir und meiner Familie ein anderes zu Hause zu suchen. Genau in der Nachbarschaft gab es dann Möglichkeit eine Wohnung in einem Nebenhaus des Bauernhofes zu bekommen. Die untere Etage ist ausreichend, wir haben dann aber wieder kein Badezimmer und wieder ein Plumpsklo. Aber wir sind alleine. Meine Familie kann dann bei der Oma baden gehen, das sind gerade mal 30 Meter. Bei mir läuft fast immer alles im zwei Jahrestakt mit einer Neuen Veränderung. Ich bin scheinbar noch immer auf der Flucht oder ich brauchte angehaucht von der Flucht diesen ständigen Wechsel. Meine Familie geht mit ihrem Laden Pleite und machte das einzige vernünftige, er geht wieder zurück in den Straßenbau und bekommt eine super Stelle in Braunschweig. Das ist natürlich wieder viel näher an uns heran. Aber ich hatte als ich das hörte mit allem meinen Frieden geschlossen. Meine Eltern sind uns besuchen gekommen und ich konnte mir dann bald das erste Auto leisten, einen VW Käfer. Wir fuhren dann auch manchmal nach Braunschweig, dort hatte mein Stiefvater einen Job bei Lucks und Co in Querum bekommen als Platzmeister. Der schwarze Teufel hatte wieder einmal einen Reichen Kerl ausgegraben aus Duderstadt der damals schon eine Firma für Leiharbeiter hatte. Bei einem Bier bin ich mit dem Mann ins Gespräch gekommen und er staunte über meinen geringen Verdienst bei der Zuckerfabrik. Er bot mir fast das Doppelte an Lohn an, für einen Elektriker hätte er gerade einen Job in der Nähe von Hildesheim. Ich könnte dort sofort Vorarbeiter werden und mein Gehalt ist das doppelt wie bei der Zuckerfabrik.

Nur der Haken ist, dass Ganze ist Untertage in einem Kalischacht. Das interessierte mich gerade ich habe noch nie Untertage gearbeitet und auch der Lohn war von Interesse. Ich schlage ein und bin eine Woche später Untertage. Hatte aber keine Ahnung davon was auf mich zukommen würde. Ein ganzer Trupp Elektriker aus Duderstadt machte sich mit mir auf den Weg nach Hildesheim. Ich als ausgewiesener Vorarbeiter hatte dann erst ein Gespräch über Tage im Büro des leitenden Ingenieurs. „ Wir haben hier Untertage große Erneuerungen, neu Kabel neu Anlagen. Wir können das mit unseren Betriebselektrikern nicht alleine schaffen, deshalb haben wir ihre Firma angefordert. Dann werden wir eingewiesen in unsere Baustellen. Die Kauen, Frühstücksräume und mehr. Erst am Nachmittag sind wir dann in die Kali Stollen eingefahren. Für mich und meine Leute ist dies Neuland. Danach fuhren wir dann in unsere Unterkünfte die uns der Kalischacht besorgt hat. Es waren alles private Unterkünfte die ständig vom Schacht angemietet wurden. Ich war dann auch der Bauleiter der Truppe und hatte wieder einmal Großschnauzen dabei. Männer die sich übergangen fühlten, weil sie ja schon so viele Jahre länger bei der Firma sind als ich. Aber in den nächsten Tagen als wir auf uns allein gestellt sind klärt sich das ganze Problem um diese Truppe. Mein Chef hat mir verschwiegen, dass ich der einzige Elektriker in der ganzen Truppe bin. Der Fortgang der Arbeit geht nur schleppend voran denn ich muss überall sein und nirgends. Keiner hatte nur die geringste Ahnung von dem was er da tun musste. Da waren Frisöre, Bäcker, Schuster, Schneider, nur keine Elektriker. Natürlich bemerkte das auch bald der Betriebsingenieur. Da hast du je einen schönen Sauhaufen mitgebracht. Ich rufe deinen Chef an das er dir neue Leute schickt".

Lassen sie mal, ich telefoniere heute Abend mit ihm, wenn es nicht wirkt können sie direkt mit ihm sprechen. Wenn ich wenigstens zwei Elektriker mehr hätte könnten wir es schaffen". ,, Das ist dann ganz einfach, du besorgst nur einen und ich stelle dir einen von meinen Leuten zur Verfügung. Dann sind wir beide auf der sicheren Seite". Wir schicken dann zwei Mann nach Hause von deinen Jungs. Dies wurde dann so geregelt und nach drei Monaten wurde die Baustelle zu aller Zufriedenheit abgeschlossen. Ich machte dann einige Tage Urlaub und kümmerte mich um ein neues altes Auto der VW hat seinen Geist aufgegeben. Zu Hause läuft es sehr gut und wir haben einen neuen Mitbewohner einen Wellensittich. Dieser wurde so zutraulich das dieser mit uns zusammen am Tisch gegessen hat. Er ist uns immer auf dem Kopf und auf den Schultern herum gehüpft. Wir gehen des Öfteren auch wieder in Lindau aus, unsere finanziellen Verhältnisse. Die lange angespannt waren lassen das wieder zu. Dann gibt es bei meiner neuen Firma einen neuen Job, aber sehr weit weg ist. In Köln, wir sollten für die Firma Severin aus Gütersloh für die Kölner Stadtwerke arbeiten. Wir sollten ein Netz von Hausanschlüssen der Gaswerke erneuern. Ich hatte mir einen gebrauchten DKW Junior zugelegt, das ist ein Auto das sich leicht reparieren lässt er ist für die langen Strecken gut geeignet und hält den Ansprüchen auch stand. Nur einmal muss ich über das Wochenende den Motorausbauen und zerlegen und neue Kolben und Kolbenringe einbauen. Ansonsten beschweren sich nur die anderen Autofahrer wenn ich ihnen in den Remscheider Bergen den Gestank des verbrennenden Oel,s des DKW,s in ihre Auto blase. Sie schimpften und drohen mir mit den Fäusten wenn ich an ihnen stinkend und qualmend.

Vorbei ziehe. Am Berg bin ich im Sommer und im Winter allen anderen Autos mit dem Frontantrieb des DKW,s überlegen, auch den schweren dicken Wagen. Bin ich am Berg im Vorteil. In Köln angekommen werden wir in der großen Baracke der Firma Severin freundlich empfangen. Dieser DKW hatte aber den Vorteil eines richtigen Familien Wagens, denn er hatte Platz und einen Riesen Kofferraum. Insgesamt waren wir mit 14 Leuten eingeplant für den Job in Köln. Wir sind die ersten fünf, weil ich immer früh fahre. Nie verspätet oder auf den letzten Drücker irgendwo abgekommen bin. Die anderen vier die mit mir fahren mussten mit, ob sie wollten oder nicht. Wir haben uns die besten Zimmer in der Baracke aussuchen können. Das ist der Vorteil wenn man früher vor Ort ist als die anderen. Das brachte mir auch die Gelegenheit zu einem direkten Kontakt mit dem Chef der Firma Severin, ich konnte ausgiebig mit ihm sprechen. Der stellte mich dann seinem Bauleiter vor, ich war auch schon mal der Ansprechpartner für den Bauleiter und den Chef von Severin obwohl ich nicht der Leiter des gesamten Leiharbeiter Betriebes in Köln war. Wir gehören zu einer der ersten Leiharbeiter Firmen in Deutschland, das wurde mir erst klar nach diesem Auftrag in Köln. Ich hatte bisher keine Ahnung davon, dass wir auf Leihbasis arbeiteten. Mein Vorgesetzter der Leihfirma ist noch am Anreisen und ist natürlich erst am nächsten Mittag mit dem Rest der Truppe angekommen. Da hatte ich schon einen kompletten Plan bezüglich unserer Arbeit dort. Man hat mich bereits in die Arbeit eingeweiht die vor uns liegt. Wir sollen das Gasnetz die Hausanschlüsse in Ehrenfeld und in der Stadt Köln für die Stadtwerke erneuern.

Das alles war für mich nichts neues, ich war das Verlegen von Rohren gewohnt, von Gas und Wasserrohren. Dies sind arbeiten die wir auch so manches Mal in der Zuckerfabrik erledigen mussten. Aber auch im Kalibergbau mussten wir oft die Kabel in Rohre einziehen die wir auch erst verlegen mussten. So war ich gegenüber allen anderen bereits ein Profi in dieser Arbeit. Mit der ganzen Truppe hatte ich das gleiche Glück wie in Hildesheim. Es war nicht ein einziger Schlosser dabei, Klempner oder jemand der jemals Rohre verlegt hat. Der angebliche Ingenieur der unser Chef der Leihfirma in Köln sein soll hat die allerwenigste Ahnung von dieser Arbeit. Er bleibt kleinlaut im Hintergrund und lässt sich von mir einweisen und auch anleiten. Wir bekommen die ersten Aufträge mit Zeichnungen. Die Fahrzeuge habe ich schon zusammengestellt. Wir haben zwei Unimogs vorerst für 2 Mannschaften. Hinter jedem Unimog hing ein Kompressor für die Werkzeuge um die Straße aufzubrechen. Im einachsigen Anhänger sind dann die Werkzeuge und Maschinen um die Straße abzusperren. Auch um dann die zurückgeführte Erde und das Pflaster wieder zu verdichten. Die ersten beiden Löcher zeichnete der Bauleiter mit mir zusammen ein. Damit ich ein Bild davon bekomme wie dies richtig gemacht wird. Er ist etwas skeptisch als er den ganzen Rest der Truppe gesehen hat. ,, Meinst du das du das mit diesen Leuten schaffst?. Die scheinen nicht viel Ahnung zu haben. Die stehen hier dumm herum als wären sie auf dem falschen Dampfer". ,, Was bist du den von Beruf, aber ehrlich. Die Jungs haben alle gesagt die wären alle Rohrschlosser. Die scheinen aber alle Bäcker und Friseure gewesen zu sein". ,, Ich bin Elektriker, Schwachstrom und Betriebselektriker mit Schlosserausbildung".

Das habe ich bereits bemerkt, du bist ein guter Mann, du bist für mich der Ansprechpartner, keiner von Bäckern oder Friseuren. Ich telefoniere noch heute mit deinem Chef und sage ihm, dass du hier mein Vorarbeiter bist und ich möchte, dass du auch dementsprechend bezahlt wirst. Er hat dies tatsächlich gemacht und ich war auch innerhalb der Leihfirma der Chef in Köln. Zum Glück lagen die ersten zwei Löcher für die Hausanschlüsse nicht weit auseinander. So das ich auch diese Gruppe deren Fahrer des Unimogs der eigentliche Chef der Leihfirma ist unter Kontrolle habe. Ich zeige allen wo es lang geht und das wir diese Löcher aufgraben müssen. Vorsichtig so tief bis wir auf die Leitungen stoßen und dann werden diese ringsum freigelegt. Dann wird der alte Hausanschluss entlang bis in die Mitte des Bürgersteiges aufgegraben. Bei dem zweiten Trupp bei dem Manfred das Kommando hat und das Fahrzeug übernommen hat geht es auch weiter. Ich ging hinüber und besprach die Sache mit ihm. Er scheint auch zu wollen und es auch zu können. Ich war zufrieden mit ihm und will dann auch, dass er der Vorarbeiter dieser Truppe ist und bleibt. Man konnte an diesem Tag schon erkennen wer überhaupt keinen Bock hatte und auch nicht geeignet ist. Vielleicht war das auch die Philosophie der Leihfirma, viele schicken, den Kunden die besten aussuchen lassen. Den Rest wieder zurück zu bekommen und woanders einteilen. Hier zeichneten sich 10 Gute Leute ab und wenn wir nur zwei Kolonnen werden. Dann sind das auch genug Leute, fünf Mann können wieder den Heimflug antreten. Ich bin dann in unser Lager Ehrenfeld gefahren und holte die entsprechenden Rohre. Als auch die Rohrschellen und Blaseinsätze zum Absperren der Gasleitung während des Betriebes, dass kannte ich auch.

Die gasführende Seite wird angebohrt und ein Ballon eingesetzt und dieser wird aufgepumpt, schon ist die Leitung dicht. Natürlich müssen alle Häuser Bescheid bekommen das für ca. 1 Stunde. Das Gas abgestellt wird. Länger dauerte dann der Anschluss nicht wenn alles dazu fertig vorbereitet ist. Gegen Mittag sind die Löcher ausgebuddelt und die alte Leitung liegt frei bis zur Mitte des Bürgersteigs. Alles um das Loch herum ist ordentlich abgesperrt und in Ordnung. Von den Stadtwerken ist extra jemand eingesetzt der unsere Absperrungen prüft, er hat nichts zu bemängeln. Wir haben dann das neue Material abgeladen und auf beide Löcher verteilt. Ich stellte die beiden Arbeitsböcke an je eines der Löcher und verteilte die Rohre und das Material. Dann kommt die Hauptarbeit für mich, ich nehme Maß an den Leitungen und spanne diese in die Schraubböcke. Mache dies an beiden Löchern fest. Wir schneiden die Rohre mit dem Rundschneider auf Maß und wir schneiden das Gewinde auf die Rohr ende. Es ist eigentlich eine Kleinigkeit wenn man es kann. Aber an der anderen Grube die übten noch mit der Kluppe. Nach dem ich meine Rohre fertig zugeschnitten habe, alle notwendigen Enden mit Gewinde versehen habe. Gehe ich auch an das andere Loch um die Gewinde zu schneiden. ,, Jungs, wen wir diese Löcher zu haben, dann bleiben wir einen Tag in der Werkstatt und üben Gewindeschneiden. Sonst sieht ja schon alles ganz gut aus. Wir arbeiteten gut zusammen, wir wurden eine gute Truppe, die es dann nach einigen Löchern wirklich alles Notwendige konnte. Der Bauleiter ist zufrieden mit uns und das OK für die 10 Männer. Sendete er zur Firma in Duderstadt. Ich bin zwar Team Chef aber an meinem Lohn hat sich nichts geändert obwohl mein Chef für mich 50 Cent die Stunde mehr bekommt von Severin.

Speziell für mich, dass hatte mir der Bauleiter gesteckt. Ich soll prüfen ob das Geld weiter geleitet wird. Nach der ersten Lohnzahlung war das Geld natürlich nicht auf meinem Konto und auch nicht auf der Abrechnung. Da bekommt meine Schwägerin die, die Stoß Dame meines Chefs ist einen Einlauf von ihr und in der nächsten Abrechnung passte alles. Das waren dann wieder die Vorteile meiner Schwägerin, sie setzte sich auch ein, sie hatte die besten Mittel dazu. Sie ist das beste Beispiel dafür, dass man mit einer einzigen Pflaume mehr verdienen kann als mit einem ganzen Obstladen. Wir arbeiteten uns in Köln richtig ein, wir lieben Köln inzwischen aber nicht die weite Fahrstrecke von Lindau aus dem Eichsfeld dorthin. Die Wochenenden waren zu knapp, den wir alle haben auch zu Hause zu tun. Ich regelte dies mit unserem Bauleiter dann so, dass wir jeden Tag eine Stunde länger arbeiteten und dafür den halben Tag am Freitag gestrichen haben. Wir konnten an diesem halben Tag nichts Ordentliches mehr machen. Dieser Vorschlag war der Firma Severin und der Stadt Köln sehr angenehm. Das hat auch zwei Vorteile für die Stadt. Bereits am Donnerstagabend sind dann in der Stadt alle Löcher zu und die Absperrungen weg, denn früher gibt es für niemanden Feierabend am Donnerstag. Wir alle werden dann bereits am Freitagmorgen zu Hause wach und können unsere Arbeit zu Hause machen. Wir alle sind mit der Lösung sehr zufrieden und die Arbeit machte noch mehr Spaß. Es gab dann auch manche Fete in der Baracke, es waren schöne Feten unter Männern mit Gitarre und Gesang. Wehe es war nur eine Frau dabei an diesen Abenden dann ist Streit angesagt. Es gibt dann Beschwerden über einige Zimmer aus denen ein fürchterlicher Gestank kommt.

Wir glauben es liegen dort Leichen, ich entschloss mich mit dem Bauleiter dazu in diese Zimmer zu gehen. Wir holten einen der Bewohner, einen Ostfriesen von der Baustelle und haben uns die Tür aufschließen lassen. Wir wären bald mit dem Öffnen der Tür umgefallen so stark ist der Gestank. Wir haben sofort die anderen Bewohner der beiden Zimmer kommen lassen. Die mussten unter unserer Aufsicht die Zimmer räumen. Sie holten acht Schubkarren voller Müll aus diesen Zimmern. Es ist für uns beide, den Bauleiter und mich unvorstellbar was wir da sehen. Die Bretter unter den Betten hatten schon angefangen zu faulen. Dann wurden die dicken Dielen mit vielen Eimern heißem Wasser und Atta blank geputzt. Die Betten wurden kontrollier und auch abgezogen. Zum Glück ist noch neue Bettwäsche da. Die Bettwäsche musste eigentlich alle 5 Tage gewechselt werden, diese vier Männer hatten ihre Wäsche schon einige Wochen oder Monate nicht gewechselt. Dann am Abend gibt es eine generelle Besprechung mit allen 40 Männern die in dieser Baracke wohnen. Sie staunen nicht schlecht als sie den ganzen Müll, darunter viele vergammelte Lebensmittel sehen. Wir vereinbarten eine wöchentliche Kontrolle aller Zimmer. Da die große Küche die Gemeinschaftsküche auch nicht vom feinsten ist, beschließen wir noch am gleichen Abend diese zu reinigen. Es gibt immer Problem mit den Kochplätzen, deshalb staute sich dann bei manchen das kochen des Essens. Ich mach den Vorschlag, dass wir eine echte Gemeinschaftsküche machen. Vier Mann werden 2 Stunden vor Feierabend abgestellt um für alle zu kochen, von jeder Gruppe ein Mann und dann durch alle Gruppen abwechselnd. Ich stellte mich zur Verfügung die Einkäufe zu machen und die ersten Essen zu organisieren.

Alle sind begeistert, denn das Essen am Abend ist immer das Problem. Ich kaufe ein für 40 Männer, die Kosten für jedes Essen werden jeden Abend ausgerechnet und aufgeteilt. Von diesem Tag der ein Segen für den ganzen Betrieb ist, ist die Arbeitsmoral doppelt so hoch. Jeder weiß wenn er nach Hause kommt gibt es etwas Gutes zu Essen ohne eigenen Aufwand, denn die meisten sind müde wenn sie von der Arbeit kommen. Am nächsten Tag organisierte der Bauleiter Große Töpfe und Pfannen den es werden andere Mengen gekocht als bisher. Ich kaufe ein, ich kann kochen, ich habe dies zu Hause gelernt in der Hotelküche neben meiner Bäcker und Konditor Lehre. Es soll gutes einfaches und Preiswertes Essen sein. Für den ersten Tag kaufte ich 10 Dosen Sauerkraut und machte mit einem Schlachter einen Deal, dass wir für die Zukunft alle Pfötchen und Ohren abnehmen. Ich habe als erste Lieferung 60 schöne fette Pfötchen bekommen und Zwanzig Ohren. Das Junge kann ich dir jede Woche so liefern. Somit war klar, dass es Pfötchen und Sauerkraut einmal in der Woche geben wird. Manchmal gab es diese im Wechsel dann in einer super Erbsensuppe oder mit Kartoffeln und Sauerkraut. Die Küche ist blitze blank, so sauber wie noch nie und am nächsten Tag ging es dann los. 3 Stunden vor Feierabend mit vier Mann. Draußen konnte ich es mir inzwischen erlauben nicht mehr bis zum Ende dabei zu sein. Durch die Stunde mehr wurden die meisten Löcher die wir morgens aufmachten am Abend wieder geschlossen. Wolfgang der Vorarbeiter macht seine Sache inzwischen sehr gut. Er hatte dann auch meine Truppe gut unter Kontrolle. Wir brachten die Küche in Bewegung, zwei Mann schälten Kartoffeln für 40 ausgehungerte Männer. Ich haute die Pfötchen und Ohren in den Riesen Topf und es dauerte nicht lange.

Da kochten die 10 Dosen Sauerkraut mit den Pfötchen und Ohren zusammen. Mit etwas Gewürz und Lorbeerblättern. Dann wurden ca. eine halbe Stunde vor dem Servieren die Kartoffeln aufgesetzt. Die Tische werden zusammengestellt und gesäubert und es wird für 43 Männer eingedeckt. Es wird für alle ein tolles Abend mal. Wir Männer aus dem Eichsfed, ich gehörte jetzt dazu, wir haben das was andere nicht haben. Die beste Mettwurst der Welt. Die beste Hausgeschlachtete Wurst in Dosen oder im Naturdarm, das ist fette und gute Wurst das ist damals sehr wichtig für die Ernährung. Wir alle leben fast die ganze Woche davon und verkauften diese Wurst und den herrlichen Luftgetrockneten Schinken in Köln. Der Bauleiter hat sogar im Auftrag der Firma Severin neues Geschirr und Besteck gekauft. Alles war prächtig vorbereitet, die Männer staunten sich nicht schlecht. Sie können sich direkt duschen und umziehen und essen. Es ist Essen nach ihrem Geschmack, etwas Handfestes. Die Kosten pro Essen betragen 68 Pfennig pro Person. Sie können es nicht glauben. Ich kann nicht versprechen, dass es immer so günstig wird aber über 2.- DM pro Essen sind wir nie kommen. Das war wirklich ein neuer Beginn eines Zusammenhalts und einer gemeinsamen Arbeit. Wir buddelten uns durch halb Köln und waren dann auch immer am Donnerstag in der Nacht zu Hause. Wir haben gemeinsam viel Geld durch das Gemeinschaftsessen gespart und haben ein längeres Wochenende einen Zufriedenen Auftraggeber und einen zufriedenen Chef. Es bestand nur das Problem das unsere Zahlungen von unserer Leihfirma immer Unregelmäßiger gekommen sind. Meine scharfe Schwägerin ist dem Herrn Chef wohl zu teuer geworden. Er muss nun bei uns sparen. Ich hatte genügend Zeit für meine junge Familie.

Für das große Grundstück. Als der kleine Patrick dann laufen kann musste ich sehen, dass ich die Füllstelle an der Ruhme, so heißte der kleine Fluss direkt neben unserer Straße, das ich diesen Einstieg völlig abdeckte. Wir sind alle glücklich und zufrieden auch meine kleine Nichte. Die auch wieder mit ihrer Mutter bei der Oma unten eingezogen ist. Es war eigentlich abzusehen, dass es so kommt. Aber was sollte ich sagen irgendwo muss die Kleine auch zu Hause sein. Ihre Mutter war natürlich noch immer aktiv als Edelnutte. Immer besoffen oder immer wieder am nächsten Tag unter Dampf mit Aufputschmitteln. Sie stand oft plötzlich splitternackt vor mir, aber ich und er blieben hart. Obwohl so einiges doch hart wurde bin ich innerlich ganz ruhig geblieben. Ich habe von der Stadt Köln ein Angebot bekommen Betriebsstellenleiter auf dem Bauhof zu werden. Es war ein super Angebot und ich wäre damit städtischer Angestellter geworden und das in Köln. Aber ich konnte dies nicht gegenüber meiner Frau durchsetzen, sie wollte ihre Mutter nicht alleine lassen. So suchte ich dann eine andere Wohnung in Lindau um aus den Klauen meiner Schwägerin heraus zu kommen. Ich wusste nicht wie lange ich den Nachstellungen wiederstehen konnte. Denn schön und frech begehrenswert war dieses Weib. Aber es war nicht der einzige Grund ich wollte meine Frau sorgsam abnabeln von ihrer Familie, nicht trennen aber etwas lösen. Wir haben sehr jung geheiratet und ihre Mutter war ein und alles für sie. Sie war noch nie weg von zu Hause, noch keinen einzigen Tag weg von ihrer Mutter. Das letzte Mal als ich dann bei der Oma badete wollte sie bei mir in die Wanne mit einsteigen. Sie glaubte vermutlich das, was ihrer Schwester gehört, auch ihr gehört. Sie hatte überhaupt keine Bedenken dies zu tun.

Natürlich sah sie auch wie schnell mein kleiner anschwoll, aber dies bedeutet bei mir noch lange nicht, dass ich damit auch unrechtes mache. Da hatte ich mich immer unter Kontrolle, Ständer hieß nicht gleich, dass mein Gehirn ausschaltete auch wenn ich dort Blutleerer werde. Ich kann das eine Gut vom anderen trennen. Ich konnte sie anschauen und den Anblick genießen ohne den Zwang sie berühren zu müssen oder sonst etwas tun zu müssen. Meine Frau wunderte sich dann manchmal warum ich am frühen Nachmittag schon wieder Sex wollte, wo wir es erst am Morgen getrieben haben, ich habe mich immer daran gehalten, gegessen wird zu Hause. Im Grunde war meinen Frau Nutznießerin. Der Attacken ihrer so geilen Schwester der ich nie nachgegeben habe. Da sie so etwas wie Abweisung nicht gewohnt ist hat sie auch niemals in ihren Attacken nachgelassen. Aber ich blieb standhaft, auch wenn ich es manchmal gewollt hätte und mein kleiner sichtlich standhaft wurde. Dann ist plötzlich wieder eine große Wende in meinem Leben in unser Leben gekommen. Meine Flucht mein flüchtlingsleben ist noch immer nicht zu Ende. Ich konnte auch in Lindau nicht langfristig sesshaft werden. Mein Stiefvater war inzwischen wieder auf dem Weg der Erholung er hatte schon wieder mehrere Jobs als Schachtmeister. Im Straßenbau. Sein neuester Job, Platzmeister bei der Firma Lucks und Co in Braunschweig einem Braunschweiger Bauunternehmen das Hauptsächlich mit der BMA in Braunschweig Zuckerfabriken baute und Großschornsteine und Silos in aller Welt baut. Dort war ich dann mit meiner jungen Familie einige Male zu Besuch. Meine jüngste Schwester war immer bei meinen Eltern. Der nächste Besuch hatte den Anlass der Hochzeit meiner jüngsten Schwester mit einem Post Beamten.

Auch die ältere Schwester meiner Frau ist mit einem Post Beamten in Braunschweig verheiratet. So war eine Fahrt nach Braunschweig immer ein Familien Treffen. Dann baute Lucks und Co in Braunschweig Veltenhof einen neuen Platz und ein Fertigbetonwerk für dieses Werk wurde ein Betriebsleiter gesucht. Ich meldete mich dann bei Lucks und Co und konnte mich mit dem technischen Leiter des Bauhofes und der zentralen Werkstatt darauf einigen. Dass ich die damals modernste Fertigbetonanlage Deutschlands übernehme und fahren soll aber mit dem Fertigwerk selbst nichts zu tun habe. Das wurde von dem Vorstand so akzeptiert. Man hielt diese Lösung auch für sehr vernünftig. So war ich in den dünnen Tagen im Betonwerk in der Zentralen Werkstatt beschäftigt. Ich Reparierte Krane-Fahrzeuge und alle Baumaschinen. Auf Grund meiner Tätigkeit auf der modernen Betonanlage wurde ich auch dort zum Spezialisten im Bereich von Betonanlagen. Von Baumaschinen so ganz nebenbei. Später konnte ich dann im Auftrag von Lucks und Co in aller Welt ihre Maschinen Reparieren aber dann bereits als selbständiger Unternehmer. Aber zu der Selbständigkeit waren nach 2 Jahren Lucks und Co noch eine weitere Ausbildung notwendig. Die Firma Arbau die mein Betonanlage herstellte und wundersamer Weise niemals einen Monteur senden musste und niemals Reparaturen ausführen musste weil ich alles selber machte, hat dem zuständigen Vertreter für Arbau in Braunschweig und Hannover empfohlen mich dringend einzustellen, damit ich auch ihre anderen Anlagen in Norddeutschland warten kann. Sie waren so sehr von meiner Arbeit überzeugt, dass ich auch keinen Lehrgang benötigte. Es benötigte noch einige Gespräche zwischen Lucks und Co und der Firma Arbau und mir.

Dann wenige Wochen später stimmte die Firma Lucks und Co dem Wechsel zu. Denn Letzt endlich blieb ich Lucks und Co als Service Ingenieur erhalten. Lucks und Co hat dann doch eingesehen, dass sie mich nicht halten können wenn ich nicht will. Es für sie aber von großem Vorteil ist wenn ich beim Vertreter der Arbau vor Ort beschäftigt bin, ich immer als erster für sie greifbar bin. Ich hatte auch schon einen anderen Elektriker aus der Betriebswerkstatt von Lucks und Co mit der Anlage vertraut gemacht, es gab somit auch keine Probleme für den weiteren Betrieb von Lucks und Co. Wieder einmal der Rhythmus von zwei Jahren. Ich habe viel dazu gelernt. Ich bin ein guter Schweißer, Dreher und Baumaschinenschlosser geworden. Meine Ausbildungspalette wurde fachlich immer breiter und besser. Durch das Fertigteilwerk roch ich auch in den Betonbau und in den Fertigteilbau hinein. So war ich dann wieder einen kleinen Schritt weiter, ich wurde Kundendienst Ingenieur der Firma Arbau bei der Zweigstelle in Braunschweig. Mein Arbeitsbereich erstreckte sich über ganz Norddeutschland. Später auch Einsätze im Inn und Ausland. Ich hatte einen Firmenwagen und habe das erste Mal richtig Geld verdient. Schon als ich bei Lucks und Co arbeitet habe ich meiner Frau klar gemacht, dass wir nach Braunschweig ziehen müssen. Ein Arbeitskollege hatte in seinem Haus ganz in der Nähe von Wolfenbüttel eine schöne Wohnung frei. Drei Tage vor dem Umzug ruft er mich in meiner neuen Firma an und teilt mir mit das er die Wohnung doch nicht vermieten kann. Wir haben alles gepackt es ist eine Katastrophe für uns, der Möbelwagen ist bestellt. Zum Glück konnte ich den ohne Kosten abbestellen. Am Wochenende fahre ich dann mit meiner Frau nach Wolfenbüttel.

Dort arbeitete eine Tante meiner Frau in einer Waldgaststätte Atzumer Busch. Wie es der Teufel will. Ist gerade ein naher Bauunternehmer direkt in dem Lokal. Das heißt an der Theke und hat unser Gespräch mitbekommen. Er hat seit wenigen Tagen eine Wohnung frei. Drei Zimmer mit Balkon, in der dritten Etage. Diese Wohnung ist unsere Traumwohnung mit Bad Küche, und drei Zimmer, kein Plumpsklo mehr ein Bad, ein Balkon. Meine Frau ist sehr glücklich und hat noch ihre Tante in der Nähe und keine 3 KM entfernt von Wolfenbüttel ihre Schwester, meine Schwester und meine Eltern in Braunschweig. Wir schauen uns noch Wolfenbüttel an und sind von dieser kleinen schönen Stadt sofort begeistert. Vier Tage später ziehen wir um mit der Unterstützung von der Firma Lucks und Co. Denn es gibt keinen Möbelwagen mehr. Mit zwei schweren LKW,s ohne jegliche Kosten. Nur eben die Fahrer mussten wir bezahlen weil der Umzug an einem Samstag stattfand. Die Oma bedauerte diesen Umzug sehr, aber er ist nicht mehr abzuwenden. Auch meine Schwägerin bedauerte diesen Umzug, ich war nicht mehr für sie da und nicht mehr als Ersatzvater für ihre Tochter. Aber ich mache mir keine Sorgen um beide, sie hat Männer genug und die Oma ist für die kleine da. Wolfenbüttel ist gerade 100 Kilometer entfern, keine Entfernung mit dem Auto. Mit dem Zug ist es eine Weltreise. Wir wohnen am Ortsrand von Wolfenbüttel auf einer Anhöhe. Gegenüber der englischen Kaserne die früher eine SS Kaserne war, direkt gegenüber dem Haupttor der Kaserne. Wir alle, auch die Kinder haben großen Spaß an der Bewegung des Militärs vor dem Haus. Nachteilig ist lediglich der Knast der Soldaten, der sich direkt an diesem Haupttor befindet. So manche Nacht werden wir durch die Gesänge.

Und Schreie der Gefangenen geweckt. Dann rückte manchmal die Militär Polizei an. Es knallte kurz und fürchterlich laut, dann ist für stunden Ruhe. Aber englische Soldaten geben nie auf es wiederholt sich oft. Am anderen Tag sehen wir die Ruhestörer dann mit der Zahnbürste. Die Bordsteinmarkierungen reinigen. Ich lernte in den Kneipen von Wolfenbüttel viele Engländer kennen. Uns ging es dann in meinem neuen Job als Kundendienst Ingenieur besser als je zuvor. Deutschland entwickelte sich und auch unser Leben hielt Schritt mit dieser Entwicklung. I Jahr später kam dann unser zweites Kind zur Welt, geboren in Wolfenbüttel, eine Barbara. Auch meine Arbeit machte gute Fortschritte. Alle Überstunden werden mir mit 10.- DM vergütet, damals war so etwas noch möglich. Aber wir benötigten dieses Geld auch für unsere Entwicklung. Wir können die ersten Male auch so richtig ausgehen, können uns etwas leisten. Meine Frau machte den Führerschein und die Liebe war Groß zwischen uns. Ich musste aber manchmal Tag und Nacht arbeiten, dann wenn unsere Maschinen während des Betriebes den Geist aufgeben. Dann spielte es keine Rolle, für den Ausbau des Flughafens in Hannover oder dem Aufbau des VW Werkes im Baunatal, dort wo Tag und Nacht betoniert wird. Da musste ich auch Tag und Nacht vor Ort sein. Auf dem Flugplatz in Hannover standen gleich vier große Mischwerke. Da war ich dann ständiger Gast. Eines Morgens wurde ich um fünf Uhr am Morgen aus dem Bett geklingelt. Drei der Anlagen stehen Still und bewegen sich nicht mehr. Immer wenn sie eingeschaltet werden gibt es einen Knall und alle Sicherungen fliegen heraus. Der Baustellen Elektriker der Firma Strabag ist entsetzt und hat keine Ahnung davon was da passiert sein kann.

Noch im Auto auf dem Weg nach Hannover spiele ich die Lage theoretisch durch. Es gibt für mich nur eine Möglichkeit aber ich konnte es selbst nicht glauben. Es war Richtfest am Freitagabend auf der Baustelle, schon am Vormittag als ich noch da war, waren die Maschinenführer und auch die Poliere am Feiern. Sie waren alle schon angetrunken als ich die Baustelle verlassen habe. Es gab nur eine Möglichkeit, die Maschinenführer habe die letzte Mischung vergessen. Sie haben diese noch in den Mischern. Weil die Baustelle keinen Beton mehr abgerufen hat. Sie hatten zu viel vorbereit und diese Mischung dann völlig vergessen. Trotzdem obwohl dies für mich die einzige Möglichkeit ist, ist so etwas unvorstellbar. Gleich drei Anlagen, das ist schwer vorstellbar. Aber als ich ankomme und in die Mischerschaue ist es tatsächlich so. Was machen?, die Maschinenführer sind über ihre Nachlässigkeit erschüttert. Ich kann die Männer bei der Geschäftsleitung nicht hinhänge. Ich benötigte die Maschinenführer ebenfalls, wir sind ein Team. Wichtig ist jetzt nur das die Maschinen schnell in Gang kommen und keiner der Baustelleningenieure auf die Anlagen kommt. Ich orderte vom Maschinenmeister der Baustelle der natürlich mitverantwortlich ist drei Kompressoren und das entsprechende Stemmwerkzeug an. Die Maschinenführer arbeiteten wie die Wilden und entfernten den harten Beton aus ihren Mischern. Ich beruhigte zwischenzeitlich die Bauleitung und sagte. Dass sie spätestens ab Mittag wieder Betonieren können. Es ist die neue Autobahnumgebung Bissendorf die dringend fertig werden muss. Die Maschinenführer schonen sich nicht und um 12.00 Uhr sind die Mischer frei gestemmt und um 2.oo Uhr kann planmäßig das betonieren beginnen.

Die Betonbrocken fielen direkt auf einen hohen LKW, damit niemand sehen kann was passiert ist. Das laute hämmern habe ich der Bauleitung damit erklärt, dass die Männer solange ich die Elektrik mache die Mischer reinigen, von alten Betonresten befreien die sich abgesetzt haben. 20 Fahrmischer sind schon vorgefahren und es geht los, es wird wieder Geldverdient den Beton ist auf dem Bau bares Geld. Am Nachmittag kommen dann zum dritten Mal die Spezialisten der Firma Arbau aus Heidelberg. Das vierte neu gelieferte Werk macht Probleme, die beiden Elektro Motore die den Kübelwagen voll mit einem qm Beton in das hohe Vorsilo. Ziehen sollen machen oben schlapp. Der Beton musste für die Übergabe in die Fahrmischer dort hinein. Sie können nicht in einen gleichmäßigen Lauf gebracht werden. Immer wieder ziehen sie den Kübel schief und verklemmen diesen in den Schienen. Weil die Motore ungleichmäßig ziehen. Dies natürlich nur weil die Motorwicklungen nicht gleichmäßig elektrisch verklemmt sind. Wir wissen es und versuchen alles, drehten die Wicklungen der Motore in alle möglichen Anschluss Variationen. Auch der Motoren Hersteller SEW schickte einen Ingenieur. Wir drehten ständig die Wicklungen, dann am Abend gaben wir auf. Die Strabag drohte mit Klage und Schadenersatz. Arbau ist verzweifelt und hat eine neue Anlage angeboten, diese konnte aber frühestens in 3 Monaten geliefert werden. Die Bauleitung tobt, dann müssen wir Fertigbeton dazu kaufen, zu Lasten der Firma Arbau. Die Firma Arbau ist ebenfalls sauer und bereitet sich auf einen hohen Verlust durch Schadensersatz Ansprüche vor. Mein Chef tobt ebenfalls, so als hätte ich Schuld an diesem Problem. Wenn seine Frau sich nicht eingemischt hätte, hätte er seine erste Jagdreise in seinem Büro eigenem Büro bekommen.

Von diesem Tag an war unser Verhältnis gewaltig zerrüttet. Abends im Bett spiele ich die ganze Aktion noch einmal durch. Wir haben nun die Wicklungen der Motore schon einige hundertmal gedreht ohne den notwendigen Erfolg zu haben. Ich telefonierte nochmals mit der Arbau und holte mir die Genehmigung es noch einmal ohne die Spezialisten zu versuchen. Der Chef der Firma der auch stark gefrustet ist von der Aussicht des Schadensersatzes gibt mir frei Hand. Was soll noch passieren Herr Berger machen sie es so wie sie denken. Es ist ein wunderschöner Sonnentag und ich bin dann bereits um 7.00 Uhr in Bissendorf auf der Baustelle. Die Bauleitung wunderte sich weil ich es alleine noch einmal versuchen will. Ich denke, dass es ohne die Begleitung der vielen anderen Köche besser gehen kann. Alles vielleicht besser und ruhiger geht. Man sagt doch immer viele Köche verderben den Brei. Ich habe das Glück des tüchtigen, habe aber auch alle Lagen der Wicklungen durchgespielt in aller Ruhe im Bett mit der Hand am besten Stück das meine Frau besitzt. Fredy mein Arbeitskollage der aus dem Ruhrgebiet kommt sagte immer wenn er nach Hause fuhr. Ich muss dringend nach Hause und an die Sahneschnitte fassen. Mir hat diese Sahneschnitte auch in diesem Fall Glück gebracht. Wenn ich dort anfasse dann bin ich immer wieder ruhig. Dies machte ich in dieser Nacht auch, ich denke nach und habe meine Hand immer an dieser Sahneschnitte. Diese Blutsenkung dann im Gehirn Erzeugen den Lichtblitz. Ich sitze jetzt dort oben in 10 Metern Höhe. Auf den Motoren und habe die Wicklungen ausgemessen. Ich drehe an jedem Motor die Wicklung noch einmal und der dann folgende Testlauf.

Erst mit dem leeren Kübeln gelingt sofort. Dann der Test mit vollem Kübel gibt mir Recht. Die Anlage läuft konform und ich überwache diese dann noch den ganzen Tag. Am nächsten Tag läuft die Anlage im vollen Betrieb ohne Probleme. Die Motore laufen gleichmäßig und werden auch nicht mehr warm. Ich habe damit die Herzen der Chefs bei der Firma Arbau gewonnen und natürlich bei der Strabag die besten Karten. Der Bauabschnitt kann Planmäßig fertiggestellt werden und ein Folgeauftrag für die nächste Startbahn ist gesichert. Für mich wird die Arbeit viel mehr, ich muss nun alle Baustellen der Strabag mit Service bedienen. Bei der Firma Holzmann, war ich bereits der Monteur für alle Fälle. Ich saß als Kundendienst Ingenieur so fest im Sattel das ich mir den Streit mit meinem so ungerechtem Chef leisten kann. Wir hatten einmal ein sehr gutes Verhältnis, ich habe sein Ferienhaus in meinem Urlaub ausgebaut in Bließdorf, direkt an der Ostsee. Dort ist auch immer meine Familie mit hingekommen. Sie wohnten dann in einer Ferien Wohnung bei Oma Lenz, so heißt unsere Gastwirtin. Die Kinder waren verrückt nach ihr. Meine Frau, meine sehr geliebte Frau ist dann oft in das Ferienhaus gekommen, bei Oma Lenz waren die Kinder dann für Stunden sicher und wir konnten uns richtig austoben in dem Ferienhaus. Wir sind beide nicht prüde. Wir haben uns viele Wünsche gegenseitig erfüllt. Mit Sex ist das Leben einfach doppelt so schön. Ich war dann aber auch sehr viel Unterwegs und meine Familie sah mich nur noch selten. Ich war für die Strabag überall und hatte auch so meinen ersten Kontakt mit dem BND. Ich bin morgens in Husum durch das Haupttor in das Kasernengelände hinein gefahren und habe wie so üblich dort meinen Ausweis abgeben müssen.

Ich reparierte die Anlage und musste über Nacht bleiben, natürlich folgte dann in Husum ein gewaltiges Saufgelage. Ich kannte natürlich bereits alle Maschinenmeister und Maschineningenieure der Firma Strabag und wurde quer durch Europa gejagt. Hinzu kommt die Firma Holzmann und Beton und Monier B+M Braunschweig. Zu Hause ging es uns immer besser oder zu gut. Meine Frau machte den Führerschein und bekam ein Auto einen gebrauchten wunderschönen VW Carman. Sie fuhr sehr gut auch der Fahrlehrer war sehr zufrieden mit ihrer Fahrkunst. Ich war damals sehr Eifersüchtig und vermutete die gute Beurteilung auch in anderen Dingen. Die Taten und Wege der Schwester ließen mich so manches vermuten. Auch die Sprüche dazu über die kleine Schwester die ich immer abgetan hatte über ihr Verhältnis mit einem verheirateten Mann. Den sie immer noch treffen sollte. Alles das brachte etwas Bewegung in unsere Liebe und in unseren Sex. Anstatt zu reden. Versuchte ich diese Lücke mit viel Sex zu schließen wenn ich einmal zu Hause war. Alles hatte seine Wirkung, langsam wie Gift breitete es sich aus. Aber Hauptsächlich bei mir. Wir hatten viel Besuch von befreundeten Engländern mit ihren Frauen und manchmal auch ohne. Eddy ein spezieller Freund. Hatte ein Auge auf meine Frau geworfen. Ich bemerkte das wohl und hörte dann auch, dass er so manches Mal am Tage wenn ich Unterwegs war im Hause gesehen wurde. Diese englischen Jungs konnten alles vertragen nur keinen Deutschen Schnaps. Ich wollte wissen was los war zwischen ihr und Eddy. Bei der nächsten Feier schlugen wir wieder einmal kräftig zu und ich tat so als müsste ich ins Bett. Ich stand dann auf und schaute durch die Glastür ins Wohnzimmer. Eddy kniete vor meiner Frau die auf dem Sessel sitzt.

Hatte seine Hand dort wo diese nicht hingehörte für meine Gefühle. Aber ich hatte die Gewissheit da läuft etwas. Ich blieb zu meinem eigenen Erstaunen völlig ruhig und war eigentlich nur froh darüber, dass ich nun eine Gewissheit hatte. Von dieser Stunde an besiegte ich meine Eifersucht damit, dass ich mich innerlich löste von meiner Frau. Ich hatte von diesem Tag keine Eifersuchtsprobleme mehr. Sie war meine Frau, ich hatte keinerlei vorbehalte mehr und fühlte mich selber frei. Für andere eigene Schandtaten. Sie erklärte mir zwar auf Nachfrage, dass es nichts gäbe zwischen Ihr und Eddy. Natürlich konnte ich es nicht glauben nach dem was ich gesehen hatte und sie ihre Geschenke erhielt. Es ließ mich erstaunlicher Weise beinahe kalt. Es war vermutlich für mich der Freibrief selber mal wieder über den Zaun zu schauen nachdem ich nun fast 10 Jahre völlig Treu war. Meine Frau bemerkte mein Umdenken wohl aber kannte nicht die Ursachen. Ich genoss den Sex nun doppelt mit ihr, es war nur noch Sex, aber ein hervorragender, hemmungsloserer Sex als zuvor. Ich legte all meinen Frust in diesen gemeinsamen Sex. Dann kam mein erster Auftrag nach Polen. Es wurde eine schwierige Tour. Durch die DDR, ich wurde verfolgt von der DDR Polizei bis an die polnische Grenze. Dann stand ich vor der polnischen Grenze, kein Mensch ist aus dem Zoll Haus gekommen. Die Ostdeutschen Zöllner winkten mich zurück. Da kannst du lange warten mein lieber, die lassen sich oft den ganzen Tag nicht blicken. Hier ist auch wenig los, am Tag fahren hier höchstens 10 Autos nach Polen. Du musst in unseren Intershop gehen und dir Wodka besorgen, darauf reagieren sie sofort. Nimm gleich deine Papiere mit und schiebe die Flaschen erst rüber wenn du die Stempel hast.

Das klappte dann ausgezeichnet, die dortigen Zöllner sind schon auf Betriebstemperatur und haben schon etwas glasige Augen. Ich habe dann nicht mehr geglaubt, dass ich an diesem Tag noch über die Grenze komme. Dann geht es doch rasend schnell, zack, zack hatte ich die Stempel auf den Papieren und ohne jede Kontrolle des Fahrzeuges kann ich losfahren. Für mich ist Polen etwas völlig neues. Ich habe mir viele Gedanken zu Polen und über Polen gemacht. In meinen Papieren steht auch geboren in Glogau/Schlesien. Ich habe keinerlei Ahnung wie diese Daten in meine Ausweispapiere und meinen Pass gekommen sind. Aber ich habe mich über den Ort Glogau schlau gemacht. Genau in diesem Ort habe ich meinen Auftrag zu erledigen. Dieser Ort heißt nun nicht mehr Glogau sondern hat den polnischen Namen Bregdolny und ist eine Universitätsstadt. Ich machte mich über diesen Ort in dem ich geboren sein soll schlau. Die Fahrt von der Grenze nach Bregdolny ist für mich auch eine völlig neue Erfahrung. Solche Straßen wie hier habe ich noch nicht gesehen es sind mehr Pferdefuhrwerke als Autos unterwegs. Die Straßen selbst sind Schlaglochalleen. Ich weiß natürlich auch von den vielen besuchen und Gesprächen im Büro von Beton und Monir. Das die Arbeiter dort alle sehr glücklich sind. Sie haben dort top Frauen und finden den Weg nicht mehr nach Hause. Der Maschinen Ingenieur von Beton und Monir hat alle Hände voll zu tun die aufgeregten Frauen zu beruhigen das ihre Männer keinen Heimaturlaub bekommen. Die Wahrheit ist das die meisten der Männer dort nicht mehr nach Hause wollen. Sie fühlen sich in Polen super aufgehoben und sind völlig ausgelastet. Der Bauleiter der Großbaustelle ist froh als er mich dann mit meiner VW Pritsche auf den Hof rollen sieht.

,, Na endlich", wir kennen uns und begrüßten uns freundlich. Dann ist auch der Maschinenführer hinzugekommen und ist verzweifelt weil er die Maschine nicht alleine in Gang bringen konnte. ,, Ulli wir haben keinen Platz mehr für Dich im Camp, du musst ins nächste Hotel. Am Abend werde ich dann in das Hotel gefahren. Ich ahnte nicht das ich der einzige Mann in diesem Hotel zwischen 3000 Frauen bin. Ich werde auf mein Zimmer gebracht, ich bin erschrocken, so etwas habe ich auch noch nicht gesehen. Die Tür hängt schief im Rahmen so schief das man darunter hindurch kriechen kann. Das Fenster sieht genauso schlecht aus. Nur das Bett scheint in Ordnung zu sein, aber dafür fehlen dem kleinen Schrank auch alle Schlösser etc. Ich konnte dann sehr bald feststellen das, hier das Bett das wichtigste ist und in Ordnung ist. Ich hatte einen solchen Hunger und wurde dann in den Aufenthaltsraum verwiesen. Man staunte dort nicht schlecht einen Mann eintreten zu sehen. Hundert paar Frauenaugen sind auf mich gerichtet. Ich hatte einen Riesen Hunger, man konnte es nicht verstehen aber man brachte mir etwas Kartoffelbrei auf einer Untertasse. Der Kartoffelbrei blieb mir im Halse stecken. Es waren einfach zerstampfte Kartoffeln mir Wasser und etwas Salz. Auch davon bekam ich nur zwei Untertassen voll. Ich musste hungrig schlafen gehen. Ich dachte mir am anderen Morgen fährst du in die Stadt zum Schlachter und zum Bäcker. Das ist gut gedacht aber beim Bäcker gibt es nur ein Stück altes trockenes Brot, der Laden ist völlig leer aber vier Bedienungen stehen dort herum. Dann fahr ich zum nächsten Schlachter, der ist keine 100 Meter entfernt vom Bäcker. Dort das gleiche Bild, eine Wurst hängt dort am Haken und fünf Dosen stehen in den Regalen. Aber auch hier fünf Bedienungen.

Rechnerisch für jede Dose im Laden eine Bedienung. Ich packe alles ein und fahre auf die Baustelle. Dort steht zum Glück schon ein gutes Frühstück für mich im Büro des Bauleiters. Als er meine Sachen sieht, sagte er, „ Schmeiß das alles schnell in die Mülltonne, das ist nicht genießbar, das sind Produkte aus Innereien und Abfällen diese Dinge werden nicht einmal von den Polen gekauft, die sind nur Dekoration. Frühstücken kannst du jetzt immer hier". Ich schilderte ihm die Situation im Hotel, er telefonierte mit der Direktorin und schickte einen Trupp Tischler los. Am Abend dann habe ich eine Verschließbare Tür und dichte Fenster die man auch schließen kann und die Dicht sind. Der Schrank ist ebenfalls repariert und ich hatte ein dickes Schloss davor. Ich konnte in diesem dann meine Kartons mit Kugelschreibern, Feuerzeugen und Perlonstrümpfen unterbringen. Im VW Transporter hatte ich noch 6 Kartons Sekt von Aldi. Diese sind für bestimmte Situationen. Natürlich hat sich der Bestand an Damenstrümpfen sofort im Hotel herum gesprochen. Ich habe jede Nacht mindestens zwei der schönsten und nettesten Damen in meinem nun gemütlichem Hotelzimmer die alle diese Wundergaben mit herrlichem Sex bezahlen. Das musste ich den Polinnen lassen, sie verstehen etwas vom Sex und keine gibt einem das Gefühl das es sich hier nur um Sex handelt. Ich habe das Gefühl ich habe hier eine große Menge richtige Freundinnen gefunden. Jede einzige ist eine Klasse für sich. Ich hatte dann bald die Anlage soweit fertig das die Baustelle ihren Beton machen konnte. Der Probelauf findet am nächsten Tag erfolgreich statt. Der Bauführer hat mich dann zu einem netten Abend nach Breslau eingeladen. Das nur 40 Kilometer entfernt von Bregdolny ist.

In ein altes Hotel das noch von den Besitzern von Deutschen bewirtschaftet wird. Wir fahren durch eine noch völlig zerstörte Stadt. Das hier sind die Kasernen der Russen, du kannst hier nur mit zugehaltener Nase vorbei fahren. Da hier die gesamt Kanalisation im Eimer ist, scheißen die Jungs Notgedrungen aus ihren Zimmerfenstern. Dicke Schleifspuren an der Wand machen dies Sichtbar. So etwas gibt es selbst in der DDR nicht. Dann im Hotel angekommen ist es das Gegenteil. Es ist von Innen ein wunderbares Hotel, von außen ist es noch stark beschädigt. Das Problem ist das die Polen nicht faul sind, es gibt einfach nichts zu kaufen mit dem man etwas reparieren und erneuern kann. In der Mitte des Gastraumes ist ein großer Tisch voller russischer Offiziere und auch Offizierinnen. Sie singen und trinken wie die Weltmeister, russischen Krimsekt und Wodka. Wir bekommen auch eine Flasche Sekt auf den Tisch gestellt den die Russen vom Nebentisch spendieren. Der Wirt fährt ein Essen auf das erste Klasse ist. Schweinebraten mit Knödel und Rotkohl. Ja sagte Mani der Bauleiter, wenn man weiß wo man auch in Polen tolle Sachen zu essen bekommt, dann kam man hervorragend essen. Aber natürlich nur gegen West Geld. Die Russen bringen immer ihren Sekt und Wodka mit. Sie verkaufen es an den Wirt, der sie dann damit gegen Korkgeld verwöhnt. Zur fortgeschrittenen Stunde kam es dann zum Streit zwischen dem Wirt und den Russen. Der Sekt war alle und man glaubte der Wirt will sie um einige Kartons betrügen. Sie zählten alle leeren Flaschen nach und stellen dann fest, dass der Wirt Recht hat. Die Enttäuschung ist groß unter den Russen. Da geselle ich mich an den Tisch, ich hatte noch 4 Kartons vom Aldi Sekt im Auto 2 Kartons habe ich dem Bauleiter gegeben.

So wie es aussieht kann ich Übermorgen nach Hause fahren da benötigte ich den Sekt nicht mehr. Der Bauleiter stimmte zu, wir müssen den deutschen Wirt retten. Tatsächlich sprechen einige Russen gut Deutsch, so dass wir uns schnell einig werden. Der Preis, sagte der vermutliche Rang Höchste Offizier, ist eine unserer Offizierinnen hier am Tisch. Das war ein Angebot das ich nicht ernst nehme, aber da sitzen drei Traumweiber. Eine rothaarige dralle russische Offizierin grinste mich unverschämt an und knöpfte direkt ihre Bluse auf. Es ist der nackte Wahnsinn für einen kleinen jungen unerfahrenen Deutschen Ingenieur. Aber wie gesagt einem Ingenieur ist nichts zu schwör. Das Angebot steht und wird angenommen, auch Mani der Bauleiter hat sich eine der Damen ausgesucht. Mein Traum war es schon immer ein dralles rothaariges Flintenweib zu vernaschen. Dazu hatte diese Rothaarige eine tolle Ähnlichkeit mit meiner Schwägerin die mich so manches Mal aufgeheizt hat. Ich war von der ersten Sekunde an hin und weg und nur noch auf die gewaltigen Dinger ausgerichtet, ja Ungetüme in der Bluse die ich fixierte. Die Knöpfe der Bluse spannen stark und drohen jeden Moment aus ihrer Fassung heraus zu platzen. Diese herrlichen Brüste sind mir lieber als jede noch so komplizierte Betonanlage. Die will ich heute Nacht für mich alleine haben. Aber es ist mir auch klar, dass dies auch eine schöne Verarschung der Russen sein kann. Wir sitzen nun alle zusammen und grölen gemeinsam die wildesten Lieder, ich konnte auf einmal sogar ein englisches Russisch sprechen. Dann leert sich so langsam der Tisch, die Russen haben einen gewaltigen Vorsprung und zeigen Zeichen von Schwäche. Der Bauleiter und ich wir haben auch die Nase voll und stehen auf. Es passiert das was ich nicht glauben konnte.

Die beiden Weiber stehen ebenfalls auf und sind mit uns mit gekommen. Sie sind nicht so wacklig auf den Beinen wie ihre Kollegen. Ich Rieß mir die Klamotten vom Leib und will eigentlich nur schlafen, solche Mengen Alkohol bin ich nicht gewohnt. Die Lady benötigte im Bad so lange Zeit. Ich bin eingeschlafen und völlig wegtrete. Mich weckte ein lautes Getöse, zum Glück kann ich nicht aufspringen ich kann nicht einmal ein Auge öffnen. Die super Russin steht völlig nackt vor dem Bett und ballerte mit ihrer Kalaschnikow scharf über mich hinweg in den Bettrahmen hinein. Der so 50 cm über mir aufhört, wäre ich aufgesprungen hätte es mich unweigerlich erwischt. Als sie merkte, dass ich wach werde wirft sie die Knarre einfach in die Ecke. Es folgt der wildeste Sex den ich bis dahin in meinem Leben hatte. Ich weiß nicht wer wen vögelte sie mich oder ich sie. Der Kampf mit uns beiden ging über 2 Stunden. Ich weiß auch nicht wer zuerst von uns beiden in den Schlaf gefallen ist. Dann irgendwann muss es geschehen sein, ich schaue irgendwann auf die Uhr. Gleichzeitig klopft es an die Tür. ,, Lebst du noch". ruft die Stimme des Bauleiters von der Tür. Im Eiltempo habe ich meine Klamotten an und habe die Kalaschnikow in der Hand. ,, Was willst du mit der Knarre, stell die Weg". ,, Diese Knarre brauche ich dringend. Die wahnsinnige hätte mir bald damit den Kopf abgeschossen". ,, Dann war die Schießerei in deinem Zimmer. Ich bin rausgerannt aber der Wirt der noch unten war sagte nur, ,, Keine Bange Mani das ist Standard wenn die Kerle besoffen sind, dann knallt es immer, noch gab es keine Toten hier, denn dann bekommen sie echte Probleme. Manchmal erschießen die Jungs sich auch gegenseitig im Suff, aber nie hier bei mir. Das sehe ich dann immer am anderen Morgen am Flurschaden draußen".

„ Der Wirt bleibt ganz trocken dabei". „ Es war auch nicht schlimm, die hat mich nur geweckt und hat über meinen Kopf in den Rahmen des Bettes geschossen". „ Los, lass uns verschwinden bevor hier noch mehr passiert, noch scheint niemand wach zu sein". Ich habe die Kalaschnikow in der Hand und habe diese mitgenommen und auf die Pritsche des VW,s geschmissen. Im Auto sind wir erst wieder während der Fahrt zu Verstand gekommen, wir sind beide noch ganz schön angeschlagen. Auf der Baustelle ist schon alles in Bewegung und der Anlagenführer machte bereits Beton und die Fahrmischer laufen nur so. Zwischendurch holt der Kran sich in seiner Bombe den Beton ab für die Kleinarbeiten. Die kleine Schwingpumpe die ich mitgeliefert habe. Für die Betonnage der Decken läuft auch wie die Feuerwehr. Der Bauführer strahlt, du bist der Beste Ulli. Wenn du da bist läuft es immer, alles ohne Probleme. Wenn der Beton läuft dann bedeutet das für die Firma immer das Geld kommt, wir bekommen dann den nächsten Vorschuss vom Auftraggeber dem Kunststoffwerk. Das hier ist eine der erfolgreichsten Firmen in Polen. Ich habe mein Werkzeug eingeladen und mache alles klar für die Abfahrt am nächsten Morgen. Ich muss dringend nach Hause, ich war leer nach vier Wochen zwischen 3000 Weibern. Aber auch meine Kartons mit Perlonstrümpfen den Feuerzeugen und Kugelschreibern sind leer. Gegen die Warnung des Bauleiters fahr ich ganz früh in der Dunkelheit los, es war ein Riesen Fehler den es gibt überhaupt keine Ausschilderung in Polen und die Beschilderung die da ist, ist so klein das ich diese in der Dunkelheit nicht finden konnte. Mehrfach stand ich im nirgendwo mitten auf einem finsteren Bauernhof.

Fenster ohne Fensterscheiben diese zugenagelt mit alten Brettern. Es gibt in Polen damals einfach keine Fensterscheiben zu kaufen. Nicht für die Bauern auf dem Land nur gegen Vitamin B hat man in Polen aber auch in der DDR alles bekommen. Die Zeit die ich zu früh losgefahren bin verlor ich komplett. War dann aber doch nach 8 Stunden Fahrt an der Grenze in die DDR. An beiden Kontrollpunkten wurde ich schnell abgefertigt, ich war erstaunt. Dann nach einigen Stunden am Kontrollpunkt Helmstedt. wurde ich dann bereits auf der Westseite aus der Schlange heraus gezogen. Sonderbarer Weise vom Bundesdeutschen Zoll nicht von den DDR Schergen. Die mussten dann natürlich finden was ich total vergessen habe. Die Kalaschnikow diese liegt einfach zwischen dem Werkzeug auf der Pritsche. Was sollte ich machen, hätte ich die Wahrheit gesagt das hätte mir niemand geglaubt. So habe ich gesagt ich habe keine Ahnung wo das Ding her kommt. Das muss mir jemand auf der Baustelle auf die Pritsche geworfen haben beim Verladen. Die Knarre war ich los aber nicht die Kripo und den BND und MAD. Die Fragen noch oft nach der Herkunft der Kalaschnikow aber ich konnte nichts anderes sagen. Zu Hause sind alle wieder froh, dass ich gesund zurück bin. Ich nehme mir nach dem Stress einige Tage Urlaub und vergnügte mich mit meinen Kindern und meiner Frau. Seltsamer Weise ist zwischen uns ein neues festeres Band entstanden als zuvor. Wir standen zu einander wie sonst nicht zuvor, obwohl wir beide wussten, dass der jeweils andere nun auch mal etwas für sich tut. Man wusste es aber es wurde nie darüber gesprochen. Nur im Allgemeinen über die Sexualität über die Wünsche des anderen und mehr. Wir haben so eine Art sexuelle Freiheit gewonnen nach dem Zwang unserer so jungen Ehe.

Die für beide schön war aber ein harter Kampf. Wir hatten keinerlei Groll aufeinander wir lebten extra fest zusammen und leisteten es uns unsere verlorenen Erfahrungen jetzt auszuleben. Zumindest habe ich dies als Mann so erlebt, wir sind auf unsere Art sehr glücklich. Daran haben natürlich unsere Kinder sehr großen Anteil. Mein noch Chef machte auch bald seine ersten Erfahrungen und schwersten Erfahrungen mit mir. Ich bin dann nach 14 Tagen Arbeitsurlaub aus seinem Ferienhaus zurückgekommen. Ich habe mir dort im Urlaub einen Bart wachsen lassen. Als ich dann am Samstag im Büro und Lager komme und die Autos für den Einsatz für den nächsten Tag zu beladen. Da kommt er wie ein Bersecker aus dem Haus geschossen. ,, Berger, wenn der Bart noch Montag dran ist. Berger dann brauchst du nicht mehr zur Arbeit kommen". ,, Danke Chef", sagte ich nur trocken. Ich habe meinen ganzen Krempel wieder ausgeladen und auf den Hof gestellt. Habe die Sekretärin herunter gerufen und mit ihr die Abnahme des Dienstwagens gemacht. ,, Was ist den Los Herr Berger?". ,, Nichts ich werde nur nicht mehr mit dem Dienstwagen fahren, alles andere mit der Post. Sie nimmt den Wagen ab der natürlich 100% in Ordnung ist. Ich machte noch einige Bilder von allem und lass mich dann von meiner Frau abholen. Ich bin von dieser Stunde und Minute an Selbständiger Unternehmer. Ich habe das nicht einfach so gemacht, das habe ich schon von langer Hand geplant aber ich zögerte mit der Ausführung. Er hat uns immer wieder versprochen, das wir alle die Firma übernehmen würden und fleißig arbeiten sollten denn es wäre ja für uns. Aber ich hatte längst von Philip Holzmann aus Hannover erfahren. Das er einmal bei einer Feier gesagt hat das die Firma seine Angenommene Tochter.

Aus Norddeutschland übernehmen soll, diese habe ich einmal in seinem Ferienhaus kennen gelernt und habe sie auch ausgehorcht. Ich weiß aus seiner Art Geschäfte zu machen, dass er ein altes Ostpreußisches Schlitzohr ist. Meine Kollegen haben sich noch über Jahre Verarschen lassen bis dann das eintrat was ich bereits wusste. Die Tochter hat den Laden übernommen. Ich war jetzt selbständig mit 26 jungen Jahren. Aber ich hatte fast alle seine Kunden hinter mir. Denn er war auch bei seinen Kunden wegen seiner Schlitzohrigkeit sehr unbeliebt und nur ich konnte den weiteren Betrieb ihrer Werke sorgen. Ich kaufte mir ein zweites Kundendienstauto und es ging ganz erfolgreich los. Der erste Misserfolg war dann natürlich gleich meine erste Fahrt nach Nürnberg zur Firma Cadolto. Fertighausbau. Nach 400 Kilometern bleibt mein gebrauchter 280 S stehen und rührte sich nicht mehr. Ich habe diesen Mercedes nur als Notlösung gekauft weil VW meinen neuen Passat nicht liefern konnte. Die Auslieferung verzögerte sich von Monat zu Monat. Ich hatte auf dieser ersten Geschäftsfahrt meine Frau mitgenommen. Die Braunschweiger Oma passt auf die Kinder auf. Gefrustet lege ich mich unter den Wagen. Der Schaden ist groß, die Ölwanne hatte einen Riss und aus diesem Riss läuft Öl aus. Ein Brei von Oel und Sägespäne und Atta oder einem ähnlichen Mittel wie man später in der Werkstatt feststellte. „ Ja Herr Berger, was nun, der Motor ist im Arsch. Wenn sie mit dem nur 400 Kilometer gefahren sind, dann war er schon bei ihrer Abfahrt im Arsch. Sie wurden wie gesagt mächtig beschissen". „ Haben sie einen anderen gebrauchten Motor da?". „ Ich spreche mit dem Chef, mal schauen wie wir ihnen helfen können". Für 1.500.- DM hat man mir dann einen anderen gebrauchten Motor eingebaut.

Einen Motor mit 2 Vergasern der zwar gut läuft aber Unmengen von Benzin gefressen hat- 30-40 Liter auf 100 KM. Ich war in vielen Mercedes Werkstätten aber niemand war in der Lage den Benzinfresser zu bändigen. Erst ein Geheimtipp aus Hamburg rettet dieses Auto vor dem verschrotten. Dort gibt es einen Mann der es schaffte die Vergaser einzustellen. Der Verbrauch senkte sich von 40 Litern auf 20 Liter. Das war annehmbar aber ich war das erste Mal sauer auf Mercedes. Es sollte nicht bei dem einen Mal bleiben, es folgten noch einige Mercedes Schlappen. Ich klagte auch gegen den Gebrauchtwaren Händler. Damals war die Gesetzlage aber noch sehr beschissen. Trotz des offensichtlichen Betruges wurde der Mann nicht verurteilt und mir wurde kein Schadensersatz zugesprochen. Weil ich laut Vertrag gekauft habe wie besehen und auch noch eine Probefahrt gemacht habe. Das waren meine ersten eigenen Geschäftserfahrungen und auch die mit dem Gericht. Wie sagt man im Volksmund aller Anfang ist schwer. Ich legte mit meinen Arbeiten los und war Tag und oft in der Nacht, Sonntags und an Feiertagen Unterwegs. Ich konnte dann von einem Kunden einem Bauunternehmen in Braunschweig einen Lagerplatz für meine Maschinen in Braunschweig übernehmen. Ich versetzte den Lagerplatz die Werkstatt und den Hof in einen guten Zustand. Ich hatte einige gebrauchte Anlagen auf dem Hof die überholt werden müssen und für Ägypten und den Kongo bestimmt sind. Ich musste wegen der großen Krane die zum verladen kommen. Benötigen einen stabilen Untergrund deshalb muss ich eine Betonstraße bauen. 25 cm Meter Beton und viel Eisen auf 300 qm Straße. Das ist natürlich auch eine Investition in die Zukunft. Ich habe alles vorbereitet, die unteren Matten gelegt.

Die ersten fünf Fahrmischer stehen schon vor dem Tor. Aber von meinen Männern keine Spur, keiner von denen die zugesagt haben zu Helfen sind zur Arbeit erschienen, es ist natürlich ein Samstag. Ich habe keine Wahl ich musste die Fahrzeuge einlassen und die Betonnage alleine durchführen. Ich stand bis über die Knöchel mit meinen hohen Schuhen im Beton. Ich schaffte die Strecke wirklich alleine und es sah gut aus was ich da gemacht habe. Als ich dann nach Hause gekommen bin habe ich die Schuhe nicht mehr vom Fuß bekommen, die sind durch den abgebundenen Beton nur noch mit roher Gewalt vom Fuß zu entfernen. Rings um die Knöchel hatte ich eine durchgehende offene Wunde, Verbrannte und abgerissene Haut. Es schmerzt fürchterlich aber ich hatte keine Wahl, die Schuhe mussten vom Fuß. Später versorgte die Notaufnahme meine Füße, man staunte dort nicht schlecht. Eine Woche später konnten wir mit meiner Mannschaft die Reparaturen der Anlagen beginnen auf der jetzt sauberen Beton Oberfläche. Einer meiner Schlosser steht im Mischer wie ein Panzerfahrer, auch die Höhe in der er da arbeite passt. Ich bin auf dem Hof gefahren und bin froh, dass es so zügig voran geht. Es arbeitet auch einer der Schlosser an den Beinen des hohen Großmischers. Aber immerhin 2 qm Beton in einer Charge mixen konnte. Ich dachte noch, ,, das ist doch mal vernünftig". Während der eine dort oben die Deckel löst, Lockert der da unten bereits die Schrauben für die Demontage. Ich konnte es nicht fassen was ich dann sehen muss. Der ganze Mischer mit seinem Kommandanten da oben in der Lucke Stürzt plötzlich zur Seite. Ich bin schockiert und bin mit einem Satz aus dem Auto. Konnte aber sehen, dass der Schrauber unten und der Kommandant oben unverletzt sind. Das unfassbare ist passiert.

Der Kerl da unten, hat die Schrauben nicht gelockert sondern diese direkt heraus gezogen, solange bis der Mischer mit seinem 2 Tonnen Gewicht wegkrachte. Ich machte schon einiges mit, mit meinen Männern. Anstatt das Ding in den Kran zu hängen und zu sichern haben sie fröhlich drauflos gearbeitet. Ich war wieder einmal fassungslos und staunte darüber wie viel Dummheit es auf dieser Erde gibt. Dass es keine Dummheit war sondern nur der Alkohol zeigte sich dann in der Frühstückspause. Die 5 Jungs sitzen am Frühstückstisch und bereden lachend ihre eigene Blödheit währen sie ihr Brot und den Kaffee genießen. Nur der Schrauber trinkt Apfelsaft. ,, Sag mal Manfred, trinkst du immer Apfelsaft zum Frühstück". ,, Nur weil die Männer so blöde grinsen nehme ich das Glas und trinke einen Schluck und spucke diesen Schluck direkt wieder aus. Es ist purer Apfelkorn den der Kerl da schon zum Frühstück säuft. ,, Der ist das gewohnt Chef, der säuft am Tag 3 Flaschen davon, dem macht das nichts". ,, Dem macht das nicht, klar macht ihm das was der ist blöde im Kopf, hätte er sonst die Unterkonstruktion abgebaut und steht selbst darunter, unter dem 2 Tonnen Mischer?". Ich schaute mir Manfred an der erst wenige Tage bei mir Arbeitet und bin erschrocken. Der Mann hat Quitten gelbe Augen. ,, Warst du schon mal bei einem Arzt". ,, Ja, aber der hat mir den Alkohol verboten, ich bin nie wieder zu ihm gegangen. Es geht nicht ohne Alkohol". ,, Manfred, haben deine Eltern nichts bemerkt". ,, Was sollen die bemerken?". ,, Deine gelben Augen, du hast entweder eine ganz schwere Gelbsucht oder schlimmeres ein kaputte Leber. Komm ich fahre dich sofort nach Hause und spreche mit deinen Eltern du musst ins Krankenhaus. Ich überlegte es mir unterwegs und bringe ihn direkt ins Krankenhaus.

Denn wenn seine Eltern bis jetzt nicht gemerkt haben stimmt mit ihnen ebenfalls etwas nicht. Der Arzt in der Aufnahme schlägt die Hände über dem Kopf zusammen. Der sieht sofort, dass es höchste Zeit ist, allerhöchste Zeit. ,, Herr Berger, warum haben sie den jungen Mann nicht schon früher gebracht?". ,, Der ist erst seit wenigen Tagen bei mir und ich habe ihn heute das erste Mal richtig gesehen". Manfred ist schon nicht mehr ganz bei sich und lässt alles über sich ergehen". Man versuchte noch alles im Krankenhaus aber 2 Wochen später ist er mit 24 Jahren gestorben. Gestorben weil sein Umfeld nicht auf ihn achtgegeben hat, nicht einmal seine Eltern haben es bemerkt, dass er bedingt durch den seinen täglichen Alkohol Genuss immer lustig war. Ich hatte so viele Freunde in jungen Jahren verloren, ich bin wirklich sauer auf diese Welt. Da finde ich den Islam fortschrittlicher die haben aus diesen Gründen und aus den Erfahrungen in der Vergangenheit den Alkohol verboten. Man muss diesen nicht verbieten aber mit allen Mitteln. Den Genuss einschränken und mehr aufklären. Dieser Bauhof wurde meine Zentrale von dort bewegte sich dann vorerst alles. Ich baute später die Gebäude aus und machte für meine Tochter die ich versorgt wissen wollte eine Geschenkartikel Produktion. Geschenkartikel aus gebrauchten Motorteilen. Lampen, Aschenbecher und viel mehr. Jedes Teil des Motors findet Verwendung. Die Firma Karstadt hat dieses Programm in ihren Verkauf aufgenommen. Auf Grund dessen habe ich alles ausgebaut und den Vorschriften entsprechen ausgerüstet. Es hat wegen der Entsorgung der Motor Öle so einiges gekostet. Alles war noch in der Entwicklung aber wir haben bereits geliefert an Karstadt. Die Nachfrage war groß. Dann machte ein Brand, eine Brandstiftung alles zu Nichte.

Ich war natürlich nur Rohbau versichert weil wir noch nicht fertig waren. Die Polizei ermittelte und man versuchte den Schaden auf eigene Brandstiftung abzuwälzen. Ich ging dann die Ermittlungen durch und stellte fest, dass der Ermittelnde Beamte überhaupt nicht ermittelt hat und nur fragwürdige Thesen aufgestellt hat und in seinem Bericht nur Unsinn stand. Ich fotografiert alles und legte dem Staatsanwalt meine eigenen belegten Ermittlungen vor. Die Ermittlungen wurden eingestellt aber natürlich weigerte sich die Versicherung zu zahlen. Sie hat mich trotz vieler Schreiben darauf verwiesen. Das ich die 10 Jahre abwarten muss. Obwohl ich mich ständig meldete und meine Familie darauf hingewiesen habe, immer wieder sich monatlich zu melden. Haben sie dies wie ich dann später erfahren habe nicht getan. Weder meine Frau noch mein Sohn hatten sich die Mühe gemacht. Als ich dann aus Kairo zurückgeholt wurde. Da war es zu spät, mein Schreiben an die Versicherung ist einen Tag zu spät gekommen. Die gesamte Entschädigung wurde bereits an einen Fond überwiesen, auch ein Anwalt konnte daran nichts mehr ändern. Meine Familie hat 150.000.- DM einfach verpennt. Meine, unsere Geschäfte laufen in der Welt und auch in Europa und Deutschland gut. In Deutschland leider zum Schaden meiner alten Firma bei der ich Angestellt war. Aber dieser Anteil wurde immer geringer an meinem Umsatz. Bis meine alte Firma dies überhaupt bemerkte, weil sie kaum noch Kunden hatte. Da drehte der alte ab, er Bombardierte das Ordnungsamt in Wolfenbüttel mit Anzeigen gegen mich. Ich dürfte diese Arbeiten nicht machen. Es ging so weit das die Stadt Wolfenbüttel eine Unterlassungsklage einreichte und er 10.000.- DM zahlen musste. Ich eröffnete neben der Baumaschinen Firma.

Eine zweite Firma, wir bauten in der ERCO in Wolfenbüttel Wohneinheiten und Rauzellen. Kindergärten und Toilettenanlagen für die Städte. Meine neue Container Firma. Raumzellenfirma in Wolfenbüttel machte ebenfalls riesen Sprünge. Ich bin in eine absolute Marktlücke gestoßen. Habe ein Produkt angestoßen von den heute mehr als 100 Großfirmen und kleinere leben.

Die ersten Kleinanlagen sowie TOI, TOI und andere ähnliche Toiletten sind ebenfalls von mir entwickelt worden. Eine Große Büro Anlage für den Atommüllschacht in der Asse. Toiletten Anlagen für die Inseln. Camps für den neuen Flughafen in Moskau. Kindergärten und Toiletten für die Städte und viel mehr. Im anderen Baumaschinen Betrieb läuft es ebenfalls rund. Wir lieferten gebrauchte Anlagen und Maschinen in die ganze Welt. Wir retteten unzählige Bauunternehmen vor dem Konkurs, weil wir ihre alt Maschinen zu Geld machten. Wir brachten auch die Betonanlage in kleinen Stücken in den Asse Schacht und bauten sie unten wieder zusammen. Durch meine Tätigkeit im Asse Schacht kannte ich diesen genau und bin deshalb nicht aus dem Staunen nicht heraus gekommen. Ich konnte es nicht fassen, dass die Fässer die nun alle wild durcheinander in die Grube geworfen wurden. Einfach zugeschüttet werden verfüllt werden mit miesem Material das gepumpt werden muss, nass. Es sickert schon überall Wasser in den Schacht ein. Das Material würde sich verfestigen und die Fässer werden wenn es notwendig wird nicht mehr zu bergen sein. Das dies eines Tages geschehen wird. Dazu hatte ich auch die ersten Aufträge in Kairo, es war gerade 1973 der Krieg im Sinai ist gerade zu Ende. Die Ägypter haben diesen verloren und die Israelis stehen am Suezkanal.

Der Kanal war über jahrzehnte nicht mehr befahrbar war. Ein Riesiger Schaden für Ägypten. Ich baue in Ägypten ebenfalls die ersten gebrauchten Betonanlagen für den Wiederaufbau auf. Dies zusammen auch mit der Firma ITAG in Celle die damals noch Bohrgeräte für den Pfahlbau baute. Die ITAG hatte mit einem Ägypter ein Unternehmen gegründet das eben für diese Pfahlbauten, Bohrpfähle aus Beton bis 20 Meter tiefe und mehr in die Erde rammte oder Bohrt. Die Stadt Kairo schwimmt regelrecht in Grundwasser und Scheiße aus der fehlenden oder völlig zerstörten Kanalisation. Ich gründete auf Grund der Aufträge auch in Kairo ein Büro. Es war schlimm in Kairo aber ich liebe diese Stadt und diese Menschen auf Anhieb. Die Firma ERCO in Wolfenbüttel lief wie verrückt im nu waren aus 10 Mitarbeitern 40 geworden. Das Problem war lediglich die Mitarbeiter die Qualität der Mitarbeiter, die kosteten mich viel Geld, viel Zeit und Nerven. Das VW Werk im Großraum Koblenz, Salzgitter und Wolfsburg versaut mit ihren hohen Löhnen den sonst guten Standort in Wolfenbüttel und Braunschweig. Als Mitarbeiter bekommen wir nur die Leute die im VW Werk nicht angenommen wurden. VW zahlte damals für Anfänger bereits 17.- DM. Wir anderen Unternehmer zahlten da gerade im Schnitt 13. - DM. Ich bekam zustände mit meinen Mitarbeitern. Fachlich waren nur ganz wenige dabei die etwas konnten. Die wirklich etwas konnten sind dann die Alkoholiker im Betrieb. Ich habe die Maler in der Nacht aus den verschlossenen Raumzellen retten müssen weil sie sich mit den eigenen Dämpfen vergiftet haben. Sie haben in den geschlossenen Raumzellen lackiert, die Rettung war Zufall weil ich kaum noch schlafen konnte wenn meine Leute nachts gearbeitet haben.

Ich musste kontrollieren obwohl sie zu dritt waren. Niemand durfte in der Nacht alleine arbeiten. Ich habe Elektriker, tatsächlich gelernte Elektriker die eine Raumbelüftung nicht anschließen können und Probleme mit Kreuzschaltungen haben. Tischlermeister die die Holzverkleidung nicht gerade an die Wand bekommen haben. Fliesenleger die die Fliesen in die falsche Richtung verlegten. Es war eine tolle Idee aber ich habe die Probleme der unfähigen Mitarbeiter. Ich hörte die gleichen Probleme von den anderen Unternehmen. Wir Unternehmer hier an der Zonengrenze hatten nicht nur dies Problem sondern auch das des wachsenden Riesen VW. Ein Riese der den ganzen Arbeitsmarkt absaugt. Alles musste ich in der Fabrik kontrollieren, dazu hatte ich noch die neue Firmengründung in Kairo. Ich war immer auf dem Sprung. Hinzu sind die Arbeiten im Asse Schacht gekommen, ich habe diese alle ausgeführt. Aber ich hatte etwas gegen diesen Schacht so nahe an meiner neuen Heimat. So nahe an dieser wunderschönen Stadt. Auch die Landschaft um den Schacht ist einzigartig schön. Ein Freund, der Chef eines Betonwerkes wohnte auf einer Anhöhe mit einem tollen Fernblick in Richtung Schöppenstedt. Aber im Rücken hat er direkt den Asse Schacht. Und fast unter seinem Haus und Grundstück die Atommüllabfälle. Mich grauste es bei diesem Gedanken, ich hoffe nicht das es am Atommüll lag das er bereits mit 72 Jahren einfach eingeschlafen ist auf seiner Gartenbank ohne vorher krank gewesen zu sein. Ich machte mir große Sorgen, weil ich auf seinem Grundstück und auf dem Weg in den Nahen Wald über dem Schacht überall kleine Bäche sehen konnte die dann irgendwann einmal verschwunden sind. Ich war in allen Ebenen des Asse Schachts und schon damals hat man in den verschiedenen Ebenen Wasser gesehen. Ich schrieb die GSF an die Aufsichtsbehörde an.

Teilte meine Bedenken nicht gegen den Schacht aber an diesen Umstand mit. Dass die Fässer für die Ewigkeit verfüllt werden, was ist wenn die alle wieder raus müssen. Ich glaubte nie daran, dass dieser Schacht überhaupt geeignet ist, aber wie es so ist er brachte mir viel Arbeit. Man zerstreute meine Bedenken und ich bekam für mein Schweigen vermute ich mehr Aufträge.

Der letzte große Auftrag ist ein Bürogebäude in meiner Containerbauweise. Ein Gebäude das dann irgend- wann einmal einfach wieder abgebaut werden konnte. Wir planten ein tolles Gebäude. Ich musste dann die Produktion teilweise nach Salzgitter in eine größere Halle ausweiten. Man bedrängte mich in die Politik zu gehen für die CDU tätig zu werden, weil ich nun ein erfolgreicher Unternehmer sei und die Unterstützung der Politik benötige. Aber für mich war und ist die Politik das Ende eines Lebens. Ich war niemand der in der Öffentlichkeit stehen will. Ich wollte Leben und mein Leben genießen. Ich habe viel, sehr viel gearbeitet aber auch mein Leben genossen. Auch fehlte es meiner Familie an nichts. Ich war der Spielkamerad meiner Kinder überhaupt und natürlich auch meiner Frau. Wir lebten etwas anders zusammen als andere aber wir waren mit einander mehr verbunden als Ehepaare die so eng miteinander lebten. Mein bester Kunde wurde dann auch die Firma Philip Holzmann in Frankfurt. Aus diesem Grund war ich oft in Frankfurt in der City. Damals war das Büro des Vorstandes noch in der Innenstadt in einem tollen alten Gebäude. Der Weg dorthin war nicht einfach. Aber es befand sich in der Bahnhofsnähe ist am Rande der berüchtigten Zone, von Sex und Drogen. Dort marschierten zu dieser Zeit immer die Polizei Geschwader auf.

Nicht gegen das Verbrechen und die Prostitution und Drogen sondern gegen die Studenten. Manchmal musste ich mich dazu zwingen keine Dummheiten zu machen. Wenn dann einige hundert Polizisten in den Nebenstraßen Aufmarschierten. Vermummt, in schwarz gekleidet mit ihren Schutzschildern. Dort auf der Stelletrampelten um sich dabei selbst Mut zu machen scheinen. Mit ihren Schlagstöcken im Takt auf die Schilder schlagen. Dann war ich oft nahe daran aus dem Auto zu stürmen und mich auf diese Armee zu werfen. Ich war tagelang erregt nur von dem Anblick bei solchen Gelegenheiten. Ich hielt es und halte es für einen gewaltigen Fehler der Polizei so aufzutreten. Sie forderte die Gewalt heraus, man sucht so diese Auseinandersetzung. Es war keine Ruhige Zeit die 70 Jahre. Dazu die Bader/Meinhof Bande die unserer Polizei alles abverlangte und diese zu hysterischen Einsätzen Zwang. Aber wenn sie nichts taten, wenn zuerst auf sie geschossen wurde war es in der Öffentlichkeit auch nicht OK. So waren ihre Einsätze auch nicht einfach, keiner wusste hinter welchem Autofenster die nächste Waffe auf sie gerichtet ist. Auch meine Familie wurde einmal das Opfer. Einer Bader Meinhof Fahndung. Wir sind von einem Besuch von der Oma aus Lindau gekommen. Keine 1000 Meter vor Wolfenbüttel da standen die Bullen, fast 50 Polizisten mit angeschlagenen Maschinenpistolen. Wir mussten alle Aussteigen. Dann wurde das Auto durchsucht und ich musste von meinem Opel Rekord Kombi. Einem ganz neuen Rekord die Heckklappe aufmachen. Man durchwühlte mein Werkzeug und fand natürlich nichts. An meinem Autostand auch groß dran, dass dies ein Kundendienst Auto ist. Es war so viel Material im Auto aber nichts was für die Polizei für gefährlich eingestuft werden konnte.

Einem der Polizisten der etwas weiter weg stand und uns mit der Maschinenpistole in Schach hielt viel dann auf das ich kein Nummernschild habe. ,, Das kann nicht sein, ich hatte immer ein Nummernschild. Da nun alle aufgeregt wurden sind auch noch mehrere Polizisten gekommen. So standen ca. 10 Polizisten um den Opel und konnten das Nummernschild nicht finden. Solange ging das weiter bis meine Frau kapierte was los ist. ,, Oh mein Gott, ihr Männer, wie kann man nur so blöde sein, macht doch mal die Klappe herunter. Der am nächsten stehende Polizist Schloss die Klappe und da ist das Nummernschild wieder da an der Klappe. Wir durften dann sofort den Tatort verlassen. Es gab dann noch eine unmögliche Bader/Meinhof Aktion gegen einen meiner jüngsten Mitarbeiter. Wir hatten in der Fabrik eine Pritsche VW Pritsche die für alle Mitarbeiter zugänglich war und auch oft benutzt wurde. Der Schlüssel ist für alle in dem Hallenbüro auf einem hübschen Brett sichtbar für alle. Dieser junge Mann der bereit einige Monate Knast hinter sich hatte und einen Bewährungshelfer hatte. Er hatte Probleme weil er des Öfteren ohne Führerschein erwischt wurde. Ich habe ihn eingestellt und er entpuppte sich als einer der guten Mitarbeiter. Ich komme wieder einmal aus meinem Büro in Kairo zurück und meine Frau überfällt mich gleich mit der neuesten Geschichte aus dem Betrieb. ,, Der Junge Tischler Ulli, der sitzt wieder im Knast und unsere VW Pritsche steht bei der Polizei". ,, Gut mein Schatz, ich kümmere mich morgen darum, wir fahren jetzt sofort nach Salzgitter zum Haxen Koch". ,, kein Problem, sage nur noch den Kindern gute Nacht, die haben dich sicher kommen gehört". ,, Das habe ich dann mit großer Freude getan. Aber beide waren nur so halbwach und haben mich nicht so richtig Wahrgenommen.

So konnten wir zufrieden zur Haxe fahren. Natürlich musste ich vorher noch meine Gelüste gegenüber meiner Frau befriedigen. Die ebenfalls auf mich gewartet hat mit einem quiecki. Die Hauptsache verschoben wir dann bis nach der Haxe. Diese Haxe in Salzgitter war weit über die Grenzen hinaus bekannt und war damals ein Grundnahrungsmittel. Wenn ich aus Afrika oder Arabien gekommen bin. Dann war das neben einem ersten Qiecki immer ein Muss. Manchmal hielt dann meine Frau auch ein Eisbein bereit wenn ich von der Reise zurückgekommen bin. Ein Eisbein war mir noch lieber als eine Haxe, ich liebe fettes Fleisch. Ich bin ein fanatischer Fett Esser und man merkte das dann auch bald. Mit meinem 1.70 Meter hatte ich Zeitweise 90 Kg. Aber ich hatte keinen Wampe sondern alles gut verteilt am ganzen Körper. Ich spielte da auch noch Fußball und immer wenn ich da bin wurde ich auch aufgestellt in der ersten Mannschaft in der Kreisklasse B. Es lag wieder ein neuer Abschnitt vor uns mit dem wachsen der Firma gab es auch neuen Platzbedarf in der Wohnung. Wir fanden keine 2 Kilometer vom Stadtrand Wolfenbüttel im Ortsteil Atzum, damals gerade 500 Einwohner eine tolle Neubauwohnung. 3 Zimmer Küche und Bad und Terrasse mit einem kleinen Garten. Es war und ist sicher noch ein wunderschönes 6 Familien Haus. Ich war bald auch Mitglied der Feuerwehr und wechselte auch den Fußballverein in den Atzumer Ortsverein. Wir alle spielten nun zusammen Fußball und waren auch gemeinsam in der Feuerwehr. Es wurde gnadenlos gesoffen, 2 Mal in der Woche Training mit anschließendem Saufgelage in einer kleinen Kneipe, in unserer kleinen Kneipe mitten in einer Siedlung in Wolfenbüttel. Dort wurde es dann immer so zwischen 2-3 Uhr. Kontrollen, so etwas gab es zu dieser Zeit ganz selten, es herrschte sehr wenig Gefahr.

Aber diese Kneipe hatte auch andere gefahren, Mädchen, junge Frauen. Frauen die auch immer dort waren wo Männer sind. Der Wirt, ist einer unserer besten Fußballer, ein Typ genau wie Mats Hummels. Seine Frau die meistens die Kneipe machte auch eine stabile große aber tolle Frau. Ich weiß nicht was in dieser Zeit los war mit den Männern und den Frauen. Die Frauen waren nicht weniger wild als wir Männer. Alle hatten auf einmal alle irgendeine Freundin oder Freund so neben der Ehe. Zwischen verschiedenen Ehepaaren wurden dann auf Partys einfach die Frauen getauscht. Viele Ehen waren dann bald auseinander geflogen. Meine Ehe nicht, zum Glück weil wir uns trotz der entstehenden Widrigkeiten verstanden. Irgendwie war unsere Beziehung anders offener und herzlicher geworden viel Sex betonter wir scheinen und auszuleben. Wir hatten gemeinsam die wildesten Träume und Ideen.

Wir waren auf eine besondere Art Glücklich und hatten nie einen Streit. Sie hatte ihre Freiheiten und ich hatte diese auch. Die Wirtin hatte einen Freund, der Wirt eine Freundin. Es dauerte nicht lange da hatte ich auch eine Freundin, erst an der Theke dann wurde mehr daraus. Sie war eine hübsche und nette alleinerziehende junge Frau. Sie war Beamtin bei der Post, so manches Mal machten wir schönen Sex in der Post, auf all den leeren und vollen Postsäcken. Sie hatte eine Tochter die einfach Klasse und super nett ist. Wir drei mochten uns und sie war die Ergänzung für mich. Ich weiß nicht was in dieser Zeit los war. Wir die Männer aus dem Fußballverein und von der Feuerwehr, wir waren alle Nachkriegskinder und das erste Mal ging es uns allen Gut.

Genauso schien es auch den Frauen zu ergehen. Sie standen uns Männern in nichts nach. Sie nutzten ebenfalls jede Gelegenheit. Auch ich habe sehr viele Angebote bekommen. Dann machte meine Freundin den Fehler, als ich dann länger in Kairo war hat sie die Lage nicht verstanden und hat unsere schöne Geschichte selbst beendet. Eines Abends, als ich von dem neu eingerichteten Lagerplatz der Baumaschinen Firma in Braunschweig gekommen bin. habe ich schon ihr Auto den alten blauen Käfer vor unserer Tür stehen sehen. Mir war klar was passieren wird und was bereits passiert ist. Sie sitzt mit meiner Frau auf dem Sofa und beide hatten Tränen in den Augen. Ich sollte zu dieser Sache Stellung beziehen. Ich tat das was vermutlich alle Männer in solch einer Situation machten. Zumindest hielt ich das für vernünftig, wie kann man sich zu dritt aussprechen Zumal dann wenn die eine immer versichert hat das sie nicht mehr von mir wolle als etwas liebe und Zusammensein. Sie würde meine Familie, sie kannte sie alle, die Kinder und meine Frau nie auseinander bringen. Aber solche Versprechen scheinen nie lange zu halten. Wenn plötzlich die Liebe oder etwas Ähnliches im Spiel ist. Aber auch mein Geschäftlicher Erfolg hat wohl dazu beigetragen mehr als nur für die schönen Stunden da zu sein. Ich nahm meinen Hut den ich an den Haken gehangen habe und bin gegangen. Wohin ging ich, in meine kleine Kneipe. Dort wusste man bereits, dass sie zu meiner Frau gefahren ist. Die Wirtin schaute mich groß und Fragend an. ,, Warst du schon zu Hause?",, Ja, ich komme gerade von dort, sie sitzt bei meiner Frau und beide heulen". Ich bestellter mir ein Bier und fragte mich selbst ob ich das notwendig hatte, so ein Blödsinn. Aber seit meine Frau die Beziehung mit dem Engländer hatte.

Brachte mich diesbezüglich nichts mehr aus der Ruhe. Es war mein Leben und meine Welt. Ich Arbeitet viel und meine Frau schien auch nichts anbrennen zu lassen und ich duldete dies ruhig und gelassen um meine eigenen Interessen zu pflegen. Meine Familie spürt an mir keine Veränderung, dass glaubte ich zumindest. Diese Beziehung mit der Christel von der Post war mit ihrer Tat bei mir zu Hause beendet. Ich machte mir noch einen feucht fröhlichen Abend. Der Exfreund meiner Freundin, meiner Ex seit 2 Stunden Ex Freundin, kam auch mal wieder in die Kneipe. Mein Vorarbeiter und drei Schlosser waren auch in der Kneipe. Ich war aber für sie für kein Gespräch offen. Ich wollte Bier trinken und knobelte wie besessen. Bis das Drama aus meinem Kopf verschwunden ist. Zum Gespräch zwischen mir und meiner Frau ist es dann erst am nächsten Tag gekommen. Sie wusste, dass ich sie und die Kinder nie verlassen würde. Sie nahm auch mit Erstaunen zur Kenntnis, dass ich auch vorher nie Theater machte wegen dem Engländer. Wir verhielten uns fair Gegeneinander und gingen gut mit einander um. Ich dachte das wir keine Wahl hatten, wir mochten uns, wir haben gemeinsame Kinder wir sind eine Familie und nichts kann diese trennen. Diese Affäre war dann mit dem hübschen Girl von der Post beendet. Firmen mäßig lief es super. Nur mit dem Personal mit den Facharbeitern blieben die Probleme die gleichen. Ich musste mich um alles selber kümmern. Am nächsten Tag war ich dann wieder einmal in der Fabrik und kontrolliert alles. Aufgefallen sind mir im kleinen Lager die vielen Kisten Bier, die zwar abgedeckt sind aber ich habe diese doch als solche erkannt, ohne, dass ich die Plane abnehmen musste. Ich wusste das Bier getrunken wird, es wurde viel Bier getrunken in allen Betrieben.

Bei der Firma Lucks und Co hatten wir sogar Fassbier in der Werkstatt. Der null drei Becher, gerade 30 Pfennig. Verbieten das ging einfach nicht. Der Betriebsleiter aus der Nachbarfabrik kommt herüber, ein Freund und Fußball Kollege und auch Feuerwehr Kollege. Gut, dass ich dich noch sehe, du bist doch bestimmt schon wieder auf dem Sprung nach Kairo. Deine Jungs die haben hier jeden Tag Feiern, mit Weibern und mit viel Bier". ,, Warum sagst du mir das erst jetzt?". ,, Du bist ja nie da, ich habe mir die Tage aufgeschrieben, das ist mindestens 3x in der Woche". ,, Da brauche ich mich nicht wundern das ich die Termine für die vereinbarten Lieferungen nicht halten kann. Komisch, wenn ich komme dann habe ich so etwas nie gesehen". Deine Jungs sind nicht dumm, wenn die Loslegen sitzt der Kleine immer auf dem Dach der Halle, er kann sehen wenn du kommst". ,, Im ernst, du bist sicher die bescheißen mich so?". ,, Wenn ich es dir sage, vorhin waren schon ein paar Weiber da, die planen heute wieder eine Party". ,, Na dann OK, du rufst mich an wenn es losgeht. Ich sage dem Vorarbeiter das ich ab Mittag in Frankfurt bin bei Holzmann. Dann komme ich aber mit einem fremden Auto". ,, Das ist gut Ulli, du musst sie direkt erwischen". Dann Nachmittag um 15,00 Uhr klingelt das Telefon. ,, Du kannst kommen Ulli, deine Leute sind volldabei". Ich hatte mir ein Auto aus Braunschweig besorgt und bin voller Wut in die Fabrik gefahren. Ich konnte schon von weiten den kleinen auf dem Dach der Halle sehen. Wenn ich mit meinem Auto gekommen wäre, hätte er mich auch schon längst entdeckt. Ich parkte an der nahen Tankstelle und gehe zu Fuß in die Fabrik. Was ich da sah schlug dem Fass den Boden aus. Sie sitzen dort, saufen tanzen und haben Mädels in den Armen. Dieses 2 Stunden vor dem Feierabend.

Ich öffne das Rolltor und gehe in die Halle, sie alle stutzten einen Moment. Ich fackelte nicht lange. Ich ergriff die nächste Latte die ich greifen konnte und jagte sie alle aus der Halle und wer nicht schnellgenug war der bekam einen kräftigen Schlag ins Kreuz. Es muss lustig ausgesehen haben als 20 Männer vor mir in Panik fliehen. Erst auf der Höhe der Tankstelle bleibe ich abrupt stehen. Lasse sie laufen. Ich konnte es nicht fassen, ich hatte diesen Männern zu viel freie Hand gelassen. Ich telefonierte mit dem Steuerberater, der sofort einen Meister suchen sollte der diese Bande kontrollieren soll. Ich wusste was ich für eine Mannschaft hatte, die Hälfte Alkies. Aber ich hatte keine Wahl, es gab auf dem Markt keine besseren Leute. Meine Briefe an VW brachten auch keine Hilfe, sie bezahlten weiterhin unmögliche Löhne die nicht in die Landschaft passten. Sie saugten den Arbeitsmarkt leer und hinterließen nur Müll. Ich hatte durch meine Beschwerde bei VW plötzlich noch mehr Aufträge Es wurden von VW Büro Raumzellen für ihre Hallen bestellt. Es war der nackte Wahnsinn wie sich diese Firma mit diesem von mir entworfenen Produkt entwickelte. Toiletten Anlagen für die Feriengebiete, nach Amrum auf Sylt, auf Norderney in die Städte, Kindergärten, Großraumbüros. Schnellkliniken, Schulen und dann solche Leute. Ich lenkte mich ab mit anderen Aufträgen, ich liebte es draußen zu sein. Und mit meinen Männern zu arbeiten. Ich machte immer die schwersten und Gefährlichsten Arbeiten. Ich gab keinen meiner Männer eine Arbeit die ich mir selber nicht zutraute. Ich war immer dort wo es am höchsten oder am gefährlichsten war ohne Leichtsinnig zu sein. Die Kranhacken auf einem 50 Meter hohen Silo einzuhängen.

Das mutete ich keinem meiner Leute zu. Wir hatten dann mitten im allgemeinen Wirbel einen Auftrag hinter Hamburg. Wir mussten ein sehr großes Betonwerk abbauen das nach Island verschifft werden muss. Eine sehr große Fabrik, mit solchen Arbeiten hatten wir allerbeste Erfahrungen. Wir reisten mit 8 Mann an und arbeiteten uns schnell ein. Wir hatten nur ein Problem, man hatte vergessen die Silos zu leeren. In jedem der Silos sind noch ca. 30 Tonnen Rest Zement. Diese Silos sollen laut Vertrag leer sein. Wir haben es erst gemerkt als die Autokrane an der gewaltigen Last versagten. Was machen, ich hatte keine Wahl, ich griff zum schlimmsten und hätte darin umkommen können im Zementstaub. Ich lockerte die Siloklappen. Das war nun einfach weil wir die Schnecken bereits abmontiert hatten und die Silos sehr hoch stehen Wir demontierten mit dem Kran die Schnecken die auch noch voll sind. Diese können wir aber am Boden entleeren. Ich befestigte an den bereits gelösten Klappen der Silos lange Seile. Dann zogen wir die Klappen aus einer Entfernung von ca. 20 Metern auf. Aber erst als sich alle Fahrzeuge mindestens auf 500 Meter entfernt hatten. Wir hatten dann nur freies Feld. Wir haben nur noch die Bauern gewarnt und ihnen kostenlos den Zement angeboten. Erst nach dem Zug am Seil nichts aus den Ausläufen der Silos gekommen. Dann als wir Steine an die Silos warfen da bricht die Hölle los. Erst ganz wenig und langsam, dann aber stürzten jeweils 30 Tonnen Zement aus einer Höhe von ca. 12 Metern herab. In wenigen Sekunden ist im Umkreis von 500 Metern und mehr nichts mehr zu sehen. Aber wir hatten keine Wahl, wir mussten die Silos entleeren. Wir hätten dann erst wieder eine Woche später die großen Autokrane bekommen können. Wir hatten die Bauern ringsherum alle benachrichtigt.

Aber man konnte die Wolke fast 30 Kilometer weit sehen. Die Krane und unsere Fahrzeuge standen weit genug weg. Nur wir selbst ich und einer meiner Mitarbeiter. Wir waren in einem Zentrum eines Zementsturms, wir schaffen es nur hundert Meter weit und pressten uns auf den Boden. Es war schlimmer als die Sandstürme die ich schon über mich ergehen lassen musste. Aber wir konnten diesen Zement dann mit Pressluft aus allen Fugen blasen. Erst 3 Stunden später trauten sich die Autokrane an den Ort des Geschehens und wir konnten die Silos herab nehmen. Dann fast 5 Stunden später kam der Streifenwagen, alles hatte sich längst beruhigt. Und die Bauern sind wie vereinbart mit ihren Anhängern gekommen und mit ihren Frontladern und haben den Kostenlosen Zement geholt. Die Polizei zieht wieder beruhigt ab, sie haben den Orkan von der Bundestraße aus miterlebt. ,, Das war ja eine Wolke, wir können uns nun vorstellen was hier los war. Machen sie das immer so mit dem entleeren der Silos. Das ist doch sicher nicht ungefährlich". ,, Nein, das war eine Ausnahme, den die Silos mussten laut Vertrag leer sein". ,, OK Männer, dann noch viel Spaß bei der Arbeit". Die Arbeit lief danach gut und wir konnten den Kran voll einsetzen und das Werk demontieren und danach mit einem kleinen Kran verladebereit machen und 5 Tage später auf LKW,s verladen. Aber eines meiner Probleme sind auch immer wieder meine Mitarbeiter. Dieses Mal nicht im fachlichen Bereich sondern in der Pension. Noch nie hatte man solche verfressene Gäste in der Pension. Die Luft am Meer, die Arbeit, der Zementstaub hat alle durstig und hungrig gemacht. Die erste Frühstücksplatte war in fünf Minuten weggefressen. Es sah so aus wie nach der Heuschrecken Plage. Wenn die anderen Gäste gekommen sind fanden sie nur leere Platten.

Dann habe ich mit der verzweifelten Wirtin ausgemacht, dass sie für das Frühstück und das Abendbrot das Doppelte berechnen konnte. Ich habe ihr dann auch beigebracht wie man gute Kohlrouladen und Gulasch macht. Da sie alleine war habe ich ihr beim Kochen geholfen und auch sonst so einige Gefallen getan. Dann am vorletzten Abend, wir hatten trotz der Probleme alles in der vorgegebenen Zeit geschafft, habe ich den Männern versprochen das wir einen Reeperbahn Abend machen. Wir alle zusammen, unser ewiger Student hatte sich angeboten den kleinen Mannschaftsbus zu fahren. Die Reeperbahn konnten wir nicht verfehlen. Ich hatte auf dieser erst einige Wochen zuvor ein Drama mit einem Mitarbeiter von Lucks und CO. Braunschweig. Aber diese Story später. Wir stiegen alle gut gelaunt aus dem Bus, der uns direkt auf die Reeperbahn gefahren hat. Der erste Bierstand dort, ein Bitburger wurde unser Startquartier. Bitburger kannte ich nur von der Werbung, ich habe in Wolfenbüttel oder Braunschweig nur Wolters getrunken und in Hamburg nur Holsten Bier. Aber das Bitburger schmeckte uns auch prima, war zwar etwas herber, so ähnlich wie das Jever Bier. Es passte auf jeden Fall zu uns und dem Zementgeschmack den ich immer noch hatte. Nach der dritten Rund die ich für alle in dem kleinen Laden geworfen habe. Quatscht mich plötzlich, ich denke es war eine Nutte von der Seite an. „ He, du Lump, da bist du endlich, hast mich mit deinen Kindern sitzen lassen. Nun machst du hier den Macker". Sie ist sehr lautstark und alle schauen sie verdutzt an. Ich musste antworten und wusste natürlich, dass es Blödsinn ist. „ Du dusselige Kuh, wenn du dir laufend von anderen Männern Kinder andrehen lässt, meinst du ich will für die Fremdlinge alle Aufkommen. Von deinen 7 Kindern ist kein einziges von mir".

„ Sie schnappte nach Luft, nicht von dir die Kinder, das kann vielleicht sein, du warst je die meiste Zeit besoffen und hast deinen Lümmel höchstens zum Bier ablassen benutzt". So geht es noch lange hin und her und viele Gäste in dieser kleinen Kneipe haben diese Diskussion ernst genommen. Wir beide hätten ins Schauspielhaus oder Ohnesorg gehen können. Die waren da nicht viel besser mit der Schauspielerei. Ich hatte schon 200.- DM auf dem Deckel und wollte nicht weiter machen. Ich gab jedem der Männer 50.- DM zum verbraten und wir verabredeten uns vierstunden später. Um 3 Uhr am Morgen vor dieser Bitburger Bude. Da die kleine weibliche Großschnauze keine Unterkunft hatte fuhr sie mit uns in die Pension. Der nächste Morgen wurde ein Gala Frühstück aber erst um 10.00 UHR. Am andren Tag sind wir dann nach dem Aufräumen und Verladen zum Leidwesen der Pensionsmutter abgereist, sie hat uns richtig liebgewonnen, obwohl wir für sie nur eine Grobe und versoffenen Bande gewesen sind. Diese Erinnerung an die Reeperbahn mit dem Ingenieur von Lucks und Co. war gerade vier Wochen früher, deshalb noch so frisch in meiner Erinnerung. Ich bin mit dem mir bekannten Betriebsleiter der Firma Lucks und Co. nach Hamburg gefahren um einen großen gebrauchten Kran zu besichtigen. Dieser Kran sollte für die Baustelle im Irak sein, für ein hohes Beton Silo. Kaufpreis für den gebrauchten Kran waren 220.000.- DM ohne Demontage, Transport und Aufbau. Insgesamt war mein Angebot 345.000.- DM aufgebaut auf der Baustelle Kirkuck. Wir besichtigten den Kran testeten diesen und der Herr Ingenieur war zufrieden damit. Diesen Kran wollte er seinen Kaufleuten zum Kauf empfehlen. Deshalb war dieser auch bereits in meinem Angebot 30.000.- DM teurer.

Das waren damals immer die üblichen Schmiergelder für die Einkäufer und die Abnehmenden Männer. Die Einkäufer waren damals die Könige des Geldvermehrens. Aber ohne diese Leute ist jedes Geschäft unmöglich. Die ganze Bauwirtschaft fing sich an zu drehen, früher waren die schwarzen die Maschinen Leute die Könige auf dem Bau. Jetzt drehte sich alles und die Einkäufer diese wurden zu den wichtigsten Personen. Es wurde nur noch das gekauft was am meisten Schmiergeld brachte. Das gab dann oft Probleme auf den Baustellen wenn die Männer aus Geldsucht und technischer Ahnungslosigkeit Mist eingekauft haben. Selbst mit der Polizei war es bei größeren Einkäufen nicht anders. Ich hatte noch einen Termin am anderen Ende der Stadt Hamburg, Mein mitgereister Ingenieur wollte solange auf der Reeperbahn bleiben. Wir verabredeten die eine Bar die ich kannte und wo ich ihn ablieferte. Gerade einmal 3 Stunden später holte ich ihn ab. Er war nicht mehr in dieser verabredeten Bar. Ich fand ihn im Silbersack, fast 10 Lokale weiter. Es war weit über Mitternacht als ich dort die Tür öffnete und einen Schreck bekommen habe. Er sitzt da auf einer kleinen Bühne wie ein König 10 Weiber um ihn herum, etliche Flaschen Sekt liegen auf der Bühne. Er und die Weiber sind völlig zu gesoffen. Alle Quatschten nur noch wirres Zeug. Ein Riese von einem Wirt steuerte auf mich zu. ,, , Gehört dieses Arschloch zu ihnen, der hat eine Zeche von 5000.- DM gemacht in 3 Stunden hat aber nur 400.- DM in der Tasche". Ich konnte den Flurschaden sehen, überall liegen die Sektpullen. Ich konnte dies auch nicht prüfen, ob das nun alles seine Pullen waren. Getrunken hatten sie diese auf jeden Fall, das konnte man klar erkennen. ,, Ok, ich lege ihm den Betrag aus, habe aber nicht so viel Bargeld bei mir.

171

Ich gab dem Wirt meine Visitenkarte und einen Scheck über den Betrag. Der Wirt akzeptierte knurrend und entließ den besoffenen Ingenieur aus der Haft. Auf dem Weg nach Hause hängt der Kerl wie ein nasser Sack in meinem Auto. Ich hätte ihm so in die Fresse schlagen können. Wie blöde muss man sein 5000.- DM zu versaufen. Ich war so wütend und habe ihn absichtlich einfach durch das falsche Gartentor gehen lassen. Er ging zu seinem Nachbarn im Glauben er ist zu Hause. Er machte dort Alarm, wollte unbedingt rein. Mehr konnte und wollte ich nicht mehr von ihm sehen ich war sauer bis zum geht nicht mehr. 5 Stunden später klingelt bei mir das Telefon, seine Frau brüllte mich an und sein Schwiegervater beschimpfte mich. Was haben sie mit Wolfgang gemacht, sind sie etwa auch so besoffen gefahren. Wir haben alle ihre Unterlagen hier. Sie haben wohl die Tasche mit der meines Mannes verwechselt. Ich fuhr direkt dort hin, ich brauche meine Papiere am anderen Tag. Man sah, dass ich völlig nüchtern war. Ich tauschte die Tasche mit den Papieren und versprach am nächsten Tag zu kommen um alles aufzuklären. Diese Gelegenheit hatte ich erst ein Jahr später auf der Messe Harz und Heide in Braunschweig. Dort stellten wir ein Wochenendhaus aus. Einige Dusch und Toilettenanlagen. Ich war dann auch immer nur selten zu Hause. Die Projekte in Afrika und Arabien hatten mich voll in den Klauen. Aber ich machte mit meiner Familie, mit meinen Kindern das in dieser Zeit was irgendwie möglich war. Ich war mit ihnen am Golf von Aqaba in Nuveba, zu dieser Zeit ungefährlich und viel schöner als heute. Wir waren oft gemeinsam am roten Meer, verbrachten dort viele Wochenenden. Wir waren in London, aber viel öfter in Paris. Unser Stamm Hotel in Paris war immer am Gare du Nord.

Von dort sind wir mit der U bahn quer durch Paris gefahren. Paris war immer unser Wunschziel. Natürlich haben wir auch nie die Oma in Lindau vergessen. Die Kinder waren immer gern bei ihr, von Wolfenbüttel sind wir dann immer quer durch den Harz über Osterode nach Lindau gefahren. Am liebsten mochten es die Kinder wenn wir dann auf diese Tour Kartoffelsalat und gebratene Koteletts mitgenommen haben. Wir sind dann kaum aus Wolfenbüttel heraus gekommen, dann ging es schon los, sie wollen schon Rasten. Aber mir ging es genauso wie den Kindern, meine Lust auf Kartoffelsalat ist ebenfalls noch bis heute geblieben. Wenn wir dann nicht anhielten weil es einfach zu früh war und ich und meine Frau einen schönen Platz dafür im Harz suchten. Suchten die Kinder nach anderen Essbaren Sachen in den Taschen. Ich sehe sie verwundert herum kauen, sie sind so ruhig geworden das machte mich aufmerksam. Dann konnte ich im Rückspiegel erkennen das sie unserem Wastel der knurrend neben ihnen sitz das Futter wegfressen. Schöne bunte gesunde Hundekuchen Plätzchen verspeisen sie da gerade genüsslich. Das spart Kartoffelsalat für mich und lasse sie kauen. Bekanntlich sind die Tierprodukte ungefährlicher als die Lebensmittel für uns. Die Probleme in der ERCO wachsen mit den Aufträgen, es ist immer noch unmöglich gute Fachleute zu bekommen. Der Plan wächst in mir die Firma zu verkaufen. Ich bin mit meinen Baumaschinen ausgelastet, das machte mir auch mehr Spaß und viel weniger Ärger. Meine Reisen in die Welt werden immer dringender. Auch der neue Meister in der ERCIO konnte mich nicht entlasten, machte auch nur Probleme. Mein privat Leben hielt ich für in Ordnung auch meiner Frau schien dies Leben so zu gefallen.

Wir beide hatten trotz unserer Ehe auf einmal Luft zu atmen, Lust am Leben Lust an der Liebe. Aber es schien in dieser Zeit ein allgemeines Phänomen zu sein. Diese Zeit meine frühe Einstellung gegenüber Frauen. Ich stellte auf einmal fest, dass diese Frauen keinesfalls besser sind als wir Männer. Diese vielen Anträge und Beziehungswünsche von Verheirateten Frauen an mich stiegen dramatisch an. Nicht nur die Schwester meiner Frau sondern auf einmal, Kollegen Frauen suchten Abenteuer mit mir. Darunter auch die Frau eines guten Freundes, die oft bei uns privat waren. Offiziell zum Kniffeln. Aber ihre Füße waren mehr in meinem Schritt als auf dem Boden der Tatsachen. Es störte sie Keineswegs das Ihr Gatte und meine Frau mit am Tisch sitzen. Den Rest erledigten die Blicke die getauscht wurden. Mit anderen tanzte ich privat in unseren Räumen bei privaten feiern, manches Mal verboten eng zusammen. Meine Frau stand mir in nichts nach. Zumindest empfand ich es so. Wenn wir dann alleine waren tobten wir die Gelüste aneinander aus. Seit dem wir uns etwas freier gemacht haben hatten wir den schönsten Sex den man haben kann. Ich stellte dann bald tatsächlich fest, wenn es mir gut zu Hause geht läuft alles besser, passt alles zusammen. Die anderen Frauen müssen diese Zufriedenheit diese Lust am Leben spüren regelrecht riechen. Es muss in der Luft liegen, wir Männer müssen diese Düfte irgendwie weiter geben. Immer dann wenn ich zufrieden war habe ich die meisten Angebote von Frauen bekommen. War ich zu tief in meiner Arbeit beschäftigt dann habe ich nie Angebote bekommen. Es wäre eine große Aufgabe der Forschung dies einmal zu überprüfen. Hat der Mann einen besonderen Geruch wenn er glücklich ist und bereit ist zu Schandtaten.

Nach meiner Meinung konnte es nicht anders sein. Die Frauen müssen dies spüren, da ist einer der noch glücklich ist, vielleicht auch mich glücklich machen kann. Ich muss zugeben ich war niemand der sich einfach so verlieben konnte. Ich hatte Geschäftspartner die verliebten sich jeden Sommer aufs Neue und Prahlen damit. Ich habe dann oft gedacht, mein Gott was ist mit dir los. Warum verliebst du dich nie, warum passiert diese Massen Verliebt sein nur deinen Freunden. Ich konnte es einfach nie glauben wenn eine Frau oder ein Mädchen sagte ich liebe dich. Ich habe das nie ernst genommen, weil ich nie das Gefühl hatte eine Frau zu lieben außer meiner Frau. Nach dem ich dann am Ende meiner Ehe alleine gelebt habe, habe ich Sachen erlebt, mit Frauen, mit Verheirateten Frauen die der glatte Wahnsinn waren. Verheiratete Frauen waren dann später für meine Art zu leben ganz praktisch. Ich hatte einen guten aus beidseitiger aus guten Erfahrungen kommenden Sex und meine Ruhe danach. Aber ich habe auch anderes Erlebt, das ich keinerlei Ruhe danach hatte, auch nicht vor verheirateten Frauen. Aber diese zu gegebener Zeit im Fortschritt meines Lebens.

Kapitel 5   Baustelle Mosul IraK

Dann ist der erste Großauftrag von Hochtief gekommen. 2 Asphaltanlagen für den Staudamm in Mosul im Irak. Ich kaufte zwei gebrauchte Asphaltanlagen in Frankreich, in Lille für die Firma Hochtief. Der Kauf selbst war schon eine Katastrophe, ich war viele Katastrophen bedingt durch unfähige Ingenieure bei den Konzernen gewöhnt.

Die Herren, die stolzen Ingenieure, stolz weil sie in einem Konzern arbeiteten kauften zweimal die falsche Anlage. Erst mit meinen Bildern konnte ich während der Einkaufsverhandlungen in Essen beweisen das ich Recht habe. Wir mussten alles umdrehen und die Einkäufe und Verkäufe ändern. Wir demontierten dann die neuen Anlagen und überholten diese. Hochtief verschiffte die Anlagen in den Hafen von Iskenderu in der Türkei. Es gab Probleme viele Probleme mit dem Transport der Anlagen. Dann auch im besonderem mit den Motore von der Türkey. Von Iskenderur nach Mosul die Motore die Motore wurden von Essen per LKW nach Mosul gebracht, sollten. Die Elektro Motore wurden von Hochtief gegen unseren Rat bereits aus Frankreich abgeholt und in Essen überholt und getrennt behandelt. Auch der gesamte Transport wurde von Hochtief übernommen. Da sie ja glaubten die besten und erfahrensten Leute zu haben. Auch dieser Transport wurde völlig verpfuscht von Angestellten die keine Ahnung haben. Die Anlagen Teile wurden von Lille bis Holland auf der Eisenbahn verschifft obwohl die Anlagen direkt am Kanal gelegen haben der ans Meer führt und damit direkt in den Hafen Antwerpen. Denn diese Anlage musste natürlich auf ein Seeschiff. Ich musste noch zweimal mit den Leuten unterwegs nach Lill fahren um ständig umzuladen wegen der Unfähigkeiten der Hochtiefmitarbeiter um diese auszubügeln. Mit zwischen Verladungen. Ich flog mit 10 Monteuren nach Bagdad, dort übernachteten wir in einem Hochtief Hotel. Gleich in der ersten Nacht schlägt dann knapp neben dem Hotel eine Rakete ein. Der Schrank in meinem Hotelzimmer fiel über mein Bett und die Fensterscheiben zerbrachen. Es war ein fürchterlicher Lärm und die Krankenwagen und Feuerwehren rasen durch die Straße.

An Schlaf ist nicht mehr zu denken, wir setzten uns auf die Koffer und warteten auf den Bus nach Mosul. Einige der Männer wollten gleich wieder nach Hause. Der Manager von Hochtief konnte die Jungs aber beruhigen. ,, Die Dinger kommen hier ganz selten herunter, in zwei Stunden ist der Bus da und ihr seid auf dem Weg in das sichere Mosul. Hier kommt pro Woche höchstens eine Rakete an. Flugzeuge der Iraner haben wir schon seit 2 Jahren nicht mehr gesehen. Der Bus tauchte dann aus der Staubwolke auf und wir machen uns auf den Weg nach Mosul, es sind gut 11 Stunden Fahrt. Dort tauchten wir ein in das zurzeit größte Baustellen Camp in der Welt. 6000 Männer und einige Frauen bauen an dem größten Staudamm der Welt. Da diese Reise erhebliche Kosten verursachte, musste ich gut planen, die 14 Tickets nach Bagdad hätten mich mit der Lufthansa 21.000.- DM gekostet. Mit der Fluglinie der DDR Interflug gerade mal 7.700.- DM. Von Wolfenbüttel aus ist es nach Berlin Schönfeld. Fast genauso weit wie die Fahrt nach Frankfurt. Es war schon eine fette Ersparnis, Geld das ich anders nutzen konnte. Wir wollten eigentlich alle 6 Wochen bleiben, aber für mich wurden es 24 Wochen, weil ich mal wieder auf meinen Auftraggeber gehört habe. Die Motore der Anlage wurden zum großen Problem für mich. Die Anlage wurde nach 5 Wochen Betriebs fertig aber wir konnten nicht Testen weil wir keine Motore haben. Das Leben in diesem Camp das eine kleine Stadt ist, ist eigentlich super. Es gibt vier gute Lokale in diesem Camp, eines in den Bergen das auch ein tolles Schwimmbad hat. Meine Leute sind ständig in ihrer Freizeit dort. Auch hier im Camp ist der Alkohol das einzige Überlebensmittel. Jede Werkstatt jede Abteilung hat ihre eigene Bar. Meine Leute sind jeden Abend betrunken.

Sie feiern mit den Mitarbeitern und den Frauen von der Baustelle. Auf der Baustelle sind Mitarbeiter aus ganz Europa und sehr viele aus China, die einfachen Zuarbeiter. Mir wurden laut Vertrag mit Hochtief 7 Facharbeiter zugesagt. Ich bekam auf der Baustelle dann 7 Chinesen zugeteilt. Die haben uns mehr Arbeit gemacht als sie uns abgenommen haben. Ich habe sie die einfachsten Arbeiten machen lassen. Entweder lagen dann alle hilflos unter den Blechen die sie gerade abgeschraubt haben oder unter den Winden die sie transportieren sollten. Ich musste diese Männer. Die keine waren unter Protest zurückgeben. Sorry für die kleinen Chinesen, aber sie waren überhaupt nicht in der Lage etwas zu tun. Genauso unfähig war der aus Rumänien exportierte angebliche Maschinenmeister. Aber auch der Asphaltmeister der Firma Trapp der für den Asphalteinbau zuständig ist, war sehr Gewöhnungsbedürftig. Auch der Anlagenführer, der Laut Hochtief der Beste sein sollte auf diesem Gebiet, der hatte eine solche Anlage noch nie gesehen. Es war einfach so, dass es äußerst schwer war Mitarbeiter für diese Region zu gewinnen. Aber ich selbst musste auch das mitnehmen was ich aus meiner Mannschaft bekommen konnte. Meine Männer Verschwanden dann um 12.00. Nach dem guten Essen in der Kantine ging es in die Betten bis wir um 18.00 Uhr wieder mit der Arbeit beginnen konnten. Diese Arbeit war dann auch nur 2-3 Stunden möglich. Dann waren alle nicht mehr zu halten. Es ging ab in die Kneipe mit Schwimmbad, nur am Freitag ist absoluter Ruhe Tag. Dann sind oft die Lastzüge aus Deutschland und Österreich ins Camp gekommen. Fast alle Männer haben sich darum geschlagen beim Entladen dabei zu sein zu sein. Es dauerte einige Zeit bis ich bemerkte warum dies so ist.

Einige der Fahrer hatten sich um den LKW Rahmen einen Edelstahlrahmen legen lassen der so aussieht als gehöre dieser zur LKW Konstruktion. Erst als ich sehe wie schief die LKW,s entladen werden. Da musste ich doch einmal nachsehen. Der ganze Rahmen ist immer voll mit Schnaps und wurde über Schläuche die eingeschraubt wurden abgelassen. Das brachte den Fahrern für jede Tour gute 3000,- DM zusätzlich zu ihrem Lohn ein. Es ist eine schwere und gefährliche Scheißtour durch die Türkei und das Kurdenland. An diesem Tag der Entdeckung der Alkohol Lieferung war auch der große Augenblick des Übungsschießens der Verteidiger des Staudamms angesagt. Überall in den Bergen um uns herum sind Nester mit Irakischen Soldaten mit ihren Geschützen. Die sollen uns vor iranischen Luftangriffen schützen. Irak und der Iran befinden sich zu dieser Zeit im Krieg. Mit viel Pomp und Getöse fahren die Irakischen Generale ins Camp ein. Es werden Sechs Ballons Hochgelassen. Ballons mit ca. 3 Metern Durchmesser und einer knallroten Farbe. In ca. 1000 Metern werden diese gestoppt, vermutlich weil die Leinen am Ende sind. Auf Kommando der Generale fangen die Schützen in den Bergen an zu feuern. Unter lautem Gejohle aller Camp Insassen, ca. 6000 Kehlen wird das schießen begleitet, es ist auch für sie eine willkommene Abwechslung. Es knallt und rattere fürchterlich aber nicht ein einziger Ballon wird getroffen. Ballons die in den Bergen fast stillstehen ohne sich groß zu bewegen da es fast Windstill ist. Die Generale verlassen entsetzt und fluchtartig das Camp das nicht mehr war als ein first class Gefängnis ist. Nur wenige Personen dürfen das Camp mit Ausnahmegenehmigungen verlassen. Ich durfte dies einige mal, auf Reparatur Fahrt für Lucks & Co und für die Strabag.

Als auch für die Armee und für unsere vermissten Ersatzteile im Kurdenland. Drei meiner Leute musste ich wegen dauerhaftem zu hohem Alkohol Genuss vorzeitig nach Hause schicken. Einer ist sogar mit besoffenem Kopf in mein Zimmer eingebrochen und wollte sich mit mir schlagen. Der wusste am anderen Morgen nicht woher er seine schönen blauen Augen hatte, die er nun mit nach Hause nehmen konnte. Leicht sehbehindert musste er die Heimreise mit dem wöchentlichen Bus über Bagdad antreten. Ich habe in den islamischen Ländern immer sorgsam und überlegt getrunken, einmal der Religion geschuldet als Respekt vor dieser und zum anderen war dies wegen der großen Hitze im Irak tödlich. Vor allem oben am Staudamm wird es sehr schlimm. Wir hatten in der Mittagszeit im Durchschnitt 55 Grad Celsius. Deshalb wurden unsere Arbeitszeiten nach der Hitze geregelt. Wir fingen um 4.00 Uhr mit den ersten Sonnenstrahlen an, machten dann Mittagspause von 11.00 Uhr bis 18.00 Uhr. Wer dann noch wollte hat am Abend noch 2-oder drei Stunden gearbeitet. Sehr oft sind die Leute direkt aus dem Lokal und Schwimmbad zur Arbeit gekommen. Es sind auch viele Familien mit in diesem Camp und ich sehe viele der Familien auseinander brechen. Frauen die Vorzeitig mit anderen Männern als mit denen sie gekommen sind wieder nach Hause geflogen sind. Als auch umgekehrt, der Stress und der Alkohol haben die Familien zerstört. Nach der siebten Woche und den Stress mit der Wartezeit auf die Motore. Ein Umstand den ich sofort bei Hochtief in Essen und auf der Baustelle reklamierte und als Mehrkosten geltend machte. Was auch von der Bauleitung anerkannt und unterschrieben wurde. Die Wartezeit konnte ich dann nutzen um nach Kirkuk zu fahren, zur Firma Lucks und Co.

Die Firma bei der ich bereits gearbeitet habe und dort Beton Silos baute rief mich um Hilfe. Sie wussten, dass ich in Mosul bei Hochtief bin. Die Bauleitung besorgte mir eine Genehmigung für die Fahrt nach Kirkuck. Ich fand dort meine alten Kollegen aus Braunschweig wieder es war ein tolles wiedersehn in dem nächsten Knast Camp. Dort stehen Raumzellen von mir, der Kran aus Hamburg und eine gebrauchte Betonanlage. Ich bin gerade einen Tag auf dieser Baustelle als es einen heftigen Überfall der Kurden gibt. Alle Iraker im Camp werden getötet und das ganze Camp wird niedergebrannt. Es gibt 45 Tote und 15 verletzte. Man unterstellte mir von der Baustelle aus Spaß ich hätte die Kurden beauftragt, denn alle Maschinen die ich geliefert hatte wurden vernichtet. So bin ich zu einem großen und neuen Auftrag gekommen. Ein irakischer General begleitet mich ab Mosul auf meiner Fahrt. Natürlich durfte ich nicht quer durch den Irak alleine Reisen. Er begleitet mich auf all diesen Wegen. Hier in Kirkuck auf der Baustelle konnten wir nur noch Bestandsaufnahme machen, er hat überlebt weil er bei uns war. Ansonsten hat kein einziger Iraker diesen Überfall überlebt. Es geht weiter zur Firma Strabag in die Nähe von Bashra, sie bauen dort im Krieg noch Straßen, auch sie haben Probleme mit ihren Maschinen die ich nicht geliefert habe. Die Strabag wusste natürlich auch von meinem Büro wo ich steckte. Diese Reise war kritischer diese führt mich an die iranische Grenze. Um dort hin zu fahren benötigte ich eine Sondergenehmigung die mir der General innerhalb eines Tages besorgte. Es wurde eine Reise ins Kriegsgebiet, dorthin wo wirklich etwas los ist. Denn es stellte sich heraus, dass die irakische Armee auch meine Hilfe benötigte. Aus diesem Grund habe ich vermutlich überhaupt die Genehmigung.

Auch für die Reparaturen im Süden des Landes bekommen. Es wurde ein lebensgefährliches Abenteuer für mich. Aber auch die ganze Fahrt in den Süden des Iraks ist sehr gefährlich. Auch den Überfall im Kurdenland haben wir deutschen nur mit Mühe überstanden und mit ganz viel Glück, die Kurden wollten mit großer Sicherheit keine politischen Verwicklungen mit Deutschland. Was ich auf dieser Fahrt gesehen habe war kaum zu fassen. Auf der ganzen Streck die wir fahren sind Unmengen von Waffeln gestapelt. Riesige Mengen von Waffen und Munition, für mich war es sicher das diese dazu bestimmt waren das die Iraker den Iran besiegen sollten. Diese Mengen würden Vermutlich für noch 10 Kriege dieser Art ausreichend Panzer, Haubitzen, Fahrzeuge stehen in großen Mengen in der Wüste. Es werden täglich immer mehr Waffen die ich zu sehen bekomme. Es machte auf mich den Eindruck, dass man Sadam mit aller Gewalt aufrüsten will und ihn dazu animieren will seine Nachbarn den Iran zu vernichten. Der Irak wurde in diesem Krieg zur stärksten Macht im Nahen Osten Hochgepuscht. Was die Menge der Waffen anbetrifft. Unmengen von Waffen die noch nicht benutzt wurden, gern hätte ich diese Berge von Waffen fotografiert. Aber natürlich wird dies von meinem General, der inzwischen mein Freund wird nicht erlaubt. Nach einigen Stunden eintöniger Fahrt sind wir dann keine 10 Kilometer von der iranischen Grenze entfernt. Wir fahren auf einer nagelneuen Autobahn. Dort am Ende stehen die Asphaltfertiger der Firma Strabag still. Die Männer mussten wir erst suchen. Sie sitzen in einem selbst gebautem Bomben Loch in Deckung. ,, Sie begrüßten mich sehr freundlich, haben wirklich nicht geglaubt das noch irgendein Idiot von Monteur hier in das Kriegsgebiet kommt. Dann noch in Begleitung eines Irakischen Generals.

,, Aber los Mann, wir haben Probleme an unseren beiden Asphaltfertiger und auch an der Mischanlage selbst. Wir kommen kein Stück weiter kommen aber nicht nach Hause bis diese Autobahn fertig ist". ,, Warum hockt ihr in diesen hässlichen Löchern?". ,, Das wirst du noch merken, ab und zu düsen einige Flugzeuge des Irans über uns hinweg und decken uns mit Bomben ein. Wir haben unsere Autos weit ab im Camp, damit diese heil bleiben. Wir haben in diesen Löchern alles was wir benötigen, vor allem viel Wasser". ,, Warum seid ihr überhaupt hier, ihr solltet längst zu Hause sein und nicht im Kriegsgebiet?". ,, Du hast gut reden, der Teufel Sadam hindert uns daran, wir kommen hier aus dem Irak nicht früher raus bis wir die Autobahn fertig haben". ,, Ok, ich sehe mir jetzt die Maschinen an, an den Asphalt Fertiger sind es nur zwei Ventile die den Staub und die Hitze nicht mehr mitgemacht haben. Bei beiden Straßen Fertigern ist es der gleiche Fehler. Zum Glück habe ich die Ventile und die defekten Endschalter im Auto. Die Durchsicht der Asphaltanlage einer Benninghofen Anlage dauerte einen Tag, es sind lediglich nur Einstellungen zu machen. Natürlich dann kommt auch noch die übliche Wartung weil der Maschinenführer geschludert hat. Dann ging es am dritten Tag weiter. Die Anlage läuft und die Straßenfertiger fangen an die Straße weiter zu Asphaltieren. Darauf scheinen die Iraner nur gewartet zu haben. Man sieht bereits aus 3 Kilometer Entfernung die Tiefflieger heran rauschen. Keine 200 Meter hoch fliegen sie über die Baustelle und uns hinweg. Die Arbeit auf den Vögele Fertigern wurden wie ich dachte nicht unterbrochen. Die Männer sitzen auf den Dingern als würde um sie nichts passiert. Die Flieger kommen zurück und ein regen von Bomben prasselte herunter. Es raucht und qualmte und knallt überall.

Ich liege längst mit meinem General im Sicherheitsloch. Mehr als dieses war es auch nicht, als sich der Dampf legt wusste ich warum die Männer auf den Fertigern blieben. Die Bomben sind alle weit verstreut abgeworfen worden. Nur eine einzige hat die Straße überhaupt getroffen. Die Ursache dieser Flucht der Bomber waren die irakischen Jäger die nun über die Baustelle jagen und die Bomber verfolgten. dieser Hecktischen Aktion der Iraner brachte zum Glück nichts, sie mussten verschwinden. Denn die ägyptischen Piloten in den Irakischen Maschinen sind wahre Könner in ihren Fliegern. Die Iraker selbst haben in diesem Krieg mit dem Iran, kaum ausgebildete Piloten. Die Ägyptische Armee ist die bestausgebildetste Armee in Arabien und Afrika. ,, Ich konnte den Deutschen Kollegen nur viel Erfolg wünschen und das sie ihre Straße bald fertig bekommen. Wir fuhren weiter bis direkt an die Grenze zum Iran. Der Grenzverlauf änderte sich hier fast täglich aber mit großer Sicherheit wöchentlich. ,, Was ist nun hier für mich zu machen, soll ich die Iraner vertreiben". ,, Nein die haben wir letzte Woche endgültig vertrieben und die Grenze ist stabil in unserer Hand. Keine zwei Kilometer von dieser Grenze, der nun sicheren Grenze haben wir ein Betonwerk. Ein Betonwerk das nach der Besetzung durch die Iraner kleinere Schäden hat. Du bekommst neben deinem Stundenlohn 10.000 Dollar Prämie wenn du die Anlage wieder in Gang bringst". ,, Hast du Pläne von dieser Anlage"?. ,, Ja, die habe ich, wir fahren jetzt in das Militär Camp, dort kannst du die Pläne einsehen". ,, Ok, lass jucken". ,, keine Stunde später sitze ich mit dem General Mahmoud in der Kantine, die durch einen Bombentreffer etwas ruiniert ist, aber deren schiefen Wände noch einen angenehmen Schatten bieten.

Ich stellte bei der Prüfung der mir überreichten Unterlagen fest, dass es sich hier um eine deutsche Anlage der Firma Elba handelt mit einem automatischen Schrapper von der Firma Arbau. ,, Na, Mahmoud, das sieht nicht schlecht aus, ich bin mit den Anlage vertraut, die elektrischen Zeichnungen sind auch komplett". ,, Ok, Ulli, wir fahren Morgen in der frühe so gegen 6.00 Uhr dort hin". ,, Gut Mahmoud hauen wir uns hin, es waren anstrengende Tage". ,, Du hast recht Ulli, lass uns pennen wer weiß was uns noch erwartet. Es dauerte nicht lange bis die ersten Flieger des Irans. Wieder über uns hinweg donnern. Aber es sind diesmal keine Bomben gefallen. Es wurde alles mit Maschinengewehr beschossen nur die Gebäude und die Fahrzeuge werden getroffen. Wir haben sichere Plätze zum Schlafen und stören uns nicht an dem Geballere. Bomben hätten uns eher in Unruhe versetzt, aber gegen diesen Beschuss sind wir sicher untergebracht. Am nächsten Morgen mit fast Deutscher Pünktlichkeit geht es dann los zum Betonwerk. Mein Werkzeug musste ich in ein militärisches gepanzertes Kettenfahrzeug packen. Es musste sich um einen amerikanischen Mannschaftswagen handeln. Ich machte mir keine Gedanken darüber, dass wir solch ein Fahrzeug benutzten obwohl die Grenze seit Wochen sicher ist. Aber sicher ist sicher dachten wohl auch die Iraker die auch mit 5 stark bewaffneten Soldaten mit fahren. Nur mein General hatte sich frei genommen, dafür hatte ich einen Deutschen, einen Ostdeutschen Zivilisten mit im Fahrzeug. ,, Ich hörte natürlich sofort als er sich vorstellte das dies einer der Unterstützenden Offiziere der Volksarmee aus dem Osten der DDR ist. Seine sächsische Aussprache hat ihn sofort verraten. Er stellte sich vor als Offizier der Volksarmee.

Er ist der verantwortliche für dieses Betonwerk Weil er nicht zur kämpfenden Truppe gehört ist er in Zivil, alle Berater der Volksarmee sind hier im Irak in Zivil. ,, Na, Manfred, so heißt der junge Bursche lass uns hoffen das dieser Teil der Grenze sicher ist". Es stellte sich nach genau 18 Stunden heraus, dass dieser Teil der Grenze keinesfalls sicher ist. Ich stehe am frühen Morgen, am nächsten Tag oben auf dem Klappblech des Arbau Schrappers und stelle diesen wieder Boxengerecht ein. Da rauschen fast zwanzig Flugzeuge über uns hinweg. Bomben und Granaten schlagen überall um uns herum ein. Ich sehe nur noch wie die Soldaten in das gepanzerte Fahrzeug springen und das Weite suchen. Ich war ihnen völlig egal, sie versuchten nur sich selbst zu retten. Aber ich konnte gerade noch sehen wie dieses Fahrzeug getroffen wird, es regelrecht in die Luftgehoben wird und auf die Seite fällt und explodiert. Ich hatte gerade die Sand box voll mit Sand gezogen. Springe geistesgegenwärtig oder in einem vernünftigen Reflex von der Klappe auf der ich wie eine Zielscheibe stand in den Sand und krieche unter die Klappe. Hinein in die Kleine Höhle die sich immer bildet beim Befüllen der Box und begrabe mich mit den Händen mit dem losen und heißem Sand. Es dauerte keine 2 Stunden da stürmten die iranischen Soldaten das Werk und drängen weit über das Gelände hinweg in den Irak ein. Ich muss es genau drei Tage ohne Essen und Getränke in meiner verzwickten Lage aushalten. Es passierte was immer gekommen ist, drei Tage vor, drei Tage zurück. Die nächste Offensive der Iraker warf die Iraner noch weiter zurück als zuvor und drängte diese dann weit in ihr Hinterland hinein. Ich konnte nun in den nächsten zwei Tagen die Anlage wieder in aller Ruhe Betrieb nehmen. Das örtliche Militär, der zuständige Brigadegeneral hat meine Berichte unterschrieben.

Ein Bericht mit einer persönlichen Tapferkeitsanmerkung. Die mir sehr genutzt hat aber mich auch wieder in neue Schwierigkeiten brachte und meinem Freund und Begleiter das Leben kostete. Die Rückfahrt nach Bagdad wurde wieder ruhig. Die Männer der Strabag haben die Baustelle verlassen. Sie hatten ihre 10 Kilometer geschafft und sind auf dem Weg nach Hause. Mir persönlich brachte diese Reise einen direkten Kontakt mit Sadam ein. Ich wurde in Bagdad vom Sekretär des großen Meisters in sein Schloss eingeladen. Der persönliche Sekretär und der Vertraute von Sadam führt mich zu den Männern der Familie Sadam Husein. Das hatte wohl mein Einsatz im Süden bewirkt in Bashra. Sadam und seine Söhne Udai und Kusai empfangen mich freundlich. Sie wollen meine Sicht der Lage kennen lernen. Die ich ihnen klar machte, das sie versuchen sollten und müssen die Lage im eigenen Land zu verbessern. Politik und politisch menschliches Handeln bringt oft mehr als jede Kanone. Sie haben mich zu weiteren Gesprächen eingeladen wenn ich am Staudamm fertig bin. Sie fanden alle vier meinen Einsatz in Bashra für sehr mutig.. Man legte mir Nahe dass ich mich in Bagdad niederzulassen soll. Interessant fand man es, dass ich Sadam schon aus Kairo kannte. Man wollte sich melden wenn mein Auftrag in Mosul beendet ist. Dieses Zusammentreffen wurde dann viel später nützlich für mich aber auch für die Unterstützung nach der Suche des LKW.s mit der Motor Ladung. Meine Leute sind schon alle zu Hause, ich wäre auch gern nach Hause gefahren aber nicht bevor meine Anlage fertig ist und läuft. Die Motore waren noch immer nicht angekommen trotz meiner Reise quer durch den Irak. Die Baustelle und die Ingenieure in Essen die dies eingeleitet hatten gegen meinen Willen waren in Unruhe.

Man benötigte dringend den Asphalt für die Befestigung der Damm Seiten. Ich hatte mich schriftlich im Vertrag abgesichert und musste nun auch abwarten. Irgendwo mussten ja die Motore sein. Die Firma die den LKW mit den Motoren losgeschickt hat, hat mich aus Essen angerufen. Herr Berger dieser LKW ist seit 3 Wochen auf dem Weg in den Irak. Das sind normal höchstens 5 Tage. Seit 10 Tagen hat der Fahrer sich nicht mehr gemeldet. Ich habe die Angelegenheit mit der Unterstützung des Generals mit dem Militär in Mosul und mit der Bauleitung besprochen. Wir durften dann mit den Militär Papieren alle Polizei und Zollstationen durchsuchen, möglicherweise steht der Lkw. Schon längst irgendwo in ihrer Nähe und wird aus irgendeinem Grund festgehalten". Man muss sich vorstellen das auf der Strecke von der Türkei täglich eine lange LKW Kette ist die sich wie eine Schlange von der Türkey bis Mosul und Bagdad hinzieht. Meistens sind viel weniger als 50 Meter Abstand zwischen den einzelnen LKWs in dieser endlosen Fahrzeug Kette. Sie bringen große Teile der Versorgung in den Irak. Auf der anderen Seite kommen Riesige Schlangen von LKWs aus Kuwait und aus Saudi Arabien in den IRAK. Der LKW mit meinen Motoren blieb und bleibt unauffindbar. Auch Gespräche mit den anderen LKW Fahrern bleiben erfolglos, niemand hat einen Kleinen Deutschen LKW gesehen. Es ist aber bekannt, dass viele LKWs auch in den Bergen abstürzen. Es ist Teilweise, Streckenweise eine sehr Gefährliche Straße. Steil und schwierig. Auch beschlagnahmen die Kurden viele komplette LKW,s direkt von der Straße. Aber was wollen die mit einem LKW voller Motore?. Es gibt nur eine Möglichkeit dies zu prüfen, wir müssen die Strecke abfahren.

Ich muss es tun denn ohne die Motore gibt es keine Möglichkeit die Anlage jemals in Betrieb zu nehmen. Ich hatte mit Hochtief in essen abgesprochen das die sich alternativ um neue Motore kümmern sollen. Motore die annähernd zur Anlage passen. Diese Anlagen ist 12 Jahre alt und viele Ersatzteile gibt es nicht mehr. Wir beschlossen dann mit der Bauleitung und mit dem Militär das wir den LKW suchen. Es ist nicht ungefährlich diese Strecke zu fahren. Tag täglich verschwinden 15-20 LKW,s von der Strecke. Diese Strecke ist zwar gut bewacht, aber sie führte über 100 Kilometer durch ein Kurdengebiet die diese LKW,s auch kapern. Das war natürlich Wasser auf die Mühlen des Militärs, wenn wir beide der General und ich diese Strecke befahren würden könnte es auch ihnen helfen. Wir könnten ihnen auch Kenntnis über die Kurdenbewegungen bringen. Ich wusste natürlich von diesen Ideen nichts und wunderte mich schon über das neue Fahrzeug was dann blitzsauber vor uns steht. Mein General Mahmoud musste in Zivil mit mir fahren, was ihm sicher nicht behagte. Er stellte zu gern seine Position als General heraus. Wir fahren mit großer Anstrengung diese verdammte Strecke ab und finden nach vielen Gesprächen die wir mit den LKW Fahrern auf allen Rastplätzen führen. Dann tief unten in einer Schlucht. In einer steilen Linkskurve den deutschen Kleinlaster. Der neue wuchtige Gelände Toyota hat eine Winde mit einem sehr langen Drahtseil. Mahmoud lässt mich mit dieser Winde an dem langen dünnen Drahtseil vorsichtig nach unten ab. Das Seil hat die unfassbare Länge von 100 Metern. Es ist noch fast 20 Meter Länger als der Weg zum Auto. Ich erkannte sofort das Nummernschild und dann die Aufschrift der Spedition.

Das ist unser Auto, ich kletterte nach vorn in das Führerhaus, es sieht böse aus. Der Fahrer musste schon Wochen tot sein, es hat ihn schwer erwischt hatte. Er muss nach diesem Sturz auf der Stelle tot gewesen sein und war aufgeplatzt und war in einem weit fortgeschrittenen Zustand der Verwesung. Ich nehme alles mit aus dem Führerhaus des LKW,s was mir für Informationen wertvoll erschien. Den Fahrer mochte ich nicht mehr berühren. Dann schlüpfte ich durch die offene Hecktür auf die Ladefläche. Ich stellte fest, dass noch alle Motore vorhanden sind aber teilweise sehr stark beschädigt sind. Ich habe nur zwei der wichtigen Steuer Motore mitgenommen. Ich gab Mahmoud das Zeichen das er mich wieder hochholen kann. Wenig später hatten wir den nächsten Militärposten erreicht und informierten die Baustelle über den Fund. Diese informierte dann die Spedition von dem Unglück in den Bergen.

Mahmoud sprach dann lange mit seinem Vorgesetzten, man war sichtlich enttäuscht darüber, dass wir im Kurdengebiet nichts Interessantes erreicht haben.   Da ich schon ein wenig arabisch sprach habe ich einiges von dem Gespräch das nicht ganz erfreulich war für Mahmoud mit hören können. Es fuhr dann noch ein hohes Mitglied des Militärs mit uns zurück nach Mosul. Aber erfreulich ist, dass dieser Militärposten zwei Soldaten an die Absturzstelle schickte um unsere Motore zu bewachen. Die Rückfahrt entwickelte sich dramatisch. Wir wurden von Kurden die uns längst im Visier genommen hatten Überfallen und Entführt. Wir hatten auf der Rückfahrt noch diesen hohen Offizier in Uniform an Bord der nach Mosul musste. Der neue Militärische Begleiter wurde auf der Stelle mit einem Kopfschuss.

Von den Wegelagerern hingerichtet. Wir wurden verschleppt, konnten uns später auf dramatische Weise selbst befreien und wurden dann von einer Militäreinheit mit Hubschraubern aus einer Lebensgefährlichen Lage befreit. Wir waren fast 3 Wochen in der Gefangenschaft der Kurden. Die Baustelle hatte zwischenzeitlich alle Motore gerettet und auf die Baustelle gebracht. Viele davon waren nur noch Trümmer. Ich machte schriftlich klar, dass diese Reparaturen hohe Kosten machen würden und schätzte diese auf insgesamt mindesten 70.000.- DM ohne meinen Zeitaufwand. Der dortige Maschinenmeister und verantwortliche unterschrieb mir diese, denn sonst wäre ich abgereist. Auch der Bauleiter unterschreibt nach langem Zögern meine zusätzliche Vereinbarung. Es wurden Wochen härtester Arbeit und auch des großen Vergnügens, ich lernte die Mitarbeiterin für die Asphaltprüfstelle auf der Baustelle kennen. Eine irakische Ingenieurin eine super Frau. Wir hatten viel Spaß miteinander, ich war oft an den Wochenenden bei ihr zu Hause. Sie hatte Pferde und wir sind oft auf dem Rücken der Pferde durch die Landschaft des so schönen Nord Iraks geritten. Sie schenkte mir zum Abschied eine Kette mit den arabischen Worten. Gott beschütze Dich, dass tat dieser dann bereits auf dem Weg in den Flughafen als ich abreiste. Erst zu Hause entdeckte ich die beiden Kugeln die im Koffer steckten. Ich hatte schon Auseinandersetzungen mit ihren Brüdern auf der Baustelle. Man hat schon versucht mich auf der Baustelle umzulegen. Sie war üblicher Weis schon jemanden versprochen und man hatte Angst, dass ich daran etwas ändern würde. Das würde im Irak zu einer großen Familien Fehde führen. In der Mord und Todschlag nicht ausgeschlossen eher sicher sind. Obwohl sie für mich eine tolle Frau ist.

Hatte ich nie solche festen Absichten. Wir fanden uns eben gegenseitig einfach toll nicht mehr. Wir haben festgestellt bald herausgefunden, dass wir sehr viele Gemeinsamkeiten haben. Ich wurde schon einmal auf der Baustelle in einen Hinterhalt gelockt und beschossen. Die zwei Kugeln die ich dann zu Hause beim aus packen in meinem Koffer fand sagten mir das es noch einen Missglückten Beschuss auf dem Weg zum Flughafen nach Bagdad gegeben hat. So ist das Leben mit den Frauen in Arabien immer gefährlich. Alkohol und Frauen führen in Arabien oft zum plötzlichen Tod. Ich hatte wieder einmal unwahrscheinliches Glück und bin davon gekommen. Die beiden 22mm Kugeln habe ich natürlich aufgehoben. Zu all meinen Zeitverlusten und Schwierigkeiten in der Hauptsache verschuldet durch Hoch Tief. Die Verhandlungen und Zusagen haben sich hin gezogen. Der Anwalt von Hochtief hat mich freundlicher Weise angerufen und mir mitgeteilt das ich im Recht bin mit meiner Forderung von 170.000.- nur wenn ich diese möchte müsste ich klagen. Ich hatte noch eine Forderung von fast 100.000.- DM an Hochtief inclusive der Mehrkosten. Also fast 270.000.- DM Diese Forderung wurde nie beglichen. Ich wurde dann nach 2 Jahren und einigen Drohbriefen vom Vorstand von Hochtief angerufen. Nach vielen vergeblichen hin und her Schreiben der Anruf Rechtsanwälte von mir und Hochtief. Hat mich der Vorstand angerufen und mir mitgeteilt, dass ich mein Rest Geld für den Staudamm im Irak nicht bekommen könnte, Sie selbst sind durch die Situation mit einem Minus aus dem Projekt gegangen. Wenn ich auf mein Geld bestehe müsste ich klagen. Das war die Hammer Aussage meiner ganzen bisherigen Selbständigkeit.

Ich weiß, wenn ich gegen einen solchen Konzern Klage, dann dauert es im Minimum 10 Jahre, Das bedeutet dann nochmals Kosten in gleicher Höhe. Dann läuft es immer auf einen Vergleich hinaus. Ich hätte viel Ärger und weniger Geld am Ende einer Klage. Natürlich kannte ich die Machenschaften dieser Konzerne, keiner ist ausgenommen. Die haben Rechtsabteilungen die schon bei der Vertragsausarbeitung Schlupflöcher einbauen die ihnen bei jedem Prozess. Aus der Klemme helfen. Ein kleiner normaler Anwalt kann solche verschleierten Schlupflöcher nie finden. Auf Rückfrage mit dem Vorstandsvorsitzendem erklärte mir dieser das er da nichts machen kann. Ihm sind die Hände gebunden, dass müssen die Abteilungen regeln, aber er würde sich dafür einsetzen. Das ich den nächsten Großauftrag bekommen würde in Benin. Dieser Auftrag ist wieder erwarten tatsächlich gekommen. Es handelte sich um ein komplettes Camp. Nach dem langen Aufenthalt im Irak musste ich mich dringend wieder um meine Familie und die Betrieb in Deutschland kümmern. In der Firma ERCO hatte ich inzwischen einen Meister eingestellt der mit harter Hand auch durchgriff. Manchmal auch etwas zu hart, er war lange bei der Bundeswehr und hatte da seinen Kommisston bewahrt. Ich beschloss mich auf Grund der bleibenden personal Schwierigkeiten von der Firma ERCO zu trennen, es war nicht mehr erträglich für mich und meine Familie. Ich war sehr viel unterwegs und wenn ich dann zu Hause war, dann war auch hier der Teufel los. Ich spielte dann auch mal wieder gelegentlich Fußball, im Zusammenhang eines Turniers im Wolfenbütteler Ortsteil Wenden. Nach einem Turnier das wir Atzumer gewonnen haben zogen wir dann mit der Gastgeber Mannschaft zusammen in die Dorfkneipe in Wenden.

Die einzelnen Atzumer Fußballspieler wurden so nach und nach abgeholt. Nur mein Taxi ist nicht gekommen. Ich sprach den Wirt und den Kellner des Öfteren darauf an. Ich war dann bald der letzte meiner Truppe der noch hier weilte, alle sind inzwischen weg. Ich war sehr verwundert darüber, zumal ich eigentlich als erster weg wollte. Ich saß dort noch mit meinem Kumpel Hans einem Schlachtergesellen aus der Schlachterei direkt gegenüber der Kneippe. Dem wurde zuerst klar was sich da zusammenbraute, einer meiner Leute die ich aus dem Irak zurückgeschickt hatte. Dem dann erst auf dem Rückflug klar geworden ist woher seine Momentane Sehbehinderung stammte, ist der Anführer einer Gruppe die Rache für den Rausschmiss und die schönen blauen Augen wollten. Als dann der Kellner der mit unter den Jungs unter einer Decke steckte mit seinen Dorffreunden nochmals an den Tisch kommt. Da wurde ich sehr energisch und wütend auf ihn. „ Wo bleibt den mein Taxi fauchte ich den Ober an, ich habe dir schon vor 2 Stunden gesagt das ich nach Hause will“. „ Du Arschloch, du hast nie ein Taxi bestellt“. „ Ich stand auf und gab dem Burschen eine gewaltige Ohrfeige, die so stark ausgefallen ist das er abhob und über den nächsten Tisch segelte. Ich war selbst erschrocken über die Kraft meines Schlages. Das ist aber der Auftakt zu einer wilden Schlägerei. Das ganze Lokal gegen mich, nein ich war nicht alleine, natürlich hat sich mein Freund der Metzger. Auch getraut sich in die Schlacht zu stürzen. Wir beide gegen grob überschlagen 20 Männer. Dir Wirt brüllte am lautesten, er hockte dann irgendwann auf meinen Schultern und hämmerte von oben auf mir herum. Wir konnten es nicht genau abschätzen, aber ca. 1 Halbe Stunde später hatten wir zwei.

Die ganze Kneipe leer gefegt. Alle Gäste stehen draußen, erst die Polizei konnte dann alles klären. Polizisten die nicht verstanden. Das zwei Mann die Kneipe nun beherrschen und sich niemand mehr in die Kneipe hinein traut. Die Beamten die zu viert gekommen sind, bestellten erst einmal die Verstärkung ab und erkundigten sich über den Tat Hergang. Sie sind auch äußerst erstaunt darüber das dort zwei Männer in der Kneipe sind die gemütlich ihr Bier trinken und zwanzig Männer sich nicht mehr hinein trauen in ihre Kneipe. Auf Nachfrage der Beamten bei uns hatten wir keinerlei Probleme damit, dass der Wirt mit seiner Truppe wieder rein kommt. Es wurde noch eine tolle feuchtfröhliche Runde, ich schaffte es nun meine Frau telefonisch zu erreichen die mich dann abholte. Ich machte dann in der Tat einige Familien Wochen und fuhr mit meiner Familie an die Ostsee. Die Ferien hatten auch gerade angefangen und ich organisierte eine Ferienwohnung für drei Wochen für uns. Ich blieb wie immer über die verlängerten Wochenenden. Ich wollte eigentlich länger bleiben. Aber die Sorge um die Ausführungen einer Arbeit drängte mich zurück nach Hause, wir mussten den Unterbau eines Förderturms in der Werkstatt erneuern, das war Terminarbeit. Obwohl ich mit Olaf den besten Schlosser Deutschlands eingestellt hatte, blieben kleine Zweifel an seinen Fähigkeiten. Ich hatte diese Fähigkeiten nur beim Bier und von seinem großen selbst Lob in der Kneipe testen können. Nach seiner Darstellung war er der beste Monteur und Schlosser der Firma Krupp Anlagenbau. Ich wurde sehr Unruhig im Urlaubshotel und besprach die Sache mit meiner Frau und machte mich dann mit ihrer Zustimmung auf den Weg in die Werkstatt nach Wolfenbüttel. Dieser Besuch in der Werkstatt war der reinste Horror für mich.

Was ich da zu sehen bekam war totaler Schlosser Murks, ich hätte in der Tat Olaf und seinen Helfer für das was ich dort sah Abmurksen können. Unverständlicher Weise blieb ich ganz ruhig, so wie ich in der letzten Zeit nur noch selten ausgerastet bin, ob wohl ich tausend Gründe gehabt hätte. Ich ging auf die beiden zu, bestaunte die von ihnen gebaute Eisenkiste, nehme den Brenner in die Hand, stelle Gas und Sauerstoff ein zünde und zerlege diese Kiste die keine Ähnlichkeit mit der Zeichnung hatte in kleine Teile für den Schrott. ,, Olaf, was hast du gelernt, was hast du bei Krupp wirklich gemach". ,, Ich war dort als Schlosser tätig im Anlagenbau". ,, Du mein lieber bist das größte Arschloch das je bei mir gearbeitet hat. vielleicht das zweit größte auf jeden Fall. Du bist zwar ein feiner Kumpel an der Theke aber gelernt hast du nichts. Ich will nächste Woche deinen Gesellenbrief sehen. Ich zerlege jetzt die Zeichnung in Einzelteile und du baust mit Harald, das ist ein richtiger Schlosser diese Teile Morgen. Als Einzelteile. Dann fahren wir zusammen auf die Baustelle und verstärken den defekten Unterbau vor Ort". ,, Wie soll ich Harald erreichen". ,, Das mein lieber ist dein Problem, wenn morgen Abend die Teile nicht fertig sind brauchst du Übermorgen nicht wiederkommen. Ich traf Harald dann selbst in unseren kleinen Kneip und bespreche die Sache gleich selbst mit ihm. Dann tauchte auch noch Olaf auf und am nächsten Tag sind die Teile fertig und ordentlich am Unterbau verschweißt. Harald ist mein bester Schlosser aber wie so viele gute Männer in dieser Zeit, schwer Abhängig vom Sprit. Dann konnten wir am anderen Morgen die Teile einbauen und die Angelegenheit wurde sehr stabil und gut. Auch der Auftraggeber war von unserer schnellen und guten Arbeit begeistert. Der Beton konnte wieder laufen für den Nachschub mit Kies hatten wir wieder gesorgt.

Zu Olaf gibt es noch einiges zu sagen, ich mochte ihn als Mensch aber als Mitarbeiter war er die größte Niete. Weil es in der Schlosserei nicht klappte machte ich ihm das Angebot als LKW Fahrer unsere Container zu transportieren weil er den Führerschein Klasse 2 Hat. Aber dieses Mal ließ ich mir diesen Führerschein auch zeigen. Schon die erste Fracht wurde zur Katstrophe. Er war als Fahrer natürlich auch für die Befestigung der Raumzellen zuständig. Mit seinen ersten Beiden Raumzellen auf dem LKW ist er von Hannover aus zurück in die Firma bekommen, weil diese etwas verrutscht sind. Ich konnte es nicht fassen. Er kommt 100 Kilometer zurück und hat bis zur Auslieferstelle nur noch 20 Kilometer. Vier weite touren ohne Schaden. Dann macht er seine fünfte Tour, der Kunde eine Pommes Fabrik bei Hannover wartet dringend auf sein Büro. Bestehend aus zwei Raumzellen 6 x 2,60 Meter passend für unseren Zug. Maschinenwagen und Hänger. Ich rufe den Betriebsleiter an, ob Olaf nun angekommen ist. Es gab keine Spur von ihm bis mich der Betriebsleiter Anruft. Er ist angekommen aber 2 KM vor unserem Betrieb hat er beide Container bereits abgeladen. Er ist voll unter eine Brücke gekracht. Es ist alles voller Polizei und Bahnpolizei. Die Container haben nur noch Schrottwert". ,, Ich musste mich zusammenreißen das ich nicht in Ohnmacht fiel. ,, Sie haben in drei Tagen zwei neue Raumzellen, wir haben gerade fünf gleiche in Arbeit, dann Muss eben der nächste Kunde warten. Ich komme im Übrigen gleich selbst zu ihnen". Der Schaden belief sich auf mehrere 30.000 DM. Der Schaden an der Brücke konnte noch nicht festgestellt werden. AM LKW ungefähr 5.000.- DM. Am Ende waren es insgesamt über eine Millionen DM Schaden die der Knallkopf verursacht hat.

Mein Freund Alfred der Geschäftsführer der Betonfirma suchte dringend Fahrer für die Betonfahrzeuge, ich konnte mit bestem Gewissen Olaf empfehlen und der war noch stolz darauf jetzt noch Beton Cowboy geworden zu sein. Das ging tatsächlich einige Wochen gut, ich erwartete jeden Tag einen wütenden Anruf meines Freundes Olaf betreffend. Aber erst nach der 7 Woche ist dieser Anruf gekommen, schön weit entfernt von meiner Empfehlung. Dein super Olaf hat es als erster geschafft einen vollen Mischer mit Beton stehen zu lassen. Er hat drei Tage gebraucht um diesen Auszustemmen. Aber ich habe natürlich schon gehört wie er bei dir gehandelt hat. Aber ich bin ihn auch so elegant los- geworden wie du. Er fährt jetzt bei meinem Schrothändler gegenüber den LKW, wollen wir hoffen, dass dies gut geht". ,, Es ging leider auch nicht gut, ich müsste kräftig lachen wenn mir auch Olaf und seine Familie leid tut. Drei Wochen später stand es in der Wolfenbütteler Zeitung. Der LKW, des Schrotthändlers hat während der Fahrt durch Wolfenbüttel viel Schrott produziert. Der Fahrer hatte vergessen den Kran zu arretieren und hat eine ganze Serie Ampeln. in Wolfenbüttel abgeräumt. Ich brauchte nicht nachzuforschen wer dieser Fahrer war, natürlich unser Olaf, wer sonst. Ich war nach meinem kurzen Aufenthalt in Wolfenbüttel wieder ans Meer gefahren zu meiner Familie. Die hatte ich völlig überrascht, sie waren unterwegs auf der Ostsee mit einem kleinen privaten Schiff. Kein Schiffchen, sondern ein richtiges Seetüchtiges Schiff. Ich sah sie einlaufen und den herzlichen Abschied des Kapitäns, auch von den Kindern. Das war jemand den sie schon länger kannte, aber ich blieb wie immer neuerdings auch in dieser Lage ganz ruhig.

Mit keiner Mine von mir erfuhr sie, dass ich diese Aktion wohl bemerkt habe. Ich hatte selbst auch ein schlechtes Gewissen das dann auch wohl der Auslöser dieser Duldungen wurde. Für mich wurde es ganz normal, dass sie sich ihren Teil vom Leben genommen hat. Den ich ihr wegen meines Geschäftes nicht geben konnte. Ich bemerkte aber auch keinerlei Veränderungen an ihr und an unserer guten Beziehung. Wir liebten uns mehr als je zuvor erschien es uns beiden. Wir lebten mit dieser gegenseitigen Duldung sehr gut und Intensiv. Am Abend gingen wir dann in die Bar zu dem dort stattfinden Tanzabend, dort trafen wir dann auf ihren Kapitän mit seiner Frau, die das Fahren auf dem Schiff nicht vertrug. Sie hatte auch nicht dagegen das meine Frau mit ihrem Mann auf See ist. Ich bemerkte nur an den verstohlenen Blicken. Sie haben Kenntnis davon, so waren ich und meine Frau ein eingeschworenes Ehepaar das sich liebte und Kapriolen des anderen einfach zur Kenntnis nahm und abhakte. Sobald ich etwas ändern würde, in ihrer Liebe zu mir, ich würde es bemerken und handeln. Solange aber alles in Ordnung war, nach meiner Ordnung Ok war, solange der Sonnenschein in unserer Ehe angesagt ist, solange würde ich es dulden. Ich wusste das ich ihr viel abverlangte, dass ich immer mehr Unterwegs sein werde. Ich war froh als sie dann später eine beinahe feste Beziehung neben mir hatte. Es war wichtig als die Kinder größer und erwachsener wurden. Wenn ich nicht da war dann hatte sie jemanden. Ich hatte dann auch immer jemanden der sich um mich kümmerte. Das gestand ich auch bedingungslos Ihr zu. Ich weiß nicht ob ich in dieser Zeit ein einfaches Arschloch war oder Großzügig und clever. Aber mein Leben meine Welt driftete Auseinander ich konnte es immer mehr erkennen.

Meine Welt wurde immer mehr Afrika und Arabien. Nach vier wunderschönen Wochen zu Hause musste ich nach Benin, das Camp ist fertig geworden, nur die Hochtief Tischler hatten Probleme. Sie wollten die Raumzellen die wegen der Transportkosten zerlegbar waren selbst aufbauen. Denn der Aufbau durch den Hersteller war nicht billig. Sie aber haben ihre Hochtief Tischler vor Ort eingesetzt. Der Einsatz endete in einer Katastrophe und in unendlichen Abenteuern und Gefahren. Die Sachlage um das Camp ließ sich aber schnell klären, auch Hochtief hat beschissene Mitarbeiter die sogar grobe Fehler machen. Man hat die Elemente einfach falsch herum eingebaut, so waren sie dann zu lang und mussten abgesägt werden. So wurde die Schuldfrage schnell und einvernehmlich geklärt. Ich hatte in Benin noch andere Projekte und kümmerte mich um diese. Natürlich auch um eine alte Freundin, die Dschungelkönigin, sie hatte in Hannover studiert und ist zurück in den Dschungel gegangen wollte nur noch für ihre Tiere und ihren Stamm da sein. Es war der Zufall, dass ich sie wiedergefunden habe. Schuld daran hat ein Franzose, ein Vermesser von Hochtief auf dessen Empfehlung ich mit ihm zusammen auf einem Schiff, einem uraltem, bereits abgefrakten Schiff von Lagos bis Benin geschippert bin. Das alte Schiff sollte auf dieser Reise mit allen Passagieren mit Mann und Maus, natürlich auch mit uns versenkt werden sollte. Grund sollte eine versteckte Goldladung sein. Wir konnten nur mit großer Mühe das versenken des Schiffes verhindern. In Nigeria gab es ebenfalls für mich sehr große Probleme. Dort war ebenfalls nichts in Ordnung, es gab große Probleme mit unserer Lieferung von Fertighäusern und damit auch deren Zahlung. Diese Probleme liegen am Hafen von Lagos.

Dort gibt es riesige Probleme aus Geldmangel. Keiner der vorhandenen Hafenkräne funktioniert noch. Und die Schiffe vor der Küste stauen sich in großer Zahl. Vor der Küste von Nigeria liegen über dreißig Schiffe mit einer Ladung, auch unsere Schiffe mit den Fertighäusern und Maschinen liegen dort. Dazu schwebt der Pleitegeier über ganz Nigeria. Er wirft sehr dunkle Schatten auf das Land und auf uns alle die ihre Waren noch auf den Schiffen haben. Die Zementbeladenen Schiffe waren am unruhigsten, das Zeug wird langsam hart. Ich versuchte noch einiges für die Reparaturen über Bilfinger zu klären. Musste dann aber dringend nach Benin zu Hochtief. Mir wurde ein Schiff empfohlen das alle 2 Tage von Lagos nach Benin schippert.   Dies fährt auch noch recht preiswert dort hin.   Da, dass nächste Flugzeug erst in drei Tagen von Lagos nach Benin fliegen kann. Habe ich mich dann für das Schiff entschieden. Ich hätte es vermutlich nicht so gemacht wenn ich den Frachter vorher gesehen hätte. Nur noch Farbe hält die Schrottkiste zusammen. Aber ich dachte daran wie die Flugzeuge für den Nahverkehr aussehen. Die sind auch nicht viel besser. Todesmutig kaufte ich mir ein Ticket und fuhr mit diesem Schiff mit. Unterwegs lernte ich einen Franzosen auf dem Dampfer kennen. Es ist klar der muss ebenfalls sparen und hat sich auf diese Trauer Kiste gewagt. Wir beide sind die einzigen Europäer auf dem Schiff und lernen uns deshalb schnell kennen. Schnell wurde geklärt, dass sein Arbeitgeber Hochtief mein Kunde ist. Wir haben in Benin den gleichen Weg. Damit hatten wir auch das gleiche Problem mit dem gleichen Schiff. Ich und der Vermesser von Hochtief konnten das versenken des Frachters gerade so verhindern und sind mit großer Mühe in den Hafen gekommen. Dort wurde er abgeholt von seiner Freundin.

Einer langbeinigen wunderschönen schwarzen Giraffe, die so groß ist das sie bequem aus einer Dachrinne hätte trinken können. Aber neben ihr, da ist jemand den ich kenne, ich kenne sehr wenige schwarze Frauen. Ich war vorsichtig im Umgang mit ihnen, ich hatte vor nichts so viel Angst als vor Aids. Diese Krankheit sollte meinem Leben kein Ende setzen. Aber ich war diese auch der Rücksicht auf meine Familie und allen Freunden schuldig. Es ist die Studentin, die ich in Hannover kennengelernt als ich dort wochenlang am Ihme Zentrum beschäftigt war und vorübergehend in Hannover Quartier hatte. Sie ist nun ihrem letzten Brief zu urteilen die unbestrittene Königen des Dschungels in Benin. Sie bewacht mit ihren Leuten die Tiere im Urwald und beschützte diese vor den Menschen. Solche Zufälle da ist die Freundin des Hochtiefvermessers die Schwester meiner Bekannten aus Hannover. Sie wurde später leider von Rebellen und Wilderern erschossen und ist in meinen Armen gestorben. Die Rebellen haben sie als selbst ernannte Wildhüterin nicht anerkannt und haben gegen ihren Stamm gemeutert. Aber noch stehen wir. Uns beide lebend gegenüber und staunen nicht schlecht darüber wie klein diese Welt ist. Der Franzose hat seine Giraffe später mit nach Paris genommen. Wie alle Franzosen war er verrückt nach ihren Beinen die nie enden wollten. Er wollte nicht zulassen, dass sie ebenfalls im Urwald umkommt. Aber sie ist auch eine ganz andere Frohnatur wie die Königen des Dschungels es ist und war. Wir konnten nicht gleich mit, mit den beiden Frauen, da wir wegen des Schiffes noch unsere Aussagen machen mussten. Es gab immerhin einige Tote auf dem Schiff. Ein grauenvolles Schiff das nur noch von der Farbe zusammengehalten wird.

Wäre es abgesoffen, dann hätte dies niemanden gewundert. Es ist noch zu langen und spannenden Kämpfen in Benin gekommen. Die Rebellen wurden dann mit Hilfe der kleinen Armee vernichtend geschlagen, aber in meinen Augen die beste Tochter Benins haben sie verloren bei diesen Kämpfen, meine Freundin die einzige und wirkliche Königin des Dschungels. Ich musste nach dem langen Verbleib in Nigeria und Benin wieder dringend zurück nach Wolfenbüttel zu meiner Familie, die das wichtigste für mich war und immer noch ist. Die Übergabe der Firma ERCO ist sehr gut gelaufen, alle Gewinne daraus schob ich sofort in meine Auslandsfirmen die dies dringend benötigten. Wir haben uns in der Zwischenzeit ein Haus gekauft, besser gesagt eine Doppelhaushälfte. Es gab zu dieser Zeit in ganz Wolfenbüttel keine freien Häuser und keine bebaubaren Grundstücke, so mussten wir in den sauren Apfel beißen. Aber durch das große Grundstück wurde dieses Doppelhaus interessant. Wir konnten gut und locker ein Büro anbauen. Von hier aus regulierte ich dann die inzwischen Weltweiten Geschäfte. Ich gründete nach dem Verkauf der Firma ERCO auch für den Handel ein neues Unternehmen in der meine Sekretärin die Dame mit der Untertisch Fußmassage beteiligt war. Wir wickelten in dieser Firma nur den reinen Handel ab. Mit einer Baufirma in Nürnberg machten wir einen großen Deal in Nigeria, trotz der drohenden Pleite dort. Aber meine damalige Bank sah eine Staatspleite von Nigeria für Ausgeschlossen an und ermunterte uns hier tätig zu werden. Sie würden alles absichern helfen über die Außenhandelsbank. So machten wir uns auch hier an die Arbeit, so viele Dinge liefen parallel. Auch meine Beziehung zu meiner Partnerin. Irgendwie bin ich ohne es zu wollen Weltmeister in Beziehungen so nebenbei geworden.

Mit keiner dieser Beziehungen in der Welt gab es Probleme und auch nicht mit meiner von mir geliebten Frau. Die auch ihre Beziehungen pflegte und ich sehr froh darüber war das sie jemand hatte, wenn mir mal etwas passieren sollte. Den bei meinem Job konnte das täglich passieren. Ich habe mich oft hinterfragt ob dies alles in Ordnung ist. Aber ich war kein einfacher Typ, beruflich konnte ich fast alles. Ich war der richtige Mann für Afrika und Arabien. Ich musste einfach meinen Dienste und meine Erfahrungen in den Dienst von Afrika und Arabien stellen. In den Dienst dieser Menschen dort. Ich war rundum zufrieden mit der Sachlage so wie sie war. Viele Familien in Afrika und Arabien lebten bereits von meiner Tätigkeit und ich konnte und wollte sie nicht in Stich lassen. In Afrika brachte ich vielen Frauen so nebenbei das Nähen mit den alten gebrauchten Nähmaschinen bei die ich in Deutschland organisiert habe. Ich habe auch geholfen kleinere Bäckereien und Schlachtereien aufzubauen als Lebensgrundlage mit alten gebrauchten deutschen Maschinen. Dann ist der Ruf aus Namibia gekommen, diesem Ruf musste ich folgen. Ich habe dort bereits einige Baukrane verkauft und witterte das große Geschäft. Die Swapo, genauer gesagt der Rechtsanwalt der Swapo in Angola, ich hatte diesen bereits bei einem kleinen Auftrag in Angola kennen gelernt. Der sagte, dass ich sofort nach Namibia fliegen solle, er würde der Zukünftige Wirtschaftsminister werden. Das war mir Aussage genug und ich flog nach Namibia. Ich bin in den Wechsel der Südafrikanischen Besatzer und der Übernahme der SWAPO in Namibia gekommen. Die Swapo Mitglieder waren meistens geflohene Männer und Frauen aus Namibia. Geflohen als die Südafrikaner Namibia übernommen haben und dann von der UNO.

Als vorläufige Verwalter eingesetzt wurden. Es war nicht ungefährlich zu dieser Übergangszeit in Namibia. Ich bin fast gleichzeitig mit den fast 30.000 UN Soldaten in Namibia angekommen. Die hier in Namibia völlig fremden Soldaten aus dem hohen Norden Europas wirken beinahe verloren, benötigten eine Ewigkeit bis sie sich sortiert haben. Die Soldaten kommen überwiegend aus Skandinavien. Zumindest die Soldaten die zu dieser Zeit rund um Windhuk stationiert sind. Die UN Soldaten sehen diese Aktion als einen Betriebsausflug an. Sie haben alle viele nagelneue große und private Autos mitgebracht und bevölkerten die Straßen des Nordens von Namibia mit ihren privaten Fahrzeugen. Ich finde Quartier in der Nähe der Stadt nur weil ich die Wirtin bereits länger kenne. Eine ältere Dame aus München hat sich dieses Hotel gekauft. Sie wollte mit ihren Alter von Achtzig die letzten Jahre ihres Lebens in der Sonne verbringen. Sie hat die achtzig Jahre knapp überschritten. Ist aber noch super Rüstig und es war sehr mutig von ihr in dieser Zeit nach Namibia zu gehen Das Hotel ist kein großes Hotel, es ist eine hübsche kleine Ansammlung von kleinen Häusern. Ich war schon einmal hier als ich die Baukrane an einen Windhuker Bauunternehmen. Verkauft habe. Windhuk selbst ist mir natürlich auch nicht neu. Die Straßennamen sind mir noch sehr vertraut weil sie in Afrika so schön Deutsch klingen. Ein gutes Drittel der Bewohner von Namibia ist deutsch stämmig und spricht auch Deutsch. Namibia hat. Schlimme deutsche Vergangenheit zu bewältigen. Die Ureinwohner die Hereros wurden zu 10 000 getötet auf grausamste Weise. Sie werden von den Schergen des Kommandanten von Trotha in die Wüste gejagt und sind dort zu vielen tausenden verhungert und verdurstet.

Dafür musste sich von Trotha vor deutschen Gerichten verantworten. Aber die Deutschen Regierungen haben es bis heute 2016 nicht geschafft diesen Massenmord als Völkermord anzuerkennen. Nach dem 1 Weltkrieg setzte sich die englisch sprechende Gemeinschaft mehr durch als die dort verbliebenen Deutschen. Neben englisch und deutsch wird afrikans gesprochen, die eingeführte Sprache der ersten Eroberer in Südafrika, die Buren. Meist Holländer und Belgier, aber im Raum Windhuk waren es Siedler aus Braunschweig die hier Fuß gefasst haben und Windhuk ihren Stempel aufgedrückt haben. Afrikans ist dem holländischen sehr ähnlich deshalb fällt es mir nicht schwer es zu verstehen und auch ein wenig zu sprechen das hilft in Namibia, ich beherrsche alle drei Sprachen. Die Swapo übernimmt gerade stück für stück das Kommando in Namibia wird begleitet von den UNO Urlaubern. Es herrschte Angst und Aufregung im Land das fast zu 30% von weißen Europäern bewohnt wird. Ich mache mich stark mit meinem neuen Verbündeten. Der Mann der als Deutscher und SWAPO Anwalt als einer der neuen starken Männer in Namibia gilt. Als Wirtschaftsexperte und Wirtschaftsminister gehandelt wird. Wir beide wurden schnell Freunde, es ging ihm um das große Gipsvorkommen das er abbauen will und um die Bahnlinie aus den Bergen bis zum Hafen Walfish Bay. Darauf konzentrierten wir beide uns bei unserer Arbeit. Nebenbei entwarfen wir Betonwerke eine Brotfabrik in Windhuk. Ich habe einen Zimmer Nachbarn in meinem Hotel, ein Deutsch stämmiger Südafrikaner, der im Auftrag einer Versicherung hier ist und die Angst der Weißen ausnutzt um zu neuen Verträgen zu kommen. Ein Deutscher der schon sehr lange in Kapstadt lebt und mit einer Frau aus einer echten alten Burenfamilie stammenden, Oberschullehrerin verheiratet ist.

Er ist hier in Namibia vorübergehend für eine Versicherungsgesellschaft aus Kapstadt tätigt. Die jetzt die herrschende Angst der Menschen für sich nutzen will und last minut Versicherungen abschließen will. Mit den über alle Maßen verängstigten Ausländern. Die alle befürchteten nun von der SWAPO zum Teufel gejagt zu werden. Er ist kein Freund der SWAPO und hat sich dazu entschieden lieber nach Kapstadt zurückzukehren bevor die SWAPO komplett in Windhuk einrückt. In 5 Tagen ist dies geplant auch die Grenzstationen werden an die SWAPO an die Namibische Polizei zu übergeben. Dann muss er als Südafrikaner aus Sicherheitsgründen aus dem Land sein. Wir treffen uns immer beim Frühstück und ich freue mich auf die Fahrt mit dem Auto durch Afrika. Ich wollte mit ihm mitfahren. Von Windhuk Namibia mit dem Auto nach Kapstadt muss eine tolle tour werden. Er ist sehr froh das er diese Strecke nicht allein bewältigen muss und freute sich darüber das ich auch ein Büro in Kapstadt habe und mit ihm fahre. Ich war dann an diesem Abend noch einmal im Haus des deutschen SWAPO Anwaltes. Wir planen viele Geschäfte zusammen und beziehen auch die deutsch sprachige Zeitung mit ein. Die Besitzer Familie der Zeitung lebte auch schon sehr lange in Namibia. So stammen aus der Gütersloher Gegend unterstützten auch stark die angehenden Wahlen und war äußerst vorsichtig mit Gesprächen mit irgend- jemanden. Sie mochten nicht, dass ich Kontakte mit der SWAPO unterhalte. Sie sind alle eingefleischte Nazis und Rassisten, so wie damals viele Europäer in Namibia. Da ich auch für mich und auch für den Anwalt der SWAPO in Kapstadt zu tun habe ist es günstig für mich mitzufahren. Der Besitzer der Zeitung hat mein vereinbartes Meeting zuvor gestrichen.

Dafür stellte sich seine Frau für das Meeting zur Verfügung. Sie forderte mich auf mit ins Haus zu kommen. Insgesamt ein prachtvolles Anwesen auf dem mehrere Arbeiter damit beschäftigt sind das Riesen Grundstück in Schuss zu halten. Aber ihre unverschämten Aussagen über ihre afrikanischen Mitarbeiter bewegten mich dazu den Weg zu ihrem Haus abzubrechen. Ich konnte mit solch einer Rassistin keinen Meter mehr gehen geschweige zu sprechen. Mehr gehen und kein Wort mehr sprechen. Sie schaute mir nur dumm hinterher. Leider sind solche Gespräche in Südafrika bezüglich ihrer schwarzen Mitbürger fast immer so verlaufen. Für die meisten kommen die schwarzen in dieser Zeit erst weit nach ihrem Hund. Sie beklagen die schlechte Bildung und die miese Erfahrung und die geringe Lust an der Arbeit. Sie blenden völlig aus das sie die Verantwortlichen sind für diesen Missstand. Ich telefonierte nach meiner Rückkehr ins Hotel noch mit Kapstadt, es hat einmal geklappt. Selten ist man damals durchgekommen. Ich muss in Kapstadt auch für die Firma Concor aus Johannisburg 2 Liebherr Krane 2 Turmdrehkrane im Zollhafen abnehmen. Natürlich muss ich auch wieder einmal in meinem Büro nach dem Rechten sehen. So passt diese Reise in mein Konzept und ich freute mich Riesig darauf mit dem Auto quer durch Afrika zu fahren. Ich verabschiedete mich von der Familie des Anwaltes die sich auf meinen nächsten Besuch in ihrem Hause freut. Ich hatte auch Kontakte geschäftliche Kontakte für unsere Projekte in Südafrika geplant. So war meine Reise auch wichtig für den angehenden Minister. Der Südafrikanische Deutsche wartet bereits im Hotel für mich, wir planten genau am vorletzten Tag vor der Grenzübergabe diese nach Südafrika zu passieren.

So konnten wir noch unkontrolliert nach Südafrika kommen. Am nächsten Morgen starteten wir die langersehnte Reise mit dem Auto von Windhuk nach Kapstadt quer durch Afrika. Ich verabschiedete mich für die nächsten Wochen oder Monate von Windhuk. Von der Hauptstraße aus grüße ich noch zur alten Deutschen Festung hoch die bereits 1890 erbaut wurde. Als Namibia eine deutsche Kolonie wurde, einer der wenigen die Deutschland hatte. Von hier aus begann dann der Völkermord an den Hereros. Mit dem gleichen Blick streife ich das Reiterdenkmal und die Christuskirche. Mich interessiert auch der Tintenpalast, das Parlament. Dort hoffte ich bald fester Gast bei dem Wirtschaftsminister zu sein. Wehmütig und doch mit großer Freude auf die Reise verlasse ich Windhuk. 4 Tage sind wir Unterwegs durch den schönsten Erdteil dieser Welt. Ich bin in dieser Zeit ein echter Afrikaner geworden. Wir sind durch Gegenden Gefahren die schöner sind als jedes Stück der Mosellandschaft. Wir waren in Gegenden in denen ein Bayer Blass geworden wäre von dieser Schönheit der Landschaft. Sie wären in Ehrfurcht im fruchtbaren Boden versunken. Am vierten Tag sind wir am Abend sehr spät in Kapstadt angekommen. Es ist ein Phänomen mit mir, ich fühle mich sofort überall zu Hause. Liegt das daran das ich meine Heimat noch nicht gefunden habe, meine wirkliche Heimat nicht kenne?, oft denke ich darüber nach. Was macht in mir diese unbändige Lust aus zu Reisen, in der Ferne zu sein. Ständig neue Abenteuer zu suchen?. Ist es die fehlende Heimat, Heimat ist bei mir überall. Der Eindruck des ersten Abends in Kapstadt war sehr schön und überraschend gut für mich. Ich war schon 3 Jahre nicht mehr hier, ich verfiel in den Glauben es hätte sich Tatsächlich.

Etwas in den letzten Jahren verändert. Ich hatte etwas anderes Feindseligeres erwartet, mehr elend mehr Not mehr Betrieb auf den Straßen. Am nächsten Morgen im Tageslicht trifft mich dann wieder die Wirklichkeit wie eine Keule. Die Sonne hat das Elend aus ihren Verstecken gelockt. Überall liegen Bettler herum und die nur schwarzen werden hin und her gestoßen und völlig unsanft mit den Sprinkler Anlagen geweckt. Ich schlisse meine Vorhänge um das Elend nicht mehr sehen zu müssen. So wie es alle weißen Südafrikaner machen, was geht mich das Elend der anderen an. Keiner versteht und begreift, dass sie mit Verursacher dieses Elends sind. Ich Frühstücke unten in einem noblen Frühstückszimmer, es ist eine Pracht. Aber diese Pracht ist endlos weit entfernt von dem Leben dort draußen, von dem was dort vor der Tür los ist. ,, He Mister, wo wollen sie hin Mister, sie können doch nicht einfach auf die Straße gehen, das ist zu gefährlich". ,, Klar gehe ich auf die Straße, ich bin in einem freien Land denke ich, oder ist es verboten". ,, Nein es ist nicht verboten aber ich warne sie nur. Auf jeden Fall setzen sie bei Dunkelheit keinen Fuß vor die Tür". ,, Ist schon OK, Sir, danke für die Warnung. Ich gehe natürlich trotz der Warnung vor die Tür und ein Stück durch Kapstadt. Was ich da sehe ist das nackte Grauen Busse vollgestopft mit schwarzen. Hinter vergitterten Fenstern fahren in Mengen an mir vorbei. Gefängnis Buse sind in Europa tausend Mal besser als die Linien Busse für die Schwarzen in Südafrika. Aus den Parks werden die Menschen die dort in der Deckung der Büsche geschlafen haben und nun frisch geduscht wurden von den Sprinkler Anlagen. Werden Gnadenlos von der Polizei mit Schlagstöcken zusammen getrieben. Es ist für mich das erste Mal das ich diese Grauenvollen Zustände auch in Kapstadt sehe.

Ich habe seit einigen Jahren ein Büro, ein kleines Büro in Kapstadt im Industriegebiet. Johannesburg ist mir seit Jahren viel zu gefährlich geworden. Auch die Firma Concor hat ein Außenbüro in Kapstadt. Concor ist ein Kunde von uns, dort habe ich mein Büro und einen Termin mit dem Maschinen Ingenieur wegen der Baukrane. Die Firma Concor ist eine Tochterfirma von Hochtief in Essen. Für diese Firma wird Hochtief oft kritisiert man denkt schon lange an einen Verkauf aber die Geschäfte laufen so gut. Ich wurde dann abgeholt und zum Hotel gebracht und zum Essen eingeladen, aber wie gesagt immer nur am Abend. Ich konnte da nicht sehen was wirklich in der Stadt geschieht. Für die schwarzen gibt es inzwischen ein Ausgehverbot. Die sind dann abends verschwunden, in irgendwelchen Löchern oder sie sind zu Hause wenn sie so etwas haben. Sie Verschwinden in Irgendeiner Blech oder Papp Hütte. Oder eben machen sich unsichtbar in den Büschen im Park. Dann bekommen sie ihre Morgendusche und Prügel kostenlos dazu. Am nächsten Zeitungsstand verlor ich dann beinahe die Fassung. Ein großes Bild von meinem Freund in Windhuk ist darin abgebildet, ich stürzte mich auf den Zeitungsstand. Er mein Freund Theodor Eberhard August Lubowski geboren in Lüderitzbucht ist tot, erschossen von einem Feuerstoß aus einem Sturmgewehr. Direkt vor seiner Haustür in Windhuk in der Sanderburgstraße 7. Von den grauen Wölfen, was erst sehr spät erst 2013 zugegeben wurde, von den Rechtsradikalen der Südafrikaner. Die meistens mit einer deutschen oder Buren Abstammung sind, neuerdings auch Engländern. Brutal wurde er regelrecht vor den Augen seiner Frau und seinen Kinder hingerichtet. Er wurde dann einige Tage später auf dem Friedhof in Katutura beerdigt, als erster weißer.

Ich verstand mich mit ihm sehr gut, er ist gerade 10 Jahre älter als ich. Mit seiner Familie und seiner Frau Gabriele habe ich leider keinen Kontakt mehr bekommen, weil ich lange nicht mehr in Namibia war. Gerade erst eingezogen, den Frieden vor Augen für den er solange gekämpft hat und vor dem Erfolg tot. Ich bin völlig fertig und niedergeschlagen in das Hotel zurück geeilt. In der Lobby wartet bereits mein deutsche/Südafrikanischer Freund mit seiner Frau auf mich. Ein Glück das mein Freund mir schon einiges von Ihr erzählt hatte. ich wusste von ihm, dass sie eine der extremsten Buren ist die es in Kapstadt gibt und sie jubelte auch darüber das mein Freund erschossen wurde. Sie die angeblich ihr Land mit Händen und Füßen verteidigt. Ein Land das nach meiner Meinung nicht ihr Land ist. Ich halte mich im Gespräch zwanghaft zurück, gern hätte ich ihr direkt einen auf ihr loses und dummes Maul gegeben. Sie wollte mich aushorchen und lud mich dann am Nachmittag zu einer Party ein. ,, ich komme junge Frau wenn ich in meinem Büro und bei Concor alles erledigt habe. Doch, ich komme heute die beiden Liebherr Krane kann ich auch noch morgen abnehmen". Mein Büro ist nicht besetzt und verschlossen. Ich konnte die Gespräche mit Concor abschließen, sie wollen mehr gute gebrauchte. Baumaschinen von mir. Es war ein nettes Gespräch und ein Erfolgreiches Gespräch. Meinen Leuten hinter lies ich eine Nachricht auf einem Zettel das ich sie heute Abend ins Hotel kommen sollen. Ich wurde dann am frühen Nachmittag von den beiden Europa Buren abgeholt. An diesem Treffpunkt im Hause eines Steuerberaters. Sitzt die Elite der Buren zusammen. Alle schauen auf mich und ich wurde ausgefragt, man will meine Gesinnung erkennen, sie wollen wissen ob sie mir helfen sollen oder mir ein Bein stellen sollen.

So ungefähr wie diese Truppe hier am Tisch, stellte ich mir im Osten die Stasi vor. Noch haben sie nur gutes von mir gehört, mein Einsatz in Namibia ließ sie Zögern in ihrer Unterstützung. Dafür sorgte Monika für die nötige Unterstützung ihrer Freunde. Sie hatte tolle Kekse gebacken, da ich wenig oder kaum Kuchen oder Süßigkeiten esse ist mir aufgefallen wie stark ich dazu animiert wurde von den Keksen zu nehmen. Da ich selbst keinerlei Erfahrung mit den geringsten und einfachsten Drogen habe, gab es bei mir nur Verwunderung über die Aufblühende Gesellschaft, die immer lustiger wurde. Nur ich bin der einzige Miesepeter in dieser Runde weil ich dieses Spiel nicht verstand. Erst die Andeutung eines Nachbarn eröffnete mir den Sinn für dieses Meeting, den Sinn dieses Treffens. Ich kaute dann einfach mit und schob die Kekse heimlich in die Hosentasche. Das mit dem grinsen ist mir bei aller Mühe nicht gelungen. Da konnte ich dann doch nicht mithalten. Man wollte mich unter leichten Drogen testen, wollt das hören was ich sonst nicht erzählt hätte. Ich machte so etwas oft bei meinen schwierigen Kunden oder bei Einstellungen mit Alkohol. Ich sagte nach dieser Erkenntnis alle Dinge die mir in dieser Gesellschaft von Nutzen waren, sie glaubten bald tatsächlich sie hatten einen von ihnen unter sich. Ich selbst tat tatsächlich immer das Gegenteil dieser Leute und arbeitete auf meine Weise für die armen Unterdrückten Schwarzen. Dieser Anblick dieser Leute war fürchterlich für mich, was man ihnen angetan hat konnte niemand mehr gut machen. Zu dieser Zeit war Manson Mandela noch auf seiner Insel und träumte von einer Erlösung seines Volkes. Für mich ist die Leistung dieses Mannes unendlich hoch zu bewerten, dass er es tatsächlich geschafft hat.

Trotz der Probleme alles später in einen friedlichen Übergang schwarz und weiß verbunden hat. Es bestehen natürlich noch heute gewaltige Lücken, das liegt auch daran das die nun schwarzen Führer auch nur Menschen sind und nicht besser aber auch nicht schlechter als die Weißen sind. Auch sie schauen heute nur darauf wie sie sich selbst für die Zukunft absichern können. Die Firma Concor als auch die Firma Liebherr natürlich gern wollten, dass ich in Kapstadt bleibe und eine Werkstatt für ihren Service aufbaue. Nach dem mir die Firma ein günstiges Grundstück in i-pool. Auf der Anhöhe überlassen hat dachte ich tatsächlich an eine Übersiedlung für meine Familie, an einen kompletten Neuanfang. Mit den Büros in Kairo und Bagdad. Es würd sehr gut in mein geschäftliches Bild passen. Meine Partnerin in der Firma in Deutschland könnte prima den Einkauf dort übernehmen und uns am Ball halten. So manche Nacht saß ich dann dort oben auf dem Berg blickte in die Sterne und über Kapstadt den Hafen und über das Meer. In meinem Rücken habe ich den gewaltig Ausladenden großen Tafelberg der mich vom indischen Ozean her schützt.. Ich genieße das lose spielen der Wellen des Atlantischen Ozeans der heute einmal ganz ruhig ist. Ich kann in dieser Ruhe sogar das zirpen der tausenden von Grillen hören und überlegte mit einem Grashalm im Mund, was ich tun soll. Schaue auf die unwirklichen Fracks der untergegangenen Schiffe die ganz nahe an dem Strand liegen und drohend zu mir herauf schauen. So schauen mit ihren glänzenden Flecken die das Mondlicht nach oben zu mir wirft. Sie scheinen mit ihrem Wechselspiel von Licht mit mir zu sprechen. Pass auf mein lieber das es dir hier nicht so wie mir ergeht ich bin hier gestrandet, pass du bitte auf. Ich überlegte, konnte ich meiner Familie Südafrika zu muten. 214

Was könnte hier noch passieren, es wird zu Mord und Todschlag kommen. Zu einer Abspaltung der Kap Region die die einzige ein wenig sichere in Südafrika ist. Hier oben mein Grundstück ist ein Paradies, mit einer Sicht auf das Meer, auf den Pazifik und über ganz Kapstadt und dem Hafen. Ich liege oft auf meinem Grundstück auf dem Berg. Aber manchmal schaue ich in den dicken Nebel der Ganz Kapstadt einhüllt. Dann stören die Sirenen des Hafens alles um Kapstadt herum. Sie sind unerträglich laut und warnen die Schiffe auf hoher See vor der gefährlichen Hafeneinfahrt. Nach meiner kleinen privaten Andacht auf dem Berg gehe ich in meine Lieblingskirche in dieser Welt. In die kleine evangelische Kirche am Rand von Kapstadt am Ausgang der Straße nach I pool. Eine kleine wunderbare ungeschmückte Holzkirche die zum Beten einlädt. Die nicht ablenkt mit dem unnötigen Prunk der sonst in zu vielen Kirchen ist. Angeblich ist dieser Prunk zu ehren Gottes, für mich ist dieser Prunk Gotteslästerung. Was wäre das für ein Gott wenn dieser Wert darauf legt mit unnützen menschlichen Werten überhäuft zu werden. Wenn hunderttausende vor seiner Tür, der Tür der Kirchen die ihm gewidmet sind wegen einfachem Hunger und Durst sterben. Nach diesem Tagesausflug und meinem ausgiebigen Gebet, änderte ich dann meine Meinung, nein meine Familie sollte dieses Drama nicht erleben, dass es hier geben kann und das schon hier Tag täglich vorhanden ist. Ein ganzes Volk in einem Riesigen Gefängnis. Ich habe Beschlossen, ich wollte so weiter machen wie bisher, kommen und gehen. Und meine kleinen Geschäfte machen. Ich beschloss mich in Ägypten mehr zu betätigen. Ich sagte den Termin mit meinen beiden Mitarbeitern am Abend ab und wir verabredeten uns für den nächsten Morgen.

Sie wollten mir vorführen wie man in Südafrika, in Kapstadt die Arbeit versteht. Man holt mich um 9.30 ab. ,, Ulli wir fangen nie früher an, weil es sinnlos wäre denn vor 11.00 Uhr ist hier niemand in seinem Büro. Können wir niemanden erreichen". Jetzt weiß ich natürlich auch warum ich meine Leute kaum erreichen kann. Es liegt zwar hauptsächlich an den schlechten Telefonverbindungen aber wie ich höre, auch an den Arbeitszeiten. ,, Ich bin dabei in Deutschland und Kairo einen Telex Service einzurichten, wie sieht es in Kapstadt mit den Leitungen aus?". ,, Ich denke nicht besser als in Kairo sagt Johanna die sich selbst zur Chefin in dem Mini Büro ernannt hat". ,, Na, dann wird es nicht fiel aber wir könnten es versuchen". Wir biegen gerade um die Südspitze vom Tafelberg und erreichen die andere Seite am indischen Ozean. So schön wie diese ist niemand kann sie so schön malen. Der kleine Hafen liegt direkt vor uns, ein Hafen in dem nur sehr viele privat Boote an den vielen Stegen liegen.

,, Hier Ulli ist unser Reich, hier fängt jeden Morgen unsere Arbeit an. Sie parkt das Auto in der Nähe einer kleinen Bude die ich erst für einen Imbiss halte. Die Sonne brennt uns stark auf den Pelz und wir beeilen uns zu dieser Bude zu kommen. Diese Bude hat ein kleines Schattenspendendes Vordach. Das ist kein Imbiss aber ein gut sortierter Getränkeshop. Alkoholische Getränke gibt es zu dieser Zeit nur an dafür genehmigten Stellen. Das gleiche gilt für Tabak Produkte. Johanna bestellt ein Flasche Brut, einen harten Sekt. ,, Das Ulli ist unser morgen Starter, jeden Morgen die gleiche Prozedur". Nach der Flasche Brut die sehr billig ist für meine Vergleichsmöglichkeit mit Deutschland geht es zu Fuß weiter an den nächsten Stand.

Dort haben wir die Wahl zwischen Schlange gegrillt oder geräuchert oder gebratenen Fisch. Wir haben uns alle drei für den leckeren gebratenen Fisch entschieden. Ich habe nun auch die Arbeitswelt in meinem Büro kennen gelernt und fuhr mal wieder für einige Wochen nach Hause. Die Last der ERCO war von mir abgefallen. Die neuen Inhaber haben von mir Aufträge übernommen die für 3 Jahre reichten. Aber es gibt Probleme, Probleme mit der Bauausführung des Fertighaus Büros für den Asse Schacht. Die Fliesen sprangen bei Belastung die Fliesen von den Fußböden. Ich wurde vom Schacht gebeten Stellung zu dem Sachverhalt zu nehmen. Das Problem war schnell gelöst als ich den Boden öffnen ließ. Man hat gespart an falscher Stelle, alle Fußböden hatten eine Veränderung in der Sparrenbreite. In der Bauzeichnung ist die Sparrenbreite mit 80.cm angegeben. Die tatsächliche Sparrenbreite war dann aber auf fast das doppelt so weit. Diese Sparrentenbreite ist auf 160 cm ausgelegt worden. Eine unmögliche Weite die zu Schwingungen führen musste. Gegen die vertraglich vorgesehene Breite von 80 cm war dies ein kräftiger Verstoß gegen die Baubeschreibung. Es ist kein Wunder das die Fliesen dann von dem jetzt springenden Fußboden Gehüpft sind. Sogar die Dicke der Spanplatte wurde mutig verändert von 20 mm dicke auf 16 mm. Es war allen beteiligten sofort klar das hier sogar betrogen worden ist und mir ist klar das dies der Beginn des Endes der Firma VOGÄ ist. Den Namen ERCO habe ich den Käufern den jetzigen Besitzern gerichtlich entzogen. Es dauerte leider auch keine zwei Jahre da ist diese neue Firma KO gegangen. Mir blieben nur wenige Tage Zeit zu Hause zu verweilen. denn Nigeria machte mich unruhig, ich glaubte nicht daran was meine Bank sagte, Ich glaubte daran das Nigeria zusammen bricht.

Ich glaubte auch nicht der Außenwirtschaftsbank die diese Lieferung teilweise verbürgt hat. Denn diese hätte es am härtesten getroffen. Ich kannte den Hafenmeister und betete darum, dass meine Häuser bald entladen werden. Wenn sie an Land waren, dann wurden auch die Gelder fällig, ob gezahlt wird ist offen. Mir war es dann egal wer in der Haftung war, nur ich wollte mein Geld. Ulli ich habe nur noch einen einzigen Hafenkran der Funktioniert. Keiner will Reparieren, alle wollen nur Neue Krane verkaufen. Das kann unser Hafen nicht bezahlen". ,, OK ich komme, ich kann mir nicht vorstellen das diese alten so Massiven Peiner Hafenkrane nicht mehr zu Reparieren sind. Ich weiß wo große Mengen Ersatzteile für diese Krane liegen, in Kapstadt und Swakopomund in dem Hafen Walfishbay Namibia. ,, Ich komme und setze schon alle Ersatzteile in Marsch. Ich habe gute Monteure in Nigeria, ein Mädchen dabei ein Traum von einem Mädchen und noch besser in ihrer technischen Arbeit und auch sonst einfach klasse". ,, Komm und lege los, wir müssen handeln". ,, Aber nur wenn meine beiden Schiffe dann als erste gelöscht werden und ich die Übergabepapiere FOB sofort bekomme". Versprochen Uli, du bekommst das von mir, ich bereite schon alles vor wenn du kommst". ,, Ok ich bin schon im Flieger". Es klappte alles tatsächlich wie versprochen meine Freunde haben mit meiner Hilfe mit meiner Erfahrung mit Peiner Kranen die Dinger wieder in Bewegung versetzt. Ich flog beruhigt wieder von Nigeria nach Hause. Während die Kapitäne der Zementschiffe überlegten ob sie nicht gleich ihre Schiffe versenken sollen den der Zement ist inzwischen Beton. Genau eine Woche später ist dann das große entsetzen in der Welt. 1981 hat Nigeria die erste Staatspleite in der Welt hingelegt.

Meine Banker rufen mich verzweifelt an. Herr Berger ich bekomme gerade von der Auslandsbank die Mitteilung das Nigeria pleite ist. Sie hatten absolut Recht. Ich wusste es schon längst vor meiner Bank und blieb ganz ruhig, meine Ruhe schien ihn unruhig zu machen. ,, Komm sagte ich nur zu meiner Partnerin, Sekretärin und Freundin wir gehen jetzt zum Italiener". ,, Sie hat alles mitbekommen,, sind wir jetzt pleite Ulli, mit Nigeria in den Abgrund gestürzt". ,, Nein meine liebe, es ist Zeit für eine Kaffee Pause bei unserem Italiener". Wir genossen diese Pause bei dem schönen Wetter im Vorgarten des Italieners mitten in der Fußgänger Zone von Wolfenbüttel, unser Büro war ist gerade 100 Meter davon entfernt. Der Banker wurde unruhig weil niemand mehr das Telefon abnimmt, er ist zum Büro gekommen und hat es von der Polizei aufbrechen lassen. Wir waren nicht mehr da, er hatte Angst um uns und glaubte wir hätten uns das Leben genommen. Ein Anruf bei meiner Frau zeigt, dass sie wusste wo wir sind, die Lieber Mann, die sind in der Fußgänger Zone beim Italiener. Dort traute sich dann aber der Banker nicht hin. Er wusste, dass ich nur auf seine besondere Empfehlung diesen Deal gemacht habe. Aber natürlich hatte ich letztendlich die Verantwortung zu tragen. Nun musste ich warten was mit der bereits gelieferten Ware passiert für die die Außenwirtschaftsbank die Bürgschaft übernommen. Ich bin mir ziemlich sicher, dass hier die Hermesbürgschaft einspringen muss. Für solche Fälle war diese da. Nach meiner Meinung musste nun die Hermes Bürgschaft einspringen. Denn wir hatten durch meinen Einsatz im letzten Augenblick die Bedingungen im LC erfüllt. Meine Einsätze in Ägypten waren in der Start Zeit in Kairo nicht einfach. Durch die dortige bestehende Vertretung der Firma Arbau.

Die ich übernehmen konnte und durch den Einsatz für die Firma ITAG aus Celle. Die mit einem Ägyptischem Partner ein Pfahlbohr Unternehmen in Kairo startete und dann betrieb. Für diese Unternehmen lieferte ich die Betonanlagen, Fahrmischer, Radlader und Kleinmaschinen. In der Aufbauphase kümmerte ich mich auch um den Aufbau der Baustelle und die Mitarbeiter. Der Firma ITAG. In Kairo war in dieser Zeit der Teufel los. Fast 500.000 Flüchtlinge aus Palästina hatten ganze Stadtteile besetzt. Wenn man nachts durch Kairo geht ist jeder noch so kurze Weg höchstgefährlich für Jedermann. Ich wohnte zum Beginn meiner Arbeit direkt an der Baustelle der Firma Abicon/ITAG. An der Hauptstraße die El Nil Kornisch die durch Schubra in die Nil Ebene nach Alexandria führt. Die Umgebungsstraße, die Autobahn durch die Wüste wurde gerade begonnen. So war diese Strecke in das Nil Delta die einzige Verbindung nach Alexandria. Staus in Kairo, das waren Dauerzustände, waren täglicher Standard und unvermeidbar. Eine Fahrt aus der Stadtmitte bis zum Flughafen wurde zu einer Tagesreise. Kamelherden und Schafherden wurden durch die Stadt getrieben. Durch eine Stadt die damals schon 15. Millionen Menschen Unterkunft bot. Diese Menschen mussten vor dem Hunger Tod bewahrt werden. Dies war für die Regierenden, für das Militär ein Gewaltakt. Wir, ich und die fünf Männer der Firma ITAG waren direkt neben der Baustelle in Schubra ca. 100 Meter vom Nil entfernt in dem Hotel Admiral untergebracht. Ich war auf der Baustelle dort mit dem Aufbau der Betonanlage und den Fahrmischern beschäftigt. Ich hatte meine Einsatzzeit auf 4 Wochen hoch geschätzt. Es wurden 9 Wochen, ohne, dass ich meine Familie erreichen konnte und diese informieren konnte.

Nur ein einziges Hotel in der City von Kairo hatte eine Internationale Leitung. Dort wartete man 6-7 Stunden, wenn man dann in der Leitung war, machte es nur knack nach dem ersten manchmal auch zweiten Wort und Mann musste es am nächsten Tag neu versuchen. Für den Aufbau benötigte ich einen Autokran über 3 Tage Durchgehend um diese im Rohbau aufzustellen. Aber in ganz Kairo schien es zu dieser Zeit nur einen einzigen Autokran zu geben. Der Kran, kommt nur alle paar Tage für eine Stunde. Für einen Arbeitsgang, dann baute er seinen Ausleger wieder ab und Verschwand wieder für Tage. Der ägyptische Partner der Firma ITAG der für die Gestellung des Kranes zuständig war verzweifelte. Auch die Baustelle die sogar ein Telex besaß konnte nichts machen. Hatte keine Chance damit Deutschland zu erreichen. Deshalb blieben auch die Erkundigungen meiner Familie bei der ITAG in Celle fruchtlos. Sie hatten ebenfalls keinerlei Kontakt mit Kairo, hatten keinerlei Ahnung davon was da so läuft. Ich hatte dann in Kairo mein erstes Internationale Abenteuer. Wieder einmal ist es in der Stadt zu Schießereien gekommen zwischen der Palästinensischen Polizei und der Kairo Police. Die Polizei war hoffnungslos der Flüchtlingspolizei unterlegen. Das Militär, das auch gerade einen Krieg verloren hat, war in kleinen Sondereinheiten noch besser bewaffnet als die Polizei. Ansonsten gab es für das Militär auch meistgehend Knüppel als Waffen. Die Schießerei wird lauter und zieht sich nun die Ausfallstraße hoch. Ich bin schon im Hotel als es so richtig laut wird. Die Mitarbeiter der ITAG sind in dieser Zeit gemeinschaftlich im Büro des ägyptischen Partners und sind zum Glück nicht im Hotel. Männer stürmten in das Hotel, das sich ihnen wahrscheinlich als einzigen Fluchtweg in dieser Sackgasse angeboten hat.

221

Es ist ein Getrampel und ein fürchterliches knallen im ganzen Hotel ist lautstarke Bewegung. Mannschaftswagen des Militärs fahren vor. Der nächste Krieg scheint hier im Hotel stattzufinden. Ich Verschließe meine Zimmertür und öffnete diese dann gleich wieder, als ich andere Türen splittern höre. Wie wild stürmten die Soldaten durch alle Gänge des Hotels. Überall wurden die Türen einfach Eingetreten. Man hört es krachen und splittern. Ich höre jemanden auf dem Flur wimmern. Ich schaute um die Ecke, sehe dort einen Junger Mann nicht älter als 15 Jahre liegen, erscheint verletzt zu sein. Ich höre die schweren Soldatenstiefel die Treppe hoch kommen. Ich packe den Jungen und schleppe diesen in mein Zimmer. Ich öffnete den Riesen Schrank. Werfe den Kofferraus und den Kleinen in den Schrank und stellte den Koffer wieder vor den Jungen. Der Schreit wie am Spieß und ich kann ihm mit den wenigen Brocken arabisch die ich damals schon gelernt habe klarmachen das er verloren ist wenn er nur einen Ton von sich gibt. Ich gab ihm einen alten Holzkleiderbügel in den er beißen konnte um seinen Schmerz zu überwinden. Ich hatte noch keine Ahnung davon was ihm fehlte. Ich sitze gerade wieder auf meinem Bett als 2 Soldaten in mein Zimmer stürmen und mich sofort als deutschen erkennen. Sie rennen nur durch mein Zimmer schauen unter mein Bett und sind schon wieder weg. Sie haben wahrscheinlich keine Ahnung davon wie sie sich mit mir Unterhalten konnten und sagten keinen Ton während ihrer Aktion. Sie rufen nur beim weg gehen etwas ins Treppenhaus. Ich verstand nur Hena Kweues. Ich wusste das heißt hier ist alles OK. Nach gut einer Stunde rumpelte es unten im Hotel in der Looby. Geschossen wird nicht mehr. Ich habe von meinem Zimmer aus einen Blick auf die schmale Straße vor dem Hotel.

Und kann sehen wie dort ca. 20 Männer brutal auf LKW,s verladen werden. Erst eine Stunde später traute ich mich meine Tür zu verschließen. Die Militärfahrzeuge sind alle abgefahren. Aber ich wusste nicht was jetzt danach passieren wird, gibt es noch eine Durchsuchung durch die Polizei?. Ich holte dann den Jungen aus dem Schrank und untersuchte ihn. Ich konnte mich auch schon etwas in Arabisch und im englischen Gemisch mit ihm verständigen. Ich stellte bald fest, dass er keine schwere Verletzung hat. Eine etwas tiefe Fleischwunde am Oberschenkel, ein Streifschuss. Ich konnte ihm diese Wunde notdürftig versorgen und machte aus meinem einzigen weißen Hemd einen Verband. Er erzählte mir, dass er und seine Freunde die alle viel älter als er sind, wieder einmal auf Diebestour waren. Erst kam die Polizei, die ist zu schwach um sie zu erwischen, dann ist das Militär gekommen um sie zu fangen. Aber viele der Männer wurden auf der Flucht erschossen. Natürlich wusste ich, dass dies ganz öffentlich gemacht wird. Sie die in Kairo gestrandeten Palästinenser müssen sich ihre Lebensmittel mit Gewalt besorgen. Es gibt für sie keinerlei Unterstützung vom ägyptischen Staat. Diese war nicht einmal in der Lage in dieser Zeit ihre eigene Bevölkerung mit dem notwendigsten zu Versorgen. Ganz Kairo drohte zu explodieren und unter zu gehen in diesen Gewalttaten. Der Junge blieb über Nacht bei mir und nur mit meinen Freunden von der Firma ITAG ist es mir gelungen den kleinen am nächsten Tag im Koffer aus dem Hotel zu schmuggeln. Denn unten im Hotel sind natürlich noch immer einige schwer bewaffnete Polizisten stationiert. Ich lieferte dann den kleinen mit meinem Freund Manfred dann im Palästinenser Lager in Helliopolis ab. Wir schafften es direkt bis zu seinen Eltern.

Mir sind die Polizei Aktivitäten und das viele Militär in der Stadt aufgefallen. Es sieht so aus als wollte man etwas ändern mit dem Palästinenser Geschwür mitten im Notleidenden Kairo. Eine Woche später wurden dann alle Palästinenser in einer gewaltigen Polizeiaktion aus Kairo Vertrieben. Wie Vieh auf Schiffe verladen und aufs Mittelmeer geschickt. Sadat der neue starke Mann hat seine Muskeln spielen lassen und ganz Kairo, ganz Ägypten atmete ganz tief durch. Natürlich ist dann auch für uns das Leben in Kairo einfacher geworden. Wir brauchten natürlich nie hungern, für uns gab es alles. Nur was den Männern fehlte unseren Männern aus Deutschland, ist Bier und Frauen. Beides konnte ich mit der Größten Mühe nicht auftreiben. Die Männer waren drauf und dran Kairo auf eigene Faust zu verlassen um nach Hause zu fliegen. Da dies auch mein Geschäft war. Bin ich natürlich auch für das Wohlergehen der ITAG Männer zuständig. Zumal ich schon ein Jahr Ägypten Erfahrung hatte. Ich schon das vierte Mal in diesem Land wegen meiner Geschäfte unterwegs bin. Ich schlage mir so manche Nacht um die Ohren um Bier zu bekommen.

Das gab es dann bald in den ersten Luxus Hotels, für uns gab es damals als Treffpunkt nur das Nil Hilton zwischen dem belebtesten Busbahnhof der Welt und dem Nil mit seiner ewig mit Autos und Pferdewagen überlasteten El Nil Kornisch. Im Nile Hilton hatten wir schon einmal Bier. Dazu hatten wir gleich einen klasse Klavierspieler in der Bar, einen Belgier, Jack. Der uns dann alle in Bewegung hält. Dort in der original belgischen Kneipe gibt es alles was das Herz begehrte aber für diese jungen Männer das wichtigste es gibt keinen Sex. Auf der anderen Seite des Hotels ist der besagte Busbahnhof auf dem der Teufel los ist. Unendlich viele Menschen drängeln sich in die Busse.

Busse ist zu viel gesagt, es sind Schrothaufen die mit allen möglichen Mitteln am Fahren gehalten werden. In dieser Beziehung sind die Ägypter die Welt weit besten Experten. Scheiben oder Türen hat keiner der Busse. Ziegen Hühner alles was sich bewegt drängt in diese verbeulten Blechdosen. Dazu die Hitze und der Staub der ständig über dem Platz liegt. Plus der schwarzen Wolken die aus jedem Auspuff kommt. Wenn man über diesen Platz und den angrenzenden tarierplatz damals in die Stadt musste benötigte man als Europäer viele Stunden. Die Ägypter benötigen 40 Minuten, die drängelten sich ohne Rücksicht auf das eigenen Leben durch die gewaltige Menge der Fahrzeuge. Eselswagen, Pferdewagen und Unmengen von Autos. Die besser auf dem Schrott geblieben wären. Dazu tausende von Minibussen die älter als 30 Jahre sind. Der Busbahnhof und der Tarrier Platz sind zu dieser Zeit die reine Hölle. Meine Männer werden immer unruhiger und Bockiger in jedem Sinn, es fehlt noch immer an Frauen. Frauen die konnte ich trotz größter Mühen nirgends aufzutreiben. Wir mussten natürlich auch das so nahe an der Baustelle liegende Hotel unser Admiral Hotel verlassen. Das so günstig und so nahe an der Baustelle für uns liegt. Es ist gerade mal 50 Meter entfernt, aber wir haben in Dokki 2 Riesen Wohnungen bekommen. Ich suchte inzwischen mit mir bekannten Ägypter Putzfrauen für die beiden Wohnungen. Es dauerte keinen Tag da war auch das Frauenproblem gelöst. Es kam so wie es vorgeschrieben ist und nur so möglich ist. Die Polizei ist gekommen und kontrollierte ob die Mädchen auch ein eigenes abschließbares Zimmer zur Verfügung haben. Das hatten wir so eingerichtet, jede der Putzfrauen in jeder Wohnung hat ein schönes Zimmer bekommen. Beide Frauen wurden von den ITAG Leuten geheiratet.

Ich hoffe diese wohnen mit Ihren Kindern immer noch glücklich in Celle. Der nächste Tag, wurde dann zu meiner größten Lehre in Sachen Alkohol in Afrika, ich habe in einem Crashkurs verstanden warum man in Arabien und Afrika keinen Alkohol trinkt. Das mit dem Schweinefleisch wusste ich bereits. Dies zu essen kann in diesen Ländern tödlich sein. Heute noch, aber vor 500 Jahren war es noch viel gefährlicher weil es keine Lager Möglichkeiten gab und Schweinefleisch an einem einzigen Tag vergammelt und so sehr viele tödliche Massen Krankheiten hervorgebracht hat. Ansonsten ist Schweinefleisch auch grundsätzlich kein gesundes Fleisch. Mit vielen schädlichen Stoffen für den menschlichen Körper Wir freuten uns über unsere neue Freiheit in den Wohnungen und über den Fortschritt auf der Baustelle. Ich hatte am nächsten Tag nur noch den Hauptmotor des Mischers anzuschließen. Hatte zu diesem Zweck, weil dies in drei Meter Höhe stattfinden muss ein stabiles Brett dort hin gebaut ich konnte von diesem Brett im liegend bequem und einfach an das Klemmbrett des Motors kommen. So konnte ich im liegen meine Arbeit vollenden. Die Jungs der ITAG hatten ihre Werkstatt fertig und die Bohranlagen aufgebaut. Wir haben uns das erste Mal so richtig einen gegönnt, so wie noch nie zuvor. Der einzige der es dann am Morgen aus dem Bett geschafft hat bin ich. Denn ich wollte unbedingt die Anlage laufen lassen. Ich habe da oben den Motor im Liegen von dem schönen Brett aus angeschlossen und bin dann beim Schließen des Klemmkastens mit dem Schraubenschlüssel in der Hand eingeschlafen. Nicht nur eingeschlafen, ich war beinahe Bewusstlos vom Alkohol und der brennenden Sonne. Die Baustellen Ägypter haben mich mit dem Brett vorsichtig abgeseilt.

Ich bin auch bei dieser wackligen Aktion nicht zu mir gekommen. Sie hatten große Angst davor, dass ich aus dieser Höhe abstürzen würde. Dann als ich dann doch noch wach wurde habe ich mich auf der Baustelle nur dahin verkrochen wo es Schatten gibt. Meine Mitarbeiter der Firma ITAG haben sich bis zum Abend nicht aus ihren Betten gewagt. Das war mir eine einmalige Lehre, nie wieder habe ich in Afrika oder Arabien einen Tropfen Alkohol getrunken, beinahe nie wieder aber nie wieder so viel. Ich habe in Kairo auch noch andere Baustellen mit meinen Arbau Anlagen und inzwischen sind auch die Anlagen anderer Hersteller Liebherr und Elba Anlagen hinzugekommen. Einige Wochen später gibt es wieder eine Party im Nil Hilton, der damaligen Standard Bar aller Ausländer in Kairo. Das Hotel ist sicherheitsumstellt von einer ganzen Truppe von Soldaten in zerrissenen Uniformen, statt Gürtel nur Bänder. Um die alten Hosen und keine Schnürsenkel in den Schuhen. Schuhe die man in der Wüste nach der Flucht wieder aufgesammelt hat. In der Bar geht es wieder zur Sache, meine ITAG Leute sind schnell verschwunden. Da ich noch ein geschäftliches Treffen habe musste ich noch dort bleiben. Auch meine englischen Freunde Ron und Trever sind noch in der Bar. Ich hatte inzwischen eine eigene Wohnung am anderen Ende von Dokki in der Nähe vom Siemens Gebäude. Mit Trever und Ron bin ich dann nach meinem Termin nach Hause gegangen. Wir mussten direkt über die Brücke nach Dokki gehen. Die Beiden wohnen auch in Dokki, in einem kleinen Hotel in meiner Nähe. Als wir losgehen sind die beiden so besoffen das sie kaum laufen können. Die beiden waren alt gediente englische Soldaten und Standfeste Burschen. Aber eben auch gefährlich wenn sie Schnaps gesoffen haben. Ich ging vor ihnen her, so 10 Meter hielt ich für einen guten Abstand.

Ich hörte schon auf dem Weg zur Dokki Brücke, die keine 100 Meter vom Nil Hilton entfernt ist. Ich hörte, dass sie irgendetwas Vorhaben mit dem Soldatenclub an der Brücke die dort mit einem MG hinter den Sandsäcken liegen. Ich hörte es dann hinter mir nur platschen und wusste sofort was geschehen ist. Ich lief auch schon los um mich aus der Gefahrenzone zu bringen. Zum Glück ist die Brücke voller Fußgänger und nur wenige haben es mitbekommen. Abends und nachts sind die Nilufer und Nilbrücken zu unserem Glück voller Menschen in deren Masse wir uns verstecken konnten. Diese beiden Idioten haben die Soldaten über die Brüstung in den Nil geworfen. Das ging alles so schnell das wir zum Glück bereits weit über die Brücke hinaus sind als man überhaupt kapierte was dort passiert ist. Erst da ist Bewegung in die anderen Soldaten gekommen und wir alle sind da bereits zu Hause angekommen und von der Straße verschwunden. Wir konnten am anderen Tag in der Zeitung lesen das Soldaten in den Nil geworfen worden, zum Glück ist den Soldaten nichts passiert, sie hatten nur einige Schrammen. Ich konnte aufatmen und beruhigt zur Arbeit fahren. Wir hatten zu dieser Zeit viele Engländer, englische Ingenieure in Kairo. Sie verdienen wenig, weil sie alle im Theoretisch gut sind aber praktisch fast alle ohne Erfahrung sind. So haben sie meistens nur Büro Jobs die nicht so gut bezahlt werden. Dann musste ich erst einmal wieder nach Hause zu meiner Familie, ich vermisste die Kinder und meine Frau sehr. Ich hatte nun nur noch meine Baumaschinen Firma in Braunschweig, ich hatte mich zum Glück gelöst von meiner Firma ERCO Containerbau. Mit dieser Nachfolge Firma hatte ich nur noch Probleme wegen ihrer schlechten Arbeiter. Ich musste dieser Firma gerichtlich meinen Namen entziehen.

Aber ich kümmerte mich auch um meine Familie. Wir sind in unser altes neues Haus eingezogen und planen unseren ersten Urlaub. Meine Frau und die Kinder wollten gern einmal mit mir nach Kairo. Da ich damals noch kein Haus in Kairo hatte plante ich den Familien Urlaub im Hotel Mövenpick in der Nähe der Pyramiden. Dort mietete ich ein kleines Apartment mit Terrasse. Keine 20 Meter vom Schwimmbad des Hotels entfernt. Das richtige für meine Kinder und mich. Der jüngste hat nur 10 Meter bis zum Pool. Bald tobte er dort den ganzen Tag herum und es dauert nicht lange da taucht er mit einer kleinen ägyptischen Freundin auf. Wir sind gerade 5 Tage im Hotel da bricht die Hölle über uns herein. Es sollte in mein Leben keine Ruhe einkehren, an diesem fünften Urlaubstag startet am frühen Morgen, um drei Uhr in der Nähe des Hotels eine Schießerei. Erst waren es nur wenige Schüsse, dann immer mehr. Die Hotel Angestellten rannten Aufgeregt durch die Anlagen. Ich stürmte zur Rezeption, dort herrschte eine große Aufregung. Zufällig erwischte ich eine der Manager des Hotels. Die Managerin des Mövenpick, eine deutsche. ,, Was ist, los". ,, Bleiben sie bloß in Deckung Herr Berger, wir wissen es auch nicht genau, aber es kommt von der nahen Polizei Kaserne. Die scheinen einen Aufstand zu Proben. Die ersten Maschinengewehr Salven fegen plötzlich durch den direkten Vorgarten des Hotels von der Straßenseite her. Menschen die dort getroffen werden schreien um Hilfe. Ich kenne bereits Kairo und die Mächtigen schon sehr gut. Ich weiß sofort, dies ist ein Aufstand der Polizei, es brodelte schon sehr lange bei der Polizei. Die Polizisten werden einfach eingefangen von der Straße und bekommen eine Kurzausbildung und werden mit einem kleinen Taschengeld versehen in die Stadt geschickt oder auf dem Land verteilt.

Das Brot wird ihnen zweimal am Tag vom LKW einfach zugeschmissen. Das Geld reichte nicht für die Zigaretten. Die sie brauchen. Man wollte jetzt auch noch Ihre Dienstzeit verlängern. Ich treffe auf dem Weg zum Apartment auf den aufgeregten Gärtner. „ Raus, raus hier die Armee rückt an". „ Wie komme ich mit meiner Familie hier raus". „ Komm hole sie und folge mir". „ Meine Frau clever, hat nach dem ansteigendem Beschuss erfasst das etwas nicht stimmt. Sie hatte schon alles nötige gepackt und steht schon startbereit mit den Koffern an der Tür. Nicht weit von uns schlagen schon die ersten Granaten ein. Wir schafften es mit dem Gärtner hinten durch den Garten aus dem Hotel zu kommen. Ein Taxi hat uns dann auf der Straße, die an der Rückseite des Hotels vorbeiführt aufgenommen. Das Taxi rast durch den Wahnsinnsverkehr die Pyramiden Straße in die City direkt zum Mariot Hotel in Zamalek, eines der schönsten Hotels in Kairo. Dort haben wir tatsächlich noch ein Zimmer bekommen. Durch das Fernsehen im Zimmer konnten wir dann das Drama des Aufstandes Leif miterleben. Die Hotels rund um die Pyramiden sind in den wenigen Stunden in denen wir uns sortiert haben bereits schwer beschädigt worden. Wie ich es geahnt habe hat die Armee ohne Rücksicht auf Verluste zugeschlagen. Ganz Kairo ist zu dieser Zeit in Aufruhr aber in Zamalek herrschte noch Ruhe und es bleibt hier zum Glück ruhig. Den Rest der Ferien verbrachten wir dann im Mariott Hotel, beinahe eingesperrt aber sehr sicher. Die Kinder konnten sicher. Ihre weiteren Ferien genießen. Der Aufstand war erloschen einen Tag bevor ich mit meiner Familie abreiste. Ich konnte in dieser Urlaubszeit nur wenige der in Kairo notwendigen Arbeiten. Auf den Straßen Kairos wimmelt es von Soldaten.

Diese hat erst einmal für die Polizei deren Arbeit übernommen. Während meiner Arbeit im Irak an den ich dann fast 2 Jahre in einem Stück angebunden war, gab es nur gelegentliche Kurzreisen für 5-6 Tage. Im Büro der Firma RABAU in Brauschweig, gab es Probleme wie so oft. Ein Ägypter ist dort und will eine gebrauchte Asphaltanlage kaufen. Ich habe eine die zum Verkaufstand in der Nähe von Bremen mit ihm besichtigt. Diese Anlage war demontiert und konnte sofort geliefert werden. Da ich wenig Zeit hatte und wieder in den IRAK musste. Habe ich die Verträge gemacht ab Standort der Anlage. Er musste mir nur die Zollübergangs Papiere nach Holland und die Verlade Dokumente senden. Damit ich die Ausfuhr Unterlagen habe wegen der Mehrwertsteuer die ich bei einer Ausfuhr nicht bezahlen muss. Denn diese brauche ich nicht abführen weil die Anlage nach Ägypten gegangen ist, ein Ausfuhrgeschäft ist. Ich dann meine bereits bezahlte Vorsteuer aus meinem Ankauf wieder erstattet bekomme. Danach bin ich wieder unterwegs wie immer und hatte diese Sache nicht mehr verfolgt, weil für mein Verständnis alles klar ist. Die Anlage ist nachweislich ins Ausland exportiert worden. Wegen der Ausfuhr musste auch keine Mehrwertsteuer abgeführt werden. Die Kaufsumme war 180.000.- DM, das wären ca. 24.000.- DM Mehrwertsteuer gewesen. Die wir natürlich nicht abgeführt haben weil es eine Ausfuhr war. Genau Achtjahre später bei einer Finanzamtsprüfung ist das dann aufgefallen und man verlangte die Ausfuhrbescheinigung. Ich dachte damals das ist kein Problem. Aber der damalige Käufer konnte diese auch nicht mehr beibringen. Die Ausführende Spedition Schenker war auch nicht in der Lage dies zu tun. Ich habe dem Finanzamt alle Dokumente.

Die wir noch hatten geschickt, die Rechnungen an die Firma in Kairo, den Namen der Spedition Schenker, die diese Anlage für den Ägypter ausgeführt hat. Ein Foto der Anlage das diese noch in Kairo steht, mit der fotografierten Seriennummer. Es ist zum Prozess gekommen und ich wurde in erster Instanz zu 2.Jahren und 4 Monaten verurteilt wegen Steuerhinterziehung ohne Bewährung. Zu diesem Zeitpunkt war ich durchgehend in Arabien. Dann ist die Berufung gekommen als ich in Ägypten im Süden festsaß und nicht zum Prozess kommen konnte. Auch in diesen 2 Jahren hatte ich es nicht geschafft Ersatzunterlagen zu bekommen. Ich habe alles versucht und war mir absolut sicher, dass meine gemachten Angaben mit den Unterlagen klar bewiesen haben, dass sich diese Anlage wie angegeben in Ägypten befindet. Der Käufer schuldete mir auch noch 30.000.- DM die Restzahlung vom Kaufpreis. Ich hatte so manchen Kampf mit ihm, aber in Ägypten von jemandem Geld zu bekommen ist fast ausgeschlossen. Ein deal hat mich dann in mein Trauland Kanada gerufen, ich war schon einmal dort aber noch nie in Ontario. Dort hin lieferte ich eine mittelgroße Betonanlage. Für eine Firma deren Name mir bekannt ist. Die Firma Bombald die auch Verwandtschaft in Lindau am Harz hat. Aus der Stadt aus der meine Frau Kommt. Ich hatte zufällig gerade die entsprechende Anlage mit einer Stundenleistung von 35 cbm Beton hier gebraucht gekauft. Ich habe ihm alle technischen Daten durch gegeben, er hat diese Anlage bestellt und wir haben geliefert. Bis dann die Nachricht kommt die Anlage geht nicht. Da ich damals noch keine Ahnung davon hatte das man in Kanada andere Stromstärken hat. Andere als wir in Europa so habe ich nicht drauf geachtet.

Ich hatte ihm die technischen Daten mitgeteilt, er hätte es erkennen müssen. Natürlich bin ich nach Kanada geflogen und bin der Sache auf die Spur gegangen. Natürlich waren es dort andere Spannungsverhältnisse. Wir beide der Herr Bombald und ich schauten uns dumm an. ,, Was nun Herr Berger?". ,, Wir haben nur eine Möglichkeit wir müssen alle Motore umwickeln lassen. Die Steuerspannung ändern. Beziehungsweise einen anderen Trafo einbauen. Ich hatte durch diese Aktion einen 4 wöchigen Kanada Urlaub. Und verbrachte 2 Wochen davon in einer abgelegenen Hütte mit 2 Frauen mit Bären, Wölfen und anderen Tieren. Dann waren auch alle Motore umgewickelt und ich konnte die Motore samt Trafo einsetzen und nach 3 Tagen konnte der gute Herr Bombald Beton machen. Ich war ein Kenner der kanadischen Wälder und Jagdfrauen geworden. War mit den Wölfen und Bären auf du und du. Ich sollte noch in Kanada bleiben weil die Erweiterung des Betonwerkes ansteht und soll dies dann übernehmen. Ich fand Kanada super toll, würde aber niemals dort hin übersiedeln. Weil ich die langen Winter nicht mag, teilweise 7 Monate Winter, wer hält das aus. Die Bären die verschlafen 6 Monate davon. Ich war dann noch mit der Seismos, mit den Ölsuchern in Alsaka und dem Westrand von Kanada. Kapitel 6 Kairo Was jemand in Arabien und auch in Ägypten hat, das gibt er nicht mehr her. Ägypten ist wieder etwas ganz anderes als Kanada, auch das Geschäftsleben, ich entschuldige hier vieles, weiß auch als Geschäftsmann das man in Ägypten nie weiß wann es neues Geld zu verdienen gibt. Unzählige kleinere Unternehmen. Meistens Handelsbetriebe sind hohe Beamte die nebenher ihre Beziehungen und ihr Wissen innerhalb des Systemes nutzen müssen um Geld zu verdienen.

Der Job bei der Regierung ist nur eine Nebenbeschäftigung für sie. Die Regierung zahlt ihnen kaum etwas für ihre Arbeit. Ihr Wissen machen sie dann in kleinen privaten Geschäften zu Geld. Oft sind ganze Gruppen von hohen Beamten in einer Firma zusammengeschlossen. Es ist sehr gefährlich in Ägypten wenn man sich nicht auskennt wie hier Geschäfte gemacht werden. Aber gute Geschäfte sind überall Gefährlich. In Deutschland ebenso, auch dort wartet der Beschiss hinter jeder Ecke. Wir Deutschen halten die Araber und Afrikaner immer für Bananenrepubliken und glauben tatsächlich noch wir wären die ehrlichsten Geschäftsleute. Nein wir sind ganz weit oben in der Welt. In der Justiz, in der Verwaltung und im Geschäft. Wir sind nur in der Lage diese Dinge besser zu verbergen besser einzukleiden in Abläufe. Jedenfalls wurde ich dann in der Angelegenheit Steuerhinterziehung in der Berufung in Abwesenheit verurteil. Meine Geschäfte in Kairo liefen gut, die meiner Partner weniger. Ich zog mich ganz auf meine Geschäfte zurück nach dem ich bemerkt habe wie diese beide dabei sind die Tschechische Regierung zu bescheißen. Mir ist so etwas unverständlich, solche Sachen in voller Absicht zu machen. Irgendwann kommt es immer heraus. Ich hatte einige große Projekte an die meine Deutschen Partner ran wollten. Bei ihnen ging es immer weiter bergab, im Gegensatz zu mir. Die Aufträge im Zementwerk Asuiyt mit der neuen Firma dem Ägyptischen Dr. Ing. mit der Generalvertretung des TÜV Rheinland. Die große Anzahl von Maschinen, Turmdrehkranen, Liften von einer Großbaustelle dem Nil Tower. Die bereits von der Firma Hill & Higgs in London dort seit Jahren eingelagert sind. Es sind Maschinen die dem Einfuhrbedingungen Unterliegen und freigekauft werden müssen, Ausgezollt werden müssen.

Ich hatte alle Verträge mit einem Hohen General der diese Lagerplätze verwaltet geregelt. Dann das Schulprojekt in Suez mit dem Kapital des Amerikanischen Spielhöllen Betreibers in Kairo. Als dann auch die vielen Maschinen der Frucon des amerikanischen Ablegers von Bilfinger & Berger in Alex und die der Firma Walterbau in Kairo zum Verkauf stehen. Da läuft auch der Inlands Verkauf in Ägypten sehr gut. Mein Problem ist es in dieser Zeit, das ich kein Pfund Konto einrichten kann weil ich nicht Resident angemeldet bin und immer nur Jahresvisa habe. Ich machte notgedrungen mit dem deutschen Kaufmann der Firma Walter. Ein Abkommen darüber das alle Pfundbeträge aus den Verkäufen auf ein Gemeinschaftskonto gehen. Unterschriftsberechtig immer nur wir zwei, ich vertraute dem Mann. Anders war dies damals nicht möglich. Ein kleiner Teil meiner späteren Probleme waren dann die Umstände, dass der Kaufmann über Nacht aus Kairo verschwunden ist, mit meinem Geld. Auch die Firma Walter konnte seinen Aufenthaltsort nicht mehr feststellen. Als ich seinen Aufenthaltsort nach Jahren fand. Konnte ich nur erfahren, dass er an Krebs längst verstorben ist. Ich hatte mit seiner Flucht aus Kairo 200.000.- ägyptische Pfund verloren. Meine dazu benötigte Unterschrift hat er gefälscht, durch die Kaufverträge lagen ihm meine Unterschriften vor. Ich habe nie irgendetwas, auch finanziellen Verlusten nachgetrauert. Ich war dann auch lange mit den Kranen von Higgs und Hill beschäftigt. Krane die mich über zwei Jahre an Zeit gekostet haben. Immer wieder verschob der General die Termine. Nächsten Monat nächsten Monat werden die Krane frei alles läuft. Meine Kunden aus Thailand sind oft gekommen.

Konnten diese Krane und Allimak Aufzüge die sie dringend benötigten zwar sehen aber nicht bekommen. Nie übernehmen konnten weil die Freigabe durch den Staat für die Ausfuhr nicht erfolgt ist. Jedenfalls nicht in der Zeit in der ich mich noch frei bewegen konnte. Es ging dabei um 7 Millionen USD für die Maschinen. 7 Millionen die der Staat Ägypten dringend benötigte, die aber nicht frei wurden weil sie in den Händen von Beamten sind. Beamte die sehen müssen wie sie es drehen können um selbst an dieses Geld zu kommen. Ich weiß von 30 Milliarden USD Maschinengräbern rund um Kairo. Während ich dann zwischendurch meinen ägyptischen Schuldner würgte um an die Ausfuhrpapiere die mir die Probleme in Deutschland mit dem Finanzamt gebracht haben zu bekommen. Ich benötige diese Papiere dringender als die Restzahlung, sie bedeuten für mich Freispruch in Deutschland. In dieser Zeit wurden mir weiter fünf Turmdrehkrane eines koreanischen Unternehmens angeboten die in dem Lager der Firma Dongsan aus Korea in der Nähe der Straße zu den Pyramiden liegen. Wunderbare Liebherr Krane, die ich sofort an einen Freund in Österreich verkaufen konnte. Er ist gekommen und hat die Krane abgenommen, es wurde für uns beide ein gutes Geschäft. Es kostet aber noch wahnsinnig viele Nerven. Den beiden Vermittlern sprach ich jeweils 10.000,- ägyptische Pfund zu wenn alles gelaufen ist. Sie bestanden auf eine sofortige Zahlung. Ich bot ihnen einen Scheck an auf meine Bank in Deutschland bezogen. Den ich aber erst zur Einlösung frei geben würde bei meiner Bank wenn die Krane FOB auf dem Frachter Verladen sind. Ich musste wegen meiner Kenntnisse über die Geschäftsmethoden in Ägypten über die vielen Möglichkeiten und Tricks schon meine Erfahrungen habe nie mit Bargeld gezahlt.

236

Denn alles ist möglich in diesem Land und nichts ist ausgeschlossen. Ich war nie sauer darüber den ich weiß wie schwierig hier das Überleben ist. Jede nur kleine Möglichkeit um Geld zu verdienen muss genutzt werden. Wir benötigten für die Verladung 56 Tieflader und 2 große Auto Krane. Die Zahlung hatten wir mit dem Mann von Dongsan. Dem ägyptischen Verwalter geregelt auch einer der 10.000 Pfund bekommt wenn die Krane verladen sind. Es wurde ein innerer Banktransfer gegen die FOB Papiere. Auch mit der Übernahme auf das Schiff verbunden. So konnte keinem der Partner etwas passieren. Nur hatten wir gerade den dritten LKW voll. Da wurden wir von der Polizei gestoppt. Ein Koreaner ein leitender Mitarbeiter der Firma Dongsan ist erschienen und hat uns erbost mitgeteilt, ,, Meine Herren diese Krane sind nicht zu verkaufen, wir dürfen diese nicht verkaufen und sie dürfen nicht ausgeführt werden weil sie dem ägyptischen Investmentrecht unterliegen. Dieser Mann hier, er zeigt auf den ägyptischen Verwalter der hat keinerlei Berechtigung die Krane zu verkaufen. Da standen wir alle nur wie angegossenen Pudel, am schlimmsten hat es unseren Kunden aus Österreich getroffen. Es war eine Zeit in der die Emirate alle Krane dieser Welt kauften die verfügbar waren. Diese waren es scheinbar nicht mehr. Natürlich habe ich sofort die Schecks zurückverlangt von den Betrügern. Einer gab diesen zurück, der andere behauptete er hätte diesen verloren. Ich ließ diesen umgehend sperren bei meiner Bank in Deutschland. Wir schafften es dann nach hartem Kampf und Verhandeln und viel Schmiergeld die fünf Krane für den Export frei zu bekommen. Meine kleine Cleopatra half mir wesentlich dabei und wurde immer mehr wert als irgendein ägyptischer Anwalt.

Sicher gibt es da auch gute, aber ich geriet immer an die größten Trottel. Aber dies ist in der ganzen Welt nicht anders. Einen guten Anwalt zu bekommen ist überall Glücksache. Zweimal war der Kunde dann über Wochen in Kairo und hat auf diese fünf Krane dringend erwartet. Wir waren zufrieden als wir es dann doch geschafft haben ich war auch nicht zimperlich mit den Leuten die uns ständig verarscht haben. Ich habe selbst einmal bei einem Treffen einem hohen Brigade General wegen der ständigen Verarschung. Seine eigene Aktentasche im Hotel über den Kopf gezogen. Trotz des teuren und dann noch versöhnlichen Abschusses hatte dieses Geschäft noch böse Auswirkungen für mich. Der Ägypter der den Scheck mir als verloren angegeben hatte versuchte diesen bei meiner Bank nach zwei Jahren noch zu Geld zu machen. Er war einmal längst gesperrt und zum zweiten nach 6 Monaten sowieso ungültig. Aber ich wusste nicht in Ägypten hat ein Scheck eine andere Bedeutung und kann nicht Gesperrt werden. Als alles bei mir super läuft, ist natürlich auch die Aufforderung gekommen meine Strafe für die versuchte Steuerhinterziehung anzutreten. Natürlich konnte ich zu diesem Zeitpunkt meine laufenden Geschäfte nicht aufgeben. Dann aber schlugen meine Freunde, meine deutschen und ägyptischen Freunde zu. Ich stand ja vor einem Riesen Erfolg in Kairo. Das haben sie sich überlegt, diesen Erfolg könnten. Sie ganz einfach ernten. Sie benutzten das Scheckverfahren dazu, es lief über drei Instanzen und wurde geführt ohne, dass ich etwas davon wusste. Nur zur letzten Instanz wurde ich geladen, als alles schon fast gelaufen war. Drei Tage vorher habe ich die erhobenen Vorwürfe zu sehen bekommen. Diese waren einfach lächerlich und haltlos. Ich hatte dann meinen Kunden telefonisch gebeten.

Mir die Unterlagen und Bestätigungen der tatsächlichen Hergangs und Schadens zu senden. Er machte dies großartig und sendete diese von einem Notar in Österreich und vom Auswärtigen Amt in Wien unterschriebenem Dokument. Natürlich adressiert direkt an die Deutsche Botschaft. Weil diese den Eingang bei ihr Bestätigen musste. Die Botschaft hat mich angerufen und gesagt, dass ich die Dokumente abholen kann. Einen Tag später ruft mich die Botschaft an das ich nochmals kommen muss. Ich hatte zum Glück die Dokumente kopiert und im Büro mit der Bestätigung der Botschaft. Ich gab dann die Papiere wieder ab, die gestempelt werden sollten. Der zuständige Beamte bringt mir die Papiere zurück, in vielen kleinen Stücken. Zerrissen Stückchen. Hier Herr Berger haben sie ihre Betrüger Dokumente. Ich war schockiert und konnte nicht glauben was ich da sah. Meine Dokumente in Fetzen. „ Wie kommen sie auf solche Ideen". „ Sie haben uns schon einmal betrogen mit falschen Dokumenten, noch einmal fallen wir nicht darauf hinein". „ Ich habe noch niemals schriftlichen Kontakt mit irgend einer Botschaft auf dieser Welt. Rufen sie den Kunden oder den Notar in Österreich an?. „ Schmeißen sie den Kerl raus sagte er nur zu dem neben mir stehenden Grenzschutz Beamten. Ich war wie schockiert und setzte mich erst einmal in den der Botschaft gegenüber liegenden Garten. Ich war völlig von der Rolle, was nun dachte ich. Ich hatte keine andere Wahl als mit den Kopien zum Gericht zu gehen. Ich tat dies und wurde direkt in einen großen Käfig mit Islamisten gesteckt. Dieses Gericht hatte heute 364 Fälle zu bearbeiten von 10.00 Uhr bis 14.00 Uhr müssen diese abgearbeitet werden. Ich wurde aufgerufen und hatte die Unterlagen in Kopie mit. Mein Anwalt wollte mich nicht zum Richtertisch lassen.

Ich setzte dies mit Gewalt durch, mir war es klar man wollte mich direkt aus dem Gerichtssaal verschwinden lassen. Der Richter war erzürnt über das Verhalten meines Anwaltes, er nahm die Dokumente entgegen und sah sofort, dass diese mich völlig entlasteten. OK Sir, sie können gehen ich denke das genügt mir für einen Freispruch. Sie können gehen, der Anwalt schnaubte vor Wut, ihm ist für mein Einfahren eine fette Provision entgangen. Aber dann hat es mich doch erwischt ohne, dass ich eine Ahnung von dem Urteil hatte. Die Botschaft, die Deutsche Botschaft hat mir bereits in anderen Dingen in Kairo großen Schaden zugefügt. Es gab da einen Bericht in dem Spiegel über einen Betrüger. Einen Betrüger der auch ausgerechnet aus meiner Nähe gekommen ist. Aus Hachenburg, Westerwald. Da Koblenz an den Westerwald grenzt und der Name passte. Aber nur mein Rufname nicht mein richtiger Name identisch ist, wurde von der Botschaft fest behauptet, dass ich der bin der diese Versicherungsbetrügereien im Osten begangen hat. Sie ließen sich auch nicht von mir belehren das mein Vorname ganz anders ist. Es war für mich gleich klar das hier die gleichen Intrigen gesponnen wurden wie nun mit dem Scheck Prozess. Die meisten Mitarbeiter der Botschaft sitzen immer zusammen mit meinen Partnern in Zamalek bei Fred in der Kneipe. Oder im Puff in der afrikanischen Botschaft in der Pyramiden Straße oder in Maadi im for sietzen oder in der Kneipe bei meinem Schweizer Freund. Da wurden alle Intrigen gestrickt. Ich war dann mit meinem Partner aus Mohandessin unterwegs und hatte natürlich meine wichtigen Unterlagen und meinen Pass immer bei mir. Wir trinken in seiner Lieblings Bar noch einige Biere. Ohne Bier geht es bei ihm nichts, er ist Alkoholiker und Moslem.

Wie es viele Menschen die ich in Kairo getroffen habe, trotz des strickten Alkoholverbotes für Mosleme. Nach dem Verlassen der Bar, werden wir überfallen und werden mitten in Mohandesin beim Einsteigen in das Auto von fünf Männern niedergeschlagen. Der einzige der körperlich Beschädigungen und kleinere Blessuren davon getragen hat das bin ich. Aber nicht nur körperlich auch sonst habe ich das letzte das für mich wichtigste verloren durch den Raubüberfall. Meinen Pass 20.000.- Pfund und alle mir wichtigen Vertrags und Arbeitsdokumente die ich immer in dem großen Pilotenkoffer bei mir trage. Weil ich eben niemanden mehr trauen konnte. Ich musste dann bis zu meiner für mich so überraschenden Verhaftung 2 Jahr ohne jegliche Papiere in Ägypten leben. Auch ohne Visum ich bin ein illegaler das wurde mir danach bewusst. Aber trotzdem setzte ich meine begonnene Arbeit fort in Kairo und im Süden Ägyptens bin ich ständig unterwegs. Zwischen den Aktionen der Polizei, Armee und der Moslembrüder. Niemand fragte nach meinen Papieren. Wenn dann hatte ich immer noch meine Führerschein Copy die nicht in der Aktentasche war. Das ist alles für mich in Ägypten möglich ohne die kleinsten Probleme. Möglich haben dies meine Freunde unter der Mithilfe der Botschaft gemacht. Sicher ist da viel Geld und viel Freibier geflossen und vermutlich wurde auch Mädchen Fleisch verteilt. Nacktes Mädchenfleisch von schwarzen Nutten die bei vielen Botschaftsangestellten so beliebt sind. Ich habe überhaupt erst von meiner Verurteilung erfahren. Als ich mitten in der Kneipe meiner Freunde verhaftet wurde. Es gab eine Verurteilung von 9 Monaten ohne Bewährung obwohl der Richter mir persönlich sagte es kann nur einen Freispruch geben. 9 Monate Steinbruch.

Ich werde festgenommen in einer Kneipe eines Freundes von Fred, zu gegen waren alle mein Geschäftspartner. Die Reporter des ZDF Herr Roth, der Reporter der Zeitung aus München Herr Leindecker und andere. Ich habe 2 Monate verbracht im Gefängnis direkt neben dem Gericht im east enaf, mitten in der Stadt. Zwischen 10 Zentimeter hoher Scheiße mit mindestens 3 toten Insassen täglich. Aber ich hatte oft freien Ausgang innerhalb des Gefängnisses. Dort konnte ich Zellen sehen die mit 80 Menschen und mehr belegt waren. Konnte bis in Gewölbe gehen in denen die zum Tode verurteilten auf gehangen werden. Ich habe so mancher Hinrichtung mit einem Blick durch das kleine Fenster beigewohnt. In diesem Knast war und ist vermutlich noch immer ein täglicher Höllenlärm von den 900 Gefangenen verursacht. In einem Knast wo eigentlich nur 400 hinein dürfen. Auch genauso sehen die Sanitäranlagen aus. Ich konnte manches Mal mit den zum Tode Verurteilten sprechen. Außen sind nur gewaltige Mauern die nur Platz haben für hässliche Dobas mit Gewehren es gibt keinen Platz zum Luftschnappen. Es ist ein fürchterlicher uralter englischer Knast. Ich habe mich dann Verlegen lassen in das Ausländergefängnis weit ab von Kairo, nach Kanata in die Gärten von Kanata. Das sind aber nur noch alte Vorstellungen, das alte Gefängnis war Monate vor meiner Umsiedlung zusammengebrochen. Alle diese Ausländer sind jetzt im Stadtgefängnis. Angeblich war das neue Gefängnis fertig. Ich wurde dort hin verbracht in einem Viehtransporter mit noch drei Marokanern und einem Sudanesen. Bei mindestens 90 Grad Hitze in dem geschlossenem LKW. Alle vier mussten dann bewusstlos bei der Ankunft aus dem LKW gezogen werden. In das was wir da gekommen sind das ist ein Betonbunker.

Ein Hochsicherheitstrakt ohne jegliche Belüftungssysteme. Im nu verstarben dort mehr als 20 Gefangene. Diese sind einfach erstickt in diesem Betonbunker. Es gibt nicht die kleinsten Fenster. Trotzdem bin ich zufrieden, ich war der fließenden Scheiße in east enaf entkommen. So hat die Deutsche Botschaft, nicht die Botschaft sondern als solche aber einzelne Mitarbeiter haben dies Möglichgemacht im Namen der Botschaft. So ist letztendlich die Botschaft auch verantwortlich für das handeln ihrer Mitarbeiter. Sie hatten großen Anteil daran das dieses Urteil dann doch noch so zustande gekommen ist. Man hat über die Botschaft eingewirkt. Bei dem Gericht in dieses Urteil gegen mich. Dies geschieht alles ohne mein Wissen und ohne. Das ich jemals zu einem weiteren Gerichts Termin geladen wurde. Dies konnte ich dann erst Jahre später über den damaligen Anwalt Mahmoud der, mein Anwalt und auch Anwalt meiner Partner war. Der alles im Auftrag gegen mich organsiert hat um sich selbst und meine Partner vor einer Pleite zu retten. Was ihnen dann aber doch nicht gelungen ist. Der Anwalt ist mit schweren Leiden an Krebs verstorben. Meine Partner wurden in Kairo zu 10 Jahren Haft verurteilt und mein Partner aus Tschechien für 7 Jahre. Mir nützte dies leider alles nichts mehr viel. Ich kehre wieder zurück in die Zeit nach meiner Rückkehr nach Deutschland. Man hatte sich damals die Mühe gemacht mich von Beamten aus Koblenz aus Kairo abholen zulassen von Beamten die mich persönlich kennen. Sie mussten vier Wochen in Kairo warten bis sie mich mitnehmen können. Über Interpol in Kairo wurde dies dann möglich. Ich war froh das dies so geschah, denn ich wusste nicht was meine guten Freund noch so vorbereitet hatten. Ich durfte dann bei der Staatsanwaltschaft Koblenz.

Musste dann auch noch 16.000.- DM bezahlen für den schönen Urlaub der Beamten. Nach dem ich dann alles durchgestanden habe. Musste ich wieder nach Kairo, musste sehen was aus meinen Leuten und den Projekten geworden ist. Ich habe niemals zurückgeschaut auch hier nicht, ich habe immer wieder den Blick nach vorn gerichtet und nach meinen Monaten Gefängnis. Sofort wieder eine neue Firma gegründet. Obwohl ich dann weder Wohnung und Kleidung hatte, ich war blank bis auf die Klamotten die aus Kairo aus dem Knast dort mitnehmen konnte. Vitamin B half mir schon im Freigang wieder auf die Beine. Diese Einrichtung ist die beste im ganzen Justiz System. Vom Spiegel habe ich mir die Entsprechenden Seiten schicken lassen aus der alten Ausgabe. Daten die von der Botschaft in Kairo in Kairo verbreitet wurden. Dann auch dem Gericht dort im Endspurt gegen mich von der Botschaft vorgelegt wurden um mich zu diskreditieren. Meine neue Firma läuft wieder, ist richtig in Schwung gekommen, beinahe besser als vorher. Nur konnte ich die alten Aufträge nicht mehr retten und meine Partner die mich so verarscht haben sind durchweg zu 10 Jahren Haft verurteilt worden. Ich hatte keinerlei Freude daran dass diese Männer, meine ehemaligen Partner trotz ihrer Aktionen noch schlechter da stehen als ich. Diese Deutschen und der Tscheche konnten aber noch rechtzeitig aus Ägypten. Entkommen, mussten ihre hohen Strafen dort nicht absitzen. Aber sie wurden dann auch in Deutschland wegen anderer Delikte verurteilt. Einer von ihnen es nur mit der Hilfe meines damals gestohlenen Passes entkommen. Mit meinem alten Pass den er mir einige Jahre zuvor in Kairo gestohlen hat. Von der Deutschen Botschaft die ich in die Verpflichtung nehmen wollte, weil diese den ganzen Schlammassel.

Mit verursacht und mitgetragen hat habe ich nur die Antworten bekommen, wir wissen von nichts und haben keinerlei Unterlagen mehr. Selbst die alten Spiegel Berichte haben sie verschwinden lassen. Sie alle machten sich einen schlanken Fuß. Die zuständigen Leute von damals sind auch nicht mehr im Auswärtigen-Amt beschäftigt. Im widerwärtigem Amt. Weder meine Schreiben an Joschka Fischer noch die an den neuen Außenminister Steinmeier haben etwas bewirkt. Außer den ständigen Mitteilungen ist gibt keine Papiere mehr in Kairo. Alle 5 Jahre werde alles vernichtet?. Ich wollte nie irgendeine Entschädigung für die Millionen Verluste und mein Leiden. Ich wollte nur erreichen das diese Dinge klar gestellt werden. Ich habe auch schnell alles abgehakt und schaute nach vorn nicht ohne zu vergessen mal ab und zu bei der Botschaft nachzufragen mit Null Ergebnis. Auch Schreiben an die Botschaft und die Stelle im Auswärtigen Amt wurden nur immer freundlich beantwortet, leider sind alle Akten vernichtet, wir können zu ihren Vorwürfen und Anfragen nichts sagen. Ich bin gerade wieder drei Tage zu Hause von einer Geschäftsreise da bekomme ich einen Hilferuf aus Augsburg und München. Die Firma Walterbau und Heilit und Wörner. Ihnen sind meine Tätigkeiten in Kairo bekannt, sie benötigten meine Hilfe in Kairo. Ich habe mich mit beiden Firmen schnell geeinigt und verabredete einen Besuch ihrer Büros in Kairo. Ich sagte dies zu aber konnte erst mit einem Termin in 6 Wochen. Ich hatte noch wichtige Termine im IRAK und Jordanien. Diese Besprechung bei Sadam Hussein wird nur wenige Tage in Anspruch nehmen und auch der Termin in Jordanien aber sie sind wichtig. Noch wichtiger ist für mich, ich habe meiner Familie einen längeren Urlaub als Entschädigung.

Entschädigung für die Scheiß Jahre die ich in Arabien und Afrika hatte. Wir sind auf Wunsch der Kinder an den Millstäter See nach Kärnten gefahren. Es wurde ein wunder schöner Urlaubs Anfang, bis auf die ungewohnten Speisen die diesen störten. Es gibt nichts zum Essen als das alles mit Knoblauch versetzt war. Wir konnten nichts mehr essen. Ich bin dann auf die Idee gekommen für uns halbe Hähnchen zu holen. Als ich dann die Tüte aufmachte sind wir fast umgefallen, eine Wolke von Knoblauch strömte uns entgegen. Ich konnte die Tüten so wie sie sind in die Mülltonne werfen. Wir beschlossen einzukaufen und selber zu kochen. Von da an wurden wir zufriedener, aber nur bis ich den Fehler machte meinen Onkel in Graz anzurufen. Ich habe den Bruder meiner Mutter angerufen. Der hat natürlich nicht locker gelassen und hat uns direkt nach Graz geholt. Ich hatte gerade mein erstes und mein einziges Neues Auto, es war ein Luxuswagen den ich mir damals leisten konnte und laut meinem Steuerberater leisten musste.
Ein Mercedes 280 CE, mit Weißwandreifen in einem Metallic grün. Ich hatte davor immer nur gebrauchte einjährige und zweijährige Autos. Aber mein Steuerberater meine es muss ein neuer sein. Es ist ein Traumauto, nur das ich es drei Monate später wieder verkaufen musste. Es hat sich wieder einmal nach 9 Jahren Nachwuchsangemeldet. Das Problem war dann bei dem Coupe der Kofferraum, der hatte keinen Platz für einen Kinderwagen. Aber hier auf dieser Reise war er für mich und meine zwei Kinder noch ausreichend. Ich wollte mein Traumauto auch noch diese 3 Monate genießen. Aber auch unsere beiden Kinder sind nicht begeistert von dem späten Nachwuchs. Wir haben ihnen dies im Urlaub mitgeteilt. Mein Onkel, der Bruder meiner Mutter holte uns vom Millstäter See ab.

Wir haben keine Möglichkeit dieser Umklammerung zu entfliehen. Wäre ich dort geblieben hätte ich viele Jahrzehnte vorher meinen eigentlichen Geburtsort kennen gelernt der nur wenige Kilometer von unserem Urlaubsort entfernt ist. Ich hätte alles wiedererkannt. Aber so sind wir dann quer durch Österreich auf dem Weg nach Graz. Das ist ein Teil meiner Familie, von Seiten meiner Mutter. Die uns schon immer mit ihrer Österreich Ungarischen Kochkunst verwöhnte. So viele österreichische Worte sind uns Kindern, besonders mir geläufig. Der Onkel hat hoch über Graz eine riesige Villa mit einem wunderbaren Blick über Ganz und weit in die Steiermark hinein. Er ist ein harter Typ und auch Geschäftsmann, hatte zu diesem Zeitpunkt noch eine kleine Möbelfabrik und baute Kaminöfen. Wir fuhren dann zusammen auch nach Wien, er hatte dort Termine. Ich staunte nicht schlecht als er dann mit seiner Familie und einem gewaltigen Strick über der Schulter in das Hotel geht. ,, Ja , da staunt ihr, ich mache das immer so, wenn ich nicht in der ersten Etage ein Zimmer bekomme. Wir sind gewappnet gegen alles und für alles. Abends ging es dann gemeinsam in den heurigen. Es waren schöne Tage, nur war das essen bei Ihm nicht das was unsere Kinder gewohnt sind und wir hatten auch Probleme damit. Es gibt jeden Tag gekochten Schinken und Bauernbrot. An und für sich ein super Essen aber nicht wenn man es jeden Tag essen muss. Am Morgen, Mittags und am Abend, das ging für uns nicht. Da ich erfahren hatte, dass wir noch einen Onkel in Graz haben, haben wir auch diesen besucht. Beide Familien sind das Krase Gegenteil und meine Kinder konnten sich satt essen. Mein Sohn verputzte gleich vier große Schnitzel. Aber über meine Herkunft erfuhr ich auch hier nichts, nur darüber das meine Mutter aus Bleiburg stammt.   247

Dann mit dem Schmidt dem Deutschen Soldaten nach Deutschland musste oder auch wollte. Über meinen seltsamen Geburtsort und meinen Vater schwieg man sich aus. Der Geburtsort ist wie ich später feststellte auch nur eingetragen weil meine Mutter dies so an Eidesstatt angegeben hat. Ich hörte dann noch viele Geschichten von dem einen Onkel über den anderen. Aber keine der Familien wollte meine Fragen beantworten. Ich habe aber auch nicht gebohrt, es war mir damals auch fast egal. Ich war da und lebte. Dann wieder zu Hause in Wolfenbüttel versuchte ich den 280 zu verkaufen, obwohl das Fahrzeug noch fast neu ist hat mir Mercedes beim Kauf eines anderen SE 30.000.- DM unter dem Neupreis geboten. Ich war ehrlich entsetzt und habe den Wagen in die Zeitung gegeben. Drei Tage später war der Wagen verkauft, zu dem Preis zu dem ich diesen Erworben habe. Es ist mir klar die Mercedes Vertretung wollte mich bescheißen, auch Deutschland ist schon lange kein feines und ehrliches Land mehr. Ich habe von da an den letzten Mercedes für die nächsten 30 Jahre gehabt. Habe dann einen BMW gekauft mit dem ich bis auf den Wahnsinns Verbrauch auch zufrieden war. Nach 2 Jahren habe ich diesen Benzinfresser durch einen Audi 100 ersetzt mit dem halbem Spritverbrauch verglichen mit dem BMW. Ich blieb dann noch einige Wochen in Deutschland und bei meiner Familie. Das dritte Kind wurde geboren und wurde Wunschgemäß wieder ein Junge. Ich musste mich wieder auf Reisen machen. Der Irak ruft, Saudi und Jordanien. Im Irak lernte ich dann die Söhne von Sadam Hussein kennen und in Jordanien den kleinen König, Der mich mehrmals zum Essen einlud. Wir besprachen einige Projekte. Ich unterstützte ihn und ein deutsches Archäologen Team aus Berlin in Petra.

Mit kleinen Baumaschinen und Werkzeugen. Im Irak ist der Verkauf der ganzen Baumaschinen von Hochtief angesagte der Damm ist fast fertig und die Großmaschinen sind frei. Da ich mich dort sehr gut auskenne verkaufte ich Teile nach China, Dubai, Saudi und die Caterpillar Maschinen nach Kanada zu den Ritchybrothers, über ihrer Vertretung in Paris. Alles läuft wie verrückt und sehr gut. Da Wolfenbüttel und Braunschweig direktes Zonenrandgebiet sind und ich so viel Unterwegs bin, bot ich meinen Kindern an, den Standort, den Wohnort nach ihren Wünschen zu wechseln. Ich sehe wenige Möglichkeiten für die Kinder sich dort in Wolfenbüttel in dem Ort in dem wir gerne wohnen erfolgreich ihr Leben aufbauen zu können. Das große Geld ist für mich zu dieser Zeit in Sicht und mein Leben wird immer mehr bestimmt von Afrika und Arabien. Auch meine Familie ahnte schon, dass ich immer seltener nach Hause kommen werde. Sie stimmten einem Umzug zu und haben sich dann Koblenz ausgesucht. Der erste Ort ist Dieblich an der Mosel. 12 Km von Koblenz entfernt, dort finde ich ein Traumhaus für uns, direkt an der Mosel. Aber Dieblich wurde für uns zum Albtraum, meine Frau wurde krank und die dortige Ärztin riet mir und meiner Frau umgehend Dieblich zu verlassen. Es war eigentlich mein Traum Ort und mein Traumhaus. ,, Herr Berger", sagte sie, ,, Ihre Frau leidet an einer ganz typischen Moselallergie". Meine Frau sieht so entsetzlich aus das ich glaubte sie stirbt mir in Dieblich. Ich selbst habe mir als Wohnort für meine Familie eher Limburg vorgestellt wegen der Nähe zum Flughafen Frankfurt. Aber die Kinder und meine Frau wollen Koblenz. Ich habe dann nach einigen Wochen suchen, wieder ein schönes Haus gefunden. Oberhalb auf der Rheinhöhe in Braubach.

Fast unterhalb der Marksburg. Tatsächlich besserte sich auf der Höhe alles. Es dauerte nur 3 weitere Monate und meine Frau ist genesen. Ich kaufte damals hier in Deutschland den gesamten Maschinenbestand der Firma Peter Büscher in Münster. Der Verkauf der Maschinen im Irak lief auf vollen Touren und der Verkauf von Maschinen aus Kairo und nach Kairo. Als auch der Verkauf von Maschinen nach Südafrika. Zu diesem Zeitpunkt sind wir eine Größe im internationalen Maschinenhandel. Das Internet war noch so langsam im kommen aber Handelsaktivitäten sprachen sich sehr schnell herum. Ich habe dann Maschinen Angebote aus aller Welt bekommen, auch Caterpillar Maschinen aus Nigeria. Diese 5 Maschinen wurden mir im Wochentakt Angeboten und diese waren günstig. Ich wurde mir Handelseinig mit den Verkäufern, Lieferung FOB Holland. Die Lieferzeit ließ mir noch Luft, es sollte 2 Monate dauern. Es war eine Zeit in der Turmdrehkrane und Krane aller Art wie die Stecknadeln gesucht wurden. Ich hatte 5 Turmdrehkrane in Berlin von der Firma Büscher. Es waren die einzigen noch in Deutschland ich hatte diese direkt einem befreundeten Händler in Bregenz versprochen. Holländer, die diese Turmdrehkrane Krane haben wollten sind bis an meine Haustür in Braubach gekommen mit einem Rollkommando und wollten mich dazu zwingen ihnen diese Turmdrehkrane zu verkaufen. Die Jungs können mich nicht erschrecken ich halte meinem Freund gegenüber Word. Ich gründete dann noch eine Firma in Mülheim Kärlich und München, gedacht für meinen Sohn und meinen Schwiegersohn. Mein Sohn ist Schlosser und der Schwiegersohn Landmaschinenschlosser. Ich hatte für mich festgelegt eigentlich in Ägypten zu bleiben. Von dort aus wollte ich die Geschäfte in Arabien und Afrika bewegen.

Es hat sich dort ein gewaltiger gebraucht Maschinenpool aufgetan, Rückkauf von der Firma Walterbau in Kairo. Bilfinger Berger/ Frucon in Alexandria. Hochtief im Irak. So, dass es für mich eigentlich klar ist ich bin vorerst Hauptsächlich in Arabien. Zu dieser Zeit wusste ich längst, dass meine Ehefrau einen Freund hatte. Ich war sehr froh darüber. Ich bemerkte dies kaum, denn dieser Mann ist verheiratet. Ich konnte meine Arbeit frei ohne Gewissensbisse zu haben erledigen, sie ist versorgt nur dies ist mir wichtig. Ich komme aus meiner Zwangsjacke die ich mir angelegt habe nicht mehr heraus. Es war für sie und ihre Sicherheit gesorgt, sie hatte mich, ihre Kinder und eben ihn. Ich habe ihn kennen und schätzen gelernt. Ich war sehr froh darüber das sie jemanden hat wenn sie wieder um mich und mein Leben fürchten muss. So schrecklich sich das vielleicht für Außenstehende anhören muss. Ich liebte meine Frau und meine Kinder sehr. Aber um mich drehte sich ein Riesen Karussel das ich erst bändigen musste. Die kleine Firma in Mülheim Kärlich lief langsam an und mein Sohn stieg schon einmal mit ein und meine Frau half im Büro aus. Die Maschinen Verkäufe liefen, dazu ebenfalls wieder an. Ein Holländer hat ein Riesenbetonwerk in Stuttgart gekauft. Demontage und Wideraufbau in Holland sind angesagt. Dies war geplant nach der Stilllegung des Werkes in 4 Monaten. Es passte alles zusammen, ich konnte alles in Ruhe angehen. Die Maschinen die aus Nigeria kommen würden mir einen satten Gewinn bringen. Ich musste 1.2 Millionen bezahlen, hatte diese über einen Vorvertrag schon weiterverkauft für 2.3 Millionen. Der Tag der Übernahme dieser Maschinen ist immer näher gekommen. Dann heißt es auf einmal am 15. August 1988 läuft das Schiff in Amsterdam ein.

Zahlung nach Abnahme der Maschinen im Hafen in bar. Natürlich stimmte ich diesem Zahlungsziel zu, ich kannte mich selbst aus mit den Maschinen und das mit der Barzahlung würde ich schon regeln. Meine Idee von der Barzahlung war nicht konform mit der Idee der Verkäufer von Barzahlung. Diese wollten und glaubten ich würde das Geld diese 1.2 Millionen mit in den Hafen bringen. Aber nun nach meinen Erfahrungen in der Welt hätte ich das nie gemacht. Ich wollte die Maschinen sehen und dann mit den Männern in die Bank fahren um dann in der Bank bar zahlen gegen die Übernahme Papiere. Ich bin in Amsterdam angekommen, und bin auch sehr verwundert, dass die Maschinen über Amsterdam kommen sollen. Normal kommen solche großen Maschinen über Rotterdam oder Flissen. Aber diese Maschinen sollten in einem Spezialschiff kommen. Ich hatte von meiner Bank 20.000 DM abgehoben um wenigstens etwas Bargeld zeigen zu können. Ich war in Amsterdam wie auf einem Feuerstuhl, man verschob nun den Abnahme Termin schon zum dritten Mal. Ich machte mir ehrlich bereits große Gedanken darüber und dachte Tatsächlich daran das man mich irgendwie Leimen will. Ich Telefonierte alle 3 Stunden mit meiner Frau. „ Hörzu meine liebe, ich habe ein komisches Gefühl. Wenn heute nichts passiert, ich meine bis morgen früh dann komme ich wieder nach Hause". „ Pack deine Sachen und komme gleich, da stimmt doch etwas nicht. „ Gut meine liebe, ich rufe jede Stunde an, wenn ich mich mal einmal nicht gemeldet habe rufe das Hotel an und die Polizei".„ Das hört sich richtig Dramatisch an. Bitte komm direkt nach Hause". „ Wenn bis morgen früh nichts passiert ist komme ich nach Hause".

Dann gehe ich nach einem kurzen Spaziergang durch die Innenstadt um 12.20 ins Bett nach dem ich nochmals mit meiner Frau Telefoniert habe. Um vier Uhr morgens klingelt das Telefon im Hotelzimmer. ,, Hallo, Herr Berger, hier ist die Rezeption, hier sind zwei Männer die mit ihnen sprechen wollen. ,, Ok, geben sie mir die Männer, Hallo Herr Berger", meldet sich jemand in schlechtem Deutsch. Ich merkte sofort das konnten nur Franzosen oder Belgier sein. ,, Was ist, was gibt es mitten in der Nacht. Wir rufen an wegen der Maschinen, das Schiff ist nun doch erst nach Rotterdam gefahren, wir sollten möglichst um 6.00 Uhr dort sein, deshalb sind wir so früh". ,, Ok, ich packe meine Sachen und komme". Ich bin nun sehr froh, dass Bewegung in die Sache gekommen ist. Ich nehme meine Aktentasche und die Geldbörse in der auch mein Personalausweis ist den ich für die Bank benötige. Den Pass und meine Kleidung habe ich im Hotelzimmer zurück gelassen. Die Männer unten an der Rezeption warten sehen einigermaßen vertrauenswürdig aus und wir fahren dann schnell ab nach Rotterdam. Nachdem wir uns darauf geeinigt haben das ich selber fahre. Die Männer schauen auffällig auf meine Aktentasche und fragen nur ob alles in der Tasche ist für das Geschäft. Ich nicke, ,, ja da ist alles drin was wir benötigen". Das war das letzte was ich nach 6 schlimmen Wochen noch weiß, bis auf kleine Lichtblitze. Genau zu diesem Zeitpunkt bricht meine Erinnerung ab. Ich bin 6 Wochenlang eingesperrt und hatte keine Ahnung davon wo ich bin. Ich konnte mich dann nur noch daran erinnern das ich die wenigen Male die ich zu mir gekommen bin feststellen konnte das ich auf einem Schiff sein muss auf dem ich Gefangengehalten werde. Ich habe nach der Meinung der Polizei nur überlebt.

Weil meine Frau so schnell gehandelt hat und die Holländische Polizei informiert hat und diese schnell meinen Wagen gefunden hat. Man hat die Blutspuren im Wagen entdeckt und konnte dann vom Auffindungsort ausgehen das es hier ein Verbrechen gegeben hat. Am gleichen Abend strahlten alle holländischen Fernseher mein Bild aus. Das meinte die Polizei sei der Grund gewesen das ich nicht direkt getötet wurde. Man hatte dann noch versucht meine gesamte Familie zu erpressen um an mehr Geld zu kommen. Diese 20.000.- DM waren nicht das was sie wollten. Sie wollten viel mehr, träumten von Millionen, in der vierten Woche tauchten Männer auf die plötzlich mehr wollten. Nicht mehr Geld sie wollten meine Maschinen. in der ganzen Welt dazu benutzen um Drogen zu schmuggeln. Während dieser Gespräche konnte ich kaum einen klaren Gedanken fassen. Ich vermute das man mir etwas in die Getränke getan hat, keine Ahnung was. Auch die Polizei hat es nicht herausgefunden. Dann wachte ich plötzlich völlig Ramponiert auf einer Bank in einem Park auf. Ich fragte mich durch zur deutschen Botschaft und fand diese dann nach längerem suchen. Man hat mich sicher für einen Trunkenbold gehalten der sein Bargeld versoffen hat und nun nach Hause möchte. Man ließ mich nicht weiter als auf den Flur der Botschaft, man brachte mir aber eine Tasse Kaffee. Die Botschaft telefonierte dann mit dem Rathaus in Braubach. Ließ sich meine Geschichte betätigen. Ich konnte mich dann waschen und ich habe Geld bekommen um einige Passbilder für einen Ersatzausweis machen zu lassen. Ich habe dann die Ersatzpapiere bekommen und das Fahrgeld bis zur deutschen Grenze, abgezählt auf den Pfennig. Ich bin dann mit vielen Schwierigkeiten und Problemen nach Hause gekommen.

Ich musste danach drei Monate komplett aussetzen, ich war kaputt. Ich habe dann weil ich nicht zu Hause sitzen konnte im örtlichen Schwimmbad in Lahnstein Aushilfearbeiten gemacht zum Nulltarif aber ich benötigte diese Ablenkung. Erst nach drei Monaten habe ich mich stark genug gefühlt da wieder anzuknöpfen wo ich unterbrochen wurde. Wegen des fehlenden Interesse, meines Sohnes und des Schwiegersohns an dem Betrieb in Mülheim Kärlich haben wir dort den Betrieb aufgegeben. Meinen Sohn habe ich dann mitgenommen in den Betrieb nach Kairo. Dort hatte ich mit einem deutschen Partner ein kleines Bauunternehmen und eben meinen Maschinenhandel. Zum Leidwesen meiner Familie war ich wieder unterwegs, aber dieses Mal war mein Ältester schon mit mir mit gekommen. Er machte in Kairo die Demontagen der Maschinen und Anlagen mit einem ägyptischen Partner. Wir kauften die Maschinen und Krane wieder zurück. Die alle wieder aus Ägypten ausgeführt werden mussten. Wir lieferten auch Maschinen und Anlagen von Ägypten direkt nach Israel. Ebenfalls Zement und Steine, das wurden wichtige Geschäfte für unsere Partner und für Ägypten, das spülte Geld in die Kassen der ägyptischen Regierung und natürlich auch in meine Kasse. Wir haben zu dieser Zeit viel Besuch von Israelischen Geschäftsleuten die zu uns nach Kairo kommen. Die Flüge der Israel Air wurden damals auf den Tafeln offiziellen Tafeln nicht angezeigt. Es gibt da auch nur ein bestimmtes Hotel in Kairo Zamalek in dem die Israelis übernachten durften. In diesem Hotel gehörte auch eine geheime Zwischenetage dem CIA. Als dann die Presse in Saudi Arabien über unsere Lieferungen nach Israel gestolpert ist und Berichte bringt von Deutschen Nazis die mit den Israelis Kooperieren.

Die Baumaschinen und Baumaterial von Ägypten nach Israel liefern. Mit einem Schlag wurden damit alle Ausfuhren nach Israel unterbrochen. Wir mussten die Maschinen Lieferungen umstellen haben dann Kunden für diese Maschinen aus Thailand und China gesucht. Ägypten entwickelte sich für mich zu meinem Traumland, ich miete eine Villa für das Büro und meine Wohnung, später dann als meine Familie versuchte in Kairo zu bleiben eine zweite Villa für Privat dazu. Meine ganze Familie ist oft gekommen und hat dann ihren Urlaub in Kairo gemacht. Es waren dann immer tolle Tage, mein jüngster hat dann immer schon unser widersehen auf dem Flughafen Boxkämpfe mit mir gestartet. Es waren sehr schöne Jahre, obwohl wir oft getrennt sind. Ich wurde wieder in den Irak gerufen, der Krieg dort, das Übernehmen der Amerikaner des Regierens und das Embargo haben dort zu den größten Problemen geführt. Bereits der Angriff des alten Herrn Busch hat uns eine vermögen im Irak gekostet an verlorenen Aufträgen. Wir hatten die Aufträge und die Genehmigung mit zwei weiteren Unternehmungen aus Deutschland die gesamt Zementindustrie im Irak zu überholen. Ich habe über die Jahre alle zerstörten Fabriken auf ihren technischen Zustand abgenommen. Ich persönlich kenne jedes Zementwerk und fast alle einzelne zerstörten Fabriken im Irak und habe versprochen zu versuchen die alten Produktionsmaschinen. So gut es geht wieder in Betrieb zu nehmen. Die Aussagen des Herrn Busch waren vor seinem Kriegseinsatz der größte Unsinn der jemals verbreitet wurde. Der Irak war damals nicht in der Lage irgendetwas herzustellen. Sie wussten nicht über die Maschinen die sie hatten. In den Fabriken sind Menschen beschäftigt ohne jede Arbeit.

Weil sich kein Rad in den Fabriken mehr dreht. Ganz kleine private Betriebe, Gießereien haben das Land provisorisch am Leben erhalten. Man ist technisch so ungebildet, wie Generale und Soldaten dies oft in den Armeen Arabiens und Afrikas sind. Man hatte in einer Halle ein 3d Gerät mit dem man hätte alles herstellen können was man benötigte. Ich hatte mich schlau gemacht bei 3 D Deutschland und USA, habe Videos mitgenommen und den Militärs gezeigt. Wäre nicht der damalige Verteidigungsminister mit dabei gewesen man hätte mich beinahe Erschossen. Weil die Herrn General Glaubten, ich will sie alle verarschen. Chemical Charly hat am lautesten gerufen und konnte das so gute System der 3d Anlage überhaupt nicht verstehen konnte nicht glauben wie schön das 3 d System arbeitet. Wie wichtig es für sie gewesen wäre in dieser Situation. Ich konnte sie dann doch noch von dem System überzeugen und wollte mir die Genehmigung in Deutschland holen dieses System wieder in Betrieb zu nehmen und noch mehr hinzu zu kaufen. Ich habe dann über 6 Monate lang nochmals quer. Durch den Irak alle Zementwerke überprüft und habe wieder Reparaturvorschläge gemacht. Habe mit deutschen und anderen Konzernen die Überholung vorgeschlagen und besprochen. Ich habe mich mit den Söhnen von Sadam auf ein Auftragsvolumen von 1.6 Milliarde USD geeinigt. Auch die Weltbank hatten wir eingebunden und eine Teilweise Hermesbürgschaft bekommen trotz des Embargos. Ich war dann oft im Irak und wir haben alles versucht und getan um zu helfen. Der Machthaber Sadam Husein war ein Schweinehund und seine Söhne waren noch Schlimmer. Wenn ich im Irak weilte hatte ich meine eigenen Wachleute für mich. Sicherheitsleute die sich auch gegenseitig überwachten.

Es gab dann Tage da wurden die einen verhaftet und verschwunden und dann wieder die anderen. Es gibt viele Interessengruppen im Irak. Ich war in Bagdad in Sadams Schloss und in seiner Heimatstadt er ist nur noch ein von Ängsten getriebener Mann in dieser Zeit. Zum beinahe Ende seiner Macht hat er nur noch eine sehr große Schaar von Idioten um sich versammelt. Genauso wie es unserer früherer Führer und Oberidiot damals auch gemacht hat. Generale die von nicht, auch gar nichts eine Ahnung haben nur große Sprüche machen sollen seine Spinnereien bestärken. Söhne und Generale die sehr große Bogen spucken. Sie haben mich oft gefragt, ,, Was glaubst du Berger könnten wir einen Krieg gewinnen". ,, Nie, auch nicht mit den 5000 Panzern die ich gesehen habe und mehr, ihr habt keine Chance in 6-8 Wochen ist der gesamte IRAK überrannt und amerikanisch". ,, Ich habe das immer wieder wiederholt, aber keiner glaubte es mir. ,, Sie fragten einmal warum ich das so fest glauben würde das sie den Krieg verlieren würden". Neugierig waren sie doch auf meine Meinung. Erstens, ihr habt nur ungeübte Soldaten, wir haben das gesehen in Mosul. Bei den wenigen Übungen dort gegen die Abwehr von Flugzeugen auf der Damm Baustelle. Dort sind 11 Geschütze stationiert, diese 11 Geschütze haben keinen von den vier aufgestiegenen Ballons getroffen. Stehende Ballons, die hole ich mit der Zwille herunter. Die Amis erledigen Euch aus 10.000 Metern und mehr. Ihr seht überhaupt keinen Cowboy den ihr erledigen wollt. Die Cowboys kommen erst wenn hier unten bei Euch alles platt ist". ,, Nein Berger, du hast unrecht, die haben doch auch in Vietnam den Arsch fürchterlich vollgekriegt". Zwischen dem IRAK und Vietnam sind Welten. Ihr könnt euch nirgends verstecken, ihr könnt nur unter den Sand kriechen".

,, Denkst du Berger das glauben die Jungs, nie wird es so kommen Berger. ihr deutschen seid auch nicht mehr das was ihr einmal wart, ihr habt keine Power mehr". Wir werden die Cowboys hier würdig empfangen", sagte Udai sehr aufgeregt. ,, Ich staunte über so viel Blödheit der Irakischen Generale und Sadams Söhne. Diese durften einfach nicht glauben. Sie keine Chance haben, sie sind der Meinung ein guter und tapferer Araber und Moslem kann nicht verlieren. Allah wird auf jeden Fall nur ihnen helfen. Ich musste sie so in ihren Gedanken und dem Irrglauben zurück lassen. Ich konnte diese Männer mit nichts überzeugen. Sie sind im Falle eines Überfalles von dem jungen Busch sicher alle erledigt, sie werden ihn zum Teufel jagen. Einige Jahre vergingen mit den Genehmigungen etc. für die Überholung der Zementwerke, Jede einzelne Lieferung muss vorsichtig überlegt werden und muss von den Behörden genehmigt werden. Zwischenzeitlich war ich dann wieder in Ägypten um den Aufkauf der Maschinen abzuwickeln. In Mosul sind alle Maschinen Verkäufe abgewickelt bevor es zum ersten Einmarsch kam. In Kairo lief alles auf vollen Touren. Die Firma Frucon, die amerikanische Firma von Bilfinger und Berger arbeitete in Alexandria. In allerletzter Sekunde hat Europa und Amerika den Nil gerettet. Ohne diese Aktion wäre Ägypten heute nicht mehr. Der Nil war bereits am um kippen. Gewaltige Kläranlagen mussten in den größten Städten Ägyptens her. Wenn man von Kairo nach Alex fuhr, konnte man den Gestank nicht mehr ertragen. Ein Gebiet von vielen Quadrat Kilometern war ein Meer von Scheiße und Pisse. Es gab Fischer die aus dieser Jauche noch Fische holten, Fische die so noch überleben konnten, aber diese zu essen war tödlich. Man konnte mit Riesen Baustellen den Nil retten.

Ich verkaufte Anfangs nur vereinzelt Maschinen so wie diese frei wurden. Dann habe ich meine Familie gebeten nach Kairo zu kommen um es sich zu überlegen in Kairo zu bleiben. Sie hatten ein tolles Haus und Garten, es ist zu dieser Zeit noch schön in Maadi, es ist ein kleines bisschen Deutschland. Ich Versorge meinen Sohn sogar mit einer tollen Freundin, einer Koptischen Christin weil ich glaubte er würde mit dieser besser zu Recht kommen als mit einer Moslemin. Sie versuchten es und blieben aber nur 8 Wochen. Meine Frau hat kein Wort englisch gesprochen und dies in den ganzen Jahren nicht gelernt. Sie und mein jüngster sind nicht mit dem Leben dort zu Recht gekommen auch er mochte kein Englisch. Urlaub ja, aber mehr ging nicht. Sie beschlossen nach diesen 8 Wochen wieder abzureisen. Ich merkte auch wie unruhig mein ältester Sohn wurde, er hatte eigentlich alles hier in Kairo einen Riesen amerikanischen Pritschenwagen. Doppelkabine eine Freundin. Aber eine Freundin die 100 % christlich ist eine koptische Christin. Aber das Leben mit einer Koptischen Freundin ist weitaus schwerer als mit einer Moslemin. Die Kopten sind wesentlich strenger in allen Auslegungen ihrer Religion und in der Behandlung ihrer Töchter. Für sie gilt zwar nicht die Sharia, aber es wird noch ähnlich streng gehandelt wenn es um die Familie geht. „ Papa ich halte das nicht mehr aus, den ständigen Streit mit ihrem Bruder, dem ständigen Krach wenn wir mal später nach Hause kommen. Ich möchte nach Hause, aber ich will dich auch nicht hier alleine lassen". „ Mein Sohn, du lässt mich hier nicht alleine, ich habe viele Freund hier", mach dir keine Sorgen um mich. Aber eins machen wir bevor du fährst, wir machen eine große Verlobungsfeier bei Hans". Es wurde eine sehr große und schöne Verlobungsfeier bei meinem Schweizer Freund in seinem Restaurant in Maadi.

Wir sind über 100 Leute und es war für alle ein toller Abschied. Erst will seine Verwandtschaft die seiner Verlobten nicht kommen. Dann fahren sie mit 2 Bussen vor. Ich hatte gerade 400.000 ägyptische Pfund eingenommen und diese bar. Patrick hat mir diese im Haus versteckt, überall und nirgends eingenagelt. Ich musste ihn später zu Hause anrufen damit ich es wiedergefunden habe. Seine Verlobte hat er völlig vergessen und er ist nie wieder nach Kairo zurückgekommen.

Kapitel 7 Israel/ Jordanien/ Süd Ägypten

Ich musste wieder einmal nach Israel, es gab noch alte Dinge zu klären. Aber auch der BND für den ich manchmal genau wie für den MI five. Und manchmal auch für den KGB kleinere Aufgaben übernommen habe wurde ich auf dem Flughafen sehnsüchtig erwartet. Man schätzte meine Hilfe weil ich eine kleine aber feine Firma habe und weltweit operiere, konnte ich natürlich viel Unauffälliger Nachforschungen anstellen. Konnte für andere fast unsichtbarer sein als Echte Agenten. Ich habe mich trotz dieser kleinen Hilfen nie als ein Agent gesehen. Denn ich habe nie Geheimnisse verraten, konnte alles unter dem Mantel meiner Arbeit verstecken. Ich hatte auch Freunde und Freundinnen in Israel diese versorgten mich mit dem nötigsten. Ich hatte den Auftrag auf einer Geschäftsfahrt nach Hebron vermutliche Schmuggler aufzufinden. Man wusste beim BND und beim Mossad sie sind da irgendwo und nirgends. Ich hatte dies auch einmal auf der anderen auf der ägyptischen Seite für die Ägypter gegen die Israelis erfolgreich gemacht. Nun glaubte man, ich könnte dies auch hier auf der Israelischen Seite erfolgreich machen.

„ Hört Männer, ich habe Familie, ich habe keinen Bock mehr auf solche Operationen". „ Du und Familie, deine Familie hat dich gerade mal wieder in Stich gelassen". „ Nein nicht in Stich gelassen, die können es in Kairo nicht aushalten, nicht so wie ich. Ich hatte ihnen gesagt das sie es probieren können, wenn nicht können sie ohne ein schlechtes Gewissen wieder nach Hause fahren". „ Auch dein Sohn ist nach 2 Jahren Kairo wieder abgehauen". „ Das tut doch alles nichts hier zu Sache". „ Da hast du Recht Mister Berger, wir wollen nichts anderes als das du diese Hunde aufspürst, diese machen uns das Leben schwer. Die schmuggeln Waffen in großen Mengen nach Gaza. Wir wissen nicht wie sie das machen". „ Wie soll ich das für sie herausfinden?". „ Nutzen sie ihre Verbindungen, sie werden auch wieder gut bezahlt, wir bringen ihnen wieder neue Projekte". „ OK, ich muss sowieso nach Hebron, auf diesem Weg kann ich es machen". „ Wir stellen ihnen eine Agentin des Mossad zur Seite". „ Die will ich nur sehen wenn ich sie brauche, sie sollte aber immer abrufbereit sein!". „ OK, Herr Berger, uns ist dies auch lieber". „ Berger, Ihre Freundin von ihren letzten Besuchen wartet auf sie, sagte der Mossad Mann und der Mann vom BND. Beide hatten gemeinsam diesen Kontakt mit mir aufgenommen. „ Der BND Mann. blieb noch einen Augenblick. Herr Berger, wir wussten natürlich. dass sie nach Hebron wollen. Wir stellen ihnen das Fahrzeug, in diesem haben wir etwas für unsere Mitarbeiter in Hebron eingebaut. Die Mossad Leute haben keine Ahnung davon, also vorsichtig. Es ist nur zu finden mit einem Spezialgerät, keine Bange man wird es nicht entdecken". „ OK, und was hat der BND mir zu bieten für diesen Job". „ Das Auto, der Jeep gehört danach ihnen". „ Ok, dann starte ich morgen früh.

Wann ist die Übergabe des Autos?". „ Auch morgen früh Herr Berger, morgen früh vor ihrem Hotel steht dann die Kiste". Die Tür fliegt wieder auf und der Mossad Mann ist wieder da, was ist los Berger soll ich ihre Freundin wegschicken". „ Nein, nein ich habe ihn nur noch aufgehalten, wir mussten noch etwas anderes Besprechen bezüglich der Moslembrüder im Asyuit". „ Wir besprechen die Bruderschafts Angelegenheit dann noch kurz morgen früh. Draußen wartete Christina, sie war eine ganz junge Soldatin als sie mich vor fast 15 Jahren verhaftete hat, jetzt ist sie beim Mossad Offizier. Ich wurde einmal von den Israelis mit einem englischen Hubschrauber Piloten über dem Suez Kanal vom Himmel geholt. Hatte mir bei der Bruchlandung des Idioten meine Schulter gebrochen. Ich wollte mit einigen Managern der Deutschen Deminex von Kairo in den Süden von Ägypten fliegen. Der Pilot des Hubschraubers, ein Engländer hat diesen Ausflug gleich dazu benutzt um daraus für die Ägypter einen Spionageflug zu machen. Er hat einfach die verbotene Zone den Suezkanal überflogen und hat auf Teufel komm heraus den Kanal und alles darum Liegende gefilmt für die Ägyptische Armee. Es waren damals die großen Zeiten der Spione im Sinai. Der Hubschrauber schmierte nach leichtem Beschuss der Israelis ab. Christina, damals noch eine brennendheiße Soldatin hat mich gefangen genommen. Nach fünf Tagen waren wir wieder frei, bis auf den Piloten. Wir wurden abgeschoben nach Ägypten. Was anderes war nicht möglich wegen des andauernden Kriegszustandes. Es war eine freundliche nette Begrüßung, man sah ihr die Freude an, aber auch ich habe mich sehr gefreut. Wir haben fast die halbe Nacht gequatscht und sie wünschten uns dann erst um fast 2 Uhr am Morgen viel Glück.

Sie für meine Reise für den Mossad so wichtige Reise, ich ihr für die Zukunft und ein baldiges Wiedersehen". „Das ist schön Ulli das du uns hilfst. Du hast sicher keine Ahnung das ich dein Leben in Kairo verfolgt habe". „Das glaube ich dir nicht?". „H, m du kennst doch bestimmt Archituv?". „Du meinst den netten älteren Herrn der Aussieht wie Fred Feuerstein?". „Christina lacht, ja da hast du Recht, dieser Fred Feuerstein ist mein Onkel". Er hat mir immer berichtet wie es dir geht, so war ich immer auf dem Laufenden über dich. Es war in jeder Beziehung schade, dass dieser Kontakt durch die Aktion der Saudis unterbrochen wurde. „Der nette Kerl, wir hatten so viel Spaß mit ihm in Kairo und gute Geschäfte". „Ja, Fred Feuerstein hat so sehr von deinem Sohn geschwärmt. Wie gut er die Reparaturen und Krane im Griff hat". „Das ist ja Hammerhart, leider haben die Saudis dieses Geschäft kaputt gemacht". „Nun, du musst jetzt schlafen deine Leute wollen dir sehr früh das Auto übergeben. Bleib sauber und mache keinen Unsinn. Ich möchte dich nicht schon wieder verhaften. Aber ich muss dich noch warnen, bezüglich deiner Aufgabe, im Süden Ägyptens, mache das bitte, das ist sehr wichtig auch für unsere Sicherheit in Israel. Denke nicht, dass es nur um dein so heiß geliebtes Ägypten geht. Steckt eine Frau hinter dieser heißen Liebe zu Ägypten". „Was ihr Frauen immer denkt, nein ich liebe Ägypten wegen seiner Schönheit und seiner so liebenswerten Menschen". Auch ein wenig wegen meiner Cleopatra". „Wusste ich es doch, Archtuv hat von ihr erzählt, ein toller Typ deine Cleopatra". Na, dann werde ich wieder von dir hören, vielleicht kommst du ja auch einmal wieder ohne deine Arbeit einfach zu einem Besuch nach Israel". „Ich werde kommen sobald ich Luft habe.

Aber nach meinem Ausflug nach Hebron und Asiuyt muss ich erst wieder in den IRAK. Danach bin ich hier bei Dir, versprochen". 4 Stunden später weckte mich der BND mit dem Auto einem kleinen super Jeep, einem Wrangler, den gleichen habe ich in Kairo, zu dem Riesen Blaser 10 Zylinder. Dieser Blaser ist für meine Kunden in Kairo das sichere Auto. Riesen Groß mit LKW Reifen mit einem Gewaltigem Rammschutz und einer Winde auf dem Rammschutz und vier Lampen auf dem Dach ausgerüstet ist. Aber nur im Straßenverkehr von Kairo ist er eine Waffe und Schutz wegen seiner Größe und des Rohrrahmens um ihn herum. ,, Herr Berger, sie haben nichts anderes zu tun. Als diese Unterlagen von denen sie und kein anderer etwas weiß. Unser Mann, Mahmoud heißt er wird sich für einen Tag in Hebron dies Auto ausleihen. Sie haben noch von ihm einen Umschlag nach Elat mitzunehmen. Hier, für ihre Auslagen und Sprit und so weiter 5000.- USD. Hier ist das Bild der Mossard Agentin die sie auf Verlangen unterstützen wird. Sie wird immer in deiner Nähe sein, nie weiter das sie nicht mehr als 15 Minuten benötigt um bei dir sein. Sorry, jetzt duze ich dich schon". ,, Kein Problem, ich liebe auch das duzen, wir könne dabei bleiben". ,, Das ist ja eine Frau, hättest du mir das Bild vorher gezeigt hätte ich die scharfe Mieze nicht in diese Entfernung verbannt". ,, Das haben wir uns auch gedacht, wir haben es so auch für die beste Lösung gehalten. Du würdest dich nicht mehr konzentrieren können wenn sie bei dir ist". ,, Du hast in einigen Wochen nach dieser Aktion einen Termin im Zementwerk in Asyuit, dort haben wir in der Nähe eine kleine winzige Aufgabe für dich, die wirst du mit links schaffen. Genaueres erfährst du wenn du im Sinai bist. In El AT bekommst du den Namen und Treffpunkt unseres Mannes in Ägypten". Wenig später sitze ich in dem kleinen Jeep.

Ein Traum von einem Auto ich liebe diese kleinen Jeeps aber auch den kleinen Suzuki den ich in Mosul habe. Ich fahre auf die Anhöhen zwischen Tel Aviv und Jerusalem, in die Richtung des Jordans. Ich studierte die Karte und finde einige Stellen wo ich es Versuchen will die mir bekannte Schmuggelschiene zu nutzen. Wie würde ich es machen, nicht auf versteckten verstecken setzen. Ich würde es selbst auf offenen Handelswegen machen und dann die Waren zwischendurch verschwinden lassen. Ich fahre auf diesen Handelsstraßen und es dauerte Knapp drei Tage, da glaube ich die Schmuggler entdeckt zu haben. Nur weil ich es genauso gemacht hätte wie diese Kamelreiter die dort vorbeiziehen. Während ich am Straßenrand liegend mein zweites Frühstück zu mir nehme. Sind 15 Kamele aufgetaucht, in einer Reihe, wie auf einer Perlenschnur. Die Riesen Körbe die an den Kamelen hängen sind voll mit Melonen. So sieht es für jeden Betrachter dieser Karawane. Ich nutze zum ersten Mal das Funkgerät funke meine Geheime Lady vom Mossad an. Sie taucht keine 10 Minuten später bei mir auf und glaubt nicht, dass ich schon ein Ergebnis habe. ,, Nein Herr Berger, das glaube ich nie im Leben, das sind ganz normale Händler, auf einer der am meisten befahrenen Kamelstraße am Jordan". ,, Seit wann können Kamele fahren?". ,, Ich mische mich unter die Leute dort und werde die Körbe untersuchen, die sind mir etwas zu weit und zu mächtig". Die Kamele haben schwer zu tragen, man sieht es ihnen an". Na ja Herr Berger wenn sie so gut sind wie man erzählt, dann kann das stimmen was sie hier erzählen. Das wäre natürlich der Hammer, aber das würde erklären warum wir sie nie entdeckt haben. Wir suchen wie Profis und kompliziert schließen alles ein und wieder aus".

,, Ich glaube fast du hast Recht". ,, Sie nimmt ihren Feldstecher aus ihrem Auto, ein gewaltiges Ding. Mit diesem mein Lieber Kundschafte ich die Leute aus, ich werde alles sehen. Eine 10 Cent Münze sieht damit aus wie ein Fußballplatz". ,, Genau eine Stunde betrachtet sie aus fast 200 Metern Entfernung jedes der Kamele seine Ladung und alle Begleiter. ,, Ja, Berger du hast Recht, das sind unsere Leute, ich rufe die Unterstützung für eine weitere Verfolgung herbei. Wir wollen wissen wohin sie gehen und wie sie es machen". ,, Das heißt ich habe meinen Job hier erfolgreich abgeschlossen und kann weiter nach Hebron fahren". ,, Ja, das kannst, du weißt wie du weiter kommst?". ,, Die Frage für mich ist nur. Werden mich deine Leute durchlassen dann schaffe ich es mit einer Leichtigkeit". Sie schlägt sich an den Kopf, ,, das hätte ich bald vergessen, ein Dokument mit dem du bis zur Grenze in El At ganz locker durchkommst wirst. Mit diesem Schein bekommst du auch deine Ausreise Genehmigung. Damit kannst du aus Israel über El At nach Ägypten ausreisen". ,, Prima, dann kann mir nichts mehr passieren, dann wünsche ich Euch viel Erfolg bei der Schmugglerverfolgung". ,, Dir Berger auch viel Erfolg, ich denke du hast noch so einiges vor dir". ,, Ich war froh das ich nun weiter nach Hebron fahren kann und dann über El At nach Ägypten ausreisen kann. Ich nehme nach der Erledigung meiner Aufgabe in Hebron die Fahrt über EL AT mit einem neuen Auto auf. Mein Auto schenkte ich guten Freunden in Hebron. In Hebron kaufte ich mir für mein Judasgeld einen Nagel neuen Wagen, einen Jeep Wrangler. Ab Nuveba wählte ich die Straße quer durch den Sinai nach Suez den ich schon oft mit meiner Familie und alleine gefahren bin. Ein wunderschönes Stück Erde, mit Traumhafter Natur für mein Verständnis von Natur.

Für viele Menschen ist der Sinai nur eine Steinwüste, für mich ist der Sinai eine Perle. Ich bin zuerst durch den Kanaltunnel nach Kairo gefahren. Bin dort aber nur einen Tag wegen der Kürze der mir verbleibenden Zeit bin ich direkt nach Asyut gefahren. Der Mittelsmann in El At hat mir die Informationen für den neuen Job für den Mossard übergeben. Ich bin mir nicht sicher ob ich diesen Auftrag annehme. Ich bin im Süden von Ägypten durch meine vielen Reisen bekannt. Trotz Warnungen und Reiseverboten fahre ich immer in den Süden. Nun habe ich natürlich im Gegensatz zu den früheren Reisen wieder Papiere Visum und einen Pass. Die Moslembrüder sind in dieser Region im Sinai und im Süden Ägyptens sehr aktive. Ich kenne sogar einige von ihnen und deren Unterstützer. Das Zementwerk in Asyut war lange Zeit eines meiner Projekte im Süden von Ägypten. Das Zementwerk war zu dieser Zeit ein Staatsunternehmen das wichtig war für die Infrastruktur aber die Umweltverschmutzte in einem großen Maß. Sie Ursachen der Verschmutzung waren fehlende Filter. Wenn ich nach Asyut anreiste dann sah man aus 20 Kilometern Entfernung die Kalkglocke über der Stadt und der ganzen Umgebung. Es sah so aus als würde man in Schneewolken fahren. Man rief in unserer Firma in Kairo um Hilfe. Man wollte sogar eine Zertifizierung des deutschen TÜV. Mein Partner, ein Dr. Ingenieur ein ägyptischer hatte die Vertretung des TÜV Rheinlands in Ägypten. Ich hatte mit seiner Tochter eine Firma die sich auf diese Abnahmen spezialisiert hat. Ich als Fachmann für die Reparaturen, in dieser Eigenschaft war ich oft unterwegs zu einer Fragwürdigen und gefährlichen Zeit in den Süden Ägyptens. Mein Angebot das Werk zu reparieren war dann vermutlich zu hoch um dieses Geld auszugeben.

Mann verkaufte das Werk das ich versuchte Heidelberger Zement zu verkaufen aber Cemex die Mexikaner erhielten dann den Zuschlag und machten aus dieser alten Fabrik ein Vorzeige Unternehmen. Wir wechselten damals ständig unsere Wege in dieses Zementwerk. Manchmal fuhren wir mit dem ZUG ab Hauptbahnhof Kairo. Diese planmäßigen Züge fuhren aber dann nicht immer. Dann nicht wenn die Islamisten wieder irgendwo im Süden zugeschlagen haben. Wir wussten wie das aussieht wenn ein Zug ausfällt, dann hat es wieder Tote gegeben. Des Öfteren hat es uns im Zug auch erwischt. Plötzlich werden dann fahrende Züge aus den dichten Weizenfeldern heraus beschossen. Dann schießen die Wachmannschaften in den Zügen wieder zurück. Holz splittert und Menschen schreien, die Maschinengewehr gaben der Soldaten auf dem Zug mähen ganze Weizenreihen nieder. Die Ähren fliegen dann nur so wie von Geisterhand geworfen durch die Luft. Es gibt bei solchen Angriffen immer einige Tote und Verletzte in den Zügen. Es ist eigentlich verboten für uns Ausländer in den Süden zu Reisen, aber ich überstand immer alle Militär und Polizei Kontrollen. Die in den Zügen den Bussen im Auto und in den Unmengen von Kleinbusen stattfinden. Wir fuhren dann mal mit dem Zug, mal mit dem Bus, dann wieder mal mit dem Auto oder Taxi. Wir streuten die Gefahren und verteilten diese auf viele Verkehrsmittel. Oft fuhren wir die Wüstenstreck anstatt die Nil Strecke. Wir sind dann immer durch den Geburtsort des großen General Abdel Nasser gekommen, der Ägypten von dem König des Schreckens befreit hat. Aber auch hier wurden wir einmal auf einer der wenigen Rastplätze überfallen und ausgeraubt. Ich war in den Süden immer mit unserem ägyptischen Ingenieur Mohamad unterwegs.

Dies hatte für mich den Vorteil, dass wir kein Hotel im Süden benötigten. In Beni Haram einem kleinen wunderbaren Ort für mich der schönste Ort Ägyptens, direkt an der Nil Strecke. Keine 30 KM vor Asyut von Kairo kommend entfernt. Mohammad hat seine Familie in diesem für mich traumhaft schönem Dorf, ein Dorf das mich verzaubert hat. Nicht nur die Menschen in diesem Dorf sondern seine ganze Schönheit und seine Sauberkeit. Aber es liegt im Süden Ägyptens und dort ist es im Augenblick sehr gefährlich. Man ist sehr glücklich in Mohamads Familie, dass wir immer bei ihnen geschlafen haben wenn wir in Asyut waren. Eine tolle Familie, ich spielte dann jeden Abend Fußball mit den Jungs auf der Dorfstraße. Unsere Arbeitszeit begann um 6.00 Uhr- Vorher konnten wir nicht zur Arbeit fahren, es herrschte ein vom Militär verhängtes Ausgangsverbot im ganzen Süden. Dies galt von 18.00 Uhr bis 6.00 Uhr. Dann ist ab 16.00 Uhr der große rann auf den Straßen. Wir haben kein Auto im Süden und sind auf Taxis oder per. Anhalter unterwegs. Es war ein ständiger Kampf wieder nach Beni Haram zu kommen. Auf dem zentralen Drehkreuz der Landstraßen vor Asyut ist dann ab 15.00 Uhr der Teufel los. Der Platz ist immer voll mit Menschen die in alle Richtungen müssen. Wir müssen nach Feierabend immer in die Richtung nach Kairo. Nach Kairo sind es fast 500 KM, aber wir müssen zum Glück nur nach Beni Haram ca. 30 KM von dieser Kreuzung entfernt. Einmal sind wir gerade dort an der Kreuzung angekommen. Die Fabrik hat uns dieses Mal wie oft einen Fahrer mitgegeben die uns an diese Kreuzung brachte. Weiter trauten sich die Fahrer nicht zu fahren, das war das äußerste in dieser Gefahrenlage. Mohamad und ich sind gerade ausgestiegen und unser Auto entfernte sich gerade wieder zurück zum Zementwerk.

Da ist die Hölle über diesen Platz herein gebrochen. Ein Panzer der Polizei fliegt mit einem lauten Knall in die Luft und ein Mannschaftswagen voll besetzt mit Soldaten die als Polizisten verkleidet sind. Ägypten legte großen Wert darauf die Aktion gegen die Moslembrüder als eine Polizei Aktion darzustellen. Dann feuern auf einmal Maschinenpistolen in die Menge auf der Straße. Wir konnten nicht feststellen ob dies verrückt gewordene Polizisten sind oder Islamisten. Man konnte solche Reaktionen damals auch von der Polizei oder dem Militär erwarten. Die sind alle junge unausgebildete Männer und voller Angst. Bei gefahren ballerten sie oft einfach drauflos. Mohamad und ich liegen in der Mitte dieses Menschenhaufens der nur noch einstimmig schreit. Nachdem diese Schießerei aufhörte und nach fast einer halbe Stunde Ruhe eingetreten ist rappeln sich die Verletzten und unverletzten Menschen auf. Zum Glück blieben nur 12 Männer und zwei Frauen dort liegen, sie sind tot. Dann gibt es Sirenen Geheule aus allen Richtungen und viele Fahrzeuge rasen heran. Man verfolgte die Terroristen mit mindestens einer Hundertschaft. Schüsse hallen wieder die Straße entlang. Ich sprach zu dieser Zeit schon leidlich arabisch und konnte. So auch mit Mohammad von dem Militärs Verhört werden. Mohamad erzählte ihnen das wir im Zementwerk arbeiten und auf dem Heimweg nach Beni Haram überrascht wurden. Wir wurden nach Hause gefahren mit einem Militär Fahrzeug. Das ganze Dorf ist in Aufregung als wir dort angekommen sind. Man liebte die Polizei und das Militär nicht, was oft das gleiche im Süden ist. Aber es war scheinbar an diesem Abend die einzige Möglichkeit überhaupt nach Beni Haram zu kommen. Wir entspannten uns an diesem Abend und sitzen alle gemeinsam auf der Terrasse.

An der keine 3 Meter entfernt ein kleiner langsam fließender Fluss vorbei zieht. Die Jungs bringen uns das Angeln in diesem Nebenarm des Yousuf Flusses bei. Erst spät gingen wir an diesem Abend zu Bett. Auch in Beni Haram hat man inzwischen mitbekommen was dort auf der Kreuzung vor Asyut passiert ist. Sie wussten nun auch das ich und Mohammad mitten drin waren. Abends Drehte Mohammad, sein Onkel und einige Männer ihre Runde durchs Dorf. Sie duldeten in Beni Haram keine Polizei und auch kein Militär. Aber auch keine Islamisten. Fast 13 Männer, schwer bewaffnete sichern jede Nacht ihren wunderbaren Ort. Ihre Waffen sind wunderschöne alte Waffen, Gewehre noch aus der Zeit der Indianerkriege. Einige hatten echte Winchester Gewehre, ich konnte nicht heraus bekommen wie diese in den Süden Ägyptens gekommen sind. Ich und Mahmoud sind lediglich mit Taschenmessern bewaffnet. Es hatte sich in Beni Haram so eingebürgert das ich, wenn ich da bin, das war in diesen Zeiten sehr oft so. Ich musste dann die uralten deutschen Wasserpumpen reparieren. Kühlschränke, Fernseher, Radios. Alles was Technik ist habe ich dann gerne repariert. Manche hatten schon über Jahre Geräte die nicht mehr funktionierten. Die einfachste Waschmaschinen die aber immer den Frauen die Arbeit erleichtert haben. Ales wurde von mir repariert, es waren alles noch Maschinen und Geräte die man reparieren konnte. Man wollte mich gern in Beni Haram behalten und ehrlich gesagt es war und ist vielleicht auch noch das schönste Dorf der Welt. Mit den Flüssen dem Yousouf See den sauberen Bauernhäusern, dem Dorfanger. Den Bänken und Pumpen. Der wunderschönen Zugbrücke die von Hand bewegt werden musste. Den uralten Pumpen die noch immer von Ochsen bewegt werden.

Daneben die Pumpen mit den uralt Deutz Motoren die stundenlang tuckern. Die Gärten, Felder die wie Gärten wirken, weil diese überall von künstlichen Wassergräben begrenzt sind. Zuckerrohrfelder und Gemüse Felder nebeneinander. !000 oder Millionen von Fröschen die jede Nacht ihre Lieder Quaken. Diese herrlichen feucht warmen Nächte die zum Träumen eingeladen haben. Ganz selten hörte man hier in Beni Haram einen Schuss. Die Wachmannschaften hatten einen Ruf wie Donnerhall. Niemand wagte sich in dieses Dorf. Weder die Polizei noch das Militär, man wusste aber auch das es hier sehr friedlich zugeht. Es gab aber auch in diesem Dorf Islamisten, überall im Süden, auch im Zementwerk sind genügend aktive. ich habe in meiner Tätigkeit einige kennengelernt. Ich hatte dann die so schwierige Aufgabe dieses Zementwerk zu beurteilen bezüglich seines technischen Zustandes. Dieser Zustand war so schlimm das ich es eigentlich nicht gekonnt habe weil ich eben alle diese Menschen die dafür zuständig waren persönlich kannte. Auch den hauptverantwortlichen den General Maintenance Manger. Er war ein so feiner Kerl, ich sprach vorher mit ihm. Aber ich musste diese General Inspektion machen. Ich fing an mit der Filteranlage die mindestens 20% der Produktion in den Himmel geblasen hat und die ganze Landschaft um das Werk mit einer Decke von Kalk belegt hat. Es schneite noch ständig von oben aus dem Riesen Schornstein. Die Prüfung ergab, dass es Filter gibt, gute deutsche Filter die aber niemals gereinigt wurden, die völlig verstopft sind. In dem Drucklufthaus in dem die Kompressoren arbeiten die für das Werk so wichtig sind. Das Haus das höchst sauber zu halten ist, in diesem Haus gab es kein einziges Fenster mehr. Der Raum ist in Zementstaub eingehüllt und auf dem Boden ist ein Zementstand von ca. 15 Zentimeter.

Die Kompressoren saugen den Zement direkt an und bleiben. Dann meistens Erwartungsgemäß alle 2 Tage stehen müssen dann ausgebaut und gesäubert werden. So läuft auch hier das Werk ständig nur mit halber Kraft. Die Zustände insgesamt im Werk sind viel schlimmer als es der Äußere Anschein vermuten lässt. Es ist Lebensgefährlich überhaupt durchs Werk zu gehen. Die bisherigen Reparaturen sind alle nur Notdürftig und flüchtig gemacht worden. Riesige Bleche und Maschinenteile wurden nicht verschweißt sondern von Hilfsarbeitern die nie das Schweißen erlernt haben angeklebt mit Schweißpunkten. Alles könnte eigentlich bald zusammenbrechen. Das Werk ist grob gesagt nur noch für den Abriss da, eigentlich unreparierbar. Man konnte es nur in Etappen gänzlich erneuern und wir machten gleich ein Angebot dazu, es ging in die 20 Millionen USD. Das führte dann zu der einzigen vernünftigen von mir vorgeschlagenen Lösung das Werk zu verkaufen. Leider hat ein Hersteller aus Mexico diesen Zuschlag bekommen. Die deutschen Anbieter hatten zu hoch Gepokert obwohl ich ihnen günstige Vorschläge machen konnte. Die Mexikaner Cemex hatte damit einen super Einstieg in die ägyptische Zementindustrie. Hier in Deutschland wurde es immer mehr klar, dass kaum noch Werke neu gebaut werden können wegen der Auflagen. Alternativ zu den Aktivitäten baute ich mit der GTZ eine Schulung für Ägypter für Reparaturen HTMC in 6th of October. Im Außenbezirk in Kairo auf. Es gehörte zu dem Kohl/Mubarak Abkommen für die Ausbildung Jugendlicher. Ich lieferte dazu für diese Reparaturen und Einsätze dazu gehörte auch die Wartung und Bedienung von Baumaschinen. Die erste Serie von guten gebrauchten Deutschen Maschinen.

Die wir schon in Kairo durch Rückkäufe von Walterbau Baustellen und Frucon Baustellen hatten. Noch bis zu den Aufständen nach 2012 in Kairo habe ich diese Schule begleitet. Genau in diese Region die ich so gut kannte, musste ich nun wieder hinein. Ich kannte auch die damaligen Führer der Islamisten, die ursprünglich auch ehrenwerte Absichten hatten. Sie sind für das Volk für die einfachen Menschen da. Sie helfen wo sie können. Sie werden unterstützt aus Saudi Arabien und alles läuft über die Grenzen des Sudans, der ebenfalls darin verwickelt ist. Genau das ist der Punkt das was man von mir wissen will, mehr über diese Leute und deren Wege zu erfahren. Ich blieb dann nach meiner langen Reise erst einmal einige Tage in Suez, eine wunderbare Hafenstadt, ich genoss erst einmal die Pause und Ruhe. Ich erwartet in Suez auch Besuch von einem Tschechischen Ingenieur aus der Botschaft in Kairo Herrn Hruschka. Die Tschechen sind in der Zeit als die Russen noch die Partner Ägyptens unter Nasser waren die Technik Firma und technische Instanz überhaupt in Ägypten. Man traute den Tschechen mehr zu als den Russen. Diese Restabwicklung in Ägypten Unterstanden einem Manager von dem ich wusste, dass er ein alter reinrassiger KGB Mann ist. Man muss die gesamten Niederlassungen die es bis weit in den Süden hinein gibt schließen. Der bereits fest etablierte Westen hat die Maschinen und Anlagen Lieferung bereits fest in seiner Hand. Ich wollte die einzelnen noch brauchbaren Standorte für meine Firma und Freunde nutzen. Mit dieser Aktion hatte ich auch wieder die Möglichkeit unauffällig bis fast an die Grenze des Sudans vorzudringen mit der ehrlichen Absicht die einzelnen Stationen der Tschechen abzunehmen.

Dies wissen natürlich in kürzester Zeit alle Geheimdienste und alle Islamistischen Kampfgruppen. Ich hatte einen sogenannten Freibrief für den Besuch dieser Gegenden. Weil jeder Auskünfte von mir erwartete über die Situation dort vor Ort. Polizei und Militär machten nur Stoßtrupp Unternehmungen in diese Gebiete in die ich nun fahre. 6 Stationen besuchte ich dann dort sehr erfolgreich in der Sache. Diese Stationen konnten sehr gute Ausgangspunkte werden für unsere Aktivitäten im Service und im Maschinen Verkauf. Die Tschechen haben ihre Stationen in Ordnung gehalten. Aber menschlich für mich wird dieser Trip von dem ich wusste wie gefährlich dieser wird oder besser gesagt auch werden kann. Er ist sehr gefährlich für mich geworden ich geriet zweimal zwischen die Kämpfe der Islamisten und der Armee. Ich wurde dann beim dritten Mal selbst mit einer großen Gruppe von Islamisten gefangen genommen und in das Zentralgefängnis von Kairo gebracht. Dort wurde ich zwischen Ihnen mehr als 10 Tage festgehalten, ohne dass überhaupt jemand von mir Notiz genommen hätte, oder mich angehört hätte. Für die Islamisten die gerade auf der letzten Service Station der Tschechen angekommen waren, bin ich einer von ihnen und ich hatte viele Gespräche mit ihnen. Sie hielten mich alle für einen Türkischen Islamisten. Ich war lange in diesem Land und ich war braungebrannt und sprach leidlich englisch. Dazu hatte ich eine silberne arabische Kette um den Hals auf der stand Gott sei mit Dir/Allah sei mit Dir. Ich gewann unter den Islamisten viele Freunde und hielt ihre Ziele damals für Ehrenwert, sie waren es ganz sicher damals auch noch. Sie hatten in vielen Dingen Recht. Sie die Ägypter im Süden wurden Gnadenlos von der ägyptischen Regierung vernachlässigt.

Alles Geld Ägyptens floss in den Norden und nichts davon ist zur Entwicklung des Südens dort angekommen. Sie die Islamisten hatten mit diesen Einsätzen und der Waffengewalt erreicht, dass die Regierung in Kairo umdenken musste. Plötzlich war dann Geld für den Süden da, es wurde etwas getan. Der Süden wurde jetzt ganz langsam aufgebaut, dies wäre ohne den Einsatz der Moslembrüder. Niemals geschehen. Es wurde eine harte Zeit, es wurde 1 Monate im Gefängnis bis man mich herausholte. Dies machte mir dann spätere Aktionen mit den Islamisten möglich. Auch die im Norden Ägyptens auf dem Sinai, den Waffenschmuggel mit den Islamisten in den ich geraten bin. Nach meiner Freilassung hatte ich dann sehr viele Termine mit allen Geheimdiensten der Welt aber nicht mit dem BND. Ich setzte mich dann mit Freunden in Kairo für den Ausbau der Schule ein. Ich war schon lange alleine aber meine Familie ist noch immer in Ihrem Urlaub nach Kairo gekommen. Ich verwöhnte dann alle so gut ich konnte. Mit meiner wunderschönen ägyptischen Sekretärin ist es nach der Abreise der Familie zu einer Annäherung gekommen. Sie wurde für mich wichtiger als mein damaliger Sekretär. Der natürlich nur darauf aus war Geld mit mir und meinen Verbindung zu machen. Er verlangte von allen Kunden und Lieferanten. Geld für sich privat, erpresste sie förmlich. Das ging solange gut für ihn bis sich einige Kunden beschwerten. Dann stellte ich meine Cleopatra ein, so heißt die Lady. Bei Terminen stellte ich sie auf die Probe. Selbst mein damaliger Rechtsanwalt war erstaunt über den klaren Gedankengang dieser kleinen und so netten Lady. Sie war ein Abbild von Cleopatra, alle Kunden konnten nur Gutes über sie sagen. Bei einem Meeting in Suez beim dortigen Gouverneur machte sie ein so gutes Management.

Das ich selbst begeistert war. Am Abend lud ich sie dann ein in das Restaurant im Nil Hilton, dass immer noch unangefochten mein Stammquartier war. Dort geschah es dann, wir schauten uns zu tief in die Augen, Sie erst 21 Jahre und ich bereits 45 Jahre alt. Wir konnten uns aus diesem verliebt sein über Jahrzehnte nicht lösen. Obwohl sie einen ihr Versprochenen Mann geheiratet hat. Weil sie dies aus einer Familien Tradition heraus musste. Ich flog dann von Kairo nach Israel zum Mossad Gespräch nach Tel Aviv. Von dort mit dem Auto nach Ammann und nach Bagdad in den Irak. Ich musste dringend in den IRAK, musste nochmals vortragen vor den Generalen die ja im IRAK wie in Ägypten das sagen haben. Nur im Irak waren es in erster Linie hohe Offiziere ohne ausreichende Ausbildung. Nicht einmal ihr Militärhandwerk haben sie erlernt geschweige verstanden. Die Traumgenerale die Sadam Husein um sich versammelt hatte, sind nur ja Sager mit wenig Verstand. Die guten blieben seinen Rufen fern und blieben bei der Truppe. Sadam ist mir schon früh in Kairo zu einem Begriff geworden. Er hat in Kairo studiert und ich habe ihn dort bereits einige Male gesehen und in Aktion erlebt. Er versetzte damals schon Kairo in Unruhe und man war froh als er das Studium beendet hatte und wieder in den Irak verschwunden ist. Ich wurde wieder einmal gerufen. ,, Herr Berger, sie haben nun die Zementwerke und Fabriken alle Untersucht, wir haben ihnen wieder die Finanzierung in Aussicht gestellt. Wir haben uns geeinigt auf den Betrag von 1.2 Milliarden USD. Wann wird es losgehen mit den Reparaturen, wir benötigen dringend Zement für den Wiederaufbau". ,, Das ist leider nicht so einfach wegen des bestehenden Embargos, In Deutschland laufen alle Genehmigungen, ohne diese Genehmigungen können wir nichts tun.

Wir müssen die Forderungen des Embargo erfüllen". Die UNO hat bereits zugesagt das die beiden Brotfabriken und zumindest 2 Zementwerke überholt werden dürfen. Ich warte noch auf die Ausfuhrzustimmungen der Maschinen und Anlagenteile. Ich rechne damit in den nächsten Wochen". Das war genau am 2 September 2001. Am 11 September änderte sich wieder alles. Ich weile gerade wieder in Bagdad, da geschieht der Terror Akt des Osama Bin Ladin in New York. Da fängt es an das sich alle Räder wieder gegen den Irak drehen. Der Präsident der USA dreht völlig durch, die Geheimdienste der Welt laufen fast alle auf der Linie des Präsidenten der USA. Zumindest die der verbündeten, es werden Dinge Konstruiert die einfach eine ganz große Lüge sind. Der IRAK war zu diesem Zeitpunkt zu nichts in der Lage, konnte weder Waffen noch etwas anderes herstellen. Die Fabriken die Vater Busch zerstört hat die wurden wieder aufgebaut. Aber in diesen Fabriken ist völlige TOTE Hose. Keine der Maschinen in den Fabriken funktionierte mehr. Sadam war ein Spinner und ein von seiner Wut beherrschter Präsident aber er war kein Idiot. So lange aber nicht bis er Kuwait überfallen hat. Dort hat er auch mich bestohlen, wir hatten gerade ein Neues Betonwerk in Kuwait aufgebaut und eine Woche vor seinem Angriff in Betrieb genommen. Er hat alles Demontiert und in den IRAK verbracht. Es ist wieder ein gewaltiger Finanzieller Schaden für mich, aber den konnte ich jetzt mehr als wieder Wett machen. Wenn nicht der 11 September gewesen wäre. Auch ich werde immer wieder gefragt. Auch von dem mir persönlich bekannten damaligen Verteidigungsminister des Iraks, der im Übrigen eine sehr nette Deutsche Frau hat. ,, Herr Berger, was raten sie uns, was sollen wir machen?". ,, Für mich gibt es jetzt nur noch einen einzigen Weg, für den Irak Kuwait wieder frei zu geben.

Sich aber einen breiteren Zugang zum Meer zu ihrem Hafen zu sichern nur einen kleinen Teil Kuwaits zu behalten. Wenn Kuwait besetzt bleibt, dann werden die Amerikaner und alle anderen arabischen Staaten Kuwait befreien müssen. Dann ist der Krieg gegen den IRAK unvermeidlich". Ich bin mir sicher das der Verteidigungsminister auch meiner Meinung ist, aber die Familie Sadam, die Söhne und der Onkel Chemical Charly glauben nicht an einen Krieg, bis es dann zu spät ist. Es gab für Busch keinen anderen Grund der stimmte um den IRAK Krieg zu beginnen als Kuwait. Alle anderen Vorwürfe gegen Sadam sind erlogen und erstunken. Der Krieg begann und endete so wie ich es vorausgesagt hatte. Der Irak zerbrach, die bereits bis dahin immer unterdrückten etwas anders gläubigen Schiiten als die Sunniten die mit Gewalt diese Unterdrückten fingen nun an die Vormacht im Irak zu übernehmen. All diese Entwicklung haben die Amerikaner völlig unterschätzt. Sie haben die Region dann nach dem Rückzug sich selbst überlassen. Aber sie haben nur das eingeleitet was mit größter Sicherheit in den nächsten 20 Jahren auch ohne ihren Einsatz passiert wäre. Den überall im Nahen Osten standen sich die Schiiten und Sunniten bereits mit den Waffen in der Hand gegenüber. Ebenfalls gegen Israel haben sich längst verschiedenen Gruppen der Sunniten und Schiiten für einen Krieg gerüstet. Diese Entscheidung wurde durch den IRAK Krieg nur beschleunigt und könnte sich am Ende als beste Lösung herausstellen. Auch Europa wenn wir uns erinnern ist erst nach zwei fürchterlichen Kriegen zusammengewachsen und wurde befriedet. Das müssen nun mit vereinten Kräften alle beteiligten versuchen zu erreichen. Ich war noch in Bagdad als die Amerikaner anrückten.

Sie standen keine 50 Kilometer mehr vor Bagdad von meinem Hotelzimmeraus konnte ich die Bombenangriffe überblicken. Die Iraker wollten mir zeigen wie Unrecht ich hatte. Ich wollte auch gern den Einmarsch der Amerikaner erleben, ich war immer neugierig. Dann wurde ich noch in letzter Minute nur einige Stunden vor dem direkten Angriff auf Bagdad von einem Offizier gezwungen mit Ihm in sein Privat Auto zu steigen. Wir sind wenige Stunden vor der Erstürmung Bagdads über die Grenze nach Jordanien entkommen. Mein General hat sich dann kurz vor der Grenze umgezogen. Hatte dann die letzten Kilometer zivil an. An der Grenze selbst sind nur noch Jordanische und amerikanische Soldaten. Der Übergang ist von Irakischer Seite längst aufgegeben worden. Die meisten Irakischen Grenz Soldaten sind längst ebenfalls in zivil in Jordanien. Ich habe dann den Amerikanern und den Jordaniern bestätigt, dass mein Begleiter, der General nun als Zivilist verkleidet unser Sekretär in Bagdad war. Wir sind gerade noch vor der Übernahme in Bagdad dem schlimmsten entkommen, mit vielen die dies noch in letzter Minute versucht haben. Das hatten diese ja auch miterlebt und gesehen. Es wurde mir geglaubt denn man hatte in Jordanien ganz andere und viel Größere Problem in dieser Zeit als ein getürmter General.   Ich hatte wieder einmal einen Milliarden Auftrag verloren aber mein Leben gerettet. Ich fuhr dann mit einem Bekannten in Jordanien über Land wieder nach Kairo zurück. Machte dann dort wieder einige Umsätze im Baubereich mit meinem deutschen Freund. Und den Tschechen. Mit Tschechen die mit meinem Freund den Staat betrogen. Die Tschechen wollten wieder mit ihren Produkten Fuß fassen in Ägypten. Sie schickten über die Botschaft Industrie Produkte und Baumaschinen.

Die ich eigentlich Produkte die ich eigentlich in Ägypten Verkaufen sollte. Die hat mein Partner dann, weil er die Einfuhr nur mit dem Bauunternehmen vornehmen konnte für sich und seine Einsätze Zweckentfremdet. Er verleibte sich alle Maschinen und Fahrzeuge in seine Firma ein und konnte damit dann Großaufträge abwickeln die er sonst hätte nie machen können. Nie hat er an die Bezahlung der Maschinen gedacht, meine Warnung an den Tschechen wurden alle ignoriert. Weil dieser in dieser Zeit auch recht gut von dem Betrug an dem Tschechischem Staat lebte. In dessen hat sich meine Trennung von meiner Frau so langsam und schleichend vollzogen. Es war so einfach für uns beide weil wir uns durch meine viele Abwesenheit schon etwas voneinander entfernt haben. Ich hatte ebenfalls im Ernsthaft vor in Ägypten zu bleiben, aber ich wollte natürlich mit meinem alten leben in Deutschland nicht komplett abschließen. Nach dem sich dann meine Cleopatra für ihren ägyptischen Freund entschieden hat. Es gab zuvor viele Tränen und viel Aufregung für uns alle. So langsam zog sich dann auch alles aus Ägypten zurück. Der aufkommende ägyptische Frühling verbreitet bereits seine Gerüche in dieser Zeit. Es wird ungemütlicher und Geschäftlich nicht mehr so interessant. Ich selbst war dann nur noch immer einige Monate im Jahr in Kairo. Eines meiner Häuser wurde mir schon gestohlen nach dem ich es gründlich renoviert hatte. Es war dann noch dreimal so, dass auch das andere Haus besetzt war wenn ich mal wieder nach Maadi gekommen bin. Jedes Mal musste ich es mit dem Einsatz von Gewalt wieder frei kämpfen. Ich musste das letzte Mal mehr als vier Ägypter aus dem Haus werfen die sich mit den Messern meiner gesamten Küche bewaffnet hatten als ich rein gekommen bin.

Ich bin nicht auf normalem Weg hinein gekommen. Ich musste erst das Gartentor mit meinem Jeep sprengen, und musste dann die Haustür eintreten. In meiner großen Wut ist diese stabile Tür samt dem ganzen Rahmen regelrecht ins Haus geflogen. Dann sind die vier Typen von oben herunter gekommen, einer mit drei Messern aus meiner Küche in der Hand. Ich habe nur rot gesehen und habe diese Typen durch das Haus gejagt wie tolle Hunde. Zwei sind mir entkommen durch den Garten nach hinten durch die Terrassentür und dann über eine 4 Meter hohe Hecke. Die anderen beiden fliegen durch die nun offene Vordertür. Da hat sie dann die herbeigerufene Polizei vom Bürgersteig aufgesammelt. Mein Nachbar, ein deutscher Freund hat während meiner Situation in Seelenruhe sein Auto weiter gewaschen. Mir zu helfen ist ihm in keiner Sekunde in den Sinn gekommen. Anfangs wohnten in dieser Straße 6 Deutsche Familien, aber jetzt sind es nur noch 2 und ich bin einer der letzten. Mein Freund, der Schweitzer Gastwirt Hans, hat auch sein letztes Lokal aufgegeben und ist mit seinen beiden Kindern die dieser mit einer Ägypterin hatte auch wieder zurück nach Lichtenstein gegangen. So manches Mal haben wir Deutsche, auch seine unsere Kneipe frei gekämpft wenn diese wieder einmal von Ägyptern einfach gekapert wurde und weitergeführt wurde so als wäre es ihre Kneipe. Darin verstrickt war dann immer seine Ex Frau. Meine Freunde bei Siemens wurden auch immer weniger, die Geschäftsführer wechselten ständig und damit die Situation für uns. Für Siemens haben wir lange Zeit die Manhols produziert für die Telefonaufträge. Ich war so langsam einer der letzten Mohikaner in Kairo, die Amis zogen sich auch langsam zurück. Die Ölvorkommen waren nicht so ergiebig wie sie gedacht haben.

Auch die Deutsche Ölgesellschaft mit der ich kooperierte Deminex zog sich langsam zurück aus Ägypten. Auch sie hatten einen ständigen fliegenden Geschäftsführer Wechsel. Die Abicon mit dem Deutschen Partner ITAG machte eine mächtige Bruchlandung in Ägypten und verschwand auch. Mein nicht Freund und Partner. Des Deutsch Ägyptischen Bauunternehmens NEC machte mit seinem Tschechen eine ebenfalls gewaltige Bruchlandung. Er selbst der deutsche Geschäftsführer.

Konnte im letzten Augenblick der ägyptischen Justiz entkommen und hütet so hoffe ich, noch heute seine Schafe in der Lüneburger Heide. Ich war zu dieser Zeit bereits wieder mit mehr als einem Bein in Deutschland, nicht weit von Koblenz entfernt in einer Kleinstadt. Von dort bewegte ich dann meine Geschäfte im Rest Ägypten/Südafrika, wieder im Irak, Jordanien China. Vor allem aber auch in den USA. Ich suchte dort hauptsächlich gebrauchte Zementwerke für den Weltmarkt. Ich war lange in Victorville in der Nähe von Los Angeles. Dort bin ich mit Kunden aus Mocambique die große Teile dieses Riesen Zementwerkes dort kaufen wollten. Mit ihnen bin ich dann auf deren Wunsch als Kundenservice von Victorville nach Las Vegas gefahren. Victorville liegt direkt an der Straße von LA nach Las Vegas und auch direkt an der Route 66. Natürlich bin ich diese Route auch mit dem Auto einige hundert Kilometer entlang gefahren. Es war und ist noch heute eine Traumstraße. Alle die Orte fand ich dort die ich aus meiner Jugend aus den Groschen Cowboy Romanen kannte. Die Fahrt mit meinen Kunden nach Les Vegas machte ich mit meinem Auto. Nur ungern ich würde niemals sonst in diese Stadt fahren diese Spielerstadt hat meine totale Abneigung. Aber hier ist es Kundendienst ich musste es wohl tun.

Was mich wunderte diese Jungs aus Afrika scheinen Geld zu haben. Aber der Auftrag den ich von ihnen zu erwarten hatte. Hat auch ein großes Volumen. So ungefähr bei 34 Millionen USD. Da konnte ich schon Mal gegen meinen Willen mit ihnen diesen Trip machen. Las Vegas wäre der letzte Ort in den USA den ich persönlich besucht hätte. Ich lieferte die beiden im Hotel in Vegas ab, ich hatte für mich ein anderes Hotel buchen müssen, da es kaum freie Zimmer gab. Es war in Les Vegas schlimmer als ich es mir vorstellen konnte. Sogar in jedem Hotel befinden sich Spielhöllen, nicht nur in den eigens dafür geschaffenen Großanlagen. Aber ich konnte ja meine Zeit so verbringen wie ich es wollte und wo ich es wollte. Ich fand ein wunderbares Haus mit einem tollen Garten und Terrasse, abgewandt von dem Irrsinnsbetrieb. Ich konnte dort in Ruhe und ohne Belästigung meinen Tee oder Kaffee trinken. Ich konnte von dort über die Stadt schauen und konnte die ruhige Seite der Stadt und die fernen Berge des Grand Canyon sehen. Dann mit dem Blick zur anderen Seite konnte ich den Irrsinn von Las Vegas auf meine Weise ansehen. Wenn ich dann abends in mein Hotel ging, grauste es mir schon vor den vielen einarmigen Banditen in der Hotelhalle. Vor denen Hirnlose Spieler sitzen. Wenn ich mich abends verabschiedete in mein ruhiges Zimmer machte ich immer noch einen Rundblick durch den Spieltempel. Wenn ich dann morgens zum Frühstück nach unten gekommen bin, da sitzen um 7 Uhr morgens noch immer viele der Männer und Frauen dort an den Automaten. Die ich noch vor 6 Stunden dort gesehen habe. An diesem Tag habe ich mir vorgenommen mit dem Hubschrauber über den Grand Canyon zu fliegen. Während ich den Hubschrauber organisierte sind 2 Meiner drei Männer schreiend.

Hinter mir hergelaufen. Sie sind völlig verstört und außer Atem. ,, Was ist los Männer", fragte ich. Es war sowie so nicht einfach zwischen uns mit der Verständigung. Die drei Sprechen ein recht seltsames afrikanisches englisch. ,, Unser Finanzexperte ist verschwunden, der wurde Zeuge eines Mordes an einem benachbartem Spielautomaten. Jetzt Sucht ihn der Mörder und auch die Polizei. Wir haben ihn gerade noch verschwinden sehen in dem letzten Bus zum Grand Canyon, wir müssen ihn finden. Wir gehen davon aus, das der Mörder ihn auch gesehen hat und ihn auch umbringen will weil er ihn erkennen würde". ,, Mein Gott, was habe ich mir da mit Euch eingehandelt, das waren dann neben der Spielsucht die Schreckensdinger in Las Vegas. Auch Mord und Totschlag sind hier der Alltag. Aber man war natürlich in den gesamte USA nicht sicher vor dem Verbrechen. Hier ist es viel ausgeprägter als in Europa. Obwohl wir ja auf dem Weg sind uns anzugleichen. ,, Na, dann los, gehen wir zum Auto und folgen wir dem Bus". Keine 10 Minuten später bin ich mit den beiden völlig verängstigten Typen auf dem Weg zum Grand Canyon. Nur nicht mit dem Hubschrauber sondern mit dem Auto. Wir holten dann auf der Strecke kurz vor dem Grand Canyon den Bus ein. Die beiden packten ihren dritten Mann sofort an der nächsten Haltestelle beim Aussteigen und kommen mit ihm direkt zu mir. Sie wollten natürlich auch direkt mit mir zurück nach Victorville, auf keinen Fall mehr zum Hotel. Sie wollten nicht mehr ins Hotel. Das ging natürlich nicht, sie hatten alle ihre Papiere im Hotel und auch noch nicht bezahlt. Sie haben eine Höllen Angst vor der Polizei und den Gangstern. Diese sind vermutlich schneller und haben längst euer Hotel gefunden. Gebt mir eure Zimmerschlüssel und Geld für die Zimmer.

Ihr bleibt so lange in meinem Hotelzimmer. Ich werde die drei Tage in eurem Hotel bezahlen und eure Koffer zum Auto bringen. Dann muss ich noch hier bezahlen und ab geht es nach Victorville". Die drei jammern herum, die sind so voller Angst, dass sie sich nicht mehr nach Las Vegas hinein trauen. ,, Mein Gott Männer, die haben nur euren Kumpel gesehen, denn wollen sie. Der bekommt meinen Hut verpasst und bleibt im Auto unsichtbar wenn wir in die Stadt fahren". ,, Wir Herr Berger steigen auch nicht mit aus, wir bleiben auch im Auto, wenn der uns doch gesehen hat als wir Paulo verfolgten. Wir sind schwarze uns erkennt man sofort". ,, Klar seid ihr schwarz, ist euch den nicht aufgefallen das beinahe die Hälfte der Menschen in Vegas schwarz sind. Ok. Paulo bleibt in Deckung und unter meinem Hut und ihr braucht nicht aussteigen, ich erledige alles. Mir war es egal, wir wären sowieso morgen ganz früh gefahren. Es ist inzwischen schon Mittag bis wir weggekommen sind, fast 16.00 Uhr. Dies bedeutete auch ich habe die ganze Strecke in der Dunkelheit zu fahren. Mir ging es nur darum das ich nichts von der Landschaft sehen konnte. Aber es war ja sowieso fast alles Wüste bis Victorville. Am Zoll in LA hat man mich schon immer gefragt was ich in dieser Gottverlassenen Gegend will. Am übernächsten Tag hatte ich mit den drei Angsthasen die Abnahme des Werkes beendet und man unterschrieb mir dann im Büro des Chefs. Der ICE den Kaufvertrag für den Kauf des dritten Teils der Anlagen, immerhin 36 Millionen USD. Ich selbst war natürlich froh darüber und hatte noch einen Termin in Sacramento und in San Franzisco. In San Franzisco habe ich in einer großen Firma die mir dieses Projekt vermittelt hat ein kleines Büro. In Sacramento hatte ein Deutscher seinen Sitz, der amerikanische Firmen verkaufte.

Mit denen ich regulär in Amerika arbeiten konnte. Firmen die auch in Europa zugelassen sind. Sacramento war für mich ein spannender Ort, auch diesen Ort kannte ich aus meinen Cowboy Büchern. Ich hatte aber keine Ahnung, dass diese Stadt auch eine Großstadt geworden ist. Es gibt keine Cowboy Romantik mehr, nur in einigen Museen und speziellen Farmen die diesen Wild West Charakter. Den Charakter den man noch für die Touristen bewahrt hat. Dann mein Trip durch San Francisco, es war eine große Rundfahrt trotz meines Navis im Auto. Ich durchfuhr viele Straßen mehrfach. Das Problem sind die vielen Gewässer und Brücken in San Franzisco. Es gibt in San Franzisco überall Wasser und auch steile Hänge und unendlich viele Treppen. Das Wasser ist auch mitten in der Stadt. Dreimal war ich bereits an der berühmten Brücke an der Golden Gate Brücke vorbei gefahren und habe auch Alcatras schon dreimal gesehen. Dort musste ich entlang, dort wartete mein Partner auf mich. Es dauerte drei Stunden bis mir mein Navi wieder sagte ich wäre angekommen. Zweimal stand ich bereits an diesem Platz und habe diese Firma gesucht Firma und nicht gesehen. Ich war davon überzeugt mein Navi spinnt. Ich konnte die Firma die ich kannte nicht sehen, weil inzwischen ein kleiner Wall und ein junger Wald die Gebäude Verdeckt. Ich wollte nicht noch einmal diese Runde fahren und steige aus und Versuche die Firma zu finden. Ich fand diese wie bereits gesagt hinter dem kleinen Wall und Wäldchen. Als ich dann in die Einfahrt fuhr zum Büro und Lagerplatz fahre sah ich erst die kleinen Schilder die einen Hinweis auf die Firma gaben. Die Stimmung war gut und die Besprechung verlief in einer ausgezeichneten Atmosphäre, natürlich weil ich das gesamte Werk gekauft habe.

Natürlich unter den gewissen Vorbehalten die immer notwendig sind. Ich blieb noch einige Tage in San Franzisco und es wurde für mich die schönste Stadt der Welt. Ich habe dann noch die für mich schönste Stadt der Welt. Gründlich besucht. War natürlich auf Alcatras und im Indianerwald, der mit Bäumen bestückt ist wie ich diese noch nie gesehen habe. Über hundert Meter hoch und mit einem Umfang von 10 bis 30 Metern. Zum Schluss habe ich noch. Auf dem Boot des Partners eine Hochseeangeltour gemacht. Dann kommt die Rückfahrt auf einer Traumstraße von San Franzisco bis LA in einem Stück und leider hatte ich nur noch einem Tag. Ich hatte noch einen wichtigen Termine in LA, war dann noch in Atlanta, Texas, Arkinson und an vielen anderen Orten in den USA. Ich machte über Monate eine Rundreise durch die USA und natürlich hatte ich das Glück das ich auch nach Charlston gekommen bin. Überall habe ich mir Zementwerke angeschaut die verkauft werden sollten. Ich habe mir überall viel Zeit genommen, es war dann oft Arbeitsurlaub. Dann kam die Letze Reise auf dieser USA Tour nach Hawaii, dort hat mir ein Kunde eine Riesen Brechanlage angeboten. Ich habe erst nach dem Flug kapiert wie weit Haweii von den USA Entfernt ist. Es waren wunderschöne Tage in Hawaii, auf einer Insel die einfach ganz toll ist. Ich konnte es nicht fassen, dass dieses Zementwerk das zum Verkaufstand direkt an einem wunderbaren Strand steht. Dies wäre sonst nirgendwo in der Welt möglich gewesen, zumal ein Bau eines Zementwerkes in Europa aus Umweltgründen kaum noch möglich ist. Ich sehe das an den Standorten OLK/Trier und Vise/Belgien. An den beiden STRABAG Standorten. Man hat in Hawaii den trockenen für viele schönen Teil der Insel. Wegen der tollen Strände in den der bekannteste Waikikii ist.

Ich fahre dann durch den Tunnel auf die andere dunkele und grüne Seite der Insel, komme dann oft direkt vom Sonnenschein in den Regen aber in den für mich schöneren und besseren Teil in den Urwald von Hawaii. Dann nach dem Hawaii Flug geht es dann noch in den Süden von Kalifornien, ich stellte schnell fest, dass hier in Diego noch fast alle mexikanisch sprechen und alle Amerikanische Mexikaner sind. Ich wusste wohl, dass dieser Teil von Kalifornien einmal Mexikanisch war, aber das man hier alles so beibehalten hat wie in Mexico das überraschte mich sehr. Diese Menschen im Süden Kaliforniens sind mehr Mexikaner als Amerikaner wenn man das an ihrer Lebensart festmacht. Aber im Herzen wenn man sie fragt sind sie alle Amerikaner. 5 Stunden sind wir geflogen von San Francisco bis Hawaii, soweit wie von Frankfurt nach Kairo. Ich nutzte diese Zeit um von der Vergangenheit in den USA zu träumen. Von meinen Vergangenen Zeiten in diesem Land und Kontinent. Aus frühen Reisen kannte ich bereits New York sehr gut und Alaska, an diese Orte dort hatte ich eine Schmerzhafte Erinnerung. Natürlich musste ich die alten Goldgräberstätten nach Kanada und nach Alaska. Ich musste diese Stätten sehen und habe mich alleine auf Weg gemacht. Gegen alle Warnungen. Natürlich hatte ich mich alleine verlaufen. Wegen dieser Zeitüberziehung habe ich mir die Ohren, meine Kopfhaut und Nase gehörig verfroren. Es hat gut 20 Jahre gedauert bis diese Schäden aus meiner Haut heraus gewachsen sind. Ich hatte längst wieder eine Firma in England und in Deutschland und war Partner in einer Luxemburger Firma. Es begann die Zeit, dass ich wieder oft pendeln musste, da ich die Maschinen der Frucon und von Walter Bau verkaufen musste. Einige davon, die Betonanlagen gingen alle nach Thailand.

Dort führte mich auch einer der Termine hin. Es war ein ungewöhnlicher Tag für mich. Der Tag hat direkt nach dem Frühstück mit einem von meinem Geschäftspartner organisiertem Besuch in einem Freudenhaus begonnen. Der Tag endete auch mit Mädchen und Angebote von Mädchen überall. Es war nicht möglich irgendwo ein Bier in Ruhe zu trinken ohne das man von Weibern angemacht wurde. Von Thailand aus besuchte ich dann zum ersten Mal China. Dort gibt es ein Zementwerk, ein deutsches Zementwerk von KHD Köln das niemals aufgebaut wurde. Ich wollte dies kaufen und in Ägypten aufbauen. Mein Verkäufer ist jemand aus Urumchi einer Gegend in den Bergen von Tien Schan und er gehörte zu einem Volksstamm der in China wegen Dauer Rebellion. Einer Rebellion gegen die Regierung in Peking nicht sehr beliebt ist. Er Li ist einer der Anführer der Rebellion, ich hatte keine Ahnung davon, dass er mich als Schutzschild nahm für seine Reisen quer durch China.In seiner Heimatstadt konnten wir dem Militär gerade noch so entkommen. Aber ich war dann noch oft in China, kaufte verschiedene Maschinen für die Baustellen in Cairo, Maschinen die wunderbar aussahen aber dem Baustellenbetrieb nicht standgehalten haben. In Kairo waren zu dieser Zeit einige Staatsbetriebe aus China damit beschäftigt ganze Stadtteile aufzubauen. Das konnte diese billiger als die einheimischen Bauunternehmungen trotz Millionen von Arbeitslosen in Kairo. Teile der Bauaufträge mussten den Unternehmen immer in US Währung ausgezahlt werden, diese verschwanden dann immer in den privaten Portemone der Unternehmer. In meinem Fall kauften die Chinesen Krane und Maschinen gebraucht aus Deutschland. Denn sie wussten genau, diese alten Maschinen und Fahrzeuge halten bis zum Ende der Baustelle aus.

Werden von mir wieder zurück gekauft was ihr Taschengeld sicherte. Ihre neuen Chinesischen Maschinen hielten dies bei weitem nicht aus. Ich kaufte dann auch noch nach dem Ende der Baustelle die Maschinen. Zu einem guten Preis zurück. Ich überwachte dann aber auch die Geräte und Baukrane vor Ort und sorgte dafür, dass diese in Ordnung blieben. Die neue Firma läuft sehr gut und mein Sohn ist wieder dabei um mich zu unterstützen. Hinzu sind Aufträge der Firma Phillip Holzmann gekommen. Einmal hatten wir Federführend gemeinsam mit Holzmann an einem Riesenprojekt im Nil gearbeitet und Angebote für eine Staustufe, die zweite Staustufe im Nil die notwendig wurde gemacht. Eine Staustufe die für die Schifffahrt und auch für die Stromgewinnung genutzt werden sollte. Genauso wie die erste Stufe in Esna an der wir auch beteiligt waren. Wir sollten in Kairo mit unseren beteiligten Bauunternehmen Subunternehmer von Holzmann werden. Wir hatten auch direkte Beziehungen zu dem deutschen ausschreibenden Ingenieursbüro. Das dann auch für die deutsche Regierung die alles finanzierte das spätere Bauüberwachungsbüro stellt. Weil wir bereits über Walterbau den Kontakt mit dieser Firma hatten die auch die Überwachung für Klärwerkbau in Maadi für die Nil Rettung hatte. Wir hatten gute Karten mit Holzmann und für Holzmann diese Projekt zu bekommen. Denn wir hatten durch unsere Verbindungen großes Internes Wissen über dieses Projekt und die Bedingungen in Cairo. Wir haben dort alle wichtigen Beziehungen die solch ein Projekt benötigt. In dieser Zeit war ich dann wieder viel in Kairo, pendelte zwischen Frankfurt und Kairo. Hinzu ist dann zu unseren Gunsten eine Entscheidung für eine neue Asphaltanlage für Holzmann Österreich gefallen.

Diese haben wir dorthin verkauft inclusive Aufbau. In der Nähe von Graz-zwischen Fürstenfeld und Graz. Ich besuchte diese Baustelle oft und dann auch wieder nach vielen Jahren meine Verwandtschaft in Graz, es war eine gute Gelegenheit. Zu dieser Zeit hatte ich auch gute Kontakte zur Firma Ilbau in Spittal an der Drau, dort hatte ich Gespräche zu führen wegen Asphalt Anlagen und Betonanlagen für Ungarn. Auf dem Rückweg habe ich mich quer durch die Republik Österreich bis Spittal an der Drau aufgemacht. Ich war kaum von der Autobahn abgefahren aus Villach kommend die erste Abfahrt Spittal. Sofort bei der Einfahrt in Spittal hinein sind alle meine Kindheitserinnerungen mit einem Schlag wie eine Explosion wieder da. Ich bin geschockt, diese Stadt hier ist meine Heimat, das wurde mir sofort klar. Ich erkannte alles, meine Wiese mein Haus, mein Balkon. Nur das diese Wiese längst über weite Teile bebaut ist, dies trübte meinen Blick nicht, ein kleines Gewerbegebiet ist dort entstanden. Aber ansonsten ist alles so wie ich es in der Erinnerung hatte, So wie es in meinem Herzen eingeschlossen war. Mein Milchladen, der Pflaumenbaum. Die Brauerei, die Gärtnerei mit meinem Rodelberg. Der Große Berg das Goldeck wie ich jetzt weiß und die Lisa Brücke unter der noch immer die wilde Lisa hindurch donnert. Der Torbogen der hinter der Brücke in die Stadt führte. Mein Herz hüpfte wie wild und ich vor Freude. Ich hatte mein Meeting an diesem Nachmittag bei der Firma Ilbau und ein zweites Meeting erst in den nächsten Tagen. Mir ist es sehr schwindelig in meinem Kopf. So eine tolle Stadt meine Heimat Stadt, ich habe diese Erinnerungen genauso fast 60 Jahre in meinem Kopf mit mir getragen. Nicht Glogau Schlesien nein Spittal in Kärnten Österreich ist meine Heimat. Ein Wirbel von wilden aufregenden Gefühlen durchströmt mich.

Deshalb nutzte ich die Gelegenheit um meine Erinnerungen aufzufrischen. Ich gehe dann direkt zum Rathaus. Dort suchte man meine Unterlagen heraus. Ja Herr Berger, sie und ihre Schwestern, sie sind alle hier in Spittal geboren und getauft. Ich drucke ihnen die Geburtsurkunden aus. Ich habe nachgesehen, sie haben ihren Vater um 4 Wochen verpasst. Er ist vor 4 Wochen gestorben und hier auf dem Friedhof begraben. Genau 1 Jahr nach dem Tod seiner zweiten Frau ist er gestorben. Kinder hatte er keine mehr, er war aber sehr beliebt im Ort. Aber er war auch ein Einzelgänger und oft für viele Tage in den Bergen. Das tut mir sehr leid sagte die so freundliche Frau zu mir, sie war entsetzt von dem Gedanken, dass ich meinen Vater um 4 Wochen verfehlt habe. Ich selbst bin erschüttert und verärgert, ich ärgerte mich so sehr darüber, dass ich meinen Vermutungen und Gefühlen nicht über die Jahre nachgegeben habe. Ich hätte meine Heimat und meinen Vater früher finden können. Ich habe noch vor 30 Jahren meinen Urlaub in der Nähe verbracht am Millstätter See. Natürlich hätte er auch uns finden können, er hat das auch über Jahrzehnte versucht wie ich dann erfahren konnte. Ist aber daran gescheitert das meine Mutter und mein Stiefvater bei mir einen anderen Geburtsort angegeben haben. Bei meinen Schwestern einen anderen Geburtsnahmen und anderes Geburtsdaten. Ich habe mir die drei Geburtsurkunden ausdrucken lassen und auch an meine Schwestern weiter geleitet. Unsere Eltern waren zu diesem Zeitpunkt bereits mehr als 10 Jahre tot. Nun ist meine Herkunft und meine Heimat geklärt und es ist nun verständlich warum ich als Heimatort immer Städte mit Flüssen und wenn auch nur mit kleinen Bergen gewählt habe. Seit nun dreißig Jahren ist meine Wahlheimat Koblenz.

Ebenfalls mit zwei Flüssen und kleinen Bergen. Es war enorm wichtig für mich, dass nun meine Herkunft geregelt ist. In meinen Papieren habe ich dies noch nicht gemacht. Aber in meinem Herzen ist dies abgeschlossen. Ich bin seit diesen Erkenntnissen jedes Jahr in Spittal und bei meiner Partner Firma Ilbau in Spittal. Diese Ilbau aus Spital kaufte dann tatsächlich die große deutsche Strabag in Köln. Ich war für beide Firmen in der Welt unterwegs und war stolz darauf, dass dieser Hauptsitz der STRABAG nun in Spittal ist. Obwohl das Zentrale Büro der STRABAG in Wien ist und das Deutschland Büro weiter in Köln ist. Mein Hauptkunde war damals noch Phillip Holzmann. Die Asphaltanlage bei Fürstenfeld wurde Planmäßig fertig und ich bekam neue Aufträge. Aber ein Gespenst ging um bei Holzmann der geplante Zusammenschluss mit der Firma Hochtief in Essen mit der Firma mit der ich auch Projekte hatte. Holzmann machte dann gewaltige Fehler, die Vorstände der Firma Holzmann versuchten nun so viel Kapital wie möglich aus dem Unternehmen für sich selbst heraus zu nehmen. Es wurden über die Familien der Vorstände Firmen gegründet die als sub Unternehmen für Holzmann arbeiteten. Diese Unternehmen kassierten dann die Gewinne ein die früher bei Holzmann blieben. Die Übernahme Versuche der Firma Hochtief zogen sich zu lange hin. Zu lange für die angeschlagene und nun auch noch ausgenommene Firma Holzmann. Die Deutsche Bank hat Holzmann fallen gelassen und Holzmann musste in den Konkurs gehen. Den Vorständen konnte kein Fehlverhalten nachgewiesen werden. Die hatten ja auch gute Anwälte in ihrer Firma, die auch schon davon profitierten und mit in die neuen Betriebe gingen. Wir selbst waren dann mit der Firma STRABAG eng verbandelt. Hier im Bereich von Steinbrüchen für die Strabag Deutschland.

Hilfsweise für das neue Werk der Strabag in Ungarn. Der Chef der Firma Ilbau Dr. Haselsteiner ist auch der Hauptaktionär der STRABAG international. Die Ilbau hatte noch das richtige Konzept, die Deutschen Großen Bauunternehmungen haben sich selbst abgewürgt und erledigt. Es war schlimm diese Entwicklung begleiten zu müssen. Alle Weichen waren bei der STRAGAG auf Sturm gestellt. Wir haben einige Steinbrüche aufgebaut und Stationen für neue Zementwerke vorbereitet. Darunter ein super Zementwerk in der Nähe von Trier in OLK und ein Zementwerk in einem Steinbruch in Belgien, in Vise. Dort sind ganz viele Millionen hinein geflossen. Arbeit für mich für uns für die Entwicklung über 5 Jahre und mit einem Gewaltigen Kapitaleinsatz. Dann 2007 ist der Große Zusammenbruch der Wirtschaft gekommen. Es bereitete uns Riesige Probleme, gerade für die neu aufgebaute Firma in der Eifel und Vordereifel. Als ich das erste Mal in der Vordereifel eintraf, wollte ich wieder zurück nach Kairo. Ich habe es dort nicht ausgehalten. Mein Weg von der Firma aus dem Gewerbegebiet war weit bis in die Stadt hinein. Wenn ich es mal in den Ort schaffte, ja dann saßen die Gäste der Gaststätte links und ich rechts alleine. Sonderbarer Weise sitzen die Männer in der Kneipe und trinken Stubbis Flaschenbier. Die kleinen Bitburger Flaschen die aussehen wie die alten Handgranaten aus dem ersten Weltkrieg. Mir war diese Art von Flaschen vorher völlig unbekannt. Bier Flaschen in dieser Größe und in dieser Form. Auch an das Bitburger Bier musste ich mich gewöhnen. Diese Stubbis sind auch heute noch mein Lieblingsbier zu Hause. Aber an der Theke da gibt es bei mir nur frisch gezapftes. Jetzt ist für mich kein anderes Bier mehr trinkbar. Ich bin nicht aus der Vordereifel weggegangen sondern habe mich privat neu orientiert.

in einen Nachbarort ebenfalls in der Vordereifel. Dort änderte sich einfach alles, ich hatte sofort eine Stammkneipe nicht weit von meiner Wohnung entfernt. Es ergab sich dann rein zufällig das ich in diesem Ort ein komplettes Unternehmen kaufen konnte das im Gleisbau tätig war. Diese Maschinen konnte ich alle an ein Österreichisches Unternehmen verkaufen. Dazu lief es plötzlich wieder in Afrika, in Angola sehr gut sollten wir ein ganzes Zentrum aufbauen mit einer Frankfurter Bank. Ich legte viel Arbeit hinein. In Nigeria und im Kongo gab es wieder Arbeit, auch Südafrika wurde wieder belebt. Die Krise schien völlig überwunden zu sein. Durch die Firma Concor einer Tochterfirma von Hochtief Essen in Südafrika. Man hatte Projekte für uns und eine Menge Maschinen. Ich hatte und habe noch Freunde in Südafrika die sofort wieder dazu bereit waren mit uns zu arbeiten. Da ich Südafrika erfahren bin, flog ich zuerst direkt nach Durban. Dort wartete eine besondere Überraschung auf mich. Mein Freund Fred in Pinetown der dort unser Büro und Werkstatt leitet. Auf diesem Weg will ich einen alten Bekannten aus dem Kongo treffen. Der seit einigen Jahren in Südafrika lebt. Yaloh Mohamed, Prince Yalho Mohamed aus dem Kongo. Ich hatte ihm immer nur aus Interesse an seinen Angeboten geantwortet ich wusste das alles nur Unsinn, lug und Betrug war. Aber jetzt auf dieser Reise wollte ich ihn persönlich kennen lernen. Zwei Aktenordner mit seinen e.mail.s habe ich gesammelt, Es sollte einmal eine Vorlage für ein ganzes Buch werden bezüglich der Nigeria Connection. Ich wollte darin die Machenschaften der Kongo und Nigeria Connection aufarbeiten. Täglich habe ich ähnliche Angebote bekommen. Beträge zwischen 40 und !20 Millionen USD und dazu Diamanten in Paketen von 10-20 Millionen.

Diese Gelder liegen angeblich bei Sicherheitsfirmen und privat Banken in Afrika. Meistens wird dann eine Anzahlung verlangt um in den Genuss in diese Gelder zu kommen, erst ein kleiner Unkostenbeitrag. Dann jeweils mehr in Etappen. Mir war klar, dass dies alles nur Betrügereien sind. Ich habe den Prinzen hingehalten bis es nun zu dem Treffen in Durban gekommen ist. Dann liegen nach seinen neuesten Aussagen plötzlich auch die Gelder und Diamanten in Durban bei einer Sicherheitsfirma. Mir liegt sehr viel daran einmal diesen Mann kennen zu lernen und ihn zu entlarven. Wir verabredeten uns bei meiner Pension in der ich immer wohne wenn ich in Durban bin. Bei einem super netten Ehepaar, ehemalige südafrikanische Polizisten mit spanischem Hintergrund. Jallo Mohamed nimmt Verbindung mit mir auf und ich bestellte ihn in die Pension. Der Pensionsvater und seine Frau waren ex Polizisten und sind von mir informiert worden, er fotografierte den Prinzen und machte auch Fotos. Von dem Riesen Mercedes des Prinzen. Wir haben gemeinsam schon die Sicherheitsfirma inspiziert die der Prinz angegeben hat in der die Gelder und Diamanten liegen. Dort gibt es keine Hinterlegten Wertgegenstände und Gelder, dies war auch kaum anzunehmen, bei der Bruchbude. Also sicher alles nur Betrug, ich habe auch keinesfalls etwas anderes erwartet. Jallo ist mit einem Mercedes 500 vorgefahren für einen Prinzen ist das so würdig. Mit seiner Kleidung hat er übertrieben. Ein langes weißes Gewand mit einem mächtigen goldenen Kreuz das auf seiner breiten Brust prangt. Schon ein imposanter Bursche der da aufgetaucht ist. Ich verwickele den Prinzen in ein langes Gespräch und ich erklärte mich willig die geforderten Zahlungen zu leisten. Nur wollte ich die Ware, das Geld und die Diamanten sehen und eine Sicherheit.

Gegen meine Zahlung benötige. Er versprach mir Bürgschaften aus dem Kongo zu senden. Verbürgt von einer Bank und vom Staat Kongo. ,, Das Jallo Mohamed kann ich akzeptieren, ist es denn nicht möglich die Ware zu sehen bevor ich das Geld überweise. Das sind 30 % des Gesamtbetrages also fast 30 Millionen USD. Der Rest des Wertes sollte nach dieser Zahlung. Mit gehören, also 60 Millionen + der Diamanten. Das sind hervorragende Aussichten für ein super gutes Geschäft. Da ich die Werte der Bankbürgschaften und der Staatsbürgschaften aus dem Kongo kenne weiß ich natürlich, dass ich nie das Geld zahlen würde. ,, Gut, Prince Jallo Mohamed, ich bin einverstanden, aber ist es nicht möglich das ich die Sicherheitskisten sehen kann, diese stehen doch hier in Durban". ,, Das können wir leider nicht Herr Berger, nicht bevor wir die Anzahlung auf der Bank haben. Das ganze Gespräch hatte Enrique der Ex Polizist Aufgenommen zu meiner späteren Verwendung. Es wäre wirklich ein Interessantes Buch geworden weil ich auch so viel in Nigeria und dem Kongo diesbezüglich erlebt habe. Auf dem Rückweg von Durban machte ich mich auf den Weg nach Uganda, dort hatte die STRABAG eine Großbaustelle und wollte die Maschinen dort loswerden. Ich musste zu diesem Zweck erst wieder zurück nach Johannesburg und von Dort nach Uganda fliegen. Wir sind dann auf dem Weg zur Baustelle in das Gemetzel zwischen den Hutus und geraten. Wir kamen zum Glück um viele Stunden zu spät, zum Glück den man hätte sicher nicht vor uns halt gemacht. Wir hätten dieses Gemetzel nicht überlebt. Wir würden jetzt zwischen diesen ca. 500 abgeschlachtet Menschen liegen. Wir haben keine andere Wahl, wir müssen hier weg.

Wir müssen mit unseren Allrad Fahrzeugen über die Leichen fahren die auf der Straße liegen. Man kann sehen, dass schon einige Autos diesen Weg nehmen mussten. Es ist ein Riesen Schock für die Baustelle auch dort hat man Angst das man zwischen die Fronten Gerät. Den beabsichtigten Kauf der Maschinen und Fahrzeuge konnte ich erst einmal streichen, niemand wusste wann es hier jemals wieder Frieden geben kann. Auf der anderen Seite des Sees im Kongo, Benin habe ich später die Folgen des Massenabschlachtens gesehen. Die Krokodile und die Tiere des Waldes hatten Fest Essen. Die Ratten wurden im Dschungel und in den Dörfern größer als die Katzen. Das Wasser des Kongos war stellenweise über viele Monate und über weite Strecken Blutrot. Ich bin mit viel Mühe wieder aus dem Land gekommen. Es hat lange gedauert, fast 30 Tage bis ich wieder nach Afrika geflogen bin. Ich hatte Termine im Kongo wegen eines geplanten Zementwerkes in der Nähe der Grenze zu Angola. Dieses Zementwerk sollte für den Kongo und für unsere geplante Großbaustelle in Angola sein. Ich habe nebenbei versucht junge und alte in Europa ausrangierte Betriebe im Kongo und Angola zu etablieren. Die bestimmenden Politiker haben dies verhindert in dem ihre Anteile zu groß sein mussten um zu einer Genehmigung zu kommen. Mein Plan war es den Unterbau der Volkswirtschaft so mit einfachen Mitteln aufzubauen. Dieser wie ich meinte ein Grandioser Plan der nur scheiterte an der Geldsucht der Herrschenden, der bereits Reichen Menschen. Sie wollen nur Reichtum für sich, nicht für die Armen, nicht für ihr Volk. Da sind die schwarzen Herrscher nicht besser als die Herrschenden in Europa, sie haben gut von ihnen gelernt. An Angola hatte ich besondere Erinnerungen.

Es gab noch Zeiten da war Angola im Krieg und ich in Windhuk um von der Übernahme der Macht durch die Swapo zu erleben. Ich war schon einige Monate in Windhuk und die Übernahme lief, aber die Swapo und die Südafrikaner liefern sich Zwischendurch immer wieder kleinere Gefechte. Die Swapo Armee verjagte in Angola lebende weiße Farmer während sie über die Grenze drängen. Ich habe in Windhuk ein treffen mit einem deutschen in Namibia lebenden Bauunternehmer der mir schon einige Baukrane abgekauft hatte. Die Schwester des Bauunternehmers war dort aus Angola Hals über Kopf geflüchtet. Sie hatten miterleben müssen wie die Menschen auf der Nachbar Farm abgeschlachtet wurden. Anstatt nach Hause auf ihre Farm zu fahren sind sie direkt in ihrer Not und Angst nach Namibia zu ihrem Bruder geflüchtet. Nun sitzen diese älteren Leute dort und weinen, sie haben nichts mehr als das was sie am Körper tragen. Es wurde lange besprochen was zu tun ist. Da ich die Lage kenne und auch die Strecke nach Angola mischte ich mich ein. Viele Soldaten der Südafrikanischen Armee sind bereits abgezogen und die Swapo rückt von Angola nach, nicht aus dieser Richtung in der die Farm liegt. Keine 30 Kilometer von der Grenze von Namibia entfernt. ,, Kurt, sagte ich mach mir einen 100% Pickup fertig für Übermorgen früh, ich will hinten an der Rückfront eine Eisenplatte haben als Kugelfang für meine Sicherheit. Ich fahre dann morgen ganz früh nach Angola und hole alles was deine Leute benötigen. Zumindest die Papiere und wenn es Schmuck gibt und alles von Wert für deine Schwester". Man wollte dies nicht aber man konnte auch das Angebot eines verrückten nicht ablehnen. Ich überprüfte am nächsten Tag den Toyota Pick up und prüfte die Eisenplatte die montiert wurde.

Ich sah die größte Gefahr darin, dass man von hinten auf mich schießt. „Du Kurt musst nur dafür Sorge tragen mit deinen Beziehungen das ich heil über die Grenze komme und dann wieder zurück". „Das mache ich natürlich Ulli, das kann ich dir jetzt garantieren von Namibia bekommst du jede Unterstützung, ich finde das aber verrückt was du da machen willst". „Verrückt mein lieber war ich schon immer". Am anderen Tag fahre ich los. Zwei Stunden bis zum Grenzpunkt, lange beobachte ich dann die Grenze. Scheinbar hatte ich Recht, die Swapo konzentrierte sich mit dem Grenzübertritt viel weiter im Norden. Tatsächlich war nicht von irgendwelchen Grenzern aus Angola zu sehen. Ich schaute auf die Handgezeichnete Karte, es sind von hier nur 30 Kilometer. Nach 15 Kilometern konnte ich schon von dieser Hauptstrecke abbiegen und fahre direkt auf die Farm. Es ging ganz einfach kein einziges Hindernis. Ich parkte das Auto vor dem schönen Farm Haus und gehe in das Haus. Vorsichtig rufend, es könnte ja jemand im Haus sein. Ich krame die Zeichnung heraus und suche erst nach den Papieren und dem Schmuck. Alles ist dort zu finden wo sie es mir eingetragen haben. Gerade stecke ich die Papiere ein, da höre ich unendlich viele Fahrzeuge auf den Hof der Farm fahren. Ich hörte sofort das sind Soldaten, viele Soldaten. Ich renne nach unten, wohin denke ich. Ich habe keine Auswahl an Verstecken, Ich spring hinter das Sofa im Wohnzimmer. Es ist eine kleine Ecke die frei geblieben ist, diese bietet erst einmal den ersten Schutz. Ich stand so nicht direkt vor den Soldaten. In dieser Ecke liegt etwas erstaunliches, ein Gewehr, eines das uralt ist und ich nicht kenne. Ich habe keine Zeit nachzudenken oder es zu checken. Die ersten Soldatenstiefel Trampeln laut auf dem Fußboden und ich bemerke an den Rufen, dass sie nun wohl alle hier vor meinem Sofa versammelt sind.

Ich hatte keine Wahl ich konnte unter dem Sofa hindurch schauen und sehe die vielen Stiefel der Soldaten. Ich bin nur erstaunt darüber, dass die Kommandos des Anführers in englischer Sprache erfolgen. Die Kommandos in einem guten englisch gegeben werden. Ich schaue in zwei ganz weiß Augen, Augen die mich erschrocken direkt unter dem Sofa hindurch anschauen. Der Lauf des alten Gewehres ist zufällig auf ihn Gerichtet. Die Augen sind weit aufgerissen, er hatte den Tod in den Augen. Die anderen Soldaten bemerkten die seltsame Haltung des Soldaten. Ich musste handeln und springe auf mit dem Gewehr in der Hand und Richte es auf den Anführer der Soldaten. Hands up, rief ich drohend. Ich rechnete damit, dass dies mein letzter Ruf in meinem Leben ist. Aber niemand der Soldaten greift nach seinem Gewehr. Sie konnten sehen, dass dieses Gewehr nur eine Attrappe ist. Das Rohr vorn ist zu Geschweißt oder ist noch nie offen gewesen und es bestand keine Gefahr für sie. Der Anführer der Truppe dreht sich zu mir um, ich erkenne, dass es ein Deutscher ist. ,, Du Blödmann, du kannst doch nur ein Deutscher sein, was machst du bei der Swapo". ,, Ein Deutscher das bin ich auch gewesen bis ich bei den Kubanern angeheuert habe und nun für die Swapo kämpfe". Wir sichern hier nur die Grenzübergänge. Hier sind wir etwas zu spät gekommen". ,, Nein zu früh, ich hatte längst die Knarre weggelegt und erzählte dem neu Kubaner wie ich in diesen Scheiß gekommen bin. Er erzählt dies seinen Männern in englischer Sprache, was ich natürlich auch verstehen kann. Wenig später werden alle wichtigen Sachen aus dem Haus auf den Pickup verladen, die Sachen die ich für wichtig hielt. Bis oben voll beladen, fast 3 Meter hoch gestapelt kann ich losfahren. Mich begleiten die SWAPO Männer bis an die Grenze, sie selbst wollen auf die UN Soldaten warten und mit ihnen die Grenze gemeinsam überschreiten.   303

Es ist ein Riesen Hallo als ich über die Grenze gekommen bin. Man konnte von ihrem Standort her die Soldaten der Swapo sehen die freundlich winkten aber nicht über die Grenze gekommen sind obwohl sie dies durften. Die Lage war ihnen noch zu unsicher, man traute den Südafrikanern nicht. Aber einige Tage später konnte ich meinen freundlichen SWAPO Mann in Windhuk treffen. Er kannte auch meinen Freund bei der SWAPO der sich bereits als Vorhut. In Windhuk befindet unter dem Schutz der Namibischen Polizei steht. Ich habe dann noch ein Schließfach gemietet bei einer Bank in Namibia, an der die Dresdner Bank Beteiligt ist und die auch beschäftigte aus Deutschland hat. Ich hatte noch eine weitere Reise in Namibia nach Swakopomund und Kiribib vor, auch in die Walfish bay. In Kiribib besuchte ich einen weiteren Deutschen Bauunternehmer und die Marmor Anlage die ebenfalls von einem deutschen übernommen wurde. Swakopomund machte für mich den Eindruck als wäre ich. Irgendwo an der Ostsee. Dort besuchte ich auch immer das Hotel Heidehof, die hatten ein hervorragendes Bier Hansa Bier das direkt gegenüber gebraut wird. Ich wurde durch das alte sehr alte Bekannte Geräusch vom Knallen von Knobelbechern auf einer Theke empfangen. Nicht die an den Füßen der Soldaten sondern die Becher in denen die Würfel geschüttelt werden um Bier zu gewinnen. So lange hatte ich nicht mehr geknobelt, ich blieb die ganze Nacht dort an der Theke sitzen. Der Barmann ein Hamburger ließ nicht locker er ist so froh wieder einmal ein Opfer gefunden zu haben. Swakopomund, in diesem Ort war ich oft und hatte dort viele Erlebnisse. Es wurden wieder Erlebnisreiche Tage in Swakopomund. Ich bin nicht das erste Mal hier, es ist ein Traumhafter Ort. Ich spürte auch das sich ganz langsam.

Die Rechtsradikalen Einstellungen der Menschen veränderte. Als auch der dazugehörende Rassenhass lockerer geworden ist. Im dortigen Sportheim, natürlich mit dem Überhang Fußball, dort durfte damals keine schwarze arbeiten. Heute sieht man dies schon sehr locker. Es haben sogar einige Namibische Männer inzwischen schwarze Frauen geheiratet. Das war vor vielen Jahren noch ausgeschlossen. Natürlich hatten hier Hauptsächlich die Südafrikaner ihre Hände mit im Spiel. Ich habe deutsche Freunde begleitet die ihre Farmen verändert haben. Die Ihre Riesen Güter aufgeteilt haben und kleine Teile an ihre Angestellten. Ur Namibier zurückgegeben haben. Aber ich musste nun dringend wieder nach Johannesburg, die Firma Concor hat eine Entscheidung für den Verkauf ihrer vielen Turmdrehkrane gefällt. Aber ich musste diese Reise dann über den Weg nach Kairo und zurück nach Deutschland machen. In Kairo gibt es Probleme mit unseren Beton Produkten für Siemens. Es waren dann auch wieder aufregende Tage in Mayen. Mein Partner in der Luxemburger Firma Naturland SA hatte wieder einmal Scheiße gebaut. Hat alle meine Warnungen in den Wind geschlagen. Er war gerade wieder 2 Jahre aus dem Knast heraus. Ich habe den Verkauf von Lebensmitteln nach Afrika und Arabien in diese Firma eingegliedert in die Firma Naturland SA Luxemburg. Er war in manchen Dingen brauchbar aber er war ein Rechter ein Nazi und ein unverbesserlicher Ganove. Ich quälte mich ab die Lebensmittel wie Mehl, Zucker nach Afrika zu verkaufen. Er türkte Dokumente und verkaufte BIO Mehl in Deutschland das niemals Bio war. Während ich mich bemühte in Afrika kleine Handelsstationen einzurichten in die ich dann andere Produkte und Technik integrieren will.

Ich habe dies so manches Mal auch Erfolgreich gemacht. Ich kaufte gerade wieder In Deutschland drei Kleinbetriebe. Eine kleine Schuhfabrik und eine komplette kleine Näherei für Afrika. Ich musste dann wieder dringend zurück nach Südafrika, ich konnte mir den Auftrag mit den Turmdrehkranen bei Concor nicht entgehen lassen. Ich nahm den nächsten Flieger über Nairobi nach Johannesburg. Ich war schon viele Jahre nicht mehr in Johannesburg habe diese Stadt immer ausgeklammert. In der City von Johannesburg hat sich kaum etwas verändert. Ich bin direkt vom Flughafen mit dem Taxi ins Hotel gefahren. Wie ich später erfahren habe, hatte ich großes Glück. Denn die meisten Taxis sind nicht dort angekommen wo sie hin sollten. Ich bin angekommen und hatte gesehen, dass mein Hotel ganz in der Nähe des Bahnhofs ist. Ich checkte im Hotel ein und habe ein mit 120.- USD preiswertes und gutes Zimmer bekommen. Die erste Kontrolle im Zimmer ist der Safe. Der machte schon einmal einen schlechten Eindruck, er ist aufgebrochen und nicht mehr zu benutzen. Ich rufe in der Rezeption an und will ein anderes Zimmer. Das tut uns sehr Leid Herr Berger, die anderen Zimmer haben auch keinen funktionstüchtigen Safe mehr. Sie können ihre Wertsachen bei uns hier bei der Rezeption in den Tresor legen. Ich hatte keine Großartigen Wertsachen, mein Computer, den Fotoapparat, meine Uhr und natürlich mein Pass, der war das wertvollste ist. Ich muss von Johannesburg noch nach Durban, dort musste ich bei der ABSA mein Konto überprüfen und kleine Überweisungen vornehmen. Natürlich auch meinen Partner in Pintown in der Nähe von Durban besuchen. Ich machte mich fertig für den Termin bei Concor, dort wurden wir uns schnell Handelseinig.

Ich kaufte die Krane und verkaufte einen neuen Kran, einen größeren im Gegenzug. Maschinen und Anlagen kaufte ich nie bei afrikanischen Firmen. Diese Maschinen waren ausgelutscht bis zum geht nicht mehr und immer Unfachmännisch Repariert. Nur bei Concor war ich mir sicher das diese Maschinen und Krane Ok sind. Ich machte mich strahlend auf den Weg zurück ins Hotel und dann nach dem ich mich umgezogen habe gehe ich an die Rezeption. ,, An der Rezeption ist eine Deutsche ältere Dame. Eine alte Dame die sich freute, dass wieder einmal ein Gast aus Deutschland in ihrem Hotel ist. ,, Das ist schön Herr Berger, ich habe nachgesehen, sie waren schon einmal bei uns". ,, Ja vor vielen Jahren", ja vor fast 10 Jahren". ,, Das haben sie noch in ihren Computern?". ,, Klar, aber nur weil sie uns damals sehr geholfen haben bei dem Projekt in Kapstadt. Sind sie denn noch nach Kapstadt gegangen?". ,, Nein, ich wollte das meiner Familie doch nicht antun". ,, Das war die richtige Entscheidung, wir, ich meine viele meiner Freunde wollen gern wieder zurück, aber wir können nicht. Unsere Häuser hier lassen sich nicht verkaufen und ohne Geld können wir leider nicht zurück. So müssen wir es hier alle noch lange aushalte". Warum hat es denn damals doch nicht in Kapstadt geklappt?". ,,Nein, Kapstadt wurde dann unerschwinglich teuer für uns und wir konnten das Hotel nicht kaufen. Es wäre die letzte Möglichkeit gewesen Johannesburg zu verlassen. Das Leben hier ist hart und gefährlich geworden. Johannesburg ist das Sammelbecken der Armen aus Afrika. Die sickern von überall unkontrolliert in unser Land und in die Hauptsache nach Johannesburg ein. Diese Stadt ist unkontrollierbar geworden". ,, Ich muss gleich zum Bahnhof, ich möchte einmal mit dem Zug nach Durban fahren, ich fliege sonst immer, aber ich möchte mehr vom Land sehen.

Wir sind dabei unsere Büros in Kapstadt und Durban, in Durban Pinetown neu auszubauen. Es bewegt sich wieder einiges im Maschinen Kauf". „ Das ist prima, aber wenn sie zum Bahnhof gehen nehmen sie ein Taxi, gehen sie nicht zu Fuß". „ Die 600 Meter, für die nehme ich doch kein Taxi". Ich empfehle ihnen ein Taxi Herr Berger". „ Hier bitte, packen sie meinen Pass und 700,- € in den Safe". „ Lassen sie mich einmal ihre Uhr sehen Herr Berger". „ Uhren habe ich nie teure an meinem Arm. Uhren sind für mich wichtige Gegenstände für den Gebrauch und kein Schmuck. Das sind alles billig Uhren die in meinem Besitz sind". „ Das ist gut, anderen Schmuck sehe ich auch keinen. Ok passen sie aber auf, ich empfehle ihnen trotzdem mit dem Taxi zu fahren?".

Das machte ich natürlich nicht, ich machte immer nur das was ich will, ich glaubte die Gefahren selbst am besten einzuschätzen zu können. Zudem sehe ich immer selbst aus wie ein Landstreichen wenn ich in Afrika unterwegs bin. Eine Ausnahme macht ich nur bei Geschäftsterminen da konnte ich sehr Akkurat sein. Ich lege der Dame den Pass, das Ticket und Geld auf die Theke und nehme die Quittung in Empfang. Der Weg zum Bahnhof den ich nach 100 Metern bereits im Blick habe ist ordentlich. Natürlich lungern überall Typen herum, besonders Rechts in dem Parkhaus sind sehr viele junge Leute. Wie Raubtiere empfinde ich diese Horde sofort, wie Raubtiere die aufs etwas Essbares warten, die ihr Wild beobachten und auf Schwächen warten. Ich bin noch ca. 400 Meter vom Bahnhof entfernt der sich äußerlich sehr verändert hat. Er wurde frisch gestrichen und leuchtete in neuen Farben, mit dem Konterfei von Mandele auf einer Wand. Nur diesem Mann, diesem einen Mann ist es zu verdanken das Südafrika.

Auch die Umliegenden Staaten nicht in einem Bürgerkrieg versunken sind. Aber zu dieser Zeit ist er noch im Gefängnis, auf seiner Insel. Ich aber behalte die jungen Männer hinter mir im Auge. Drehe mich manchmal vorsichtig um. Sie sind in einer kleinen Gruppe mit leichtem Abstand mir her gekommen. Ich sehe das es 7 Junge Männer sind die auf der linken Seite sind und 5 Junge Männer direkt hinter mir. Sie machten es so wie es die Löwen machen wenn sie auf der Jagd sind. Ich stelle meinen Fuß auf die niedrige Mauer und tu so als würde ich diesen neu binden. Sie bleiben stehen und warten. Mir wird es mulmig, so einige von ihnen würde ich schaffen, aber viele Hunde sind des Hasen Tod. Ein Unwohlsein breitete sich in mir aus und ich lege einen Schritt zu. Ich erreichte tatsächlich ungeschoren den Bahnhof. In dem Bahnhof der wunderbar renoviert ist fühle ich mich sicher. Im Bahnhof Patrolliert Polizei. Ich wunderte mich dann darüber, dass es um den Bahnhof herum keinen einzigen Polizisten gibt. Aber sicher werden diese alle am Hauptausgang sein. Dort wo wie bereits früher der große Markt noch immer stattfindet. Nur wenige Reisende befinden sich in diesem großen Bahnhof in dem ich mich sicher fühle. Ich finde einen günstigen Zug für mich heraus. Ich notierte die Abfahrt Zeiten nach Durban in meinen kleinen Block. Dann schaute ich mir den Bahnhof an der wirklich erstklassig renoviert wurde und nicht mehr Vergleichbar ist mit dem Bahnhof vor 20 Jahren. Aber vor 20 Jahren war es so, dass es hier von Polizei um den Bahnhof wimmelte und man ziemlich sicher war. Ich hatte ein ganz ungutes Gefühl und wollte auf keinem Fall wieder durch den Seitenausgang hinaus- gehen. Ich wollte nun doch auf den Rat der Dame an der Rezeption hören. Ich hatte noch ein kleines Gespräch mit der Polizei im Bahnhof die meinte.

Es gäbe hinter dem Markt direkt einen Taxistand. Sie sagten mir nichts über die Gefährlichkeit des Marktes für Fremde. Sie selbst betreten nie diesen bunten, lauten und schönen Markt. Für sie ist dieser Weg gefährlich ist und dieser Markt ein no Go Area für die Polizei ist sagen sie mir nicht. Ich schaue mir diesen Markt vom Ausgang des Bahnhofes an, ich wunderte mich wie wenig Reisende mit Koffern in den Bahnhof über den Haupteingang kommen. Dann habe ich keine Wahl, mit einem unguten Gefühl stürzte ich mich in das Gewimmel des Marktes. Ich bin mitten drin als ich von hinten angesprungen werde und in Sekunden schnelle von 7 jungen Männern völlig umstellt bin. Ich versuche mich mit aller Kraft aus der Gruppe junger Männer zu befreien, die kaum älter als 17-20 Jahre. Ich wehrte mich mächtig, der Kerl der auf meinem Rücken sitzt fliegt auf einen Tisch mitten in das Gemüse. Ich spüre ein Messer in meiner Seite und dann auf einmal mehrere Messer die mich Ausschlitzen wollen. Dann das Messer an meinem Hintern, man schneidet einfach die komplette Tasche samt eines Stückes von meiner Arschbacke heraus. Ich spürte nur die Schnitte und Stiche aber keinen Schmerz. Es gehen noch zwei Stände zu Bruch aber als ich mich frei bewegen kann da sehe ich sie schon in alle Richtungen davon laufen. Ich fühle erst jetzt die Wunden der spitzen Messer die meine Kleidung durchdrungen haben, mein dünne Strickjacke. Und das Hemd. Ich spüre eigentlich erst jetzt nach dem Überfall, dass ich mich viele male um mich selbst herumgedreht habe, um die Männer und die Messer abzuschütteln. Ich spüre jetzt erst den Schmerz von dem Schnitt als man meine Tasche der Jeanshose heraus schnitt und mir dabei in den Hintern Schnitt. Ich bin vollgepumpt mit Adrinalin und hätte weiter gekämpft.

Noch drei Stände sind zu Bruch gegangen, ich bin noch immer voller Wut. Aber ich spüre jetzt nur noch die Schmerzen der Messerstiche. Die jungen Männer kann ich nur noch Verschwinden sehen sie sind in der Menschenmenge untertaucht. Ich kann einen Moment durchatmen, kann sehen wie die drei Polizisten aus dem Gebäude diese Attacke gesehen haben müssen aber nichts für mich machen. Als ich zu ihnen schaue wenden sie sich nur ab. Ich habe das Gefühl das diese Burschen ihren Anteil an dem Raub bekommen und nun zufrieden grinsend durch den Bahnhof stolzieren. So zerlumpt und ramponiert schaffte ich es zum nächsten Taxistand. Da es bei mir sichtlich nichts mehr zu rauben gibt und ich auch sicher bin. Das mir nun nichts mehr passieren kann, habe ich den Taxi Stand erreicht. Bin mit dem Taxi sicher zum Hotel gekommen. Die Dame empfängt mich ganz aufgeregt, zahlte das Taxi und bringt mich zu einem Arzt direkt neben dem Hotel. Wie praktisch denke ich, hier arbeitet alles und jeder Hand in Hand. Der Arzt behandelte meine Wunden und legte mir einen Verband an. 16 Wunden mittlerer Größe hat er zu behandeln. Er staunte nicht schlecht. Mein lieber, da hattest du richtig Glück, etwas tiefer diese Wunden dann wärst du nicht mehr hier her gekommen. Sie haben sich sehr gewehrt wie ich an den Wunden sehe. Deshalb sind diese nicht tief aber sehr geweitet durch vermutlich ihre Abwehrbewegungen". Die Desinfektionsmittel brennen höllisch und viel mehr als die Einstiche. ,, Es tut mir Leid, aber da musst du durch". Dann geht es zurück zum Hotel, ich rufe mein Büro und Partner in Durban an und informierte ihn darüber was passiert ist und das ich erst einmal wieder nach Hause muss. Er versteht dies und nimmt die dortigen Termine alleine mit der Bank wahr.

Ich musste dies dann der Bank per Telex aus dem Hotel bestätigen. Diese nette Dame machte sich dann die Mühe mit mir zur zuständigen Polizei Station zu fahren, ich benötigte die Unterlagen und die Überfallbestätigung. Für meine Versicherung und für eventuelle Rückwirkungen der Verletzungen. Dieser Besuch bei der Polizei kostete Nerven, einige zivile Polizisten gesellten sich zu mir und wollen, dass ich ihnen andere Jobs besorge. Sie haben von der netten Dame bereits mehr über mich erfahren. Ich versprach mich darum zu kümmern nur um endlich an die Reihe zu kommen. Diese Polizisten schilderten mir ihre Probleme in der Stadt. Sie leben alle auf einem Feuerstuhl, das Verbrechen ist ihnen überlegen. Sie werden privat bedroht und müssen Tag täglich Angst um ihre Familien haben. Es gibt in Johannesburg einige Gegenden in die sich kein Polizist wagt. Auch der Bahnhof ist ein solch gefährliches Pflaster ein no go area für die Polizei. Wer dort Überfallen wird und nicht mehr von selbst heraus kommt ist verloren wenn ihn nicht die Marktleute heraus tragen. Wer dort einkauft und seine Geldbörse öffnet oder etwas Wertvolles trägt der ist geliefert. Ich habe von der Polizei eine Bestätigung bekommen bezüglich des Überfalles. Dann geht es zurück ins Hotel, der nächste Schritt. Die Dame drängte mich bei der Botschaft anzurufen. Das wollte ich eigentlich nicht, denn ich habe mein Leben lang, die wenigen Male in denen ich die Botschaft benötigte nur Problem gehabt. Geholfen hat sie mir wirklich nie. ,, Aber Herr Berger ich verstehe ihren Frust gegen die Deutschen Botschaften. Die sind auch hier nur für die Reichen da, aber die müssen endlich kapieren was hier in Johannesburg los ist. Die bestreiten ständig die Gefährlichkeit dieser Stadt.

Die sitzen in Pretoria unter der besten möglichen Bewachung durch die Polizei und der Armee Sicher auf ihren faulen Ärschen. Sie müssen diesen Überfall zumindest melden. Sie wählte und reichte mir den Hörer. „ Ich wurde weiter geleitet vom Empfang an die für Überfälle auf Deutsche Zuständige Dame. Als diese den Hörer Aufnimmt ist sie schon von ihrem Empfang davon informiert. Das ich Überfallen wurde. Ich habe noch kein einziges Wort mit ihr gesprochen. Herr Berger, ich habe verstanden sie sind überfallen worden in Johannesburg. Sie können kein Geld bekommen von uns, das müssen sie sich privat besorgen". „ Ich bin schockiert über diese Antwort und verärgert, wieder ganz typisch Deutsche Botschaft. „ Danke liebe Frau, das ist genau die Reaktion die ich erwartet habe und von allen deutschen Botschaften in der Welt kenne. Aber zum Glück benötigte ich diese nur dreimal und jedes Mal war der Schaden für mich größer als der Nutzen. Ich teile ihnen nur Offiziell mit für die Statistik das wieder einmal ein Deutscher in Johannesburg überfallen wurde mit 17 Messerstichen verletzte wurde. Bitte darum dies zu ihren Akten zu nehmen. Ansonsten kann ich ihnen sagen ich benötige für nichts die deutsche Botschaft, werde diese niemals in Anspruch nehmen. Schlafen sie GUT und gesund in ihrer sicheren Botschaft weiter. Ich versprach ihr noch das ich bezüglich ihrer Aussage in Deutschland nachhacken werde". „ Der haben sie es aber gegeben Herr Berger". „ Wissen sie, ich halte nur Kontakt mit der Österreichischen Botschaft, die hier ganz anders offener und ehrlicher auftritt, die Deutschen Botschafter hier sind Arschkriecher". „ Sie werden es nicht glauben Frau Müller, ich selbst stehe in Kairo der österreichischen Botschaft näher als der Deutschen Botschaft".

„ Was nun Herr Berger?, was werden sie jetzt machen?".
„ Ich muss nun schauen wie ich zurück nach Hause komme. Mein gebuchter Rückflug geht erst in 10 Tagen, ich versuche diesen vor zu ziehen". „ Das dürfte kein Problem sein Herr Berger, hier nebenan ist ein Lufthansa Büro, dort können sie den Flug gleich checken lassen. Wir könnten inzwischen das mit dem Zimmer regeln, was denken sie wie lange sie bleiben?". „ keine Ahnung Frau Müller, aber ich denke das ich Morgen oder spätestens Übermorgen fliegen kann". „ Gut dann berechnen wir nur den morgigen Tag. Das macht dann 4x 120.- USD- gleich 480.- USD in Euro. Die sie hier hinterlegt haben 410.- Euro. Sie nimmt mein Geld aus dem Safe, ich war sehr froh, dass ich dieses Geld deponiert habe. Da es aber nun ein Fünfhundert Euro Schein ist und ein zweihundert Euro Schein müssen wir dieses Geld in einer Bank wechseln. Die nächste Bank ist nur 100 Meter entfernt, ich will losgehen., Stopp Herr Berger, sie wollen doch nicht alleine losgehen, haben sie noch nicht genug Stichwunden". „ Wie, diese 100 Meter da kann doch nichts passieren, vor der Bank stehen zwei Wachmänner mit einem Hund habe ich bereits gestern gesehen". „ 10 Meter können hier zum Verhängnis werden, manche Leute haben ihr Geld noch nicht in ihrer Geldbörse, da ist das Geld schon wieder weg".„ Das glaube ich nun doch nicht". Sie nimmt das Telefon auf und ruft einige Männer herbei, diese vier Männer werden sie nun zu Bank begleiten und auch wieder zurück". Ich ließ es mir natürlich gefallen, das ist mein Hotel Service für mich. Die beiden Polizisten und der Schäferhund vor der Bank schauen uns misstrauisch an. Aber sie erkennen den Manger des Hotels und wir dürfen eintreten. Der Aufmerksame Schäferhund knurrte nur leicht.

Auch er lässt uns passieren. Ich muss meinen Pass und das Geld vorlegen, dann wird lange geprüft, die Echtheit der Scheine. Ich nutzte die Gelegenheit. Um mich durch das Riesen Fenster nach draußen umzuschauen. Da liegen sie überall auf der gegenüberliegenden Seite auf der Wiese, sie tuen so als ob sie schlafen, aber sie liegen hier und überall auf der Lauer nach Opfern. Mir tut mein Geld sehr leid, ich konnte es gut gebrauchen, aber hier in Südafrika tummeln sich viele Millionen Menschen die keine Chance darauf haben irgendeinen Euro zu bekommen. Millionen Menschen die aus dem Müll der anderen Leben müssen. Ich denke darüber nach was ich machen würde, wenn meine Frau und ein Baby auf ihr essen warten. und ich es nicht besorgen kann. Ich war nicht wütend auf die Leute die mich Überfallen haben. Ich bin nur wütend auf die Menschen die diese ganzen Umstände in der diese Menschen Leben zu verantworten haben. Ich bin mir ganz sicher, dass diese Menschen sich einmal alle aus ganz Afrika auf den Weg nach Europa. Machen werden. Wir sind in dieser fünfer Gruppe heil in dem Hotel angekommen. Frau Müller kassierte und bestätigte meine Zahlung. Sie hatte mit der Lufthansa gesprochen und diese hat ihr Mitgeteilt, dass dieses Ticket nur für das Rückflugdatum gültig ist. Ich müsste ein neues Ticket kaufen wenn ich zurück will. Ich beschloss dann am anderen Morgen auf den Flughafen zu fahren und mich dann dort durchzukämpfen. Am anderen Morgen fahre ich dann mit einem Taxi, meines Vertrauens und des Hotels zum Flughafen. Dort beginnt dann der Kampf mit der Lufthansa, denen ist völlig Wurscht was mir da in Johannesburg passiert ist. Mein lieber Herr Berger, ohne gültiges Ticket können sie nirgends hinfliegen". ,, Ich habe doch ein gültiges Ticket.

Ich habe ihnen das schon zweimal gezeigt. Ich muss nach Hause und muss meine Wunden versorgen lassen. Ich legte dem Sturen Bock noch meine Bescheinigung der Polizei vor und das Attest des Arztes. Es nutzte nichts ich konnte fliegen aber erst zu diesem Datum. ,, Ich kann ihnen zu einem neuen Ticket noch Umbuchungskosten bezahlen, ich habe noch 200,- Euro". ,, Herr Berger, halten sie uns nicht länger auf, ein neues Ticket bekommen sie am Schalter und dann könne wir sie auch befördern. Gehen sie mir nun aus dem Weg". Ich hätte ihm eine in seine große dicke Fresse hauen können, aber das hätte mich auch nicht nach Frankfurt gebracht. Aber muss ich überhaupt nach Frankfurt, ich suchte den Schalter der Egypt Air, für einen Flug nach Kairo. Ich musste bis zur Öffnung noch 2 Stunden warten. Es war ein erfolgreiches Warten, die Vorlage meiner Dokumente über den Überfall. Die Vorlage meines Tickets und meiner Geschäftskarte aus Kairo machen es möglich. Das ich mit der nächsten Maschine um 20.15 mit nach Kairo fliegen kann. Ich musste nur die Kreditierung des Tickets bestätigen und habe dieses sofort ausgehändigt bekommen. Ich landete am anderen Morgen in Kairo und mein Büro Cleopatra und ich sind zufrieden darüber, dass ich es geschafft habe. Diese Aktion hatte zur Folge, dass ich nie wieder mit der Lufthansa geflogen bin. Ich stellte fest das die Lufthansa eine typische deutsche Behörde ist kein Unternehmen ist. Nur einmal bei einem dringenden und schnellen Flug in die USA musste ich wieder die Lufthansa bemühen. Es war eine dringend notwendige Ausnahme. Jetzt hat leider die Lufthansa die Egypt Air übernommen. Jetzt fliege ich nur noch ausschließlich mit der Emirat Air, es sei denn es geht nicht anders. Von Kairo aus informierte ich dann Deutschland und meinen Freund in Jordanien.

Ich muss alle Termine verschieben, vordringlich ist die Angelegenheit für die STRABAG ich hatte bereits gebrauchte Zementwerke angeschaut die für diese beiden Standorte Trier und Vise Infrage kommen. Es sollte keine neu Investition werden, wir wollen im Vorstand der STRABAG in Wien Beschlossen so günstig wie möglich produzieren, auch gebraucht bauen. Das neue Werk in Ungarn hatte bereits ein Vermögen gekostet. Und war weit über den Geschätzten Preis hinaus gelaufen. Natürlich spielt die ganze Zementindustrie in Europa verrückt. Das Europa größte Bauunternehmen mischt sich in ihre Geschäfte ein. Ein Werk in Deutschland und in Belgien ist schon Krass für die Konkurrenz und in Belgien soll das Werk direkt neben dem Werk der Heidelberger Zement entstehen. Von Vise/Belgien aus, ist das Ruhrgebiet und Köln sehr nahe und günstig über die Autobahnen zu erreichen. In Trier, in OLK entstand fast ein Volksaufstand eine Bewegung von Naturschützern wollte diesen Bau des Zementwerkes unbedingt verhindern. Sie störten sich Hauptsächlich am größten Loch der Welt, so haben sie es beschrieben. Ich bin in die Regierungen gefahren in die Stadtverwaltungen und habe die Tatsächliche Größe vorgetragen. Wir wollten umweltfreundlich abbauen. Es war eine Arbeit ohne Ende, am Ende stand ein Großes Ende für uns. Die Wirtschaftskriese 2007 hat dann die STRABAG dazu gezwungen alle weiteren Projekt aufzugeben. Für uns ging der Verlust in viele Millionen. Auch das Projekt einer Zusammenführung von Steinbrüchen für die Strabag in der Vordereifel wurde nicht mehr verfolgt. Auch hier entstanden sehr große Schäden. Zu dieser Zeit ist alles rund um uns herum zusammen gebrochen. Der letzte Großkunde hat Probleme.

Und niemand hatte eine Ahnung davon wie es ausgehen könnte. Die STRABAG hat mich fast mein ganzes Leben begleitet, ich habe die Männer im Irak unterstützt und in vielen Ländern Afrikas. Dann stellt sich heraus das die kleine Ilbau/Bauholding aus Spittal die große STRABAG in Deutschland übernimmt mit allen ihren Tochterfirmen und alles aufkauft was sie größer macht als Bauunternehmung und Versorger. Ich sehe dies als gutes Omen für mich an, die Firma aus meiner Geburtsstadt Spittal hat das letzte große Bauunternehmen Deutschlands Übernommen. Bis auf die Firma Hochtief, die aber inzwischen kein Bauunternehmen mehr ist sondern ein Zentraler Manager Betrieb. Die Bauarbeiten führen andere Firmen aus, sub Unternehmer aus denen der letzte Tropfen herausgequetscht wird. Leute wie wir werden einfach nicht bezahlt und gebeten zu klagen. Es gibt auf allen Baustellen immer wieder mehr Probleme. Aber kein Problem kann an dem guten Image der Firma Hochtief kratzen. Nur die Rettung. s Milliarden an die Banken nach Spanien haben es möglich gemacht, das ein spanisches Unternehmen Hochtief mit diesen Milliarden kaufen kann. So mit diesem Geld die Aktienmehrheit von Hochtief übernehmen kann. Es wird nur eine Frage der Zeit sein bis die Firma. Hochtief ausgeraubt ist und die Ruinen. Des Unternehmens dem Deutschen Staat zur Last fallen. Genau wie es die Spanier die auch die Österreichische Konkurrenz der STRABAG gekauft haben die Firma Alpine aus Salzburg. Es dauerte nur wenige Jahre bis hier das geschehen ist was bei Hochtief noch passieren wird. Natürlich hoffe ich, dass dies in diesem Fall bei diesem Unternehmen nicht geschieht. Die Österreicher die Firma Alpine auch ein wichtiger Kunde ist auch an den Spaniern letztendlich zerbrochen Aber die Griechen haben sie schon vorher angeschlagen.

Die Staatsaufträge waren zwar sicher. Aber die Partner aus Österreich waren auch in Griechenland nur Mittel zum Zweck der gerissenen Griechen. Ich habe an die Salzburger Firma Unmengen von Angebote gemacht. Die Salzburger glaubten tatsächlich sie würden alle Bestellungen für die Maschinen für die Baustelle in der Hand haben. Ich ahnte was kommen würde, der Raub an der Österreichischen Firma begann bereits durch die Griechen. Mit dem bestellen der Maschinen und Anlagen in dem Wert von mehr als 30 Millionen €. Der Kaufpreis für das gleiche Paket liegt bei ihnen um das doppelte als von mir bei Alpine angeboten. Diese Mehr Beträge fließen dann sofort auf private griechische Konten und verschwinden für immer. Die Baustelle hat auf einem Schlag 30 Mio USD weniger als erwartet zur Verfügung. Danach muss alles kaputt gespart um die verlorenen Beträge wieder hereinzuholen. Es gibt dann von Beginn der Baustelle an nur Ärger bei der Abwicklung. Griechenland hat damals bereits das Korrupte System Europas, genauso wie es in ganz Arabien und Afrika üblich und normal ist. Griechenland liegt noch sehr nahe bei Arabien und Afrika vom Klima von der Entfernung und von der Einstellung Geschäfte zu machen. Die jenigen die dieses Land in den Euro geholt haben gehört heute noch jedes private Vermögen abgenommen. Denn das war Bewusster geplanter Betrug am Deutschen Volk. Befeuert wurde dies von den Lobbisten der großen Konzerne. Denn es war von Beginn an klar das die Steuerzahler Europas, damit Deutschland als größter Steuerzahler diese Zeche bezahlen muss. Au8ch noch jetzt wo diese Summen im Raum stehen werden wir noch weiter belogen und betrogen von unseren Politikern der so großen Bananen Republik Deutschland.

Ich bin 5 Jahre zuvor in ähnliche Dinge in Ägypten verwickelt. Ich habe dort nach Maschinen und Anlagen gesucht und habe in ein Wespennest gestochen. Ich habe Nagelneu Maschinen und Anlagen gefunden im Wert von mehr als 15 Milliarden USD. Maschinen und Fahrzeuge. Die keine Minute gelaufen sind, davon sind einige schon 10 Jahre alt. Alle versteckt auf Plätzen die ich nur mit der Hilfe von ägyptischen Freunden gefunden habe. Ich habe versucht diese Maschinen zu kaufen. Ich hatte begonnen das Gras von alten Betrügereien abzufressen. Ich habe die Banken angefragt und um Angebote für die alten Maschinen gebeten. Die Antworten kommen schnell, die Maschinen sind um 200 % zu teuer. Die gewünschten Preise liegen 200% über dem heutigen Neupreis, Die Banken fordern Beträge die mit nichts zu vertreten sind. Diese Maschinen sind unter diesen Voraussetzungen alle unverkäuflich für mich. Ich mache den Banken Vorschläge diese alten Maschinen endlich abzustoßen, besser noch Kapital aus den Maschinen zu schlagen als diese dann irgendwann völlig abschreiben zu müssen und in der Staatskasse 15 Milliarden USD Verlust zu haben. Es dauerte lange bis ich das Prinzip verstanden habe. Es werden schöne Projekte erfunden und zwischen Banken kleine Bauunternehmungen und den Aufsichtsbehörden erfunden. Die Projekte werden abgesegnet und die Beschaffung der Maschinen beschlossen. Als wichtigste werden die Kredite ausgezahlt. Zu einem um oft 100% erhöhtem Kauf Preis werden dann auf den getürkten Rechnungen die Maschinen finanziert. Bei einem Paket von fast 15 Milliarden sind das über Jahre mit großer Sicherheit 7.5 Milliarden die Unmittelbar nach der Auszahlung verschwinden.. Die Aufsichtsbehörde die Bänker.

Die Politiker die Bauunternehmer kassierten ihre Anteile Ihre Dollar sofort in Bar und verteilen diese an alle beteiligten. Die Gelder liegen in der ganzen Welt verteilt auf deren Konten. In den Banken fällt es nicht auf weil in den Bilanzen die Maschinenwerte durchgehend mit dem Überhöhten Wert eingetragen sind. Bis dies dann auffallen wird wenn der Schrott abgeschrieben werden muss. Dann sind alle beteiligte längst ins Ausland verschwunden und sitzen auf ihrem Vermögen. Die allermeisten Gangster sind nach England und nach Norwegen untergetaucht. Ich war der Idiot der nun anfing das Gras von diesen beerdigten Maschinen zu fressen. Man bedrohte mich aktiv nach dem ich nicht aufhörte in den Maschinen zu stochern. Sie hatten cleverer Weise alle Neumaschinen an die Lieferanten bezahlt. Diese haben mitgespielt und dann die überhöhten Rechnungen ausgestellt. Das war dann die Grundlage der Betrügereien. So sind noch immer die Weltweiten Unternehmen an diesen Betrügereien beteiligt. Ich habe es vermieden Geschäfte mit ägyptischen Firmen zu machen, ich hatte das Glück das ich noch immer genügend amerikanische. Und europäische Unternehmen in Ägypten hatten mit denen ich sauber arbeiten konnte. Meine so verliebte und geliebte kleine Cleopatra ist immer stink sauer. Wenn ich über Ihre ägyptischen Freunde so gesprochen habe. Ich verstand sie und auch meine Ägyptischen Geschäftsfreunde. Sie haben alle ein schweres Leben und verkauften oft Dinge die ihnen überhaupt nicht gehörten. Sie lieben die Gespräche und das Gefühl das Geschäft wird schon laufen. Die baden sich in diesen Verhandlungen und fühlten sich wohl dabei wichtig genommen zu werden. Aber es gibt auch genauso böse Finger in Europa und in den USA.

Mein Freund aus den USA in Kairo der auch als Investor auftritt und sich nur mit fremden Federn schmückt. Ein Grieche der die amerikanische Staatsbürgerschaft hat. Er ist einer der wenigen denen es gelungen ist Ägypter über den Tisch zu ziehen. Die meisten Ausländer haben Ägypten verlassen mit Tränen in den Augen. Sie haben oft alles verloren. Die Ägypter sind die besten Schauspieler der Welt und die Frauen noch eine Nummer darüber. Aber mein Amerikanischer Grieche ist noch eine Nummer Größer. Er hat eine Spielhölle in Kairo und diese samt der dazugehörenden privaten Villa im Stadtzentrum gepachtet. Er besitzt einen 9 Meter langen Straßenkreuzer und ist mir gegenüber als Investor aufgetreten. Ich plane ein bereits lange stillgelegtes Betonwerk in der Mitte der Stadt Suez in ein Ausbildungszentrum umzuwandeln. Die Stadt Suez ist begeistert von dem Projekt und gelobte Unterstützung. Das Bauunternehmen denen das stillgelegte Werk gehörte Verhandelten mit uns. Das Werk, die Maschinen konnte ich direkt nach Thailand verkaufen, es war noch ein gutes Deutsches Werk. Der Amerikaner stellte mir eine Bürgschaft von 7 Millionen USD einer amerikanischen Bank zur Verfügung. Diese Garantie ist Echt und sauber. Es hätte gereicht um das ganze Projekt zu beenden. Es sollte so ähnlich angelegt werden wie die HTMC in Sixt of October/Kairo. Ich unterstützte diese Schule noch immer und im besonderem nach dem Weggang der GTZ aus dem Projekt. Mein Freund, der griechische Amerikaner hatte sich ansonsten so durch Ägypten gehangelt, einen Berg von Schulden gemacht, er hat über Jahre 3 Jahre keinen Cent Miete gezahlt, nicht für das große Casino und nicht für seine Stadt Villa. Die Griechen waren immer noch besser im Geschäfte machen als die Ägypter. Auch dann noch wenn sie bereits amerikanisiert sind.

Er stand mit dem Vermieter im Rechtsstreit und hatte super Anwälte aus den USA die es schafften bei dem defekten Gerichtswesen in Ägypten die Verhandlungen über viele Jahre hinzuziehen. Es wurde aber zu heiß für ihn, er plante still und heimlich seinen Abgang. Er hat seine Werte die er zum größten Teil in ägyptischen Pfunden hat in Gold angelegt. Aber wie sollte er das Gold aus dem Land heraus bekommen. Er musste sich sputen den seine Prozesse gehen dem Ende zu und es sieht nicht gut aus für ihn. Er hat sein ganzes Gold in die Gewaltigen Stoßstangen seines noch gewaltigeren Straßenkreuzers gepackt und diese schwarz gestrichen. Dem Zoll ist dies aufgefallen, erst beim Verladen des Autos auf das Schiff. Die Stoßstange wurde durch die Seile beschädigt und darunter glänzte dann das Gold. Es waren wie ich in der Zeitung lesen konnte 140 Kilo Gold mit 24 Karat. Es reichte dann auch um den Vermieter zu entschädigen und die offenen Steuern zu bezahlen. So wie ich erfahren habe brauchte er dann nur 5 der 11 Jahre absitzen und wurde abgeschoben. Ich konnte meine Garantie nicht nutzen, die war von seiner Bank in den USA noch abgesichert trotz seiner Probleme. Vermutlich hat er über diese Jahre auch schon genügend außer Lands gebracht. Ich komme in Suez nicht weiter weil mich wieder einmal die Ägypter verarscht haben. Das Betonwerk gehörte zwar dem Bauunternehmen aber nicht der Grund und Boden der mir mitverkauft wurde und der das wichtigste ist für dieses Projekt ist, die Planung Sicherheit. Der Grund und Boden war nur gepachtet von der Regierung der Stadt Suez und der mächtigen Suezkanal Gesellschaft. Mit der wollte ich mich nicht anlegen, denn die war und ist Reich und Mächtig. Ich verhandelte mit der Suezkanal Gesellschaft auch wegen eines anderen Projekts.

Ein viel Größeres Projekt in Suez, Kairo mit dem zentralen Platz und Fabrik in Ismaelia. Ich war befreundet mit dem Hersteller von sehr guten Bussen in Kairo Haschim Bus, meine Freunde sagten immer die Firma Hasch im Bus. Es war ein gleichaltriger Mann der eine wunderbare saubere Fabrik in Kairo hat. Er baut Buse mit der Hand, pro Tag wurden 3 Busse fertig. Die Busse sind stabil und nicht die Plastik Busse die man überall aus der Welt bekommen kann. Er baut diese aus richtigem deutschen verzinktem Blech. Die Busse haben ein Fahrgestell von GM und einen Motor von ISUZU. Ich wollte die neue Produktion umstellen auf eine Zusammenarbeit mit VW. Ich einigte mich mit VW darauf, dass wir mit VW in Brasilien zusammen arbeiten. Sie lieferten die Motore und Fahrgestelle und wir bauen die Busse mit verzinktem Blech darum. Es sollte ein Exportschlager für Ägypten werden. Ich habe die Firma ARAB Contractor eingebunden. Ein Riesiges Staatsunternehmen. Auch eines der größten Bauunternehmen aber auch mit vielen Facetten des Maschinenbaues und Stahlbaues. Ich ließ dort bereits in Lizenz Tieflader, Fahrmischer, Betonanlagen, Asphaltanlagen und mehr bauen. Diese Unternehmen sollte ein neues großes Unternehmen werden. Ich arbeite alle neuen Modelle aus. Stimmte mich mit VW Brasilien und Wolfsburg ab. Die Suez Kanal Firma sollte Partner in dem Unternehmen werden, deshalb musste ich ruhig bleiben. Der bestehende Standort der Firma ARAB Contractor ist ideal für diese Fabrik, das Gelände umfasste 200.000 qm, es liegt direkt am Kanal und hatte einen hervorragenden Hafen um die Autos in alle Welt zu bringen. Wir haben den Export in viele Länder bereits geregelt. Mein Herz brannte in dieser Zeit fürchterlich. Ich musste meine große Liebe meine Cleopatra hergeben.

Ich habe meine Familie in Deutschland teilweise verloren, nicht verloren aber ich konnte nicht zu ihr. Natürlich befriedigte es mich das es allen gut geht. Meine jetzt bereits Ex Frau, kann nun oft und öfter mit ihrem Freund zusammen sein. Mein ältester ist wieder in meiner Firma und mein jüngster der ist sowie so problemlos er studierte Maschinenbau. Meine Tochter ist eigentlich mein einziger Problemfall. Sie hatte jemanden geheiratet den ich zwar mochte, der aber Alki war und ist. Sie sollte ihn nicht gleich heiraten sondern sie sollte sich und ihn prüfen ob er von dem Alkohol ablässt. Sie hat dann ein Kind von ihm bekommen und wollte unbedingt heiraten, da für hatten wir natürlich kein Verständnis aber was sollten wir machen. Aber es ging nicht gut, nach dem dritten Kind da drehte er völlig durch. Während sie in einer Mutter Kind Erholung war mit den Kindern hat er die gesamte Wohnungseinrichtung versoffen. Von da an schlug sie sich mit ihren drei Jungen gut durch. Tolle Enkel die alle einen Kopf größer wurden als ihr Opa. Den der älteste Enkel schon zum Ur Opa machte. Meine Cleopatra in Kairo, erlebte eine Hochzeit des Schreckens, sie weinte die Hochzeit durch. Ich entfernte mich aus ihrem Leben in einen anderen Stadtteil von Kairo. Ich mietete mir ein Haus in Mohandesin, dies war auch mein erster Ort und nicht weit weg von meiner Firma mit dem TÜV. Und auch nicht weit weg von Zamalek dem Büro des Bauunternehmens. Ich lebte ruhig und zufrieden und pendelte zwischen Deutschland und dem Rest der Welt. Nach ca. 5 Monaten in Mohandessien tauchte dann der kleine Bruder und die Schwester von Cleoprata plötzlich auf. Sie standen so einfach vor meiner Tür und wollten sehen wie es mir geht. Ich bekam dann heraus das Cleopatra mich unbedingt sehen will es wäre sehr wichtig.

Ich überlegte sehr lange und brachte dann nach einem schönen gemeinsamen Nachmittag die beiden nach Hause und setzte sie an der Ahmed Sacki Straße in Maadi ab. Maadi war viele Jahre mein zu Hause. Ich versprach am nächsten Tag zu kommen. Es war das erste Mal nach ihrer Hochzeit, fast 13 Monate danach als ich wieder bei Ihr und ihrer Familie vorbei schaute. Es war eine Zeit mit sehr viel Arbeit, ich versteckte mein Schmerzen immer hinter meiner Arbeit. Ich wollte diese Gefühle nicht wieder aufkommen lassen. Ich glaubte ich bin nun stabil genug um ihr wieder zu begegnen. Die Familie empfängt mich als wäre ich nie weggewesen. Sie führen mich ins Schlafzimmer, ich war überrascht da liegt sie und schaute mich mit ihren Riesigen Cleopatra Augen an. Ulli komm bitte her, sie nimmt zärtlich meine Hand, schön, dass du gekommen bist. Ich bekomme in wenigen Minuten oder Stunden ein Kind, wer weiß es. Mein größter Wunsch ist es das du bei mir bist wenn das Kind kommt. Ahmed ist zu seiner Mutter gegangen das ist nichts für seine Nerven. Er freut sich wenn du bei mir bist, denn er hat nicht den Nerv dazu. Es wird auch Zeit das du dich wieder mit uns versöhnst. Wir hatten alle so schöne Zeiten mit dir. Ein wunderschönes Mädchen eine Khlood wurde geboren und ich besuchte dann die Familie wieder öfter. Es wurde mir sehr leicht gemacht und alle Schmerzen die diese Liebe hinterlassen hat sind verschwunden. Ich hatte dann noch einige Termine bei meinem Freund von Haschim Bus, ich wurde eingeladen in seine Moschee die er errichtet hat, er versorgte darin die Ärmsten, mit allem was sie benötigten. Ich durfte daran teilhaben, meine Cleopatra hatte auch dafür gesorgt, dass aus mir ein Moslem wurde. Ich wurde dies gern aber natürlich kann man nicht so einfach innerlich Moslem werden wenn man vorher Katholik war.

Ich war ein international religiöser Moslem. Damals war für mich der Islam die friedfertigste aller Religionen. Mir gefielen die Moscheen und die Art wie die Mosleme beten. Ich habe im ernst immer schon in meiner Kindheit so gebetet. Meine Geschwister haben dann oft gesagt, betest du wieder zu deinem Allah. Wir alle haben die Religion Gott und Allah wie unser aller Gott sonst noch genannt wird verinnerlicht. Ich bin kein Feind der Christlichen Kirchen nach dem ich Moslem geworden bin. Ich war und bin nach meiner Meinung als Moslem genauso noch ein Christ. Für mich sind die Religionen nicht trennbar. Ich hatte zwar immer eine innere Abneigung gegen die Katholische Kirche nicht gegen die Religion, eine Abneigung dagegen wie diese Kirche geführt wird. Wie diese Kirchen ausstaffiert sind mit ihrer Pracht. Ich habe oft aus den Kirchen während des Gebetes herausgehen müssen. Wenn ich dann während des Gebetes in diesen Kirchen an die Not der Menschen und Kinder in der Welt Dachte, eine Not die ich schon sehr früh kennengelernt habe. Dann wenn ich gesehen habe wie sehr sich die Kirchen geschmückt haben. Wieviel Prunk und Gold und Silber es in den Christlichen Kirchen gibt. Während in der Welt täglich hunderte von Kindern verhungern und Millionen Menschen im größten Elend leben. Für mich gibt es für alle Menschen nur einen einzigen Gott, es kann nicht mehrere geben. Man nennt diesen einen Gott nur unterschiedlich, hat in vielen Religionsgemeinschaften verschiedene Geschichten zu diesem einen Gott zusammengefügt. Deshalb betet man unterschiedlicher Weise zu diesem Gott. Aber man betet in allen Religionen das gleiche Gebet, mit gleichen Texten und gleicher Gläubigkeit. Jeder der zu Gott betet und sich an seine 10 Gebote hält, 10 Gebote die für alle Menschen gelten, nur der kann, ein gläubiger Mensch sein.

Keiner steht über seinem nächsten oder dem anderen auch. Wenn die einzelnen Kirchen allen Menschen einreden wollen, dass sie die einzige wahre Kirche sind.

Wir alle sind völlig gleich vor Gott, niemand ist gleicher als der andere. Christen, Juden, Moslem stammen alle aus einem Stock und Glauben, die Unterschiede sind so gering das alle drei nur den Grundstock einer einzigen wahren Religion bilden. Ich selbst, ich bete in allen Christlichen Kirchen und in allen Moscheen dieser Welt an meinen den einen Gott an Allah. In Synagogen komme ich leider nur noch sehr selten, weil es in Deutschland kaum noch welche gibt und ich nur noch selten nach Israel komme. Meine Zeit in Israel ist wenn ich manchmal dort bin immer nur begrenzt. Aber wir sollten nie vergessen, dass die Juden die Stammväter. Das diese Religion die Grundlage des Christentums und des Islams sind. Ich muss oft daran denken als für meine so junge neue Liebe die schlechtere die schwerere Zeit anbricht. Wir waren ineinander verliebt aber wir mussten uns trennen. Es ist schwer eine Ägypterin aus ihrem Umfeld zu reißen, aus ihrer Familie heraus zu nehmen. Sie wäre alleine in Deutschland eingegangen. Ich habe es vorgezogen sie in ihrem wunderbaren Land zu lassen, bei ihrer wunderbaren Familie. Die Mutter ahnt was uns bewegte und fährt mit mir und Cleopatra zu einem heiligen Mann des Islams. Es ist von Kairo fast eine 3 Stunden lange Fahrt, aber viele Menschen vertrauten sich dem weisen Mann des Islams an. Es ist ein wirklicher auch in meinen Augen ein weiser Mann ist. Ein Mann der die ganze Welt gesehen hat. Mit dem ich ein tiefes Gespräch entwickelt habe. Solche Männer gibt es in allen Religionen, Männer die den Weitblick und die Erfahrungen haben für das Leben und für den Glauben.

Aber diese Menschen heilig zu sprechen halte ich in allen Religionen für nicht gut. Dieser Mann ist wie ich ebenfalls davon überzeugt, dass jede der Religionen die richtige ist, man muss diese seine Religion nur leben und die anderen Religionen wie seine Religion achten. Die Menschen die anderes Predigen und falsches verlangen von ihren Gläubigen haben die Bibel, den Koran oder die Thora nicht gelesen oder völlig falsch verstanden und nur zu ihren Gunsten interpretiert. Das ist das Dillemmer auf dieser Erde und das Problem der Menschen an sich. Der Verstand der Menschen missbraucht die Menschen und leitet sie oft falsch. Der Verstand den ihnen auch unser aller Gott gegeben hat wird Missbraucht für falsche Deutungen und Falsche Auslegungen. Das finden wir schon wenn drei Menschen aufeinander treffen, jeder hat seine Meinung und jeder eine andere Meinung von der gleichen Sache. Diese eigene Meinung trennt die Religionen, aber man muss begreifen, das über jeder Meinung nur der Eine der einzige Gott steht der für uns alle steht. Ich habe sie sehr lange begleitet mit ihrer Familie und ihren Kindern. Nur hat uns das Leben dann sehr lange getrennt. Es geht für alle immer weiter und auch für mich. Noch lange sprechen wir darüber. Mal in Arabisch, mal in Englisch. Dann unser Wunderheiler meiner Cleopatra zwei weiche Beutel mit einem besonderen Kraut gegeben den sie sich um den Hals hängen muss. ,, Das mein Kind wird dir helfen deinen Kummer zu bewältigen, es wird dir gegen den Liebeskummers helfen. Du musst es beim Beten nur immer fest in deine Hand nehmen und an dein Herz drücken. Es hat geholfen, es hat uns und im ins besonderem Ihr das Leben danach leichter gemacht. So wie mir mein Talisman aus Bagdad bereits einiges leichter gemacht hat.

Der Glaube versetzt Berge, aber man muss Glauben. Dieser eine Gott den ich in meinem Herzen gleichgemacht habe mit allen Göttern weil es nur den einen einzigen für mich gibt. Diese Einstellung macht es mir leicht an all diese Religionen als eine wirkliche Einheit zu begreifen und fest daran zu glauben. Man muss einfach etwas haben an das man glaubt, der Glaube kann Berge versetzen und heilen und helfen. Ich solle zu Hause bei Cleopatra und ihrer Familie bleiben, aber das konnte ich nicht. Ich selber bin auch seit 12 Monaten das erste Mal wieder in Maadi. Ich musste nun etwas anderes sehen, muss mein Maadi sehen und meinem Freund Heinz in sein Lokal. Als ich dort angekommen bin, wusste dieser natürlich bereits, dass ich bei meiner Cleopatra war und dort ein Mädchen angekommen ist. ,, Was mein lieber Ulli hat das zu bedeuten, dass du bei der Geburt eines fremden Kindes, Dabei bist, bei der Familie die du verloren hast". ,, Woher weißt du denn das schon wieder". ,, Klar, meine Bedienung die in der gleichen Straße keine zwei Häuser weiter von Cleopatra entfernt wohnt. Die wusste dies natürlich und hat dich auch gesehen als du mit deinem Jeep durch die schmale Gasse gefahren bist". Eine Gasse die noch immer durch ihre Sauberkeit von den anderen Gassen in Maadi Arabia abhebt. Ulli Berger war es zu wieder das er immer durch die Abfälle waten oder fahren musste. Er stellte sich einfach einige male hin und hat die Gasse vor dem Haus von seiner Freundin und ihrer Familie selber mit dem Besen gesäubert. Erst haben ihn alle für verrückt erklärt. Es war doch immer so schön und einfach, Fenster auf und Müll raus. Es dauerte bis sie das verstanden und es so schön fanden, dass ihre Gasse die sauberste ist. Nicht die alten reinigten die Gasse sondern die Kinder.

Nahmen sich ein Beispiel an seiner Reinigungssucht. Die Kinder waren es dann die ihre Eltern daran hinderten den Müll weiter aus dem Fenster zu werfen. Die Ägypter in Maadi, sagten immer wieder du Ulli bist kein deutscher, du bist so offen, so anders als all die Deutschen hier. Ich spürte das selber auch überall in der Welt nicht nur in Ägypten. In ganz Arabien sagte man mir das nach. Aber vom Aussehen hielt man ihn schon für einen deutschen. Manchmal auch für einen Türken, wegen meiner arabischen Sprache. Man muss und kann Ägypten nur verstehen wenn man die Vergangenheit kennt, dies trifft auf jeden arabischen Staat zu. Aber Ägypten wurde erst selbständig nach dem Sturz des Königs der Ägypten behandelte wie sein Eigentum. In das leider alle Militär Herrscher auch hinein fallen wenn sie lange genug die Strippen gezogen haben. Da von blieb auch nicht Gamal Abdel Nasser verschont. Nicht seine Nachfolger Sadat dessen Mord ich miterlebt habe in Kairo und der Sturz von Mubarak. Mubarak hat Hoffnung auf den großen Umschwung gemacht, aber er ist dann auch der Macht des Geldes erlegen. Gamal Nasser hat in Ägypten noch sehr viele Anhänger, ich fahre auf dem Weg nach Asyut immer durch den Ort Beni Mur – Mallawi. Beni Mur ist nicht weit entfernt von meinem Lieblingsort Beni Haram. Seine Eltern sind dann später nach Alex gezogen und haben dort ihren Sohn Gamal Nasser gebastelt. Der dann 1918 in Bakes Alexandria geboren wurde. Er wurde schnell Soldat und studierte, 1948 war der erste große Krieg gegen Israel, ein Krieg der ihn an die Spitze des ägyptischen Militärs brachte. 1952 stürzte General Abdel Nasser mit seiner Macht als höchster Militär Ägyptens den in großen Teilen des Landes verhassten König.

Damit begann die Macht des Militärs die bis heute anhält. Ich bete und hoffe das dieser moderne General Asisi nicht in die alten Muster verfällt und in der Lage ist Ägypten langsam in eine Demokratie zu führen. Ich persönlich kenne ihn und glaube daran, dass er es schafft. Es würde zum Segen von ganz Arabien reichen, es könnte eine etwas andere Demokratie werden wie in Europa. Eine Demokratie die auch den Islam mit einbezieht. Das Gespräch geht in der Familie meiner Cleopatra weiter. „ Warum denkt ihr alle ich wäre kein typischer Deutscher?, ich höre das überall in der Welt und habe keine Ahnung wie ich mich von meinen Mitbürgern unterscheide". „ Du Ulli Berger vermittelst uns nie den Eindruck. Als wärst du der größte und beste. Wir haben immer das Gefühl du bist einer von uns, wir fühlen nicht das du hier Fremd bist". Ich Ulli der Hawager (Fremder) bin in der ganzen Straße bekannt und beliebt. Ich bin auch der einzige der es wagte auch nachts durch diese Gassen zu gehen, das fordert allen den Respekt ab. Aber das denke ich ist doch eigentlich typisch Deutsch. Während ich träume und alles um mich säuft und feiert während ich noch in der Vergangenheit bin sind neue Gäste in die Kneipe herein gekommen, Mitarbeiter von Siemens. „ He", ruft Hannes der aus meiner Gegend in der Nähe von Koblenz kommt". „ Ulli auch mal wieder hier". „ Ja, ich muss auch mal wieder nach Maadi kommen". „ Was ist Jungs", sagt der Wirt Heinz, „ ich will eigentlich die Hütte zu machen, wollen wir zusammen ins four sitzen fahren". Alle stimmten zu. „ OK Heinz, lets go". „ Ich war auch schon lange nicht mehr im four Sitzen, das kann ich heute auch gebrauchen". „ Wenig später sind wir dort. Es sind schon einige Stammgäste der Deutschen Botschaft da. Wir sagen immer hüte dich vor Sturm und Wind und Leuten die von der Deutschen Botschaft sind.

Zum Glück sind nicht alle Mitarbeiter der Botschaft Arschlöcher, aber es sind viele darunter meistens die kleineren Bediensteten die vor Einbildung zu platzen drohen. Ohne etwas zu leisten. Es wird munter getrunken, Whisky und Wodka und Bier. Bezüglich der Alkohol Kontrollen durch die Polizei braucht man in Kairo nichts befürchten. Es sei man hat einen Unfall oder fällt sonst extrem auf. Die Jungs hier in der Bar des Speiselokals sind alle scharf auf die schwarzen Weiber die sich hier tummeln. Dies hat sich in den letzten Jahren rasant in Kairo geändert das Nachtleben hat sich gewandelt. Der Einzug der schwarzen Frauen in Kairo hat alles verändert in Kairo. Es gibt eine ganze Reihe von Speiselokalen die in Hinterzimmern Bars betreiben in denen sich die Frauen zeigen können. Aber zum Sex mussten sie zu den Männern mit nach Hause oder in ein Hotel. In Notfällen findet dies auch in den Toiletten des Restaurants statt. ,, Was ist Ulli, hat sich dein Geschmack inzwischen verändert, deine schöne Ägypterin bist du doch los. Jetzt kannst du es dir auch erlauben mal eine heiße schwarze zu vögeln". ,, Sorry Werner aber es hat sich nicht geändert an meiner Einstellung, nicht weil ich etwas gegen schwarze habe, denn wenn man durch das schwarze durch ist, ist es auch nicht anders als bei einer weißen Frau. Nein ich mag keine schwarzen Nutten, ich könnte es nicht verantworten mir etwas zu holen und dann weiter zu tragen. Im Übrigen ist hier keine unter den Weibern die ich wirklich vögeln möchte". ,, Du machst das falsch mein lieber, mache es wie ich, dann verlierst du auch deine Bedenken. Ich saufe mir die schwarzen schön, dazu reichen eines bis zwei Flaschen Wodka. Dann muss die bevor ich wach werde aus meiner Wohnung verschwunden sein. Aber sie muss riechen nach Nutte.

Sie muss so schwarz sein wie mein Armaturen Brett und so scharf sein wie eine Granate kurz vor der Explosion. Dann mein lieber Ulli, dann, nur dann ist alles OK auch mit den Nutten hier". ;; Na dann las es jucken Hannes". Mir reicht es wieder, Ich trinke meine Flasche Bier aus und setzte mich dann ab nach Mohandessin. Ich habe auf dem Dach eine wunderbare Terrasse, die mit Weintrauben zu gerankt ist. Ich Genieße die warme Luft der Nacht und den schein des Mondes. Ich genieß mein Leben, ich liebe mein Leben. Ich liebe Ägypten und Afrika und Arabien. Ich träumte von meiner Cleopatra und von einer neuen Cleopatra die ich vielleicht finden werde. Würde ich jemals wieder eine solche Freundin finden. Ich hätte sie vielleicht haben können, aber dann hätten wir aus dem Dunst ihrer Familie und ihres geliebten Ägyptens Verschwinden müssen. Das wäre mit Ihr nicht möglich gewesen, sie wäre eingegangen ohne diese Familie und Heimat. Es war die beste Wahl die wir getroffen haben. Nicht weit von meinem jetzigen Wohnort. Habe ich mit Mustafa ein Büro. Ein Mann der in Österreich in Graz Maschinenbau studiert hat. In diesem Haus wohnen viele Schauspieler, es ist des Öfteren vorgekommen, dass man Szenen in unserem Büro gedreht hat auch mit dem Hawager mit mir. Aber ein anderes Bühnenreifes Stück ein Verbrechen lief in diesem Büro ab. Nur durch meine Geistesgegenwart wurde dies Gangsterstück verhindert. Ein Banker von der Lybischen Grenze aus Marsah Matruh der sehr viele Lybische Dollar hat will diese in Kairo tauschen gegen USD. Hamdi einer der neu Reichen Arbeitern, ein Erdölfritze von Halliburton hat den Käufer angeschleppt. Die sind dann zu viert in das Büro gekommen, haben das Geld getestet und für gut befunden. Der Umtausch des Geldes wird für den anderen Morgen abgesprochen.

Man will dies Geschäft gebührend feiern und der Mann aus Alexandria hat alle in eine Bekannte Bar eingeladen. Ich habe ein ganz dummes Gefühl bei diesen Leuten, Hamdi war mir sowie so immer suspekt durch seine ständigen Sauftouren. Aber da passte er gut zu Mustaffa. Die beiden sind die Vesoffesten Mosleme die ich je kennen lernte. Diese Truppe aus Alexandria sowie so, die Männer sind mir höchst unsympathisch. Aber vor allem die Fette Frau die sie mitgebracht haben und als Freundin und Sekretärin des Käufers vorgestellt haben. Das ist für mich eine Nutte aus der untersten Schublade von Alexandria. Sie hat ein Gebirge von Brüsten die bei jedem Wort ins Schwanken und Wanken geraten. Sie wollen mit Gewalt aus ihrem Gefängnis von Stangen und Ösen heraus springen. Mein Mustafa hat nur noch für diese fetten Brüste Blicke. Ich konnte mir dann in dieser Zeit von meinem Platz von meinem Schreibtisch ihre Untere Hälfte anschauen. Wie eine Pferdeschnauze, wie das weiche Maul meines Pferdes Ashma zieht mich der Anblick auf ihre fetten Schamlippen an. Nur das dünne Band des Slips teilt diese auf wie eine Semmel. Mir ist klar diese Leute sind nicht ganz sauber, die haben etwas vor. Sie fahren nach der Abnahme und dem Zählen des Geldes ab in ein Hotel, ein Hotel das sehr verrufen ist. Dort treiben nur die Araber unter sich ihr Unwesen. Sie saufen und vögeln dort die ägyptischen Edelnutten, die gibt es schon immer in diesem Land. Aber diese waren und sind nur für die Reichen reserviert. In dieses Hotel kommt nie die Polizei, dies Hotel wird von der Polizei beschützt. Man will mich im Büro anrufen wenn sie oben in der Bar angekommen sind. Sie wollen noch Speisen, ich hatte keine Lust in diesem Hotel etwas zu essen. Ich hatte noch viel Arbeit und blieb im Büro, ich bin mir auch nicht sicher ob ich in dies Hotel gehe.

Ich schaue mir den Karton mit dem Geld an. Es war eine schöne Menge, eine viertel Millionen Dollar schätzte ich, ein Vermögen für jeden Ägypter. Ali unser Tee Boy, er ist schon ein erwachsener Mann mit Familie, will nach Hause gehen. Er war auch nicht erfreut von der Gesellschaft die zum Glück verschwunden ist. Ich wickelte den Karton, in dem einmal ein EYA Radio war richtig mit Klebeband zu. ,, Ali, kannst du den Karton bis Morgen mit nach Hause nehmen ich habe wichtige Ersatzteile in dem Karton". ,, keine Frage Herr Berger natürlich, natürlich mache ich das". ,, Danke Ali hier noch 20 Pfund, kaufe deinen Kindern was Schönes und leckeres. Der Karton mit der Viertelmillionen USD ist aus dem Büro. Der Anruf ist gekommen das ich wenn ich will auch kommen kann, sie sind bereits oben in der Bar. Ich machte mich auf den Weg mit einem typischen Taxi in Cairo, mit einem uralten Fiat. Es ist in der Bar schon richtig was los, leicht bekleidete Tanzgruppen aus Russland und Frankreich unterhalten die Gäste. Wie ich vermutet hatte war die Fettel zu nichts anderem da, als uns abzulenken uns einzuschenken und um uns besoffen zu machen. Ich trinke in solchen Fällen immer Cola Rum oder Weinbrand wenn kein Rum da ist. Wenn ich mir nicht sicher bin was los ist. Die Cola trinke ich nur aus der Flasche. Und der Rum oder Weinbrand wanderte dann direkt in das Halbvolle Cola Glas. Die Brühe wird immer durchsichtiger und dünner, ich muss die Ladung dann leider in die Blumenkübel gießen. Es gibt eine neue Cola und immer wieder einen Rum. In der Bar ist der Teufel los, ich versuche den Überblick zu behalten. Moustafa und Hamdi machten schon einen recht komischen Eindruck, aber sie langen auch kräftig zu. Der Banker ist der einzige Gute Moslem unter den Männern am Tisch.

Er weigerte sich auch nur einen Tropfen zu trinken. Hamdi und Mostaffa sind schon längere Zeit auf der Toilette. Aber auch an unserem Tisch ist es sehr leer geworden. Der Sheik der Banker kommt schreiend an den Tisch gerannt. ,, Ulli, Ulli, Mostaffa und Hamdi liegen tot in der Toilette". Ich springe voller böser Ahnung auf und rase in die Toilette. ,, Sie sind nicht tot, aber völlig leblos- KO Tropfen Sheikh". ,, Ich hatte Recht, die Leute aus Alex sind nicht mehr da. Es ist klar, die sind jetzt im Büro und wollen mein Geld holen. Der Bank Besitzer schreit laut auf, er ist völlig verzweifelt, er sieht sein Geld als verloren an. Er hat auch sofort gerafft was los ist. Sanitäter aus dem Hotel und ein Hotelarzt kümmerten sich um die Beiden KO Leichen. Wir beide fahren mit dem Taxi nach Mohandessin ins Büro. Mir ist es während der Fahrt nicht möglich den Sheikh und Banker aus Marsah Matruh. Davon zu überzeugen, dass sein Geld sicher ist. Vor der Tür des Büroturms staunen die Polizisten die immer mit einem Auto und vier Polizisten vor dieser Tür stehen nicht schlecht. ,, Gerade ist Euer Besuch ins Büro gegangen". ,, Kommt mit, die wollen uns ausrauben". ,, Was ist mit Mustafa": ,, der liegt KO in der Bar, deshalb haben sie seinen Schlüssel. Als wir ins Büro stürmen sind die Männer wie wild am Suchen, sie zerlegten gerade die Schränke und werden festgenommen und schnauben vor Wut. Du Hawager hast das Geld gestohlen, sie wollen mir an die Wäsche. Erst danach kapierte der Banker was ich sagte, das sein Geld nicht mehr in diesem Büro ist. Er konnte es dann aber erst am nächsten Tag von Ali in Empfang nehmen. Mein Mitarbeiter fuhr den Banker dann nach Marsa Matruh zurück. Er ist so geschockt und frustriert das er weder einen Bus noch ein Taxi nehmen will. Mustafa und Hamdi benötigten noch 4 Tage um wieder normal zu werden. 337

Ich musste dringend nach Hause, ich musste erst einmal alleine sein. Ich bin in seit Jahrzehnten in zwei Welten hin und her gerissen, ich lebe fast gleichzeitig in vielen Welten. Jeder Erdteil und oft nur wenige Kilometer von einem Ort entfernt konnte und kann man eine völlig andere Welt finden als meine Welt in Deutschland. Ich bin die nächsten Tage damit beschäftigt die Angebote für die neue Staustufe am Nil in Kairo zusammen zu bekommen. Wir arbeiteten in Kairo bereits die Kosten für das gesamte Projekt aus. Wir wollten es haben, uns lieg sehr viel daran. Wir wollen das Projekt mit Holzmann als Partner bekommen, Ich frage meine Freunde bei der Ingenieurgesellschaft aus, rührte die Bestechungsmühlen um an die Angebote der anderen zu kommen. Sie tuen alle das gleiche, mehr als 14 internationale Firmen kämpften um den einen Auftrag den Deutschland bezahlte. Wir führten unendlich viele Gespräche bei Holzmann. Sie sind dort froh, dass sie solch einen erfahrenen Partner in Kairo haben. Fast zwei Jahre bereiteten wir die Ausschreibung für Holzmann vor. Dann am Ende verdoppelte Holzmann einfach unsere Kalkulationen, dass Projekt sollte sie retten. Aber dann stellte sich heraus, dass alle Anbieter getrickst haben und es Gewaltige Unterschiede in den Angeboten gibt. Die ganze Ausschreibung muss erneuert werden. Es vergingen nochmals zwei Jahre in denen der Zustand von Holzmann immer schlechter wurde. Der Rols Royce unter den Bauunternehmungen in der Welt entwickelte sich zum Trabbi. Die Vorstände rauben die die eigene Firma in kleinen Schritten aus. Sie gründen immer mehr SUB Unternehmungen und ziehen damit die letzten Gelder aus dem Laden. Ich sehe hier in Europa und auch weltweit die Wirtschaft zusammenbrechen und nehme das Angebot von Freunden in Brasilien.

An auch mit ihnen mit Zucker zu handeln. Es begann vielversprechend mit Lieferungen und Verträgen nach Arabien und in die Türkey. Es ging jeweils um Lieferungen mit einem Umfang von 100 Millionen. Es regnete Bankgarantien und Bürgschaften. In den Sudan verkauften wir für den Süden für 80 Millionen USD. Diese Menge ist bestimmt für den Weiterverkauf in den Süd Sudan, dessen Selbständigkeit vor der Tür steht. Die Feisal Bank aus Saudi und die Sudanesische Central Bank hinterlegten und verbürgten die Summe in Khartoum. Zu diesem Zeitpunkt bauen wir auch ein gebrauchtes Zementwerk im Sudan, mit unserem Partner Orascom in Kairo. Alles geht sehr schleppend voran, weil immer wieder Teile fehlen die Nachgekauft werden müssen. Es handelte sich um ein altes Zementwerk aus den Beständen von Heidelberger Zement aus Deutschland es stand in der Nähe von Mainz. Es wurde eine beschwerliche Aktion dies in Betriebsfähigen Zustand zu versetzen. Dazu ist dann ein kleines Zementwerk ein neues aus Indien gekommen. Das mussten wir dringend installieren um zwischenzeitlich überhaupt Zement zu bekommen. Ein anderes Zementwerk unseres Partners im Sudan, läuft bereits sehr gut. Aber die Menge reichte bei weitem nicht aus für die Bauvorhaben im Sudan. Es steht der Umbau im Sudan bevor und noch weitere Nil Staudämme. Mit meinem Mitarbeiter im Sudan Hatim der mit seiner Familie in Khartoum wohnt aber im Norden des Sudans seine weitere Familie hat. Ich Besuche mit ihm seine Familie und prüfe auf diesem Weg den Bau des Staudamms im Norden des Sudans. Es ist eine große Staustufe die von den Chinesen finanziert und gebaut wird. Die ganze Infrastruktur um die Staustufe ist fertig. Man versuchte Investoren aus aller Welt zu bekommen.

Kanäle für die Umleitung von Wasser gibt es schon in großen Mengen durch die Wüste die auch schon Wasser führen. Die Leitungen für die Elektrizität die nun bald vom Staudamm kommt werden verlegt. Bin Laden der große Terrorist wurde gerade zwei Jahre vorher aus dem Land Sudan heraus gebombt. Ich hatte diesen Mann der damals gute Ideen hatte in Kairo kennen gelernt. Er war dort mit seinem Bruder Garib Bin Laden, sie haben uns einen Auftrag erteilt für mehrere Straßen in Kairo und Nil Unterführungen. Ich selbst habe dann 1 Betonanlage und 10 Fahrmischer an die Bauunternehmung Bin Laden nach Saudi geliefert. Hatte auch einige Aufträge in Dammam und für die Aramko, bevor die Ammis dort Partner wurden. Ich kannte noch einige Unternehmer aus der Zeit in Wolfenbüttel. Sie haben um Hilfe gerufen, ein deutsches Unternehmen aus Göttingen hatte ihnen 40 LKW,s verkauft und absoluten Schrott geliefert. Die Firma Gassmann in Göttingen, damals nicht weit weg von dem Ort Lindau. Im vor Harz aus dem meine Frau stammt. Ich machte einen 14 Tage Trip nach Dammam und konnte feststellen und Dokumentieren das hier ein Riesen Betrug stattgefunden hat. Ich konnte den Saudis Teile des Geldes Retten. Es war eine Zeit in denen in Arabien der Aufbruch herrschte und die Saudis noch so unerfahren waren. Es werden in Saudi Maschinen und Anlagen gebraucht in großen Mengen. Aber hier merken die Saudis schnell wem sie vertrauen konnten und wem nicht. Sie wurden lange gnadenlos auch von vielen Deutschen Händlern beschissen. Ich habe in der Stadt Dammam ein Riesen Appartment bekommen, in dem ich dann abends Besuch bekam. Meine Besucher haben alle Whisky unter ihren Kalabea und haben sich dann damit bei mir zu gedröhnt. Sie konnten es sich dann erst am anderen Morgen erlauben nachhause zurück zu kehren.

Dies ist nur möglich nach dem sie wieder nüchtern sind. Selbst der Chef der Polizei, der mit ihnen zusammen gekommen ist konnte sich dies nicht erlauben. Er musste ausnüchtern. Ein Besuch von 10 Saudis in Braunschweig wurde für mich zum Fiasko. Ich konnte sie dann verlegen nach Hannover, weil sie Anlagen in Hannover kaufen wollen. Ich besorgte ihnen Hotels und Frauen für die Nächte. Die Frauen haben für eine Nacht 2000,- DM bekommen. Die haben sich alle jede in den Tagen mehr als 10.000,- DM verdient. Ich hatte natürlich mehr weil sie Fünf Beton Anlagen gekauft haben. Aber ich musste so manche Nacht ins Hotel kommen, von Wolfenbüttel sind das so gute 70 KM bis nach Hannover. Sie sind samt der Weiber die ich ihnen besorgt habe oft so besoffen das sie nicht mehr wissen was sie tun. Ich hatte auch Erinnerungen an die Bin Laden Brüder bei diesem Besuch im Sudan, die Amis haben dem Sudan schwer zugesetzt bis sie Bin Laden hinaus schmeißen mussten. Dieser hat sich dann nach Afghanistan verzogen muss sich den Taliban anschließen mit denen er schon die Freiheit für die Taliban errungen hat. Mit der Hilfe der Amerikaner gegen die Russen wurde er dann der Held der Taliban. Mit diesem Rückzug und seiner Isolierung nach Afghanistan sind auch alle Verbindungen zu seiner Familie nach Saudi Arabien für mich abgerissen. Die Familie schützte sich und machte komplett zu gegen alle Ausländer. Auf dem Rückweg aus dem Norden des Sudans nach Khartoum sind wir in einen gewaltigen Sandsturm geraten. Wir sitzen fünf Stunden fest kommen keinen einzigen Meter weiter wir sehen die Hand vor Augen nicht. Wir benötigten nach diesem Sandsturm noch einige Stunden bis wir einigermaßen sauber sind und den Sand aus allen Löchern am Körper gepult haben und das Auto einigermaßen Sand frei haben.

Obwohl ich alles was ich an hatte über meinen Kopf gezogen habe war in jedes Loch im Kopf viel sehr viel Sand geraten. Das Auto war von der Frontseite her wie gesandstrahlt. Ich hatte einen ähnlichen Sandsturm bisher nur in Ägypten erlebt. Auf der Straße von Kairo nach Ismaelia. Alles und jedes Loch an mir ist mit feinem Staubsand verstopft. Ich wartete sehnsüchtig auf die Dusche in meinem Hotel. Aber erst müssen wir noch lange unterwegs sein. Keine fünfhundert Meter vor uns fährt ein Großer Toyota Offroder, wir müssen so viel Abstand halten weil dieser eine Gewaltige Staubfahne hinter sich her zieht. Wir können nur erkennen das es ein Toyota ist mit zwei Mann Besatzung. Es ist ein Fahrzeug mit einer Nummer aus Khartoum das konnten wir dann erkennen wenn die Staubfahne einmal abreißt, dann wenn die Straße mal etwas besser wird. Wenn irgendjemand, vermutlich der Wind wieder den Sand von der Straße gefegt hat. Plötzlich gibt es vor uns einen fürchterlichen Schlag und dann einen Knall und einen Blitz. Wir lassen den Wagen ausrollen und glauben dabei auch ein Flugzeug zu hören. Wir sind uns sicher etwas gehört zu haben das wie ein Flugzeug geklungen hat, direkt vor dem Knall. Wir sind die ersten an der Unfallstelle, wir konnten sofort sehen, dass dies kein Unfall ist. Es ist sichtlich kein Unfall, dieser Toyota wurde mit äußerer Gewalt in alle seine Kleinteile zerlegt. Bevor wir aktiv werden können kommen drei Fahrzeuge des Militärs angerast und sperren sofort die Unfallstelle ab.
Sie verjagten uns mit vor gehaltener Knarre von der Unfallstelle. Wir sind uns einig, dass dieses Auto vom Militär abgeschossen wurde. Erst Tage später erfahren wir das es Hamas Männer aus GAZA im Toyota waren die sich Waffen zum Kauf im Sudan angesehen haben. Vermutlich haben die Israelis oder Amerikaner.

Das Auto mit einer Rakete abgeschossen. Wir rechneten damit, dass uns das Militärs als Zeugen aufrufen werden oder von uns etwas wissen wollen. Aber wir werden in Ruhe gelassen, die Situation war wohl ziemlich klar und man will uns offensichtlich nicht mehr INFO geben als wir haben. In meinem Hotel dann tummeln sich inzwischen UN Soldaten aus aller Welt. Auch einige deutsche sind zwischen ihnen. Zu meiner Verwunderung auch einige Frauen die standhaft ihren Mann stehen. Ich genieße danach zwei Tage absolute Ruhe und gehe auf meinen Lieblingsplatz in Khartoum, dieser Platz ist auch ganz in der Nähe meines Hotels. Keine 1000 Meter von meinem Hotel entfernt. Der schönste Platz von Khartoum ist genau an die Stelle wo der blaue Nil mit dem weißen Nil zusammen fließt. Diese Stelle ist mein kleines Deutsches Eck mitten im Sudan. So wie Rhein und Mosel in Koblenz zusammen finden. Oder die Lisa und Drau in Spittal, die Stadt die ich inzwischen als meine Heimatstadt Geburtsstadt identifiziert habe. Koblenz ist meine Wahlheimat und ist voller Ähnlichkeiten mit Spittal. Aber dieses Deutschsudanesisches Nil Eck ist so schön, dass ich versuchte einen russischen Investor für diese herrliche Stück Erde zu finden. Darauf befindet sich auch so ein kleiner Zwergen Prater für die Kinder. Dieses Eck ist aber auch so anders als das Deutsche Eck, weil es einfach in einer anderen Welt ist. Ich habe gute Kontakte nach Russland und die Ukraine und kann mir vorstellen das die Russen so etwas suchen für ihre Urlauber in Verbindung mit dem Roten Meer. Mit den unentdeckten Stränden des roten Meeres und dem nicht weit entfernten echten Urwald. Natürlich hätte so etwas nur Sinn mit fliegenden Verbindungen denn es sind in dem Größten Land Afrikas auch gewaltige Entfernungen.

Der Sudan hat so viel zu bieten, aber zu dieser Zeit und vermutlich noch immer traut sich niemand auf der Welt bis auf einige Saudis und Khataris im Sudan zu Investieren. Der Sudan hat die besten Voraussetzungen für die größte Landwirtschaft von Afrika. Mit seinem großem Land und den Mengen an Wasser und dem Strom aus dem ersten Staudamm dem noch 2 Dämme folgen sollen sind die Möglichkeiten in der Zukunft noch besser. Der Sudan ist in der Lage ganz Afrika zu ernähren. Nirgends in Afrika gibt es solche guten Bedingungen. Wirtschaftliche Voraussetzungen, nur die politischen stimmen nicht. Ich werde bestürmt mit Anfragen für kleine Zementwerke. Produktionen, Ackerbau Geräten auch aus Dafur Region. Aber das Problem sind immer die Finanzierungen, selbst die Banken aus Saudi, die große Feisal Bank vertrauen den Banken im Sudan nicht. Ich hatte von einer Saudi Bank im Sudan ein Letter of Kredit für die Zuckerlieferung über 50 Millionen USD. 4 Millionen USD liegen auf einer Sudanesischen Bank als meine feste Provision. Ich bin mit meinen Leuten und Partnern dort in der Bank gewesen. Man hat mir diese Original Papiere kopiert und mitgenommen. Habe dies alles noch Schriftlich bekommen mit den vielen Stempeln die in Arabien notwendig sind und mit der Gegenzeichnung durch die Saudi Bank. Habe mir dann noch weil ich Zeit hatte, kleine bestehende Farmen angesehen keine 30 KM von Khartoum entfernt. Ich hatte alle Hoffnung, dass es dieses Land schaffen kann. Ich setzte mich überall in der Welt ein. Brachte billig Waren in alle Landesteile in den Süden Westen und den Norden ohne daran verdient zu haben. Suchte nach Produkten die ich aus dem Sudan heraus verkaufen konnte.

Bin da auf das so sehr gefragte Kautschuk und andere wichtige Produkte gestoßen und auf Gold. Aber niemand traute sich etwas im Sudan zu kaufen oder zu investieren. Aber diese Probleme sind nicht nur im Sudan ein Problem sondern sind Probleme von ganz Afrika. An dem Tag an dem sich der Süden und der Norden trennten, das war auch der Tag an dem sich die Banken trennten. Und sich mein Geld von mir trennte. Mein Geld das angeblich sicher bei der Zentral Bank im Nord Sudan in Khartoum und abgesichert von der Feisal Bank ist. Dann ist mein Geld plötzlich das Start Kapital der Bank gleichen Namens im Süden des Landes. Die Streitereien im Süd Sudan gehen jetzt nach der Trennung erst so richtig los. Der Süden der vereinbart hatte, dass der Norden das Öl verarbeitet. Und der Süden zu gleichen Teilen den Erlös bekommt. Der Süden hat das ÖL der Norden die Raffinerien und Pipelines in den ÖL Hafen. Wir haben gerade eine komplette Raffinerie im Angebot aus Europa, aus Antwerpen. Natürlich habe ich diese Raffinerie die noch top in Ordnung ist mir per Kaufvertrag gesichert und dem Süd Sudan angeboten zu einem guten Preis. 6 Monate später fliegt mein Büro in Juba im Süd Sudan mit einem Gewaltigen Bums in die Luft und gleichzeitig das Büro der Franzosen die den Abbau und den Aufbau der Raffinerie machen sollen. Sie haben sich auch dazu verpflichtet eine Pipeline nach Mombasa zu bauen ohne die eine eigenständige Raffinerie im Süden sinnlos ist. Es ist allen klar, dass dies ein Akt des Nordens war. Die Franzosen trauen sich danach nicht einmal mehr die versprochene Pipeline zu bauen und natürlich auch nicht die von uns angebotene Raffinerie. Ich war von diesem Tag an im Sudan immer auf der Hut, aber ich hatte keine Angst.

Dem Bomben Anschlag im Süden bin ich selbst nur entgangen weil ich gerade bei der Bank war, die mein Geld. Zweckentfremdet hat. Diese Bank hatte überhaupt nur ein Stammkapital von 9 Millionen USD. Davon war die Hälfte mein Geld auf das ich keinerlei Zugriff mehr habe. Es wurde neutralisiert in den Wogen der Neugründung im SÜD Sudan. Der andere noch bestehende Teil der Bank mit Sitz in Khartoum, behauptete das sie nichts mehr von meinem Geld haben. Anstatt zu jammern über das verlorenes das ich nicht mehr bekommen konnte suchte ich nach neuen Möglichkeiten Geld zu verdienen. Ich wusste vom ersten Tage an als ich mich geschäftlich auf Afrika und Arabien eingelassen habe das es schwierig und Kompliziert wird. Mit war es von Anfang an klar, nichts verlorenem nachtrauern. Geld war mir bei all meinen Aktionen immer nicht das wichtigste Ziel, ich suchte die Abenteuer die ich mit meinen Geschäften finanzierte. Wenn daraus dann auch noch Geld entstanden ist umso besser. Aber ich trauerte nie einem Geld Verlust nach. Sondern schaute immer nur nach vorn und kann nur nebenbei versuchen etwas von dem alten zurück zubekommen. Aber diese ist in Afrika und Arabien, es ist fast unmöglich. Erst kürzlich ist ein Freund von mir in Kairo erschossen worden weil er zu intensiv nach seinem Geld Verschwundenem Geld nachgebohrt hat. Aber Kairo/Ägypten ist gegen über anderen Afrikanischen Länder noch sehr einfach und human. Ich versuchte nun im Sudan dieses wunderbare Stück Land. Zwischen dem weißen und dem Blauen Nil für ein Hotelprojekt zu verkaufen. Ein russisches Unternehmen hat dann doch angebissen. Aber es dauerte bei solchen Projekten immer sehr lange.

Sie sind gekommen, haben das Grundstück besichtigt sind begeistert wieder gefahren. Auch die Russen wollen noch nicht gerne im Sudan Urlaub machen, für mich ist der Sudan ein tolles Land. Aber es ist in zu viele Stücke gespalten und leider auch zu brutal geworden. Wie Darfur ein Land ist das zum Sudan gehört, dass sie quälen und bis aufs Blut unterdrückten. Ein Bundesland in das sie mit getarnten Räuberbanden eingefallen sind und noch immer trotz der UN Präsenz Raubzüge unternehmen. Selbst die UN Truppen konnten die Menschen kaum schützen. Der Sudan hat noch so gefährliche Außengrenzen wobei die Politik des Sudans kaum eine Grenze akzeptierte, Sie führen seit Jahrzehnten überall Krieg. In Darfur sind wir dabei ein kleines Zementwerk aufzubauen und uns um die Landwirtschaft zu kümmern. Weil wir nicht Lebensmüde sind haben wir ein Zementunternehmen aus Khartoum in dies Projekt mit eingebunden als stillen Teilhaber. Den dieser musste befürchten, dass man seinen Zement nicht mehr benötigt wenn die kleine Fabrik erst einmal läuft. Wir bereiten alles unter schweren Bedingungen vor. Das Militär oder die UNO stören uns überall. Mit dem Süden sieht es inzwischen nach einem friedlichem zusammen leben aus. Aber im Süden selbst stehen alle Zeichen auf Sturm als sie als Staat anerkannt wurden. Da brechen alle Dämme, erst jetzt beginnen die internen Machtkämpfe. Mein Geld das auf die Bank des Südens verlagert wurde ist für mich verloren, das wurde mir nach der Aussage der Feisal Bank endgültig klar, der Zentralbank des Sudans dann schnell auch. Aber ich will wie immer Geduld zeigen und diese bewahren, mit Geduld in den Untergang in den finanziellen Untergang. Ich war bei den Familien bis oben hoch an die Grenze nach Ägypten.

Ich bin dann noch von Khartoum auf die Baustelle in der Nähe von Asmara gefahren. Ich musste sehen was ich für diese wichtige Baustelle für Eritrea machen kann und wo ich helfen konnte. Ich habe diese Strecke mit dem Auto zurückgelegt. Ich war dann noch in Asmara in einer alten wunderbaren Stadt der Hauptstad eines kleinen Staates auf den man so große Hoffnung gesetzt hat, der aber durch den ewigen Krieg mit Ethiopien in Armut versunken ist. Asmara war einmal die schönste Stadt von Afrika und sie sollte dies nach den Wünschen aller Menschen in Eritrea noch schöner werden. Amara sollte Vorbild für ganz Afrika werden. Es wurde aber erzwungener Maßen ebenfalls eine Militärdiktatur wie alle Eritrea umgebende Staaten. Die eine bessere Entwicklung von Eritrea nicht wollten. Ethiopien hatte ohne Eritrea auch keinen eigenen Zugang zum Meer. Im Süden von Ethiopien verhinderte Somalia diesen Zugang. Wir haben dort mit geringen Mitteln mit unserem Unternehmen aus Kairo einen kleinen Hafen gebaut. Mehr eine große Anlegestelle für kleinere Schiffe. Noch müssen alle großen Schiffe nach Port Sudan. Alle Menschen wollen weg aus Eritrea das von dem ewigen Krieg zermürbt ist. Auch wir mit unserem Bauunternehmen wollen so schnell wie möglich wieder aufbrechen. Die Armut in diesem Land ist so groß und die Unterdrückung noch viel schlimmer. Das Land braucht Soldaten für den ewig dauernden Krieg gegen Ethiopien. Die jungen Menschen dort haben wenige Chancen zu studieren oder einen Beruf zu erlernen. Dieser Staat ist fest in der Hand einer Qlique, so wie es fast überall in den meisten Ländern Afrikas ist. Wir müssen unsere Maschinen letztendlich mit Waffengewallt aus dem Land holen. Wir hätten diese gern dem Staat oder privaten Investoren.

In Eritrea verkauft. Aber man wollte diese ohne Kapital Einsatz übernehmen. Hätten wir locker gelassen und ihnen die Maschinen überlassen, wir hätten nie einen Dollar gesehen, wo sollte dies Geld herkommen. Wir sind kein Konzern und diese Maschinen sind unsere Grundlage. Des Unternehmens und haben einen Marktwert von 20 Mio. USD. Das Geld für den Bau des Anlegesteges haben wir bereits im Voraus bekommen sonst wären wir nicht gefahren. Da wir diese Entwicklung ahnten haben wir unsere Pontons bereits auf dem roten Meer gehabt. Außerhalb der Kontrolle der Armee von Eritrea. Es geht immerhin um Maschinen und Geräte im Wert von fast 20 Millionen USD. Maschinen die wir auf unseren anderen Baustellen selbst dringend benötigen. Über Nacht haben wir die Pontons an die von uns Fertiggestellte Anlegestelle gebracht und haben alle Maschinen in wenigen Stunden verladen und auf das sichere Rote Meer geschleppt. Man bemerkte dies erst am anderen Tag, wir waren da schon lange aus den Gewässern von Eritrea heraus. Ein Eritrea das uns in schlechter Erinnerung geblieben ist, ein Land mit tollen Menschen aber mit verrückten Führern. Aber es ist nicht alleine das Problem Eritreas. Viele arabische und afrikanische Staaten haben leider verrückte Führer. Aber auch wir im Westen in den USA, Europa und Asien haben immer wieder Führer die ganz nahe an einer Geisteskrankheit sind und auf einem schmalen Grad wandeln. wir haben noch immer welche in Europa die noch heute auf diesem schmalen Grad balancieren. Es ist aber für mich bereits in dieser Zeit ganz klar, irgendwann einmal wenn das Fass in Arabien und Afrika voll ist dann schwappt es über und dann werden uns in Europa nur noch 10 Meter hohe Mauern retten. Oder eine ganz neue und andere Politik muss dies ändern.

Ich schwimme mit unseren Maschinen langsam zurück nach Ägypten nach Port Suez, in den letzten Hafen an der Kanalmündung ins rote Meer. Diese Maschinen sollen auf den Nil hinüber auf die neue Baustelle in Esna. Sie waren der Grundstock unserer Einlage dort. Ich verbrachte wieder einige Monate in Kairo, ich hatte dort mit einem Freund in 6th of October eine kleine Gießerei gegründet und wir bauen dort Ersatzteile die man für die ur Alt Maschinen nicht mehr bekommen kann. Dies war eine gute Ergänzung zu dem Projekt für die Schulung für Baumaschinen. Ich zog wieder los und suchte Unterstützung bei allen großen Bauunternehmungen die ihre Leute zu dieser Schulung bringen sollten. Arab Contractor, Orascom und viele andere besuchte ich mit dem Ziel das sie dort ihre Leute hinbringen zur Schulung in abgeschlossenen Technikkursen. Als auch mit Führerscheinen für die Bedienung und Wartung von Baumaschinen. Bin mit den Firmen in diese Schulen gegangen um sie von der Qualität der Schule zu überzeugen. Es ist eine Schule für die theoretische und praktische Unterstützung der jungen Leute. Hier lernten sie die Systeme der Hydraulik, der Fahrzeugelektrik, der Motoren und Bremsen kennen. Die Reparaturen der Baumaschinen und das Führen der Baumaschinen. Ich wollte nicht, dass diese Schule zugrunde geht. Wie so viele Projekte in Afrika wenn die Unterstützung der Regierungen aus Europa wegfällt. In diesem Fall von der GTZ, weil man in Europa dem Irrglauben unterliegt, es geht nun alles von alleine. Kaum oder nichts geht in Afrika von alleine. Nicht wenn nicht einer hinter der Sache steht, eine starke Kraft steht die immer alles aufrichtet und leitet. Es können dann auch einheimische sein, aber wenn diese die Kraft haben, dann fehlte das Kapital um die Projekte am Leben zu erhalten.

Neben meinen eigenen Projekten habe ich die Schule unterstützt mit Reparatur Aufträgen für Baumaschinen. Ich plane den Rest meines Lebens in dem für mich so schönen Ägypten. Man hat mir einmal gesagt wenn du einmal am Nil gestanden hast, einmal die Nächte und den Tag dort erlebt hast. Dann kommst du nicht mehr los von diesem Land und seinen Menschen. Bei mir ist es so eingetreten wie es mir vorausgesagt wurde. Bei all meinen Arbeiten in der Welt zieht es mich immer zurück nach Kairo. In ein Land das nicht nur schönes für mich bereit gehaltern hat. Ägypten ist ein Land das ich verstehen und lieben gelernt habe. Meine Freunde die Deutschen und Schweizer Freunde sind langsam alle aus diesem Land verschwunden. Ich selbst bin auch nur noch immer einige Monate im Jahr dort. Auch in Ägypten hat sich so langsam die Welt und das Leben verändert. Das schwere Leben die Erkenntnis der Unfreiheit bringt diese Veränderung in das Land. Man spürte es auf den Straßen in den Familien überall steigt die Unzufriedenheit der Ägypter und vor allem der Ägypterinnen die der eigentliche gute Kern dieses Landes sind. Sie sind nicht unzufrieden wegen ihres persönlichen loses in ihren Familien, das war nie so schlecht. Nur die jungen Mädchen und Frauen haben noch Probleme. Aber die erwachsenen Frauen waren und sind in den Familien die beherrschenden Seelen. Sie die Frauen sind das Rückgrat der Nation. Sehr viele Familienväter müssen Geldverdienen im arabischen Ausland. Die Frauen übernehmen die Rolle von vielen Vätern, leider maßen sich die Brüder oft die Vaterrolle an. Aber die Mütter sind die neuen starken Personen in den Familien. Es sind nur noch die reichen Mosleme wenn es darum geht mehr als nur eine Frau zu haben. Die Frauen Ägyptens wehren sich längst dagegen wenn ein Mann.

Sich das Recht nehmen will mehrere Frauen zu haben. Manche machen dies trotzdem weil sie es dürfen, aber haben dann immer Probleme mit der eigentlichen mit der erst Frau. Ich dagegen habe angefangen mich auch in Kairo zu sortieren. Ich will gerne mehr machen als zurzeit geht, habe aber Angst durch meine großen Erfahrungen noch einmal so Groß einzusteigen. Auch gibt es immer weniger Ausländische Unternehmer als früher. Man kann es spüren es liegt etwas in der Luft, etwas Ungeheuerliches ist in der Vorbereitung. Ich merke dies täglich immer mehr, es wird kommen und habe es selbst immer wieder gefordert, wenn ich gefragt wurde. Was sollen wir denn gegen dieses Regime, gegen den Übermächtigen Mubarak machen. Der sich mit seiner Familie halb Ägypten unter den Nagel reißt während wir verhungern. Wir sind machtlos gegen diese Gewaltige Macht der Armee die hinter Mubarak steht. Meine Antwort ist immer die gleiche, Kairo ist eine der Größten Städte der Welt, wenn von diesen geschätzten 20 Millionen Bürgern nur eine Millionen auf die Straße geht wird es passieren, dann kommt die Veränderung. Ich baue in Zamalek alles zurück auf den kleinsten Nenner. Mein Nachbar in der Ahmed Nabile Str. ist ein ganz hoher General. Brigade General Asssi. Wir haben durch seine direkte Nachbarschaft nicht nur Nachteile sondern auch viele Vorteile. Er selbst ist ein sehr höfflicher und guter Nachbar. Dieser General Asissi ist der heutige starke Mann. Er hat so wie alle Militärs immer die Menschen der Straße für sich geschickt ausgenutzt. Nach dem Macht vollem Aufstand der Bürger in Kairo bei dem ich oft mit meinen Freunden mitten drin war. Ich wollte nicht nur Aufstand, den friedlichen Aufstand gepredigt haben, ich wollte mit meinen Freunden dabei sein.

Ich konnte natürlich alles als Welterfahrener, beinahe Ägyptischer Bürger alles besser, klarer und anders sehen als viele der Demonstranten hier. Die Moslembruderschaft hat die große Chancen bekommen sich zu beweisen und hat sich dabei innerhalb eines Jahr selbst zerstört unter dem Einfluss und dem Druck der Saudis und des Sudans, als auch der anderen arabischen Staaten. Sie haben ihre Bürger nicht mehr mitgenommen in das neue Ägypten. Die Moslembrüder leiden unter dem Druck der anderen arabischen Länder die nur die absolute Islamische Herrschaft wollen, den reinen islamischen Staat. Ich selbst bin davon überzeugt das es mit Mursi gelungen wäre einen vernünftigen Weg zu finden. Aber er konnte mangels Geldes das er von den anderen Staaten benötigte nicht seine eigenen Ziele durchsetzen sondern musste den Weg der Königreiche und Scheiche gehen. Denn diese müssen mit einer Veränderung auch stark um ihre eigene Macht fürchten. Es beben heute noch die vielen Könige und Dispoten in Arabien um ihre Macht. Sie fühlen sich nicht mehr sicher mit ihrer Macht die sie mit Hilfe der Religion bekommen haben, jetzt versuchen diese Macht zu erhalten. In Ägypten hat das Militär klug gewartet und hat genau diese Schwäche Mursis die die Grundlage in der schwachen Kapitallage hatte, ausgenutzt um wieder zurück zuschlagen. Das Militär hat im Handumdrehen die alten Machtverhältnisse im Sinne der Mehrheit wieder hergestellt. Denn eine Militärregierung ist allen lieber als eine von Saudi und Qatar bestimmte Islamische Regierung der Moslembrüder. Mursie konnte alle seine Versprechen aus Mangel an Geld nicht halten. Der Großteil des Volkes war und ist nach Mursis Fehlstart wieder mit dem Militär welches sich mit dem Aufschrei des Volkes.

Nach dem Versagen der Moslembrüder die Machtverhältnis zurückgeholt hat. Das Ägyptische Volk befürchtet zu Recht mit den Moslembrüdern unter dem Einfluss Saudis einen Rückfall in das Altertum. Der moderne Islam hat sich längst gewandelt und der Welt angepasst, nur viele Dispoten wollen die Zeichen der Zeit nicht erkennen. Leider auch nicht die Moslembrüder in verschiedenen Regionen stark. Sind haben diese Veränderung des Islams, die Anpassung ans wirkliche Leben nicht bemerkt. Sie leben in einer anderen Welt, in der alten Welt des Islams in die sie hinein geboren wurden. Sie haben nur Unterdrückung und Unterwerfung kennen gelernt und wollen sich jetzt mit dem Mittel der Religion mit diesem Zusammenhalt der Religion befreien von den Mächtigen. Selbs der IS ist nicht mehr und weniger als ein gewaltiger Aufschrei, man nutzt die Religion für eine Veränderung. Diese gewünschte Veränderung wird nicht gelingen weil die Welt längst einen großen Schritt weiter gekommen ist. Der IS ist jedes Mittel Recht um diese Veränderung trotzdem zu erreichen. Der Westen muss verstehen das sie, auch der so verhasste IS nichts anderes macht als sich zu befreien aus den Klauen der Mächtigen die sie Jahrhunderte lang geknechtet haben mit den Mitteln der Religion. Nun drehen sie den Spieß um und kämpfen selber im Namen dieser Religion und mit der Kraft dieser Religion im Rücken. Mit der Religion an ihrer Seite wie sie glauben und diesen Unsinn ihren Kriegern einreden und sie zu übermenschlichen Dingen stärken wollen. Sie setzen diese ihnen schon in die Wiege gelegte Religion als Droge für den Kampf ein. Das Vorbild dazu ist Mohamed der mit dieser Religion im Herzen vollen Erfolg hatte. Diese Männer die seit ihrer Geburt so viel Elend, Gewalt und Unterdrückung erlebt haben.

Wollen und müssen sie sich daraus befreien. Mohamed ihr Prophet hat sie mit der Hilfe der Religion befreit aus der Knechtschaft. Sie alle glauben nun dies wiederholen zu können und setzen deshalb als Kampfmittel die Religion ein. Wir Europäer haben dies im dreißig Jährigem Krieg hinter uns gebracht, auch in einem alleszerstörendem noch Unsinnigerem Religionskrieg, wir sollten nicht den Finger heben sondern lieber an unsere eigenen Untaten im Namen des Kreuzes denken. Ich habe die große Hoffnung das Asissi der ein moderner Moslem ist nicht die Fehler seiner Vorgänger wiederholt. Er hat das Zeug dazu dieses so schöne Land das so erfüllt ist mit so guten Menschen in eine gute Zukunft führt. Es ist eine Schwäche vieler arabischer und afrikanischer Führer nicht im richtigen Augenblick abzugeben wenn sie glauben eine gewisse Stärke bekommen zu haben, gerade dann wollen sie ihre Macht erhalten. So wie Saddat und Mubarak zu deren Zeiten ich in Ägypten weilte. Sie haben es völlig falsch gemacht haben. Sie sind beide nach einem guten Anfang verrückt geworden. Beide haben dieses Maß den Bezug zu den Bürgern völlig verloren. Sie haben sich alles privat unter den Nagelgerissen was nur möglich war. Gleiche Tendenzen sieht man in anderen arabischen und afrikanischen Ländern. Meine große Liebe in Kairo Cleopatra geht inzwischen stark ihren Weg, wir sehen uns beide immer seltener und sind Froh das wir uns so entschieden haben. Sie hat noch zwei weitere ganz tolle Kinder bekommen und es wurde eine gute ägyptische Familie der ich nicht mehr viel helfen kann. Ich habe ihnen eines meiner Autos überlassen und habe versucht ihnen auch einen Teil meiner Lebensfreude zu geben. Ich glaube das konnte ich ihnen allen mitgeben. Man hat mir in Kairo immer wieder gesagt, du Ulli Berger bist kein Deutscher.

355

Wenn du auch wie ein Deutscher aussiehst du bist anders als alle Deutschen die wir hier kennengelernt haben. Ich spürte dies selbst, ich spürte es, ich war und bin anders im Umgang mit den Menschen als alle meine Freunde. Ich bin auf sie zugegangen, für mich waren sie in erster Linie Menschen und Freunde. Erst viel später habe ich selbst erfahren das ich zwar ein Deutscher bin aber mein Blut und mein Leben komplett österreichisch ist. Mein Vater und meine Mutter waren 100% Österreicher, dies hat wohl den kleinen Unterschied ausgemacht in meinem Leben der den anderen aufgefallen ist. Kärntner und Salzburger Blut in einem Deutschen in Ägypten. Das scheint die besondere Mischung zu sein, die Lockerheit der Österreicher gepaart mit den deutschen Tugenden, Fleiß, Pünktlichkeit. Ich sah in meinem Leben vieles lockerer als meine Deutschen Freunde. Ich hatte bereits zweimal alles verloren was man verlieren konnte. Ich habe dann noch zweimal alles verloren was man verlieren kann. Ich habe viermal in Deutschland wieder neuangefangen nur mit dem was ich am Körper getragen habe. Niemals war es eine Belastung für mich nichts mehr zu besitzen. Besitz bedeutete mir nie viel, aber mein Leben in meinem kurzen Leben so viel wie möglich zu lernen zu erfahren über diese Welt das war das wichtigste für mich. Deshalb kann ich so über allem stehen, über dem Wissen über den Religionen und dem Leben an sich. Meine Einstellung zu den Religionen kann nur die einzige richtige für mich sein. Ich bin ein gläubiger Christ, ein gläubiger Moslem und ein gläubiger Jude. Für mich gibt es diese Aufspaltungen nicht, ein Hindu und sonst eine Religion. Jede Religion wenn sie nur gelebt wird ist immer die Richtige. Für mich gibt es keine falsche Religion keinen Ungläubigen wenn er an einen Gott glaubt. 356

Ich akzeptiere daneben jede Art von Religion wenn diese Gläubig ausgeführt wird. Nichts in mir schließt das eine Aus, denn wir leben nur unter diesem einen Gott zu dem wir alle stehen, der unser aller und einziger Gott ist. Auch wenn jede Religionsrichtung anders zu ihm betet, wenn wir unser Leben in jeder Religion anders gestalten. Wir alle sind die Kinder dieses einen Gottes. Ob unter der Tora, dem Halbmond oder dem Kreuz. Es gibt keine wirklichen Gegensätze, den am Ende stehen nur die Gebote des einen Gottes, den keiner nur für sich beanspruchen kann und darf. Ich gehe zum Gebet in die Kirchen dieser Welt wo immer ich das Bedürfnis habe, in eine Moschee, in einer Sinagoge oder andere Gebetstätte, den dort überall auch um uns herum ist Gott, Allah und wie immer die Gott genannt wird. Meine wichtigstes und richtigstes Gotteshaus ist mein Gebetsteppich der mich am besten mit Gott, mit Allah verbindet. Von Kairo aus habe ich dann die Geschäfte wieder nach Libyen gelenkt. Die Firma STRABAG ist in Libyen gut im Geschäft. Durch meinen Landeshauptmann Jörg Haider in Kärnten, ein Rechter Landesfürst wie er im Buche steht. Durch seine Beziehungen und eine Firma in Klagenfurt habe ich dann mit Gahdafis Sohn in Tripoli. Als auch in Bengasi persönlichen Kontakt aufgenommen. Ich bin durch mehrere Projekte mit seiner Hilfe gegangen und bin dabei ein Zementwerk in der Nähe von Tripoli zu errichten. Der Ghadafi Sohn spricht zu meiner Überraschung leidlich Deutsch. Er hat in Österreich studiert und hat daher die enge Verbindung mit Jörg Haider. Die Entwicklung der Zementfabrik in der Nähe von Tripoli geht zügig voran. Ich hatte dann noch eine Baustellen Auflösung in Bengasie einer italienischen Firma die ich zwischendurch erledigte.

Es war eine italienische Deutsche Firma die sich auflöste und ich hatte großes Interesse am Camp und an den Maschinen dort. Ich konnte dies einsetzen auf einer Großbaustelle am Nil an die ich immer noch glaubte für mich und Holzmann zu bekommen. Den ich wusste wie stark Holzmann in Deutschland ist und da das Geld für dieses Sperrwerk von der deutschen Regierung kommt bin ich mir sicher, dass wir diesen Auftrag bekommen könnten. Da der zuständige Maschineningenieur aus Italien erst in wenigen Tagen in Bengasi anreisen würde habe ich mir eine gesperrte Baustelle in Libyen angesehen. Einen Kanal den Gamal Gahdafi hat bauen lassen quer durch Libyen bis kurz vor ägyptisches Gebiet. Es sollte ein reiner Süßwasserkanal werden. Ein gewaltiges Staubecken für Süßwasser. Den der Mangel an Waser wird das Zukunftsproblem von Libyen werden. Es ist eine gespenstische Baustelle, tausende Bagger wühlen sich für den Betrachter. Völlig sinnlos durch die endlos weite und brennend heiße Wüste. Gadahfi denkt sogar an eine politische Union mit Ägypten. Aber die Ägypter denken überhaupt nicht daran den Libyern das Wasser zu geben, denken keinen Augenblick daran diesen Kanal jemals zu füllen. Auch alle Vereinigungsversuche zwischen Libyen und Ägypten sind einsame Träume eines Gadafi. Auf dem Weg nach Bengasi hatte ich dann erfahren, dass der Italiener noch mindestens 7 Tage benötigen wird. Bis er auf der Baustelle ist. Diese Zeit nahm ich dann wahr um nach Ägypten zu fahren. Ich wollte unbedingt meinen alten Freund den Sheikh und Banker aus Marsah Matruh endlich besuchen, ich habe ihn seit dem Vorfall mit seinem Geld in Kairo nicht mehr gesehen. Es sind nur wenige Kilometer hinter der Grenze in Ägypten. Er freute sich sehr als ich dann so unwillkürlich hinter ihm.

In seiner kleinen Bank stehe. Aber auch er hat sich in diesen Jahren mit seiner Bank verändert. Er hat investieren müssen und unter seine Bank einen Riesen Tresorraum gebaut. Auch hier werden die Zeiten unruhiger. Früher war das Geld in der Bank bis an die Decke gestapelt ohne jeden Schutz. „ Ulli, auch hier ist alles unruhiger geworden, ich habe das Gefühl irgendwo und irgendwann gibt es einen großen Knall. Ich habe schon damit angefangen Geld in alle Welt zu verteilen. Ich weiß nicht, mich lässt meine Angst vor der Zukunft Ägyptens nicht mehr los". „ Das gleiche Sheikh Mohamed fühle ich auch, irgendetwas bewegt sich in dieser Welt, besonders in der arabischen Welt. Es verändert sich etwas seit man weiß, dass diese Machthaber auch gestürzt werden können. Auch eine noch so tolle Armee sie am Ende nicht schützen kann". Ich muss noch nach EL Allamein, willst du mitfahren?". „ Wie lange bleibst du dort?". „ Nur für einen Tag, heute hin und Morgen zurück". „ Hast du noch was von Hamdi gehört, den von Halleburton. Der ist doch in der Nähe von el Alamain stationiert und bohrt dort noch in der Erde rum?". „ Genau zu dem will ich, deshalb wäre es schön wenn du mitkommst". „ Du weißt doch das Mustafa aus deinem Büro in Kairo tot ist?". „ Nein, das ist mir neu". „ Der Suff hat ihn umgebracht der ist ganz elendig daran eingegangen". „ Da kannst du es mal sehen die Gerechtigkeit nimmt immer ihren Lauf. Bis jetzt hat es alle erwischt die mir einmal böses wollte". „ Die beiden ja, du weist es sicher auch noch nicht. Die beiden Lumpen Hamdi und Mustafa haben diesen fürchterlichen Plan ausgeheckt. Sie wollten mein Geld stehlen und dir die Schuld zu schieben. Das ist den dreien damals kräftig misslungen durch deine Klugheit das Geld aus dem Büro verschwinden zu lassen".

,, Ich habe das sofort geahnt, dass da mit dem Pärchen aus Alex etwas nicht stimmt. Die Drei wollten sich dein Geld teilen und mich dabei zum Täter machen". ,, Ja, genau so war es geplant, damit ich Hamdi nicht auffliegen lasse. Da tauscht er mir jeden Monat aus den Einnahmen von Haliburton. Mein Geld von Ägyptischen Pfunden und Libyschen Dinaren in USD. Wie er dies vollbringt ist auch mir ein Rätsel aber es klappt jeden Monat. Mal 1000.- USD , mal 2.000,- je nach dem". Es war ein entspanntes wiedertreffen mit Hamdi dem Freund von Mostafa. Ich ließ mir nichts anmerken das ich etwas über den damaligen Plan weiß. Für mich war Hamdi immer nicht mehr als ein großes Arschloch. Für den Kerl gab es nur Weiber und Alkohol dies als angeblich bekennender Moslem. Mohamed fährt dann mit mir noch zu dem Soldaten Denkmal in el Alamain, dem größten deutschen Kriegsschauplatz in Afrika. Auf diesen Flecken Erde sind so viele Bomben gefallen wie im ganzen zweiten Weltkrieg in Deutschland. Es ist kaum zu glauben, aber hier hat eine der Entscheidungsschlachten des zweiten Weltkriegs stattgefunden. Das 500 KM entfernte Kairo hat noch gebebt von dieser Bombardierung. Seiner Bedeutung entsprechend sieht der deutsche Teil des Ehrenfriedhofs sehr armselig aus. Die Italiener und Engländer haben dort bereits einen anderen Glanz hergestellt. Ich überlegte ob ich überhaupt wieder zurück nach Libyen soll aber ich wollte das Camp und habe es auch bekommen. Nur als ich es 4 Monate später abbauen will da wird der Kauf rückgängig gemacht. Das Militär hatte über alle Köpfe hinweg entschieden das es in seinem Besitz bleibt. Auch der Sohn Gadafis konnte mir dann als ich das Camp benötigte nicht mehr helfen. Was das Militär glaubt noch zu benötigen, das konnte auch ein Ghadafi Sohn nicht verhindern.

Ich war dann wieder einmal einige Wochen in meiner entdeckten und erst jetzt gefundenen neuen alten Heimat. Ich war fast 12 Woche in Klagenfurt, hatte da bei einer STRABAG Tochter zu tun. Die machen Leichtbeton Elemente die mich interessierten. Man hatte dort Probleme mit dem sägen der Werkstoffe. Diese Sägen verstopften immer wieder und stellten dann schnell das saubere Sägen ein. Mit einer mir befreundeten Firma konnten wir dies Problem lösen. Ich selbst hatte großes Interesse daran dieses Werk zu übernehmen zu 50% und 1 Werk im Kongo und ein gleiches Werk in Kairo zu errichten. Mir ist es Gelungen einen Termin mit Jörg Haider für den nächsten Tag zu bekommen. Dieses Treffen auf das ich mich so gefreut habe fand nicht mehr statt. Noch in derselben Nacht ist Jörgel Haider bei einem Autounfall das Leben genommen worden, dies nur einige Kilometer von seiner Haustür entfernt, in einer eigentlich ungefährlichen Kurve in seiner Hausstrecke. Kärnten und auch ich wir waren sehr erschüttert, auch dieser Termin hat sich durch seinen Tod den niemand verstehen kann in nichts aufgelöst. Ich machte mich auf den Weg nach Hause, meine Scheidung nach 29 Ehejahren steht an. Es dauerte nur wenige Minuten, wir trennten uns freundlich. Wir mochten uns aber wir hatten uns auseinandergelebt. Wir haben 3 Kinder und treffen uns oft und sehr freundschaftlich ohne jeden Groll. Angesagt ist dann die Raffinerie in Belgien, für die gibt es noch mehrere Ideen. Die im Sudan hat sich nach der Sprengung unseres Büro und des Büros der Franzosen In Jubal Süd Sudan, erledigt, dies zu mindestens vorläufig keiner hatte eine Ahnung davon. Was im Sudan passieren wird. Wir hatten noch einen Interessenten in Bosnien Herzogwina für dieses Werk und arbeiteten daran.

Ich wollte von Dort aus auch Bitumen an die STRABAG für Baustellen in Croatien Liefern. Auf Anraten der STRABAG habe ich bereits versucht in aller Welt Bitumen günstig einzukaufen. Hier hatte ich es in Bosnien Herzogwina erreicht. Ich habe dort Bitumen für Croatien bekommen. Mir wurde so viel Bitumen zugesagt das ich auch bereits andere Verträge hatte nach Salzburg und Wien, sogar bis München. Ich hatte die Fahrzeuge bereits organisiert für die Transporte nach Croatien die ersten fünf stehen Bereits unter dem Turm zum Verladen. Das Ok war gegeben und das Geld für die erste Lieferung auf meinem Konto in Deutschland und bereits an die Raffinerie überwiesen um Verladen zu können. In letzter Sekunde wird von der STRABAG in Croatien das Verladen abgeblasen. Ich selbst kann es gerade noch verhindern. Es war ein Kompetenz Gerangel innerhalb der STRABAG von Mitarbeitern die dieses Geschäft in letzter Sekunde verhindern wollten. Dieser Kleinkrieg innerhalb des Konzerns verhinderte dann die Folge Geschäfte und die die ich bereits abgeschlossen hatte in Wien und Salzburg und München. Wieder einmal wurde ich durch Turbulenzen innerhalb eines Konzerns rücksichtslos niedergemacht. Meine Verluste betrugen ca. 150.000.- Euro in diesem Geschäft. Wobei ich 12.000.- Euro die erfolgte Zahlung der Firma Strabag einbehalten habe weil ich diese längst weiter geleitet habe an die Raffinerie und diese natürlich nicht zurück. bekommen habe. Ich bin wieder einmal erst aus Schaden klug geworden und habe danach jede Zusammenarbeit mit Konzernen überhaupt abgelehnt. Vermutlich hat man meine Kontakte zur Firma in Bosnien einfach umgangen und hat mich aus dem Geschäft geworfen ohne sich zu bedanken dafür, dass ich die ganze Vorarbeit gemacht habe.

Ich hatte der STRABAG sogar eine Partnerschaft angeboten auch im Vertrieb mit den anderen Verträgen die ich mit anderen österreichischen und deutschen Firmen hatte. Man hat auch niemals diese 12.000.- € zurückgefordert was den Rückschluss zulässt das man sich meine Arbeit langfristig zu Nutze gemacht hat. Die Konzerne haben mich mein Ganzes leben begleitend und alle ausnahmslos nur Probleme bereitet. Der beschiss als kleines nicht ebenbürtige Unternehmen lauert eben überall. In den Großkonzernen verderben viele Köche den Brei. Großbüros voll mit Anwälten zerschmettern Kleinbetriebe zum eigenen Nutzen der Konzerne. Ich bin aber dann wieder auf dem Weg von Dubai in den Oman. Natürlich wieder für einen Konzern, für die STRABAG aber auch für mich natürlich, niemals wollte ich wieder Dinge tun die alleine in der Verantwortung eines Konzerns sind. Es gibt an der Grenze zum Jemen, keine 100 Kilometer von der Grenze entfernt ein Riesiges Basalt und Kalksandstein Vorhaben. Es gab bereits eine Voruntersuchung für diese Steine und für ein Projekt für ein Zementwerk. Mit Hafen und einer kleinen Stadt von einem Engländer. Ausgearbeitet. Ich hatte in Dubai Meetings mit einem Vorstand der STRABAG Wien, es ging um mögliche Bitumen Lieferungen von Saudi und Dubai nach Europa. Ich fuhr dann mit einem Mitarbeiter einer Großen Baumaschinenfirma mit dessen Freund nach Muscat in die Hauptstadt des Oman. Dieser kannte auch das Ingenieur Büro in Muscat das diesen Steinbruch und das Projekt bearbeitet hat. Er kannte ebenfalls den zuständigen Wirtschaftsminister im Oman in dessen Villa wir am Stadtrand von Oman eingeladen wurden. Ein prächtiges Anwesen, es war mehr eine modere Ritterburg. Oman kannte ich von einem Projekt, einige Jahre zuvor. Die Firma Liebherr hatte ein großes Betonwerk in Muscat gebaut.

Aber leider konnte der Käufer nicht bezahlen. Wir haben mit einem Käufer in Kuwait diese Werk übernommen und im Oman demontiert und nach Kuwait verschifft. Mein Gewinn an dem Geschäft war eine 20 % Beteiligung an dem Werk in Kuwait. Ich war die ganze Aufbauzeit in Kuwait als Bauleiter und habe dort die Anlage in Betrieb genommen. Dies war die Anlage die Sadam Husiein dann sofort geklaut hatte bei dem Überfall auf Kuwait. Ich habe dann die Anlage in der Nähe von Basra gefunden. Daran denke ich natürlich oft, an meine Beteiligung an der Anlage, an die 10 Tage Erzwingungshaft in Kuwait. Man wollte mich zwingen in Kuwait zu bleiben um Chef des Betonwerkes zu werden. Und um dort zu bleiben. Erst jemand von der Lufthansa den ich kannte der konnte der Botschaft Bescheid geben und ich wurde aus dieser Zwangslage im Polizeigefängnis befreit. Ich ging dann von Kuwait direkt zurück nach Kairo. Keine 15 Tage später nach meiner Rückkehr nach Kairo wurde Kuwait Überfallen. Ich dachte bei mir, die meisten die dich im Leben geschädigt haben sind tot. Nun hat man gleich ein ganzes Land überfallen. Ich bildete mir aber nicht ein, das Sadam aus Rache für die Tat der Kuwaitis an mir diesen Überfall gestartet haben. Diese Aktion meines Kuwaitischen Auftraggebers hat mich natürlich wütend auf die Kuwaitis gemacht. Als dann all die jungen Kuwaitis nach Kairo geflohen sind zu 10.000 tausenden jungen Männern. Die dann Dokki. Helliopolis und Mohandessin regelrecht belagerten. Da wurde ich noch zorniger, ich habe mich mit den jungen Männern angelegt wo ich nur konnte. Diese Burschen haben mit ihrem Geld die Stadt Kairo terrorisiert, die notleidenden Menschen in Kairo terrorisiert. Während die Amis mit ihrem Blut Ihr Land und ihre Stadt ihren Reichtum befreien müssen. Anstatt zu helfen ziehen diese jungen Männer.

Mosleme johlend und saufend durch Kairo. Singend, saufen und pöbeln zu mehr waren sie nicht in der Lage, ihr Sheikh zahlte ja für ihr sündiges Leben. Sie machten sich keine Gedanken über ihre und um die großen Probleme Ihrer Heimat. Man konnte daran zweifeln, dass sie jemals Moslems gewesen sind jemals Kuwait waren oder sind. Es ist zweifelhaft das sie jemals Kuwait als ihre Heimat wahrgenommen haben. Diese Gedanken sind mir gekommen während ich wieder an den Ort der großen Anlage gekommen bin. Mein Begleiter ebenfalls ein Moslem, der sehr lange in Deutschland gelebt hatte in Hannover, nicht weit von meinem damaligen Zu Hause aus Hannover, der schien mir auch nicht ganz sauber zu sein. Der schien mich auszutesten ob ich Schwul bin. Ich merkte bald, dass er dies Hochgradig ist. Ich hatte nie in meinem Leben etwas gegen Schwule, hatte viele Freunde die Schwul sind. Aber ich war und bin dies mit größter Sicherheit nicht. Er hat in Muscat eine Villa gemietet, die er gelegentlich bewohnte. Ich verschloss mich schon gut in dem Zimmer das er mir gab, ich war nicht an einer nächtlichen Störung interessiert. Ich wollte nicht in die Gefahr laufen ihn verprügeln zu müssen. Ich hörte schon die leisen versuche die Tür zu öffnen. Ich ignorierte es und schlief fest durch mit der Sicherheit in Sicherheit zu sein. Am anderen Tag gab es kein Wort von mir. Ich ignorierte es völlig, auch er hat begriffen, dass er keinen Gleichgesinnten vor sich hat und ich um seine Orientierung Bescheid weiß. Die Fahrt am nächsten Tag in die Richtung Jemen dauert mehr als fünf Stunden. Es war für mich eine tolle Fahrt in einem gut gekühlten Auto. Eine Fahrt durch ein tolles Gebirge und dann Immer die Küstenstraße entlang, mal war die Straße gut Befahrbar mal sehr schlecht. Der Standort des möglichen Projekts war enorm schön.

Die ganze Bucht und der davor stehende Riesengroße Fels der unser Steinbruch werden sollte, der sich über viele Kilometer an der Küste entlang erstreckt, alles hat sich für dieses Projekt förmlich angeboten. Das Zementwerk der Hafen, die kleine Stadt sind hier möglich. Erst spät in der Nacht sind wir in Muscat zurück. In der Nacht wirkte Muscat noch viel schöner als am Tage. Aber alle arabischen Städte werden in der Nacht. Viel, sehr viel schöner. Wir besichtigten in den nächsten Tagen noch die Innenstadt und den Hafen von Muscat. Alles ein Traum und was noch zu Muscat zu sagen ist, eine sagenhaft saubere Stadt. Ich musste dann doch an die vielen Schwierigkeiten in der Vorzeit denken, die wir beim Abbau des Betonwerkes hatten. Das Werk ist 10 Nummern für den Oman zu groß gewesen. 5 kleine Betonwerke wären vernünftiger gewesen als ein so großes Betonwerk. Auch für Kuwait war es schon sehr groß und die Konkurrenz begleitet misstrauisch den Aufbau des Werkes in Kuwait. Aber auch Sadam wusste nach dem Überfall was er an diesem Werk hat. Hinzu sind viele Betonmischer und Betonpumpen gekommen die er natürlich alle mitgenommen hat. Alles Nagel neue Fahrzeuge, sie haben alle noch nicht einmal den Probelauf gemacht. Ich habe mich noch mit dem Bauleiter der Firma STRABAG getroffen die dort eine Autobahn durch das Land baut. Die alte und neue Strabag ist nicht nur in der EU sondern auch in der Welt eine Größe. In fast jedem Land Arabiens und Afrikas ist dieser Baukonzern so wie ich ein Deutsch Österreichischer in der Erinnerung der Menschen dort. Auf dem Rückweg von Muscat nach Dubai haben wir oft Halt gemacht und die Schönheit der Wüste bewundert. Es geht dann nach diesem Trip wieder zurück nach Deutschland. Die Bohrungen für den neuen Steinbruch.

Haben in der Nähe von Trier begonnen. Ich bin eine ganze Woche dort vor Ort. Trier selbst ist für mich so nahe, gerade einmal 130 Kilometer von der Vordereifel entfernt. Ich war damals auch oft in Luxemburg und spielte mit den Gedanken mich in Luxemburg niederzulassen. Aber es siegte die Vernunft, meine Familie wohnte nun seit vielen Jahren rund um Koblenz herum, da ist mir Luxemburg doch etwas zu fern. Bisher bin ich auf dem Weg nach Luxemburg immer an Trier vorbei gefahren, aber in dieser einen Woche habe ich Trier kennen gelernt und schätzen gelernt. Trier ist eine wunderschöne echte alte Römerstadt. Man sagt sie ist die älteste Stadt Deutschlands. In der Umgebung von Trier, in Olk und Rahlstedt, als auch in den anderen Orten liefen die Bürger Sturm gegen das Projekt Zementwerk. Eine Bürgerinitiative holte die andere ein. Radio Sender und Fernsehsender belagerten mein Wohnhaus. Man befürchtet in OLK das größte Loch der Welt. Ich kämpfte tapfer gegen die Bürger initiativen an. Ich war nach meinem kurzen Gastspiel im Gefängnis in Diez wegen meiner versuchten Steuerhinterziehung eingelagert. Verurteilt in Abwesenheit. Man hatte mich aus Kairo abgeholt. Erst in das Gefängnis in Koblenz gebracht, dann nach Wittlich und dann nach Diez. Zumindest war ich erst einmal wieder zu Hause und musste nun für etwas einsitzen das so keinerlei Bestand hatte. Aber für das Finanzamt galt der typisch deutsche Grundsatz die Bescheinigung für die Ausfuhr fehlt, dieses Stückpapier ist so wichtig. Ich konnte nachweisen, dass diese Anlage in Ägypten steht, es nützte nichts. Ich bin in Deutschland angekommen ohne einen Pfennig Geld und ohne jegliche Kleidung. Ich bin mit der Kleidung nach Deutschland gekommen die ich mir im Knast in Kairo organisiert habe.

Ich blieb für 4 Monate in einem Job auf der Kammer. Dann nach Durchsicht meiner Unterlagen, Urteile etc. wurde ich dann direkt in den Freigang überstellt. Durch einen Mitgefangenen bekam ich dann eine Arbeit in der Vordereifel. Wir fuhren dann gemeinsam jeden Morgen um 6.00 Uhr in die Vordereifel und waren dann um 21.00 Uhr wieder zurück in unserem Heim. Ich hatte noch die Abholungskosten der Staatsanwaltschaft an der Backe. 16.000.- DM hat mich der 14 tägige Urlaub der beiden Kommissare in gekostet die mich in Kairo abgeholt haben. Aber es ging ja wieder sehr gut aufwärts in meinem neuen Leben. Die Aufträge funktionierten nur war die Zeit in der kleinen Stadt in der Vordereifel eine Katastrophe für mich persönlich. Von einer Stadt wie Kairo in ein solches NEST. Die Menschen in dieser Stadt waren eine Zumutung in ihrer Sturheit und Unbeweglichkeit. Wenn ich einmal Abwechslung suchte und in eine Kneipe ging, dann saß ich schnell alleine an der Theke. Man verkrümelte sich an die andere Ecke der Theke, da konnte man vermutlich das Eifeler Platt weiter sprechen und an seiner Flasche Bitburger Stupi nuckeln. Das war auch wieder etwas neues, in eine Kneipe gehen und dann Flaschenbier statt eines frisch gezapften zu trinken. Dann fand ich eine Kneipe in der ich sofort durch die netten Wirtsleute Kontakt fand. Ich hatte schon wieder ganz meinen Abbruch aus der Vordereifel geplant. Ich wollte zurück nach Kairo obwohl hier alles eigentlich wieder läuft, ich bin einfach schwer mit dem Leben in der Vordereifel zu Recht gekommen. Das abrupte Ende des Lebens am Abend machte mir zu schaffen. Die Neue Firma, die neuen Aufträge. Ich hatte mir wieder anständige Kleidung kaufen können. Sogar ein neues Auto war wieder möglich. Auf den Spaziergängen durch die Wälder.

Der Vulkaneifel bin ich dann auf einen kleinen Nachbarort gestoßen. Ich hatte mein Büro dann in der Partner Firma. In der ich während meines Freiganges gearbeitet habe. Ich war dort direkt wieder am richtigen Platz. Den Maschinen Drehbänke sind mein Leben. Dieser kleine Ort sagte mir zum Wohnen zu, zumal eine schöne Kneipe, für mich schöne Kneipe in der Nähe ist, wegen meiner abendlichen Unterhaltung. Am nächsten Wochenende steht eine passende Wohnung für mich in diesem kleinen Ort in der Zeitung. Ich rufe an und habe nach einem Treffen diese Wohnung bekommen. 4 Zimmer in der ersten Etage. Die Vermieterin ist eine nette ältere Dame, gerade mal 10 Jahre älter als ich aber sehr flott und sehr mobile. Mein Sohn steigt wieder in meine neue Firma ein und erledigte die meisten Büroarbeiten. Denn ich bin der Mann für den Außendienst. Ich war oft über viele Tage in ganz Europa unterwegs, oft ohne Schlaf. Nur den Schlaf den ich zwischendurch im Auto fand. Mir machte dies nie etwas aus, solange alles läuft macht dieses Leben sogar Spaß. Der Kauf einer gesamten Firma vor Ort brachte uns auch wieder Geld bei deren Verkauf in die Kassen. Die Zementwerksvorbereitungen mit der Strabag in Trier und Vise Belgien liefen. Ich kurvte durch ganz Europa und holte einen Auftrag nach dem anderen. Auch Afrika und Arabien sind wieder sehr interessant für uns. Mein Privat Leben habe ich auch wieder in den Griff bekommen. Ich hatte dies für meine Begriffe immer im Griff ich ignorierte immer die schlechteren Zeiten. Ich konnte dies weil für mich auch schlechte Zeiten zum Leben gehören. Was wäre es für ein Leben. Wenn man nur gute Zeiten hätte. Daran hatte auch die Scheidung nichts geändert. Der Kontakt zu den Kindern ist immer geblieben und auch der Kontakt zu meiner Ex.

Aber mit meiner Vermieterin hat mich viel verbunden, wir wurden echte Freunde und unterstützten uns gegenseitig wo wir nur konnten. Sie lebte allein weil ihr Mann sehr früh verstorben ist. Sie ist sehr vermögend und aber nicht irgendwie ein penibelchen. In unserer Beziehung will sie immer mehr als ich geben will. Aber das habe ich nicht zugelassen, ehrlich gesagt, sie war für mich eher eine mütterliche Freundin. So war ich sehr froh darüber, dass andere aus dem Ort manchmal dafür sorgten, das sie auch dieses bekommen hat was ich ihr nicht geben wollte. Die Spuren im Gras haben immer dafür gesorgt das ich wusste wenn er wieder bei ihr war. Ich wusste dann immer wenn der Trecker für längere Zeit auf dem Acker stand war alles klar für sie. Sie war auch nicht immer eine so ganz feine wie sie tat, sie hatte auch kein Problem damit als ihr Mann noch ein Parkinson Pflegefall war, sich mit seinem Pfleger zu vergnügen und unten heftig Nummerierte. Währen er oben vor sich hin döste. Vermutlich wäre es ihm bei seinem Zustand auch recht gewesen wenn er es mitbekommen hätte. Ich wusste dies alles und ich konnte so etwas niemanden verübeln den ich bevorzugte auch für mich in meinem Leben die Freiheiten der Liebe. Aber natürlich hatte sich im Laufe der Zeit. Auch meine Einstellung zur Liebe etwas verändert. Ich habe die Frauen Anfangs immer für Engel angesehen. Sind sie eigentlich bis heute, wo ich diese Zeilen schreibe auch geblieben. Aber sie sind die Engel mit allen Rechten auf Liebe und Sexualität die sie möchten wie sie es wollen. Ohne Rücksicht auf irgendwelche Normen und Grenzen. Jeder soll nach seiner Fashion leben. Auch dann wenn einem das eheliche miteinander nicht genügt. Weil einer der Partner zu träge Männer und auch Frauen gibt.

Dann darf sich der benachteiligte sich das auch Außereheleich holen. So steckt sich jeder seinen Rahmen und seine Möglichkeiten. Auch bei mir wurde schon manches Mal eine Ehefrau von ihrem Mann abgeholt weil diese das Bedürfnis nach Sex hatte, sie sich etwas geholt hat was er ihr nicht geben konnte oder wollte?. Das wollte ich nie prüfen es war und ist nicht meine Angelegenheit. Es hat natürlich auch mein Bild geformt über die Frauen und die Bedürfnisse der Frauen. Für mich hat es sich so ergeben, dass ich in dieser Zeit meine Sexuellen Gelüste mit einer Klasse aber verheirateten Frau lange ausleben durfte. Eigentlich so lange wie ich in diesem kleinen Ort wohnte. Ich hatte mich verliebt, in einem Lokal in dem ich mit meinem Freund kegelte. Dort kegelte auch ein weiblicher Kegelklub. So ergab sich eine Liebesbeziehung die vorläufig endete als ihr Mann vor meiner Haustür stand. Ich hatte 2 Monate Liebeskummer. Und war erschüttert darüber das diese Lady verheiratet war und mir dies nie gesagt hat. Aber es hätte vermutlich nichts geändert. Nach vier Monaten pause und Besinnung ist sie wieder gekommen wenn sie Zeit hatte und wir hatten den schönsten und besten Sex. Meine anfängliche große Liebe musste ich umwandeln in einen reinen sexual betrieb, mehr konnte es dann nicht mehr sein nach dem der erste Schmerz der verlorenen Liebe verschwunden war. Es ist so manches Mal passiert wenn sie beim Sex auf mir sitzt oder unter mir liegt und wir gerade sehr aktiv sind, dass ihr Mann sie auf dem Handy anruft.. ,, Ja", sagte sie dann und musste ihr stöhnen unterdrücken und ich musste Ruhe geben.,, Ja, mein Schatz ich bin gerade beim Einkaufen, was möchtest du denn Heute Abend Essen". ,, Dann folgte ein langes Gespräch über die Essensfolge. Bis es wieder mit uns weiter ging und immer ein gutes Ende nimmt.

Für mich ist diese Beziehung danach, nach der Liebe voller Vorteile. Sie ist gekommen wenn ich es wünschte und sie ihre Zeit hatte. Manchmal reichte es nur zu einem Quicki. Wir waren dann beide wieder zufrieden und OK für das Arbeitsleben. Entspannt, ruhig und besonnener. Ich machte mit meiner Vermieterin eine Vereinbarung ich unterstütze sie in der Verwaltung der Häuser und den sonstigen Arbeiten an den Häusern. Bei der Gartenpflege und in der Pflege der Grundstücke. Für die Pflege des Rasens der alle 14 Tage geschnitten werden musste gab es für einige Jahre einen extra Gärtner, bis dieser dann verstarb. Es wurde dann schwieriger für mich aber ich brauchte diese körperliche Arbeit neben meinen vielen Reisen. Es tut mir körperlich sehr gut, ich renovierte ihr Mietshaus in dem ich wohnte und ihr Haus dort wo es notwendig wurde. Sie hat 30.000 qm und eine Straßenlänge von 2000 Metern die gepflegt werden müssen und jede Woche gereinigt werden müssen Wir fuhren oft zusammen in den Urlaub, sie liebte Kitzbühel und Nordwyk am See in Holland. Wir verbrachten viele Tage dort und wunderbare Tage die auch ohne jeden Sex super schön waren. Wir verstanden uns einfach sehr gut. Sie hatte niemanden mehr außer ihrem Stoßer und ich hatte ebenfalls meine Dame für gewisse Gelegenheiten. Ich war ebenfalls einige Jahre ohne eine sexuelle Beziehung und es war meine ruhigste und fast schönste Zeit weil es einfach keine Zwischen menschliche Probleme gab, auch sehr schöne Sexuelle Beziehungen. Die Intimen Beziehungen bringen oft mehr Theater als ein Leben ohne Frau oder Mann. Aber leider geht es so ganz ohne nicht, dass Leben ist zwar schwerer aber ohne jeden Lustgewinn ohne jede Innere feste Bindung. Mich hatte erst die kleine verheiratete Lady aus dem Alltag ohne Sex heraus gerissen.

In dem ich einige Jahre ganz zufrieden lebte, es war ein Leben ohne Aufregung. Ich musste wieder los, wenn ich nicht zu Hause war hat dann kümmerte sich mein Sohn um meine Vermieterin und Freundin. Half da wo es notwendig wurde. Mich hat die Pflicht wieder nach China gerufen. Ich benötigte ein Zementwerk für den Oman den ich gerade erst besucht hatte. Dieses gebrauchte Zementwerk steht demontiert im Süden von China. Da ich in Hongkong zu tun hatte reiste ich über Hongkong in China ein. Ich war froh aus dem Trubel von Hongkong heraus zu kommen. Mein Freund Lee aus dem Norden Chinas aus Urumchi hat mich in Hongkong abgeholt. Wir fuhren dann in den nächsten Großen Ort ca 200 Kilometer hinter der Grenze nach Chansha. China ist so groß, das wird einem erst bewusst wenn man China durchfährt. China ist so unterschiedlich wie ein Land nur sein kann. Lee ist von der russischen Grenze gekommen ist mit seinem kleinen Flugzeug bis nach Changsa geflogen und hat mich dann mit einem Leihwagen abgeholt. Ich bleibe 3 Tage in Changsa und überprüfte das alte KHD Zementwerk. Am besten an diesem Ort ist das chinesische Essen, das absolut nichts mit dem Essen in Peking oder dem Essen hier zu tun hat. Alles ist klein gehackt, wohl damit man nicht weiß ob es Hund, Katze oder eine einfache Ratte ist die man gerade verspeist. Aber es schmeckt mir ausgezeichnet weil es so richtig. Nach meinem Geschmack gewürzt ist. So gut und lecker gewürzt ist ich mir keine Gedanken über das Fleisch machen muss. Das Zementwerk ist sehr gut erhalten und ist erst 5 Jahre alt. Die Demontage und den Transport bis zum Hafen will Lee selbst übernehmen. Wir verabredeten uns dann 2 Monate später in Peking um alles zu regeln und die Verträge fertig zu machen. Er bringt mich zurück nach Peking von wo aus ich dann wieder nach Hause fliegen kann.

2 Monate später landete ich wieder in Peking und fahr direkt in mein Hotel das ich schon von zu Hause aus gebucht habe da ich bereits etwas China erfahren bin. Ich habe dadurch viel mit Chinesen zu tun, auch wenn dies in Kairo gewesen ist. In der Zeit als wir gemeinsam die verschiedenen kompletten Stadtteile dort bauten. Ich war aber noch nie für längere Zeit in Peking. Dieser Stadt wollte ich einige Urlaubstage spendieren bis mich Lee abholen kommt. Es wird bereits empfindlich kalt, ich hätte mir besseres Wetter gewünscht für meinen Ausflug. Ich mache wie immer jeden Meter zu Fuß durch Peking. Peking ist eine tolle Stadt und hat mich überrascht, die Geschäftsstraßen sehen nicht anders aus als sonst irgendwo in der ganzen Welt. Die gleichen Geschäfts Namen, Kaufhäuser, die gleichen Waren. Am Eingang in die Verbotene Stadt spricht mich eine junge Chinesin an. ,, Hallo , Sir, suchen sie eine Begleitung, ich kann ihnen alles erklären was sie so sehen möchten". ,, Das ist keine schlechte Idee mein Fräulein, ich war noch nie in der verbotenen Stadt, da würde mir ihre Unterstützung schon helfen und sehr gefallen". Wir einigten uns auf 50.- USD und ab geht es. Es ist eine super nette und lustige Person. Mir gefiel natürlich ihre Kleidung nicht und auch meine Jacke ist nicht die wärmste. Ich würde hier noch eine dicke Jacke benötigen. Nach dem Besuch der verbotenen Stadt gehen wir in die Geschäftsstraße. Dort kleiden wir uns erst einmal wärmer ein. Sie sieht danach bedeutend besser aus in ihrer neuen Kleidung und sie ist richtig Stolz darauf. Sie muss mich natürlich ihrer Familie vorstellen. Die in den Nebenstraßen Pekings wohnt, in den Straßen mit unendlich vielen kleinen Häusern für die Arbeiter und Angestellten. Ich kaufe dann noch einige alte Münzen und handgemalte typische chinesische Bilder.

Ich konnte beim Malen dieser Bilder zuschauen. Ich habe schon eines der Wandbilder zu Hause, man kann diese leicht im Flieger Transportieren. Sie lassen sich zusammenrollen und gut im Koffer verstauen. Ich bin den ganzen Tag mit meiner kleinen Lady unterwegs, sie konnte nicht begreifen, dass ich all diese Wege zu Fuß mache. Niemals ein Taxi nehme, ,, das ist aber nicht so üblich bei uns Mister Ulli". Meine Lust zu laufen beklagten auch meine Mädchen in Kairo immer, der hat 2 Autos und rennt nur zu Fuß durch die Stadt. ,, Ich liebe es zu Fuß zu gehen, dies kann ich Stundenlang und wenn es sein muss Tagelang. Der erste Tag war für die kleine recht anstrengend. Am nächsten Tag sind wir dann auf ihre Führer Anweisung mit dem Taxi zur Sommerresidenz der Kaiserin gefahren. Es war ihr zu weit um zu laufen. Ein Wunderschöner Ort zu dem es sich lohnt zu fahren, sie hatte damit Recht denn wir mussten hier noch genug laufen. Der riesige See ist zugefroren, es ist kalt aber trocken und auch die Sonne lässt sich gelegentlich sehen und huscht über das glitzernde Eis. Wir steigen die 560 Stufen bis ganz oben auf die kleine Festung und haben eine wunderbare Aussicht die fast bis Peking reicht. Selbst Teile der Chinesischen Mauer sind von hier oben gut zu sehen. Die kleine will unbedingt mit mir noch dort hin. Aber die Chinesische Mauer kannte ich aus so vielen Berichten und Filmen, Die musste ich mir nicht anschauen. Ich will viel lieber hier den Sommersitz und das älteste Kloster un den uralten Hafen erkunden. Erst am Abend nach einer für sie gewaltigen Wanderung sind wir wieder in Peking angekommen. Ich dirigiere das Taxi in eine Straße die voller kleiner Lokale ist, die mit vielen Ketten von bunten Lampions geschmückt sind. Mit Millionen Bunter Laternen vor ihren Türen.

Die der Straße eine angenehme Pracht verleihen. Die ganze Straße erstrahlte im Glanz der Millionen überwiegend roten Ballons. Sie suchte für uns das passende Restaurant aus. Es ist für mich wieder ein neues Erlebnis der chinesischen Speisenkultur. Sie sucht ein sehr gepflegtes Restaurant aus. Ich wäre lieber in ein etwas einfacheres Restaurant gegangen. Aber nun sind wir hier und ich warte ab auf das was kommt, nach dem wir es uns bereits bequem gemacht haben. Das Restaurant ist gut besucht. Alles konzentriert sich gebannt auf die Speisen. Auf einem riesigen Tablett wird verschiedenes Fleisch aufgelegt, sehr große Mengen für meinen Begriff. Aber noch viel mehr Gemüse und Salat ist auf dieser Platte. Schön sauber aufgereiht, als man diese Platte auf unseren Tisch stellt glaubte ich nicht das wir jemals die Hälfte dieses Berges schaffen werden. Inzwischen wird der Große Kessel mit einer Schmackhaften Brühe in der Mitte des Tisches aufgeheizt. Als auch eine Elektropfanne für das Fleisch hat sich bereits aufgeheizt, ist fertig für unser Fleisch. Die Kleine ist richtig hungrig nach diesem für sie harten Tag an dem wir ca. 30 Kilometer gelaufen sind und einige Tausend Treppen bewältigt haben. Das was da vor uns steht und wir selbst nachwürzen und zubereiten können schmeckte Klasse und ist weit von dem Entfernt was ich bisher als Chinesische Küche kennen gelernt habe. Aber wie bereits gesagt, China ist ein sehr großes Land und hat unendlich viele verschiedene Menschen in ihrem Riesen Reich. Hier gibt es jeden Tag und auf jedem Kilometer etwas Neues zu sehen und zu essen. Als ich erschrocken aufschaue, erschrocken weil nichts mehr auf der großen Platte ist, bemerke ich. Das meine kleine nicht mehr bei mir ist. Sie hat ihren Kopf an die Fensterfront gelehnt und schläft tief und fest.

Ich konnte nur ihren Bruder anrufen das dieser die kleine abholte. Ich habe sie mit meinem Gewaltmarsch überfordert. Nach dem er die kleine abgeholt hat, gehe ich dann beruhigt zu meinem Hotel. Das sind gerade 3 Kilometer bis zum Hotel. Ich kenne mich schon recht gut aus in der nahen Umgebung meines Hotels und auf dem Weg in die City. Ich habe der kleinen dann am nächsten Morgen eine SMS geschickt das ich erst in 7 Tagen zurück bin und mich melden werde und bedankte mich für ihre Hilfe. Wenn sich mein Geschäft in China ausbauen lässt, dann konnte ich die kleine sehr gut gebrauchen. Sie war sehr umgänglich und perfekt im englischen in Schrift und Sprache. Am nächsten Tag fahre ich dann mit dem Taxi zum Flughafen, nicht zum Internationalen sondern zum nationalen Flughafen. Dort erwartet mich bereits Lee, wir haben uns für 14.00 Uhr verabredet und ich bin wie immer um 13.50 am Treffpunkt. Aber er war ebenfalls dort. Es war schon erstaunlich wie pünktlich auch diese Chinesen sind. ,, Na, Sir wie war es in Peking"?. ,, Wunderbar dank meiner kleinen Fee".   ,, Wo hast du denn die kleine aufgetrieben". ,, Die hat mich an der verbotenen Stadt aufgelesen". ,, Na wenn das nicht eine Agentin war die man auf dich angesetzt hat?". ,, Das wäre mir auch egal gewesen, aber sie machte nicht den Eindruck". Ich hatte viele Bilder gemacht von ihr und all unseren Zielen in und um Peking und zeigte ihm diese. ,, Ja, du hast recht ein zauberhaftes Wesen, aber das ist keine Chinesin, das scheint mir eine Vietnamesin zu sein?". ,, Das Lee, ist für mich dasselbe, ihr Asiaten seht doch alle gleich aus. So wie, wir Langnasen für euch alle gleich aussehen". ,, Komm Ulli, wir müssen los wir müssen gelandet sein bevor es dunkel ist".

„ Mir ist das Recht Lee, also ab zum Flieger". „ Wir fliegen heute mit meiner kleinen Maschine, es gibt keinen Linienflug in meine Stadt Urumchi. Wir haben dort wieder einmal Alarm mit dem chinesischen Militär und der Polizei. Unsere Leute sind in den General Streik getreten". „ Dann kurvst du hier herum anstatt bei deiner Familie zu sein". „ Ulli komm jetzt sonst bekommen wir noch Probleme". Wir erreichen die kleine Maschine nach 10 Minuten. Erstaunlich ist für mich das dieser kleine Pisten Hüpfer gut versteckt ist. Die Maschine wird dann von drei Mann aus dem Unterstand geschoben und angeworfen. Ich bin in Deutschland schon oft mit solchen kleinen Maschinen geflogen.

Ein Freund in Celle hat den Flugschein und leistete mit mir seine Übungsflüge ab wenn ich passende Auswärtstermine hatte. Aber diese Maschine ist gegen die Piper in Deutschland schon abenteuerlich. Sie ist aus chinesischer Produktion und bereits uralt. Ich hoffte, dass wir genügend Bindedraht in der Maschine haben.

Draht um diese alte hoffentlich noch fliegende Kiste notfalls wieder zusammenbinden zu können. „ Los beeil dich Ulli, was glotzt du das Prachtstück so an, die ist zuverlässig die hat mich schon mehr als 20 Jahre treu durch China geflogen. Denn wir in Urumchi sind etwas abgehangen von China. Wir sind auch nicht so beliebt in China, wir sind russischer, mongolischer Abstammung, bei uns ist immer was los. Im Augenblick spielt wegen des Generalstreiks das Militär wieder in unserer Stadt verrückt. Da ist immer mein kleiner Flieger das beste Verkehrsmittel". Zwei Stunden später landen wir ca. 30 Kilometer von Urumchi entfernt. Auf einem plattgewalzten aber gut ausgeleuchtetem Schneeteppich. Die Lichter gehen nur ganz kurz an bis er aufgesetzt hat.

Es war gerade noch so schummrig hell, ich habe mich den ganzen Flug darüber gewundert das Lee so niedrig fliegt. Es konnte nur sein das er das Radar unterfliegt weil ihn niemand entdecken soll. Wir sind so manches Mal gefährlich nahe an den Büschen und Bäumen dran gewesen. Ich fragte Lee nicht, denn ich glaubte, dass es ganz sicher so ist. Aber es war noch viel schlimmer als er mir später die Wahrheit sagte. Fast die halbe Flugstreck liegt hoher Schnee, wir wären weich gestürzt. Das Flugzeug verschwindet auch hier sofort wieder in einem Unterstand der mit Planen komplett abgehangen wird. In dem kleinen Bauernhaus in das wir nun gehen, ist es stock dunkel. Erst machte Lee alle Fenster mit Vorhängen dicht bevor er Licht einschaltete. Ich fühlte mich wie auf einem Kriegspfad, wie ein Apache im Winter. Ich stellte schnell fest das außer uns niemand im Hause ist. Es ist für mich dann doch seltsam das wir hier so einsam sind. Er bemerkte meine Unruhe die mich plagte. ,, Hier können wir in Ruhe alles abwickeln, wir müssen erst einmal abwarten ob unser Flug bemerkt wurde. Das Militär beobachtet zurzeit jede Bewegung im Umkreis von 100 Kilometern um Urumchi". ,, Dann durftest du überhaupt nicht fliegen". Lee, lacht kurz auf. ,, Mein lieber Ulli, ich darf hier eigentlich nie fliegen. Ich habe keine Fluglizenz, keinerlei Zulassung für das Flugzeug und keinen Pilotenschein". Hier in China bekomme ich keinerlei Zulassung. Deshalb betätige ich mich hier mit dieser kleinen uralten Maschine. Wer das Flugzeug sieht, glaubt nicht, dass man damit überhaupt fliegen kann. Deshalb bleibe ich seit mehr als 20 Jahren unbelästigt". ,, Deshalb der Tiefflug heute hier her, ich dachte mir schon das du das Radar unterfliegen musst. Aber du scheinst immer so fliegen zu müssen". ,, Jetzt ran an die Arbeit.

Wir machen hier die Verträge, dann habe ich diese nicht zu Hause herum liegen. Du nimmst die dann mit nach Peking und gibst beide Dokumente bei meinem Anwalt ab und lässt beide auch von ihm absegnen, über seine Firma läuft dann alles, dann hat meine Familie hier in Urumchi ihre Ruhe". Wir haben des Öfteren eine Hausdurchsuchung durch das Militär oder die Polizei". Die kommen immer unangemeldet und dürfen natürlich nicht wissen was ich hier so zu Gunsten meines Volkes in China treibe". ,, Wir haben beide den Grundvertrag für den Kauf des Zementwerkes vorbereitet und brauchen nur das nötigste mit dem Anwalt einfügen. Es dauert gerade zwei Stunden bis wir alles erledigt haben. Er verstaut alles sorgsam im Geheimfach des Schreibtisches. Man weiß es ja nie, ob die auch einmal hier auftauchen". ,, Das ist ja eine Scheiße, was ist wenn die alles hier entdecken". ,, Das kann ich dir sagen, man wird mich sofort festnehmen und du wirst auch einige Wochen bei der Sicherheit verbringen, wenn du dabei bist". ,, Also dürfen wir uns nicht schnappen lassen". ,, Sein zweites Handy klingelt und seine Frau ist dran und freut sich das er wieder zurück ist. Sie teilt ihm mit das er dringend nach Hause kommen muss, die Polizei hat schon zweimal nach ihm gefragt. ,, Ja. meine Liebe wir kommen gleich Ulli ist auch bei mir". ,, Warte hier Ulli, ich bin in wenigen Minuten wieder da". Tatsächlich nur wenige Minuten später knatterte ein Motorradmotor vor der Tür. Ein Motorschlitten der uns dann durch den hohen Schnee auf die nächste Straße bringt. Er hält kurz an und wir dichten die Stelle an der er auf die Straße gekommen ist wieder ab. Bis niemand mehr erkennen kann das hier jemand auf die Straße eingebogen ist.

,, Die vom Militär würden dieser Spur sofort folgen wenn sie diese entdecken würden". Zum Glück wohnt Lee in Urumchi auch nahe am Ortsrand, bereits das zweite Haus, ist sein Haus. Die Familie empfängt uns sehr freundlich. Seine Frau kennt mich bereits vom Internet her, wir sind uns vertraut. Wir sitzen gerade beim Kaffee als es an der Tür rappelt, ohne weiter abzuwarten fliegt die Tür auf.   Soldatenstiefel knallen laut durch den langen Flur, man hat hier die Hausgewalt. Mein Home ist mein Castel gilt nicht in Urumchi. Der Moment des Aufbrechens der Tür gibt mir die Gelegenheit, direkt unter das Sofa zu verschwinden. Ein Sofa das auf solchen plötzlichen Besuch vorbereitet ist. Der ganze Gewaltakt nur weil man wissen will ob Lee nun endlich zu Hause ist. Lee ist ein angesehener Politiker in Urumchi, muss aber ständig seinen Standort nachweisen. Wurde dieses Mal bereits 6 Stunden von ihm überzogen. Aber alle sind zufrieden darüber das er zu Hause ist. Eine viertel Stunde später ist der Spuk vorbei und ich kann meine Deckung verlassen. Ich fluche mal wieder vor mich hin, da hatte ich mich wieder auf etwas eingelassen. Aber wenn ich dieses Zementwerk haben will muss ich mitmachen. Aber da es so böse aussieht das hätte ich nie gedacht. ,, Mamm", sagt Lee zu seiner Frau, wir bleiben nicht lange, nur noch einen Kaffee dann bringe ich den Kerl wieder zurück". ,, Das scheint mir auch das Beste. Auch wenn sie dich hier jetzt gesehen haben". ,, Ulli trink aus, wir wollen gleich wieder zurück". ,, Alles OK, es kann losgehen". Mir ist es auch Recht ich will auch so schnell wie möglich aus dieser verzwickten Situation heraus. Wir sind keine zwei Kilometer unterwegs mit dem Motorschlitten ohne Licht an dem Schlitten anzumachen. Da spüren wir, dass etwas nicht stimmt, wir werden irgendwie verfolgt.

Lee hat den Schlitten kurz angehalten und ganz abrupt den Motor ausgeschaltet. Man kann es deutlich hören, es folgt uns jemand. Das Problem ist man kann nicht einfach so ausweichen den links und rechts der Straße sind hohe Schneewände. Bei der nächsten Gelegenheit wenn wir abbiegen können dann biege ich ab, es geht nur nach rechts weil wir in diese Richtung müssen. Du musst abspringen und die Zeit nutzen die Spuren unseres Abbiegens blitz schnell verwischen". ,, OK Lee, ich hoffe es klappt, die Zeit bis die anderen nachkommen müsste reichen den sie werden vorsichtig Abstand halten Keine 600 Meter weiter bietet sich diese Gelegenheit. Fast auf der Stelle biegt Lee im 90 Grad Winkel ab, so scharf das ich im Schnee lande während Lee noch weiter hinter die Schneewand fährt. Ich habe kapiert, wie von Sinnen räume ich mit den Armen die Spuren weg die wir beim Abbiegen hinterlassen haben. Ich bin gerade in Deckung gegangen als 3 Jeeps an dieser Stelle vorbei fahren, auch diese noch immer ohne Licht.
Sie vermuten uns noch weiter vor sich. Es besteht in Urumchi Ausgehverbot und jeder der Unterwegs ist wird Gnadenlos verfolgt. Wir verwischten noch die weiter führenden Spuren bis an die uns Deckung Gebenden Büsche. Niemand wird sehen können wo wir abgebogen sind. Dort wirft Lee wieder den Schlitten an und wir machen uns auf in Richtung des Flugzeuges. Schüsse knallen zu unserer Überraschung hinter uns her, es gab noch einen vierten Wagen. Der hat den Schlitten gehört aber er wagte sich nicht in den Schnee ohne Allrad. Wir erreichen sicher den Platz an dem das Flugzeug steht. Ein starker Wind ist aufgekommen und verwischt unsere Spuren komplett. Wir machen uns dann noch die Mühe fast 1000 Meter bis in den Wald hinein zu fahren und verwischten auch diese Spuren im Schnee.

Die man eventuell mit einem Helikopter erkennen könnte. Mit dem Schlitten ziehen wir den Flieger aus dem Unterstand und ich bin 3 Stunden später mit den Papieren für den Anwalt wieder in Peking. Ich habe höllische Angst gehabt als diese alte Kiste wieder über alle Büsche und Bäume hinweg gehuscht ist. Manches Mal Klopfen die Zweige an den Rumpf oder an die Flügel der Maschine. Aber Lee ist ein Flugkünstler, für ihn und seine Stadt und sein Volk hängt auch sehr viel von seiner Bewegungsfreiheit ab. Ich bin dann nach dem ich die Kaufverträge vom Anwalt abgesegnet bekommen habe wieder zurück nach Deutschland geflogen. Dort gibt es natürlich einige Probleme mit dem in Arbeit befindlichen Zementwerk in Trier. Eine Versammlung jagte die andere, ich muss die Bürger der Aufgeregten Ortschaften darüber informieren was wir tatsächlich dort in Rahlingen/Olk vorhaben. Das mit dem größten Loch der Welt wie das die Trierer Zeitung darstellte ist einfach so nicht wahr. Ich machte mir die Mühe und machte den Menschen dort das Vorhaben klar. Danach glaubte ich, dass es doch noch gelingen könnte das Werk zu errichten. Denn hinter Rahlingen soll nur der Abbau und das Brennen des Gesteins passieren. Der Rest, das vermahlen und Lagern des Zements soll direkt im Hafen Trier geschehen. Dort kann der Zement dann direkt per Schiff abtransportiert werden. Lose Ware und Sack Ware. Es wird insgesamt ca. 800 Arbeitsplätze geben. Mit dem größten Loch der Welt wie die Zeitung schreibt wird das auch nichts. Denn der Berg soll von der Rückseite her abgebaut werden, von oben bis unten in die Sohle. Es hätte einen Steilhang gegeben der neue Gelegenheiten für die Umwelt und Natur gebracht hätte. Zu Hause und im Büro lief inzwischen alles gut, ich hatte mein Leben völlig im Griff.

Dem langen bitten meiner Vermieterin und Nachbarin und Freundin habe ich dann nachgegeben und bin mit ihr 7 Tage in den Urlaub gefahren. Wir waren nun schon 10 Jahre befreundet. Und sind außer 3 Mal in Kitzbühel noch nirgends zusammen gewesen. Kitzbühel ist für sie wichtig weil dies ihr ständiges Urlaubsziel mit ihrem Mann war. Sie konnte oder wollte nicht mehr alleine Reisen, so wie früher da sie ständig in Italien war. Das verhalten hat sich langsam geändert und alles war bestimmt von ihrer Schwerhörigkeit. Wir alle schieben die Veränderung auf ihre Schwerhörigkeit. Dann startete die Fahrt nach Nordwyk an die Holländische Küste. Eine Küste die ich von meiner Arbeit von der Seismos bestens kenne. Auch war ich mit meiner Familie von Wolfenbüttel aus so manches Mal in Nordwyk. Dort hat auch unser jüngster Sohn in der Weihnachtszeit das Schwimmen im Hotelschwimmbad gelernt. Er war gerade vier Jahre und für uns war es sehr wichtig, das er früh schwimmen kann. Die beiden anderen Kinder haben das schwimmen ebenso Früh gelernt aber an und in der Ostsee. Hier in Nordwyk im Schwimmbad war es für den kleinen schöner und ging ganz ohne Profi Schwimmlehrer. Es war nicht leicht ihn in das Wasser zu bekommen, es war im Winter im Weihnachtsurlaub als der Durchbruch gekommen ist. Er konnte so ganz plötzlich schwimmen und war kaum noch aus dem Wasser heraus zu bekommen. Auf dem Weg unserem Urlaubsweg nach Nordwyk hat sie mir immer den Weggezeigt, immer den Weg den sie mit Ihrem Mann früher gefahren ist. Wir sind auf dieser Fahrt in einen starken Regen gekommen und plötzlich zumindest für mich überraschend. Schreit sie mich an. „ Wo bist du, wo fährst du mich hin Ulli". „ Du, hast mich doch hier entlang geschickt.

Ich wäre nie hier entlang gefahren". Sie beschimpfte mich und ich hätte gern angehalten und sie Aussteigen lassen auch im Regen oder gerade im Regen. Es gab immer wieder so seltsame Situationen wo ich an ihr zweifelte. Ihr ist abends ein Teller oder Tasse kaputt gegangen. Am anderen Tag hat sie ihre Putzfrau beschimpft ich konnte es oft nicht fassen und musste die weinende Putzfrau trösten und beruhigen. ,, Malete", hat sie dann gerufen, warum ist die Tasse und der Teller im Mülleimer, du kannst doch sagen wenn etwas kaputt gemacht hast. Wenn das so weiter geht mit dir habe ich bald kein Geschirr mehr im Schrank". Du musst was du kaputt machst nicht verstecken, gib es einfach zu". Malete, wurde dann Böse wenn sie so ungerecht beschuldigt wird. Ich staunte oft nicht schlecht über das was ich dann mitbekommen habe. Ich habe dies Mitbekommen weil ich oft bei Ihr zum Frühstück bin. Frühstück das ich schon lange für uns drei mache. Ebenso wird von mir das Mittagessen angerichtet. Wenn ich nicht da bin bereitet Malete das Essen für sie vor, mit Bofrost Feinkost. Ich habe ihr dann einen kleinen Hund gekauft einen ganz tollen Dackel, einen Benni. Der machte ihr dann immer viel Spaß. Benni hatten wir auch mit auf unserer Reisen. Der kleine Kerl staunte nicht schlecht im Auto mich so wütend zu sehen. Er schaut unserem Streit mit großen Augen vom Rücksitz her zu. Ich bin erschüttert, da schickt mich die Alte die ganze Zeit mit größter Sicherheit diesen Weg entlang nach Nordwyk und behauptet dann ich wäre falsch gefahren. Ich war drauf und dran anzuhalten und die Lady aus dem Auto zu werfen. Benni schaute mich an und schien den Kopf zu schütteln. Ich gebe nach und schweige und fahre nun nach den nächsten Verkehrshinweisen in die Richtung nach Den Hag.

Diese ist unsere normale Richtung von der Eifel nach Nordwyk. Irgendwie dort muss ich wieder auf die Küstenautobahn kommen. Als der Regen aufhörte stoppe ich an einer Straße und steige erst einmal aus und mache einen kleinen Beruhigung Spaziergang. Auch Benni hat dieser kleine Gang gut getan und er konnte dabei seine Geschäft verrichten. Frisch und wieder in Ruhe und vollem geistigem Zustand kehren wir zum Auto zurück. Auch meine Lady hatte sich wieder im Griff. Und hat die Karte in der Hand. Sie konnte trotz aller Bemühungen nicht herausfinden wo wir uns gerade befinden. Aber ich habe schnell wieder die Orientierung und habe einen herrlichen Urlaub mit ihr und Benni. Nur eins wurde mir langsam klar, diese Frau spinnt nicht, sie hat eine beginnende dement. In unserem Ferienhaus hat sie dann von einem Morgen zum anderen vergessen das sich das Badezimmer unten befindet. Da ich mit Benni immer der erste bin und schon die Brötchen hole. Oder mit ihm den Strand entlang tobe. Ist sie dann aufgestanden. Sie hat sich dann immer an dem kleinen Waschbecken in ihrem Zimmer gewaschen. Hat dann wenn wir gekommen sind wieder über diese üble Waschgelegenheit in diesem Haus geschimpft. Ich zeigte ihr dann jeden Morgen das schöne Badezimmer. Dann staunte sie jeden Morgen aufs Neue. ,, Warum, Ulli hast du mir das noch nicht gezeigt, warum sagst du mir nichts, ich wasche mich an dem winzigen Becken dort oben". Ich kann schon darüber lachen. Die Erkenntnis holte mich ein, meine Freundin ist auf dem Weg in die Dement. Ganz plötzlich erklärten sich für mich viele Dinge. Es war noch nichts dramatisches, aber es war der Beginn. Ich muss mich nun viel mehr als mir lieb ist um sie kümmern meine Reisen ins Ausland musste ich nun abstimmen.

Und musste auf einiges verzichten. Dazu ist der Umstand gekommen das der Jahre lange Gärtner, der immer für das mähen des Rasenzuständig war der eine Umfangreiche Fläche einnahm auch noch von mir erledigt werden muss. Es ist insgesamt schon alleine bei ihr ein Vollzeitjob. Aber noch meistert sie ihr Leben alleine, es passierte schon einige Male, dass sie mit dem Taxi aus Bonn zurückgekommen ist weil sie nicht mehr wusste wo sie ihr Auto geparkt hat. Bonn war lange ihr Lebensmittelpunkt, Koblenz das viel näher liegt war nicht ihre Stadt. Sie hat einen Radfahrer tuschiert hat und leicht verletzt hat und dies überhaupt. Nicht bemerkte. Ich versuchte eine Untersuchung ihrer Verkehrssicherheit herbei zu führen, weil ich auf keinen Fall wollte. Dass sie noch eine schwere Schuld auf sich lädt. Aber die Behörden fanden, dass es keine Möglichkeit gibt ihre Fahrtüchtigkeit zu überprüfen auch nach dieser Unfallflucht nicht. Sie war nicht nur Schwersthörig sondern hat die Anzeichen einer anfangenden Dement. Für mich wurden bei Reisen in die Ferne die Gedanken daran, dass etwas Schlimmes passieren kann immer schlimmer und behinderten mich sehr in meiner Arbeit. Sie ist meine Freundin und eine gute Freundin, ich empfinde eine volle Verantwortung für sie. Ich musste wieder nach Angola und in den Kongo, meine Reisen wurden immer kürzer weil ich in großer Sorge bin. Die Projekte in Angola die ich auch mit der Unterstützung einer Frankfurter Bank und der Regierung in Angola plane nehmen mich immer mehr in Anspruch. Dazu sollte im Kongo in der Nähe der Grenze zu Angola ein Zementwerk aufgebaut werden das für unser Projekt und in den Kongo Zement liefern soll. Aber das alles konnte ich bedingt durch den Zustand meiner Freundin nicht so verfolgen wie ich es hätte tun müssen.

Mein Sohn, meine Ex oder meine Putzfrau haben mich immer aus den Projekten zurückgeholt. Ich bin lange in beiden Staaten unterwegs, ich plane dazu kleine Betriebe in diesen Ländern um hier die Lebensqualität zu erhöhen. Nach meiner Meinung geht es nur so in Afrika. Der Boden muss bereitet werden für einen kleinen Mittelstand. Die Großindustrie kommt nur in diese Staaten und raubt diese Menschen noch mehr aus. Sie bringen zwar Arbeit, aber zahlen nur solche Löhne die nicht zum Leben und nicht zum Sterben reichen. Leider läuft da auch die Entwicklung in Europa Rückwärts. Niemanden stört es mehr das Menschen nicht bezahlt oder nur minimal bezahlt werden von einem Job nicht mehr leben können. Es kehren bei uns Verhältnisse ein wie in den USA und Afrika. Die Reichen fressen die Armen, solange bis sich wieder einmal alles drehen wird. So etwas darf es eigentlich nicht wieder geben, auch eine noch so einfache Arbeit ist notwendig um das Ganze Rad der Wirtschaft am Laufen zu halten. Jede Firma, jede Stadt kann nicht überleben ohne, dass wir auch die Menschen haben die diese angeblich leichtere und einfache Arbeit machen. Leicht in unseren Augen aber nicht in den Augen der jenigen die diese Arbeit verrichten müssen. Kein Rad würde sich mehr in der Welt drehen wenn es diese Arbeiter nicht Mengen von einfachen Arbeitern nicht mehr gibt. Auch diese Milliardäre und Millionäre könnten nicht lange in diesem Überfluss leben wenn es diese kleinen dort unten auf denen sie herumtreten nicht mehr gibt. Was wollen sie mit ihren Überfluss machen den ihnen diese einfachen Arbeiter erst möglich machen. Die diese Vermögen auf dem Rücken der kleinsten und Ärmsten erst verdient haben. Auch alle die Erben die noch weniger Anteil an diesem an Ihrem Reichtum haben.

Mich machen diese ungerechten Zustände die auch in Deutschland immer stärker werden sehr wütend. Der Reichtum der Reichen steigt auf Kosten der Armen täglich. Die Konzerne betrügen uns in allem, mit den Medikamenten, mit dem Food, mit den Autos, mit allem. Aber noch sind wir weit von afrikanischen Zuständen entfernt und sie werden kommen müssen wenn sie überleben wollen. Es ist eine Schande wie wir Afrika hingerichtet haben, wir haben daran große Schuld. In Benin hatte ich bereits vor Jahren eine tolle Königin des Urwaldes verloren, eine die sich eingesetzt hat für die Tiere und die Umwelt für die Menschen. Aber auch diese Projekte in Angola und dem Kongo das 10.000 Menschen und mehr Arbeit und Leben gegeben hätte. Diese Projekte wurden dann von den Reichen dieser Länder verhindert. Die Reichen dieser Welt sind die verhinderrer von allen positiven Entwicklungen auf diesem Erdteil. Die Reichen haben auch den Einfluss in die Politik und können fast alles verhindern. Selbst die kleinen Unternehmen der einfachen Leute werden verhindert, es gab einfach keine Genehmigungen. Die Projekte im Kongo und in Angola musste ich deswegen begraben. Aber die Kontakte sind geblieben und irgendwann einmal sollte sich das wieder auszahlen auch ohne die Hilfe der Großen die nicht anderes im Sinn haben. Als ihr eigenes Wohlergehen. Dann holte mich wieder die Vergangenheit ein, bei einem weiteren Besuch in Amsterdam, ich habe nach meiner Entführung 1988 in Amsterdam. Erst einmal langsam wieder meine Besuche in Amsterdam vorsichtig gesteigert. Ich hatte noch die Schatten meiner Entführung nicht Überwunden. Diese Schatten begleiteten mich im Besonderen natürlich am Tatort Amsterdam.

Ich erkannte in einer Gaststätte in der Nähe des Rotlicht Millioue einen der vermutlichen Täter, ich war mir nicht ganz sicher. Ich konnte diese Burschen nie selbst sehen aber diese Stimme, diese fasziniete Stimme fesselte mich sofort. Ich hatte wieder einmal ein Treffen in Amsterdam mit dem Vorstand der STRABAG, dies geschah des Öfteren in Amsterdam. Für mich ein günstigerer Trip als der nach Wien. Ich machte oft nur eine Tagesreise oder manchmal daraus einen Kleinurlaub. Ich nahm mir dieses Mal einige Tage vor. Ich wollte diesen Schrecken verlieren von meiner Entführung, einen Schrecken der mich noch nach 15 Jahren beschäftigt. Diese Stimme die ich so haste, die mich lahmgelegt hat und mich über 6 Wochen Todesängste auszustehen lassen hat die wollte ich sehen. Ich wollte wissen zu wem diese Stimme gehört. Ich habe diese Stimme immer nur durch die verschlossene Tür gehört. Ich folgte dabei nicht dem Trieb auf Rache. ich hatte mit dem erlebten abgeschlossen aber ich wollte den sehen der mich so verändert hat. Ich habe mir wieder einmal mein Haarteil heraus gesucht. Ich musste es über einige Jahre tragen, denn ich hatte mir irgendwo in der Welt einen Hautkrebs auf dem Kopf eingehandelt der Weggeschnitten werden musste. Danach musste ich über drei Jahre dieses Haarteil tragen. Dieses Haarteil sitzt bereits damals wie meine eigenen Haare auf dem Kopf. Es wird aufgeklebt und ich musste es nach dem waschen immer alle drei Tage neu Aufkleben. Lösen kann ich es nur unter der warmen Dusche. Ich kann damit sogar schwimmen gehen oder Tennisspielen. Wer es nicht wusste der glaubte nicht, dass es ein Haarteil ist, ich konnte auch jeden daran ziehen lassen der nicht glaubte, dass diese Haare echt sind.

Als ich das erste Mal mit diesem Haarteil nach Hause gekommen bin habe ich mich selbst erschrocken als ich am Spiegel vorbei ging. Aber meine Kinder und meine Frau haben dies kaum zur Kenntnis genommen. Erst als ich sie darauf hingewiesen haben sagten alle, ja da war etwas anderes an dir. Aber jetzt wissen wir auch es sieht gut und echt aus, das Haarteil auf deinem Kopf. Dieses Haarteil habe ich nun auf dem Kopf als ich mich auf die Suche nach dieser Stimme mache. Die Stimme die wie ich mir sicher war das es die Stimme eines meiner damaligen Entführer war. Ich musste den Kerl sehen, mit meinem Haarteil das ich erst später bekommen habe. Er kann mich so nicht wiedererkennen. Ich stehe mit großem Herzklopfen vor der Tür der Kneipe, Keine 300 Meter von meinem Hotel in Amsterdam entfernt. Direkt an der Gracht entlang bin ich in wenigen Minuten dort. Gegenüber der kleinen Kirche die aber im Umbau ist. Ich fasse mir ein Herz und öffnete die Kneipentür. Ein Duft von Weibern, Nutten, Alkohol und Tabak schlägt mir entgegen. Gegen keinen der Gerüche habe ich etwas auszusetzen. Obwohl ich selbst nie geraucht habe, konnte ich den Qualm immer gut vertragen. Geraucht habe ich ausschließlich Wasserpfeifen in Arabien. Dann nur in Verbindung mit Tee, niemals mit Alkohol. Ein lärm ist in dieser Bude der fast unerträglich ist. Ich packe mein bestes Holländisch aus, das aus meinem Plattdeutsch in der Grafschaft Bentheim entstanden ist. Natürlich auch von den Freundinnen in Vase und Tubbergen stammt. Man nimmt mich hier als Holländer aus dem Westen der Republik war und akzeptierte mich in dem Laden. Ich machte mich auf und besuche einen Tisch nach dem anderen, markierte den leicht angetrunkenen Gast. Erst nach dem ich alle Tische durch habe.

Und diese Stimme nicht gehört habe, nehme ich mir die Theke vor. Ich hoffe das dieser Bursche noch hier ist oder wieder her kommt. Es konnte natürlich sein das er nur einmal zufällig hier war. Aber an solche Zufälle glaube ich nicht, ich hatte das gute Gefühl, das ich ihn hier entdecken kann. Ich bestellte mir ein Bier, ein Heineken das mir aus dem Fass schmeckt aber aus der Dose kann ich es nicht trinken. Aber das ist mit vielen Dosenbieren so, sie verlieren an Geschmack haben durch die vielen Zusätze eine Veränderung im Geschmack. Eine Nutte mit fetten Brüsten schmeißt sich an mich heran. ,, Na kleiner, gibst du für die Dame einen aus". Ich stecke beinahe schon mit meiner Nase zwischen diesen Brüsten und habe Mühe Luft zu bekommen. ,, Gleich mein Schatz ich bin noch auf der Suche nach einem Freund". ,, Hier gibt es nur Freundinnen, nun was ist, bist du so Geizig". ,, Was trinkt den die Dame". ,, Dame, sie dreht sich um und haut mir dabei ihre Brocken von Brüsten um die Ohren. ,, Wo siehst du hier eine Dame, hier gibt es nur Nutten wie mich, was ist nun Kumpel, ich will nur ein Bier, keine Pulle Sekt". ,, Ich winkte den Barkeeper und bestelle uns 2 Bier, sie ist meine ideale Deckung wenn hier irgendwo die quietsche Stimme auftauchen sollte. Erst nach dem vierten Bier mit der Nutte die sich bei mir bereits eingeharkt. Ich höre ich plötzlich diese Stimme die mich sofort wieder elektrisiert. Die Stimme ist hinter mir, ich überlege ob ich mich umdrehen soll. Ich wollte den Kerl sehen, wenn ich ihn höre konnte ich schon explodieren. Ganz langsam beruhige ich mich und drehe mich zu der Stimme hin. An meiner anhänglichen stabilen Lady vorbei. Dabei streife ich Unwillkürlich ihre Brustwarzen die wie Schrauben dort stehen. Das auch noch die alte ist noch scharf, die Vögelt den ganzen Tag und wird hier noch scharf.

Sie fast mir in den Schritt, weil sie nach meiner Berührung glaubt, dass ich etwas von ihr will. Ich konnte nun aus dieser Stellung heraus den Mann mit der quietsche Stimme sehen. Ich staune nicht schlecht, es ist ein sympathischer Typ der Mann der für meine schlechten Erinnerungen sorgt. Konnte dieser Typ einer der Entführer sein?. Ich wendete mich jetzt meiner weiblichen Begleitung zu, die hatte inzwischen auch meinen kleinen Leopold auf massiert. ,, Junge, 20.- Euro und ich hole dir jetzt hier einen runter". ,, Was, den ganzen Kram in meine Hose?". ,, Stell dich nicht so an, du brauchst doch jetzt kein Sofa mehr". ,, He, Gaston, gib uns noch zwei Heineken und zwei rote Genever. Bei der Bestellung konnte ich mich frei machen und konnte meinen vermutlichen Peiniger direkt ansehen. Der sieht nach dem zweiten Blick noch immer recht sympathisch aus. ich konnte es mir schwer vorstellen, dass dieser Mann dabei war, aber kann es solch eine Stimme zweimal in Amsterdam geben. Er bezahlt plötzlich und verlässt das Lokal, hat er mich ebenfalls erkannt. Ich zahlte auch schnell und folgte dem Mann, muss aber erst meiner Aufgeblasenen Dame versprechen gleich wieder zu kommen. Ich konnte gerade noch sehen wie dieser Mann in einer ganz schmalen Querstraße verschwindet. Ich hatte ihn bald wieder in meinem Blickfeld. Er geht direkt in eine Tür an einer der hübschen Nutten vorbei. Ich merkte mir diese Tür genau und. Ich gehe an den vielen Nutten vorbei die alle ihre Vorzüge anboten. Alle Arten von hübschen Mädchen sitzen oder stehen in den Fenstern. Die Tür durch die Quietsche Stimme gegangen ist, ist schon wieder verschlossen und nur ein wunderschönes junges Mädchen sitzt dort. Von dem Mann keine Spur, ich fange eine kleine Unterhaltung an mit dem netten Mädchen.

Ich hätte sogar beinahe durch die Vorwärmung der kräftigen Lady Massage Lust auf eine Nummer gehabt. Aber ich habe das nur in ganz jungen Jahren gemacht, ansonsten habe ich nie dafür bezahlt. Habe mir aber so manches Mal Appetit geholt und dann zu Hause gegessen. Das sollte so mancher so machen. Es bringt wieder Schwung in eine alte Ehe. Aber ich musste mich wieder entfernen ich wollte nicht der Quietsche Stimme begegnen. Ich wartete noch eine Stunde, aber der Kerl ist nicht mehr heraus gekommen. Das bedeutet für mich, dass er hier in diesem Freudenhaus auch wohnt. Ich schaute mir das Haus von der anderen Seite an und stellte fest, dass es von dieser Seite wie ein Wohnhaus aussieht. Man kann nicht erkenne das auf der anderen Seite ein belebter Puff Steig ist, ein Trimm dich Weg ist. Ich schrieb mir alle Namen von der Klingel ab. Es waren genau 6 Bewohner auf den Klingeln. Ich will alle Namen von den Klingeln im Computerchecken, mal schauen was dabei herauskommt. Im Hotel angekommen muss ich direkt an den Computer. Um die Namen zu testen. Der eine Namen weist den einen als kleinen Baumaschinenhändler aus. Das könnte er sein, seine Entführer sind aus dieser Berufsgruppe. Das passt schon einmal zusammen, das könnte Quietsche Stimme sein. Ich finde auch im Internet die Adresse dieses Maschinen Ladens heraus. Es dürfte dann sicher sein das Quietsche Stimme tatsächlich zu seinen Entführern gehörte. Am nächsten Tag, es ist ein Freitag machte ich mich auf den Weg zu dem Maschinen Platz der Quietsche Stimme. Ich konnte es mir erlauben mit meinem Auto mitten aus dem Zentrum heraus zu fahren, ich habe einen festen Parkplatz im Hotel. Ansonsten ist es schwierig mitten in Amsterdam einen Parkplatz zu finden.

Amsterdam ist mir von meinen vielen besuchen schon Vertraut, nur die vielen Grachten bringen mich noch manches Mal durcheinander. Als ich den Maschinenhof erreiche, staune ich nicht schlecht, dort stehen drei Maschinen die ich gerade dringend suche für einen Kunden in den USA. 3 Stück Komatsu Raupen die noch umgebaut werden könnten zu Rohrlegern. Ich habe gerade einen guten Grund gefunden den Hof zu besuchen. Während ich die Maschinen anschaue steht plötzlich die Quietsche Stimme hinter mir. ,, Min Her, das sind wirklich gute Maschinen". ,, Ja, könnten sie die Motore anwerfen damit ich diese kurz hören kann". ,, kein Problem mein Herr, das machen wir sofort". Die Maschinen sind tadellos. Ich bat ihn diese Maschinen zu reservieren. Es tut mir leid aber ich habe meine Tasche mit Visitenkarten nicht hier, sie bekommen die Bestellung heute noch per e-mail, aber spätestens übermorgen. Ich bin aus Dortmund und gebe ihm den Namen eines befreundeten Maschinenhändlers aus Dortmund. Wir machen gleich den Kaufpreis von 75.00 Euro das Stück aus. Morgen haben sie die schriftliche Kaufbestätigung. Zahlung bei Abholung in Bar. Das war dann erst einmal die letzte Begegnung mit einem meiner Entführer. Ich bin jetzt sicher, dass es einer dieser Männer ist. Ich werde das Geschehen hier rund um den Herrn im Auge behalten. Ich hatte eine Reihe von Fotos von den Maschinen gemacht und diese an meinen Kunden weitergeleitet. Zuzüglich der Umbauten die aus der Komatsu Raupe einen Rohrleger machen. Damit erhöhte sich der Stückpreis auf 210.000.- €. Diese Restabwicklung machte dann das Unternehmen in Dortmund. Dort trat ich dann nicht mehr in Erscheinung bei dem Holländer. Ich war mir einfach nicht sicher ob er einer der Leute war, wie sollte ich das auch beweisen?.

Darüber machte ich mir jetzt meine Gedanken. In dieser Zeit hatte ich so einige Probleme mit unseren holländischen Freunden. Einem dieser Händler habe ich einen Autokran Verkauft der im Zementwerk in Asyut stand. Natürlich habe ich für diesen Kran um ihn festzuhalten für den Kunden 10.000.- € Anzahlung verlangt und bekommen. Gesamtkosten des Kranes waren 130.000.- € ab Standort Asiyut. Restzahlung wurde vereinbart bei Abholung in Asiyut in Bar. Der Holländer beauftragte sein Partner Unternehmen in Kairo mit der Abwicklung. Es dauerte überhaupt schon 14 Tage bis es zu dem vereinbartem Abholungstermin gekommen ist. Täglich hat der ägyptische Unternehmer diesen Termin verschoben. Ich wollte bereits das Geschäft platzen lassen, ich habe den holländischen Kunden im Übrigen einen sehr angesehenen Händler angerufen. Dieser benötigt diesen Autokran dringend und schaltete sich ein. Dieser schaffte es dann einen kurzfristigen Abholungstermin zu machen. Ich stellte nochmals telefonisch mit dem Holländer klar, dass es keine Übergabe gibt ohne die vollständige vereinbarte Barzahlung. Dies bestätigte ich dann auch nochmals per e.mail. Es ist eine lange und damals keine Ungefährliche Strecke mit dem Auto nach Asyut. Der Händler und der Fahrer für den Kran sitzen mit in meinem Auto. Das macht immer etwas Mühe bei den Polizei und Militärkontrollen. Ich wurde nie kontrolliert den ich war schon überall bekannt, als der Verrückte Deutsche. Verwundert haben dies die Ägypter die mich begleiteten zur Kenntnis genommen. Ich fragte Unterwegs nochmals ob alles in Ordnung sei. „ Ja, Herr Berger", er klopfte auf seinen Koffer, alles ist hier im Koffer. Das Zementwerk war ebenfalls vorbereitet.

Dort war ich auch schon allen bekannt durch meine wochenlangen Abnahmen des Werkes und meinen Bericht über den Zustand des Werkes. Für die Behebung der Mängel hatte ich ein Angebot von 970.000. USD gemacht. Das waren nur die dringend notwendigen Reparaturen. Ich hatte diesen Bericht mit dem General Maintenance Manger abgestimmt. Denn der schlechte Zustand des Werkes und nun die hohen Kosten standen unter seiner Verantwortung. Bei der Besprechung mit seinem obersten Chef ist es wohl so hart zugegangen das dieser Mann auf dem Heimweg einen Herzinfarkt bekommen hat und verstarb. Die Abnahme des Kranes verläuft gut, es gibt keinerlei Mängel an dem Kran. Die Papiere werden fertig gemacht und der ägyptische Unternehmer will seinen Mann schon mit dem Kran losschicken. ,, Nein, nein mein lieber der Kran verlässt erst das Gelände wenn die Zahlung abgewickelt ist". ,, Was bilden sie sich ein Herr Berger, glauben sie ich und der Holländer sind Gangster". ,, Nein mein lieber, das glaube ich natürlich nicht, aber aus Erfahrung klug geworden verlässt der Kran erst den Hof wenn alles geklärt ist bis auf den letzten Dollar. Ich kenne Ägypten zu gut, den Kran würde ich nie wiedersehen wenn er erst einmal vom Hof ist und die Zahlung nicht stimmt. Die Polizei ist immer bei ihren Leuten. Das Gericht entscheidet dann erst und das kann 10-20 Jahre dauern". ,, Gehen wir ins Büro Herr Berger". Sagte der zuständige Maschineningenieur des Zementwerkes, schauen wir was der Mann da hat in seinem Koffer". ,, Ja das sollten wir, mal schauen". ,, Ich hatte wieder einmal so Recht. Aus dem Koffer stapelt er genau 80.000.- USD. Er zückte einen Scheck und sagte den Rest gebe ich mit diesem Scheck".

„ Genau das habe ich mir gedacht, den Scheck kannst du dir in die Haare schmieren, packe deinen Koffer und verschwinde. Fahr mit dem Zug nach Hause nicht mit mir". Er ist sichtlich erschüttert der ägyptische Kaufmann, nein Herr Berger das kann nicht wahr sein. Wenn sie diese 40.000.- USD später bekommen, das dürfte ihnen egal sein". „ Mein lieber Geschäftspartner die Vereinbarung lautet Restzahlung in BAR, hier die Vertragskopien. Vom Scheck ist hier keine Rede, ich weiß sie sind noch nicht vom Hof da sperren sie diesen Scheck. Dann lassen sie mich mit ihrer Bank sprechen die kann diesen Betrag verbürgen und absichern per Fax hier an das Werk, dann können sie abzittern mit dem Kran". Das wollte der Vertreter des Käufers natürlich nicht, damit war klar das war ein vorbereiteter versuchter Betrug. Ich verkaufe den Kran 6 Wochen später nach Dubai. Habe natürlich die Anzahlung von 10.000,- USD einbehalten. Ich hatte Kosten für den Holländer Aufgerechnet in der Höhe von 40.000.- USD und ihm diese in Rechnung gestellt wegen Vertragsbruches. Die 10.000,- USD damit aufgerechnet. Dies hatte zur Folge, dass kurz nach meiner Ankunft aus Kairo ein Rollkommando. Des Holländers vor meiner Tür steht. Ich wohnte etwas abgelegen vom Ort und habe auch mein Büro dort. Es war bereits das dritte holländische Rollkommando das ich erlebte. Mein Sohn öffnete Ahnungslos die Haustür und sechs Mann stehen plötzlich im Hausflur. Einer hielt mir sofort eine Pistole an den Kopf. „ Herr Berger, wir wollen nur unser Geld abholen, die 10.000.- USD Anzahlung". „ Ich weiß, dass man so einfach nicht schießt, mein Sohn hat sofort die Polizei alarmiert. Ich zeige den Männern meine Forderung die ich gegen ihren Chef gemacht habe". „ Das mein lieber ist uns Scheiß egal wir wollen die 10.000.- USD jetzt".

,, Dann müsst ihr hier noch einige Wochen bleiben, ich sage euch es gibt nichts und gleich wird die Polizei hier sein. Ihr kommt aus Deutschland nicht mehr raus. Da fährt gerade in diesem Augenblick ein Kleinbus vor. Wie von der Tarantel gestochen stürmen die Holländer raus und sind blitzschnell mit ihren Autos verschwunden. Die Jungs waren so schnell weg das der Fahrer des Kleinbusses noch nicht einmal ausgestiegen ist als sie um die Ecke biegen. ,, Was ist denn hier los", sagt er dann während er aussteigt. Die Jungs waren ja bewaffnet". ,, Gut das sie das bemerkt haben, das war ein Rollkommando aus Holland das uns überfallen hat. Sie haben uns vermutlich den Arsch gerettet mein lieber. Die Männer glaubten die Polizei ist angerückt und sind getürmt". ,, Der Mann grinst, na da waren die Jungs wohl im Irrglauben. Ich komme vom Flughafen und bringe ihnen ihren Koffer". ,, Das ist prima ich habe diesen schon sehr vermisst, alle meine Papiere aus Kairo sind im Koffer. Er stellt den Koffer auf die Treppe, ,, wenn sie eine Zeugenaussage benötigen hier meine Visitenkarte. Danke das ist sehr freundlich von ihnen, danke". Sofort setzte ich mich ans Telefon und rufe den Holländischen Käufer an, ich habe diesen sofort an der Strippe. Er bestreitet natürlich jede Beteiligung an dem Überfall. ,, Min Herr, die Polizei wird das ganze aufnehmen und festhalten, ich werde sie offiziell beschuldigen. Ich werde dies auch verwenden in der Schadensersatzklage die ich nun durch diesen Überfall bedingt auch in Deutschland machen kann. Ich muss nicht in ihrem Holland klagen dort wo die Leute ihrer Sorte geschützt werden, ziehen sie sich warm an". Damit legte ich auf und die ganze Story war wieder einmal für mich beendet. Sie blieb es auch, der Kerl rührte sich nicht mehr nach meinem Schreiben und ich hatte keinen Bock.

Auf irgendeinen Prozessen. Die Prozesse nützen meistens nur dem einen, dem Anwalt. Die Polizei die wir gerufen haben ist genau drei Stunden später gekommen. Obwohl wir einen bewaffneten Überfall gemeldet haben. Vielleicht sind sie gerade deswegen so spät gekommen?. Einige Tage danach machte mich dann auf den Weg nach Kapstadt und nach Pinetown, ganz nahe bei Durban. Ich musste dort noch einige gebrauchte Komatsu Raupen anschauen die wir auch umbauen wollen. In diesen Jahren waren Rohrverleger für die vielen Pipeline Projekte das wichtigste. Sie sind sehr gefragt und haben als Spezialmaschinen einen enormen Preis, es war ein Geschäft das sich lohnt. Wir nahmen vier Komatsu Maschinen ab und mussten dafür quer durch Südafrika Reisen. Das was wir zusehen bekommen haben ist erschütternd, mein Partner dort vor Ort ein Maschinen Mann, ein deutscher Einwanderer in Südafrika. Der Kerl hat die Mentalität der Afrikaner angenommen und noch verfeinert. Es ist Schrott was wir zu sehen bekommen haben, ich habe ihm meine Mitarbeit und die Zusammenarbeit gekündigt. Ich habe dann meine Kontakte in Kapstadt und Johannesburg spielen lassen. Der Maschinen Ingenieur der Firma Concor wollte sich darum kümmern. Ich benötige 14 Tage, dann habe ich mit großer Sicherheit Maschinen für dich die nicht älter als 5 Jahre alt sind. Die Maschinen die mein Freund mir gezeigt hatte waren alle älter als 15 Jahre und hatten bereits mehr.   Als 80.000 Betriebsstunden oder viel mehr. Er hatte diese angeboten mit 8 Jahren und jede ca. 18.000 Stunden. „ Fred, ich fliege jetzt für 10 Tage nach Namibia, habe dort einiges zu regeln. Informiere mich wenn du vernünftige Maschinen gefunden hast.

Ansonsten Halte die Füße still. Niemals möchte ich wieder für einen Haufen Schrot herkommen". Ich bin nach Namibia geflogen, ich musste nach Windhuk und nach Swakpomund. Ich war während der Übergabe von Namibia an die Swapo viele Jahre in Abwechselnden Zeiten in Namibia. Einmal wollte ich gern sehen was meine Freunde dort machen zum anderen wollte ich sehen wie sehr Namibia sich weiter entwickelt hat. In Windhuk wurden mir ebenfalls 2 Rohrleger angeboten die ich mir zumindest anschauen wollte. Sie waren zwar 10 Jahre alt aber sollten in einem guten Zustand sein. Was guter Zustand in Afrika heißt, das habe ich schon oft erfahren. Es war glühend Heiß als ich aus dem Flieger in Windhuk steige, der Flughafen selbst hat sich sehr verändert seit meinem letzten Besuch. Es ist ein kleiner moderner Flughafen geworden mit einer ordentlichen Abfertigung und mit Klimaanlage. Solch einen Luxus gab es früher nicht. Ich besorgte mir einen Leihwagen und habe mir immer vorgesprochen, schön links bleiben, immer links bleiben. Ich war die schon von früher und aus Südafrika gewohnt aber diese Streck nach Windhuk hatte es in sich. Solange einen andere Autos entgegen kommen oder Autos hinter einem sind geht es. Gefährlich wird es immer wenn keine anderen Autos zu sehen ist. Da kann man schon ins Grübeln kommen und man zieht dann automatisch nach rechts. Dann kommen die vielen Boden wellen. Auf dieser Strecke und plötzlich fährt da ein solcher Idiot links. Dann ist es oft zu spät um wieder nach links zu kommen. Überall sieht man auf dieser Strecke verunglückte Autos liegen. Man lässt diese als Warnung dort liegen, es nützt nicht immer, auch ich muss mich wieder anstrengen und dazu zwingen links zu bleiben. Die Einfahrt nach Windhuk ist wieder ein Genuss.

Es hat sich einiges verändert seit meinem letzten Besuch in dieser Stadt. In den letzten Jahren, aber die wesentlichen alten deutschen Anlagen und Straßen sind geblieben. Ich habe mich auf Anhieb wieder zu Recht gefunden und habe ein Zimmer in meinem alten einfachen Hotel gefunden. Die alte Besitzerin ist leider bereits verstorben. Sie ist ja damals auch so mutig gewesen diese alte Hotelanlage noch mit 80 Jahren zu übernehmen. Die Lady müsste jetzt fast 95 sein. Ich blieb nur eine Nacht und machte mich auf nach Kiribib und nach Swakopomund. In Kiribib stehen die beiden Rohrleger, Liebherr Rohrleger, die zwar international nicht so beliebt sind. Da ist Caterpilar und Komatsu weit vorn mit ihren Produkten aber im Bereich der kleineren Rohrleger hat Liebherr Fuß gefasst. Ich habe ein Auto mit Klimaanlage, etwas anderes kann man um diese Zeit in Afrika nicht fahren, zumindest nicht auf weiten Strecken. Ca. 50 Kilometer vor Kiribib machte ich einen Stopp, mich faszinierte das glitzern aus einem Ausgetrocknetem Flussarm. Tausend bunt funkelnde Gläser springen mir ins Auge. Ich kenne dieses Phänomen, aber hier scheint es mir ganz extrem zu sein. Ich greife nach meiner Kamera und schieße ein Bild von diesem Glitzer Paradies. Beim umhersehen packt mich ein Schreck, es schnürte mir die Kehle zu was ich da sehe. Was ich da erkennen muss macht mir wieder klar wie vorsichtig man sich in Afrika bewegen muss. Ich habe diese Vorsicht außer Acht gelassen, habe aber niemals hier mit Löwen gerechnet. Aber hier in der Wüste Löwen, das hatte es noch nicht gegeben. Dort steht eine kleine Gruppe mit Bäumen und einigen Büschen die noch nicht vertrocknet sind. Dort wo blühende Büsche sind da ist auch Wasser. Dort ist Wasser und ist auch Schatten.

Muss sich auch wohl die verirrte Löwenmutter gesagt haben. Die Ethosha ebenen in der die wilden Tiere noch fast alle zu Hause sind ist weit entfernt. Wie sind die Löwen hier her gekommen, eine Löwin mit einem Jungen?. Ich hatte nicht den Mut die Kamera zu heben um ein Foto zu machen. Aber ich fühle in meiner Tasche nach meinem winzigen kleinen Schweizer Messer. Ich öffnete es ganz vorsichtig in der Tasche und umklammerte es wie den berühmten Strohhalm. Ich wendete meinen Blick ab und gehe langsam und gleichmäßig zum Auto. Schätzte ab wer schneller sein könnte, ich beim Auto oder die Löwin bei mir. Noch wäre die Löwin schneller bei mir. Die Löwin macht einen recht friedlichen Eindruck und scheint satt zu sein. Aber der kleine Löwe betrachtet mich ganz aufmerksam, nicht als Futter sondern als Spielkamerad den seine Mutter ist sichtlich zu müde zum Spielen. Ich hatte immer große Hunde und ich habe mich so verhalten wie ich es immer mit den Hunden getan habe wenn mir diese nicht geheuer waren. Ich ging langsam mit festem Schritt weiter zum Auto und habe es sicher erreicht. Als ich es wagte mich umzuschauen war der kleine Löwe bereits fast bis auf 30 Meter hinter mir hergelaufen. Er schien enttäuscht zu sein als sein vermeintlicher Spielkamerad in dem Blechkasten vor seinen Augen verschwindet. Ich machte mich nun in der großen flimmernden Hitze auf den Weg nach Kiribib. Ich weiß aus Telefonaten mit dem deutschen Inhaber des Bauunternehmens das man mich dort nach so langer Zeit wieder freudig erwartet. Ich selbst freute mich ebenfalls wieder die beiden Deutschen Unternehmer in Kiribib kennen zu lernen. Zumal beide Söhne bereits die Geschäfte übernommen haben und die Väter nur noch gelegentlich vorbei kommen um zu helfen oder nur zu schauen.

Bei mir wird es auch höchste Zeit meinen Sohn mehr einzubinden und zu übergeben. Mit 65 sollte dies auf jeden Fall geschehen. Ich bereite schon längst die Übergabe vor. Die wiedersehn Freude ist groß und meine noch größer als ich die feinen Maschinen die Rohrleger gesehen habe. ,, Gestern war schon jemand da, der die Maschinen haben möchte. Ein Holländer, einer mit einer seltsamen Stimme". ,, Mich trifft beinahe der Schlag. ,, Was ein Holländer mit der quietschenden Stimme". ,, Wenn du die Stimme als quietschend bezeichnen willst kommt das der Stimme schon sehr nahe". ,, Dann kenne ich den Kerl". ,, Hast du Ärger mit dem Kerl?". ,, Nein aber ich habe neulich erst Maschinen von Ihm gekauft, es ist alles gut gelaufen. Maschinen für meinen Kunden in Kapstadt". Ich konnte nicht sagen das dieser Mensch mit großer Sicherheit an meiner Entführung 1988 beteiligt war". ,, Ulli was ist mit den beiden Maschinen, willst du die haben?". ,, Natürlich, ich gebe dir für jede 120.000.- USD". ,, Das ist ein Wort, komm rein wir machen den Vertrag, im Übrigen wir können ab nächste Woche im Hafen Swakopomund verschiffen. Der ehemalige Südafrikanische Hafen gehört seit wenigen Wochen zu Namibia". ,, Das ist ein Wort, die Bezahlung wie immer per Letter of Credit gegen die FOB Verladung". Wir unterschreiben den Vertrag und die Sache ist gelaufen. ,, Dann fahre ich noch nach Swakopomund, ich muss nach so langer Zeit auch dort wieder einmal nach dem Rechten schauen". ,, Du wirst dich wundern, du wirst Swakopomund nicht wieder erkennen und auch nicht den alten Hafen die Walvish Bay". Das glaube ich gern, hätte es damals mit meinem Freund in Windhuk geklappt wäre ich vermutlich auch heute Bürger von Namibia". ,,

Ja, das war eine böse Geschichte, inzwischen haben die Grauen Wölfe zugegeben. Das sie ihn den verhassten Anwalt erschossen haben". Ja, genau an dem Tag an dem ich von der Reise aus Windhuk in Kapstadt angekommen bin. Es war eine tolle Reise durch West Südafrika und ganz Südwest Namibia. Ich möchte diese Reise gerne wiederholen. ,, Ulli du weist das es damals schon sehr gefährlich war diese Reise von Windhuk nach Kapstadt mit dem Auto zu machen". ,, Es war eine tolle Reise, wie bereits gesagt ich würde diese Reise gern wieder einmal wiederholen". ,, Wenn du länger in Swakopomund bleibst dann können wir uns dort treffen?. ,, Ich werde nicht länger als drei Tage bleiben können den ich muss wieder zurück nach Johannesburg". ,, Ok, wir werden sehen, du bist ja erreichbar auf deinem Handy, ein Segen das es diese Dinger gibt". Ich fahre nach Swakopomund und ich überlege wie ich damit umgehe wenn ich den Holländer, der eigentlich ein Belgier ist, wenn ich den hier treffen sollte. Ich hatte mir vorgenommen ihn direkt darauf anzusprechen, so nicht direkt aber doch irgendwie auf diese Entführung. Mal schauen wie seine Reaktion ist irgendwie wird er sich verraten wenn er dabei war". ,, Ich denke Ulli er wird noch in Swakopomund sein und stink sauer auf dich sein wenn er erfährt das du ihn überboten hast und die Rohrleger gekauft hast. Aber so ist es wenn man mit dem Preis Pokern will. Du hast gleich den ehrlichen Preis genannt". Ich verabschiede mich mit einem guten Vertrag in der Tasche und einem guten Gefühl. Es ist noch früh als ich in Swakopomund ankomme, mein erster Weg führt mich in Swako natürlich an die alte Hölzerne Überseebrücke die Kaiser Wilhelm Brücke die von der Firma Bilfinger erbaut wurde.

Bilfinger war schon damals zur Zeit Kaiser Wilhelms ein großes Bauunternehmen. In Deutschland und in Nigeria sind sie in dieser Zeit bereits ein großes Bauunternehmen das die ersten wirklich großen Gelder in Nigeria verdient hat. Erst viel später ist die Firma Berger dazu gekommen. Ich parke mein Auto direkt neben der Brücke, sie hat nur kleine Reparaturen benötigt und wir eigentlich nur noch Touristisch genutzt. Es ist immer herrlich anzusehen wie der Atlantik seine Wellen mit Kraft durch diese alte Holzbrücke jagt. Das Wasser versprüht dann mit Gewaltiger Kraft durch die alten Holzbohlen über die ganze Brücke. Mal weniger stark dann wieder mit voller und gewaltiger Kraft sprüht ein Riesen Regen über die ganze Brücke. Alles hier in der Umgebung ist nur einfach neuer und bunter geworden in den letzten Jahren. Ich setzte mich in mein Auto und fahr zu meinem ständigen Hotel in Swakopomund. Der Heidehof, der steht noch genauso dort wie vor 15 Jahren. Nur neue Farbe zeugt auch bei ihm davon das sich hier jemand bemüht die Stadt und das Hotel gut aussehen zu lassen. Auch die nahe Brauerei die Hansa Brauerei erzeugt noch immer dies so leckere Bier. Ich kann gleich Feststellen das der Besitzer des Hotels gewechselt hat und die Tochter des ersten Besitzers doch nicht den Laden übernommen hat. An der Theke füllte ich denn Meldezettel aus, während mir der neue Wirt bereits ein Glas Hansa Pils hinstellt. Der Wirt kontrollierte nur kurz meinen Pass und ich bekomme diesen direkt zurück und bringe diesen sofort wieder in Sicherheit. Der erste Schluck Hansa Draft Bier bleibt mir im Hals stecken. Da kommt mein fliegender Holländer zum Eingang herein. So schnell habe ich mit einem zusammen treffen nicht gerechnet. ,, He, Hallo, was machen sie denn hier, die quietsche Stimme.

Er hat mich auch sofort entdeckt und kommt direkt auf mich zu. Obwohl ich nun ohne mein Haarteil hier bin das mich in Amsterdam noch schützen sollte. „ Das waren doch Klasse Maschinen die sie von uns aus Amsterdam bekommen haben?". „ Oh, hallo, die Welt ist aber klein". „ Wenn wir im selben Geschäft arbeiten dann läuft man sich schon mal über den Weg". Das ist wahr denke ich bei mir, bei uns hat es fünfzehn Jahre gedauert bis du Arsch mir wieder über den Weg gelaufen bist. Jetzt stehst du mir laufend im Weg. Ich lasse mir natürlich nichts anmerken. „ Was machst du hier in Swakopomund?". „ Was schon, Ich habe Maschinen gekauft Rohrleger-2 Liebherr". Der belgische Holländer läuft knallrot an. „ Doch nicht die zwei Liebherr in Kiribib". „ Ja, die zwei Maschinen, gerade vor 4 Stunden habe ich die Verträge gemacht". „ Meine Maschinen, meine Maschinen hast du gekauft?". „ Wieso deine Maschinen, du hast dir diese nur angesehen und viel zu wenig geboten. Man hat dir die Maschinen nicht verkauft, ich habe diese sofort gekauft". Der belgische Holländer ist außer sich, er schäumt vor Wut. „ Aber ich habe die Maschinen schon weiter verkauft ich brauche diese Maschinen". „ Wo ist das Problem für 160.000 kannst du diese von mir kaufen". Der kleine scheint zu platzen, er läuft noch einmal knallrot an. Klein weil er einige Zentimeter kleiner ist als ich. „ Das werde ich ändern und rückgängig machen, den Vertrag kannst du dir in den Hintern schieben, das lasse ich denen nicht durchgehen". Er dreht sich auf dem Absatz um und rast trotz der langsam beginnenden Dunkelheit in die Richtung Kiribib davon. Ich habe sofort in Kiribib angerufen und die Männer dort von dem unfreundlichen zusammen treffen mit dem Holländer Unterrichtet. „ So ein Idiot. Ich habe ihm nur gesagt, dass der Preis nicht passt und das er es sich überlegen soll.

Gut das du mir Bescheid gesagt hast. Ich melde mich wieder wenn der Idiot da war". Ok, ich gönne mir noch ein paar Bier, bis dann. Erst am anderen Morgen ist der Anruf aus Kiribib gekommen. ,, Du, Ulli Berger dein Holländer ist bis jetzt nicht hier gewesen?. ,, Seltsam ich habe sein Theater zum Frühstück erwartet?, hier ist er auch noch nicht angekommen, warten wir ab auf das was kommen wird". ,, Ulli ich komme schon heute nach Swakopomund ich muss noch mit dir ein schönes Hansa trinken und hoffe darauf das ich dich doch noch dazu überreden kann in Namibia zu bleiben". ,, Dann man Tau mein lieber, ich möchte schon, mal schauen. Aber du weist meine große Liebe ist Kairo". ,, Ach Kairo, hier spielt die Musik des Lebens, hier in Namibia ist das Leben". ,, OK ich warte auf dich, wann wirst du hier sein?". ,, Ich denke so zum Dämmerschoppen". Ok ich warte auf dich im Heide Hof". Mein Freund, tauchte mit gesenktem Kopf aus Kiribib auf im Heide Hof auf. ,, Ulli ich habe den Holländer gefunden, keine 10 Kilometer vor Kiribib. Man war gerade dabei seine Reste aus dem Auto zusammenzukratzen. Ich hätte nicht angehalten wenn wir den Kerl nicht vermisst hätten. Man sagte mir, dass es sich um einen Holländer handelt. Ich sage dir Ulli, der Kerl sieht grausam aus, ich kann nur für ihn hoffen, dass er gleich tot war. Solch ein hässliches Unglück so ein heftiger Unfall. Die Polizei sagte mir der Kerl ist frontal mit einem LkW zusammen gestoßen ohne jede Bremsspur. Die Polizei hat gesagt er wäre rechts gefahren statt links. Es ist so gefährlich für Euch Rechtsfahrer wenn kein Verkehr auf der Straße ist. Er ist direkt mit voller Pulle in den LKW gerast der natürlich ohne Licht gefahren sein muss. Der Mann hatte keine Chance mehr dem LKW auszuweichen. Das passiert leider noch oft das die alten LKW,s.

Ohne Licht fahren und die Ausländer die falsche Seite benutzen. Ich empfand kein Vergnügen bei dem Gedanken meinen Peiniger nicht mehr stellen zu können. Es war ja bisher auch nicht sicher, nur diese Stimme hat sich in meinem Kopf festgesetzt. Mir blieb nun nur die Ungewissheit meine Entführung wird sich nie mehr aufklären lassen. Aber ich konnte wieder feststellen, dass viele der Menschen. Der Menschen die mich in meinem Leben betrogen haben. nicht mehr unter uns weilen. Mustafa, der meinen Pass gestohlen hat, ist fürchterlich gestorben Krebs- Totgesoffen. Mein Mitarbeiter in Maadi, der mich bestohlen hat, Krebs. Der Partner von Walter Bau der mein Konto abgeräumt hat- Krebs. Der Ägypter der meine Asphaltanlage nur halb bezahlt hat und dafür verantwortlich war das ich keine Export Unterlagen bekommen habe-Krebs und tot gesoffen. So geht es noch eine Reihe lang weiter, man könnte dabei auf dumme Gedanken kommen. Es wurde noch ein feucht Fröhlicher Abend und ich war schon dazu geneigt meinen Lebensabend statt in Kairo in Swakopomund zu verbringen. Aber am nächsten Tag sah schon wieder alles anders aus. Wir klärten beide noch die Verschiffung der Maschinen nach Russland. Die Firma Rosneft hat diese kleinen Rohrleger gekauft. Die Zahlung konnte ich dann per LC veranlassen. Ich musste wieder einmal nach Hause obwohl mich mein Sohn gut vertreten hat, auch bei meiner Freundin meiner Vermieterin. Wenn er mal nicht konnte ist mein Exfrau eingesprungen. Sie war rund um Versorgt, nur standen wieder dringende Reparaturen an. Die Elektrik in den beiden alten Häusern war völlig marode und eine der Mietwohnungen musste renoviert werden es gab nach einem Sturm große Wasserschäden. Da es inzwischen in Afrika und Arabien höllisch Heiß ist.

Nahm ich mir 16 Wochen Urlaub von meinen Reisen und überholte das notwendigste in den Häusern. Auch in Afrika haben die Schulen 3 Monate Hitze Ferien. Natürlich schrieb ich alle Arbeiten auf und stellte Rechnungen. Ich stellte diese alle Zurück bis einmal die Erben zuschlagen würden. Ich hatte einen Vertrag mit meiner Freundin das dies Rechnungen von den Erben bezahlt werden müssen. Ihr ständiges Angebot ich soll alles erben habe ich abgelehnt. Ich will nur meine Leistungen zurück. Ich hatte keine Ahnung über die Bar vermögen und von dem was noch mit meiner Freundin passieren könnte. Deshalb machte ich diesen Vorschlag, dass wir diese Rechnung den Erben aufbrummen wollen. Es waren im jeden Jahr mindestens 18 Wochen die ich nur für Erneuerungen und Reparaturen aufwendete. Wir hatten das Geld in dieser Zeit und ich wollte auf keinen Fall ihre Reserven angreifen. Ich konnte warten mit der Bezahlung meiner Arbeit. Hinzu die gesamte Grundstückspflege und Straßenreinigung. In dieser Zeit war sie dann auch immer sehr glücklich ich machte nicht nur die notwendigen Reparaturen sondern bin dann am Abend auch oft bei Ihr. Wir machten auch kleinere Ausflüge zu Ihrer Verwandtschaft und sind dann auch immer einige Tage in Nordwyk. Meine neuesten Errungenschaften in der Vordereifel sind 3 Pferde. Ich musste meine Pferde in Kairo, verkaufen. Ich bin leider nur noch selten nach Kairo geflogen. Meine Geschäfte haben sich in andere Länder verlagert weil die Lage dort immer kritischer wird. Ich musste dringend nochmals in den Irak, Jordanien, Maroko, Tunesien, Ethiopien, Kongo, Angola, Nigeria. Brasilien und der Schweiz. Dazu wurde ich zu Hause stark eingebunden wegen der Dramatischen Entwicklung im Krankheitsverlauf meiner Freundin und Vermieterin.

Das ich nun auch Pferde in Deutschland habe, habe ich auch nur Kairo zu verdanken. Denn ich habe das reiten erst in Kairo erlernt, genau genommen habe ich es bis heute nicht gelernt. Ich habe in Deutschland früher immer nur gern die Pferde aus sicherer Entfernung betrachtet. Aber in Kairo war ich dann jeden Morgen im Reitstall direkt an den Pyramiden. Alle meine Freunde in Kairo, besonders die beschäftigten von Siemens hatten Pferde. Ich war nie ein Pferde Freund in Deutschland aber nur weil mir diese Tiere in Deutschland zu groß sind. In Kairo konnte ich den Pferden auf den Rücken schauen. Man fällt schon einmal nicht so tief, weil man nicht so hoch sitzt. Auch sonst machten die kleinen Araber einen tollen Eindruck auf mich. Dann konnte ich nur in der Wüste reiten. Dort fällt man weicher als in Deutschland. Ich sträubte mich lange, mich auf einen Gaul zu setzen bis Tarek eingriff und mir einen tollen Hengst vorstellt. Diesem Angebot konnte ich nicht wiederstehen, auf dem schönen Kerl wollte ich sitzen. Der Kerl verzauberte mich so wie es sonst nur eine Frau vermochte. Das erste Mal auf einem Pferd in meinem ganzen Leben zu sitzen. Tarek hat den Zügel in die Hand genommen und führte mich mit dem Pferd in die Wüste. ,, Na, du sitzt ja schon mal ganz gut auf dem Pferd. Den Rücken grade halten. Ich dachte nun er nimmt das Pferd erst einmal mit mir an die Longe. Nein er schwingt sich in den Sattel seines Pferdes und reitet langsam davon und ich hinter ihm her. Was sollte ich machen, er erklärt mir noch wie ich die Zügel halten soll und ab geht es. Direkt unterhalb der Pyramiden, ich war oft hier und habe zugesehen wenn die anderen sich um ihre Pferde kümmerten. Das schönste daran war für viele die Pflege der Pferde nach dem reiten. Mein erster Ausritt wurde zu einem Traum.

Keinem so schlimmen Erlebnis oder Albtraum wie ich erwartet hatte. Nach dem vierten Ausritt mit dem Trainer Tarek, wurde ich alleine mit dem Pferd in die Wüste geschickt. So baute sich alles langsam auf und ich hatte das schönste Hobby auf dieser Erde. Dazu war es für mich hier in Kairo bezahlbar. Ashma heißt dann mein erstes Pferd. Ich habe es von einem Siemens Mitarbeiter übernommen der mit dem Pferd nicht zu Recht gekommen ist. Dieser Ashma, hatte ein Problem mit Eseln. Er wurde verrückt wenn ein Esel in seine Nähe gekommen ist. Vermutlich wegen früherer schlechter Erfahrungen mit diesen Tieren. Mir aber machte es einen Riesen Spaß auf Ashma zu sitzen wenn dieser seine Zustände bekommen hat. Obwohl ich nicht reiten kann habe ich Ashma immer wieder in den Griff bekommen. Mein Trainer Tarek, Trainer ist übertrieben der Reitlehrer hat mich einfach aufs Pferd gesetzt und hat mich machen lassen. Wir, ich und Ashma haben einen Riesen Spaß zusammen. Im Besonderen fand ich den Zirkus den Ashma immer machte wenn er einen Esel in seiner Nähe sah. An seinen wilden touren entwickelte ich meine Reitkunst. Dann entwickelte es sich so, dass ich ein zweites Pferd benötigte. Denn Ägypten ist heiß, ich konnte mit Ashma nur zwei oder drei Stunden unterwegs sein. Dann hat ihn die Hitze geschafft. Ich hatte dann aber erst richtig Lust bekommen zu reiten. Zum herumtoben durch die Wüste. Dann ist Tarek eines Tages mit dem zweiten Pferd gekommen. Ashma ist ein dunkelbrauner und das neue Pferd ist ein Apfelschimmel. Von einer besseren Qualität wie es Ashma ist aber deshalb auch mit einem anderen Preis. Da ich so viele ägyptische Pfunde hatte konnte ich diese auf diese Weise loswerden.

Ich war dann Oft mit beiden Pferden in der Wüste. So manches Mal einige Tage mit dem nötigen Futter und Wassern für die Pferde mit Tee und Fladenbrot und Eiern für mich. Natürlich habe ich dann oft die Kinder meiner Sekretärin mitgenommen und natürlich mein damalige große Liebe meine Cleopatra. Dann ist Tarek der meine schlechten Reiter Qualitäten immer lobte mit einem dritten Pferd. Da dachte ich an Cleopatra und ihre Kinder. Aber dieses Pferd, das konnte selbst ich sehen es ist mehr Pferd als meine beiden anderen Pferde. ,, Setz dich drauf Ulli, dann merkst du was los ist". Es war wie immer sehr früh am Morgen, ich reite immer früh, sehr früh. Bedingt durch meine Arbeit und die Wärme die so früh recht erträglich ist. Natürlich wird das neue Pferd bereits gesattelt. Ich will eigentlich wie immer erst Ashma duschen und im Sand austoben lassen. Das war nach dem reiten immer das größte Vergnügen für die Pferde und den Reiter. Diese Arbeit übernehmen das erste Mal meine Stall Jungs. Ich schwinge mich sofort in den Sattel meines neuen Pferdes dessen Namen ich noch nicht kenne. Ich sitze schon mit einer Arschbacke im Sattel und habe meinen einen rechten Fuß noch nicht im Steigbügel. Tarek der Schweinhund schlägt mit der Reitgerte. Dem Hengst auf den Hintern. Ich habe dies nur durch den frühen zu frühen Blitzstart des Pferdes mitbekommen. Von den Pyramiden kommt eine Gruppe von Reitern auf Kamelen und Pferden auf uns zu, sie wollen wie wir in die Wüste hinaus. Sie kreuzen unseren Weg und wir den Weg der Touristen Karawane. Das Neue Pferd machte eine Notbremsung und senkt sein Haupt. Ich schieße wie eine Kanonenkugel über den Pferdehals hinweg mitten zwischen die Beine der Kamele und Pferde der Gruppe die in die Wüste wollen.

Ich habe mich verhalten wie John Wayn in seinen besten Tagen und rolle mich gekonnt ab. Rappel mich auf, die Gruppe alles Engländerinnen, bleiben belustigt stehen. He. Mister ist ihnen etwas passiert", rufen sie alle. „ Nein Ladys, alles ist OK ich steige immer so ab". Sie warten noch bis ich aus ihrer Gruppe herausgekrabbelt bin und ziehen bedingt durch diesen Zwischenfall fröhlicher weiter. Mir fehlte in der Tat nichts, das ist der Vorteil des Reitens in der Wüste. Nur mein Pferd, das steht dort breitbeinig und grinst mich frech an, zumindest scheint es mir so zu sein. „ Du blöder Gaul, musstest du dich so einführen, ich glaube ich kaufe dich doch nicht. Ich weiß nicht einmal wie du heißt". „ Nun komm schon, bring mir die Zügel". Ich staune wieder dieses Pferd kommt tatsächlich zu mir. Ich ergreife die Zügel und schwinge mich auf das Pferd während Tarek der diesen Sturz angestiftet hat grinsend am Zureite Platz steht. Der herzhaft lacht, viel breiter lacht als das Pferd es rücksichtsvoller getan hat. Ich dagegen spüre sofort im Sattel sitzend den Unterschied zwischen diesem und meinen anderen Pferden. Es ist so als wenn man von einem Käfer auf einen Mercedes umsteigt. Ich wusste sofort dieses Pferd ist ein Mercedes. Wir sind sofort eine Einheit, diese Pferd zeigte mir meine Fehler die ich beim Reiten mache, dieses Pferd bringt mir erst das reiten bei. Es spürt wenn ich unsicher werde und wird langsamer bis ich wieder richtig in den Steigbügeln und im Sattel bin. Es ist ein neues reiten, diese Pferd reservierte ich für mich. Ich wurde ein Reiter und ein Pferde Freund ohne jemals das Reiten richtig erlernt zu haben. Es ist schmerzlich mich von diesen Pferden zu lösen. Ich bin jeden Morgen der erste im Stall, ich hatte von Maadi damals fast 1 Stunde mit dem Auto zu fahren. Ich hatte einen alten Riesigen Ami einen GM 12 Zylinder.

Ein Auto mit viel Lärm und gewaltigem Auspuff. Man sagte mir wenn ich noch 5 Minuten entfernt bin hören mich meine Pferde in ihren Boxen bereits kommen und werden unruhig. Natürlich wurden diese Pferde auch sehr verwöhnt von mir. Es gibt immer das Beste Futter, das war ebenfalls sehr billig in Ägypten für mich.

Meine Pferde hier in der Vordereifel werden eine Notwendigkeit als es sich abzeichnete, dass ich meine Auslandeinsätze wegen des Zustandes meiner Freundin gewaltig einschränken muss. Mich selbst zum Schaden der Firma. Mich Einschränken muss um meiner Freundin zur Seite zu stehen die immer mehr abgleitet in die Dement in ihre eigene Welt. Mein Sohn kann schon teilweise die Reisen und den Betrieb übernehmen Aber natürlich fehle ich dabei an allen Ecken und Enden. Das heißt aber auch, dass ich täglich mindestens 6 Stunden für den Betrieb da bin. Ich suchte lange die passenden Pferde für mich und fand einen bildschönen roten Araber Wallach. Dazu musste ich einen Haflinger der mit dem Araber immer zusammen stand übernehmen. Cäsar und Moritz heißen die beiden und beide machen mir viel Spaß. Dazu nun auch mein neuer Hund, den Benni ist leider verstorben an einem Biss eines Riesen fremden Rüden. Aki holte ich aus Aschaffenburg, hatte ihn über das Internet gefunden. Der Kerl saß wie ein Prinz auf der Rückbank. Als ich ihn mit einer guten Bekannten abholte, aber Aki wollte dann zu Hause nicht aussteigen. Ich musste ihn sanft aus dem Auto ziehen. Dann wollte er nicht die Treppen ins Haus hochsteigen, er kennt keine Treppen trotz seiner 12 Monate. Er hat diese 12 Monate vermutlich im Zwinger verbracht. Ich habe ihn einfach in Ruhe gelassen, wenn er Durst und Hunger hat wird er schon kommen.

So war es dann auch, plötzlich stand er im Haus vor mir. Der Kerl wollte auch nicht durch irgendeine Pfütze gehen. Es dauerte bis er Begriff, begriff das dieses Wasser und der Kerl der ihn aus der Pfütze anschaut ihm nichts tut. Er begreift auch, dass er nicht versinkt wenn er in das Wasser tritt. Wenige Woche später raste er die Treppen rauf und runter und ist vor keinem Gewässer zu bremsen. Am Rhein liebt er die Wellenkronen der Schiffe und tobt sich an diesen Wellen richtig aus. Es ist ein Riesenspaß für ihn. Aber er ist der beste Wachhund den man sich denken kann. Das muss Natur in ihm sein, ich liebte Schäferhunde und hatte vor Aki bereits zwei Schäferhunde die ich selbst ausgebildet habe. Dieser Aki ist einfach ein Naturtalent. Oder er wollte mir einfach das wiedergeben was ich ihm mit seiner Befreiung aus dem Zwinger gegeben habe. Aber auch Benni war ein besonderer Dackel, vielleicht liegt es auch ein wenig an mir, an meiner Art mit Tieren umzugehen. Denn für mich sind die Tiere in erster Linie meine Freunde. Ich spürt diese Dankbarkeit auch bei meinen Pferden. Aus meiner Tierliebe heraus bin ich auch in der Vordereifel zu meinem dritten Pferd gekommen. Eine andere Reiter Kollegin hatte dieses Pferd und konnte dann die Stallmiete nicht bezahlen. Es war ein hübsches junges Reitpferd, ganz in schwarz. Dieses Pferd hatte seinen eigenen Kopf und sorgte für so manches Problem für mich aber auch für viel gemeinsamen Spaß.

Kapitel 9 in Deutschland und Kairo

So hatte ich alles um mich herum organisiert, ich hatte meine große Wohnung, mein Büro Pferde Auto einen kleinen offenen Suzuki.

So wie ich diesen als Bergziege im Irak hatte. Dieser kleine ist ein Kletterwunder und hat mir im Irak zweimal das Leben gerettet. Dazu hatte ich mir einen Renner zugelegt, natürlich günstig und gebraucht, einen Turbo Alfa Romeo, dieser war tiefgelegt und hatte zwei Große Rohr hinten. Mit einem veränderten Heck, es war einmal ein Filmauto und hatte keine Hersteller Kennzeichnung. Das Ding lief auch 270 KMH, die ich selten fahren konnte. Aber ab diesem Tag sammelte ich Punkte in großen Mengen. Nicht durch Blitzer nein durch Videos auf der Autobahn. Dieses Auto reizte jeden Polizisten hinter mir herzufahren bis ich dann einmal zu schnell war. Man bemerkt eine solche Geschwindigkeit überhaupt nicht. Dann schaute man sich immer erst interessiert das Auto an. Weil man glaubte es nicht zu kennen weil es so verfremdet ist. So hatte ich in einem Jahr dreimal Fahrverbot für einen Monat. Ich nutzte dann diesen Monat immer um nach Kairo zu fliegen und dort meine Geschäfte vorantrieb. Aber es ist immer schwer mit Firmen in Ägypten Geschäfte zu machen. Die lieben alle die Meetings, eines in dem Hotel dann im anderen Hotel und immer bleiben dann Fragen offen für ein neues Meeting. Als ich dann nach dem dritten Führerschein Entzug zu Hause war ging ich in die Garage, schaute mir die Kiste an und trete dem Alfa in die Seite. Du Miststück, Morgen kommst du ins Internet. Ich habe dich sehr gern aber du bringst mich noch um. Alles, aber vor allem um meinen Führerschein. Er ist noch am gleichen Tag ins Internet gekommen und Zwei Tage später war er auf dem Weg in Belgien. Ich erinnerte mich in diesen Tagen der Abgabe an meine anderen Autos die mich begleitet haben. Ich dachte oft an die Situation in Kairo. Ich stehe auf der Kornische el Nil vor der Dokki Brücke mit meinem Riesen Chevrolet.

Im Auto ich und meine Kleopatra. Vor uns wieder einmal ein Stau, aber dieses Mal ein selbstgemachter Stau von der Polizei. Die Polizisten machen an diesem ungünstigen Punkt eine Kontrolle. Sie verlangten meinen Führerschein und meine Fahrzeugpapiere. Sie verschwanden damit und sind zurückgekommen. „ Das mein Herr ist kein Führerschein, wo ist ihr Führerschein". „ Meine Herrn" sagte ich in meinem besten arabisch das ich ausgraben kann. „ Meine Herren können sie nicht lesen, das hier in ihren Händen ist ein Internationaler Führerschein und der ist in Ägypten anerkannt". Die Jungs blätterten ihn mehrfach durch, vor und zurück. Dann stehen sie plötzlich mit vier Mann am Auto, hinter uns hupte es wie verrückt nichts geht mehr auf der Kornisch El Nil. Wer die Kornisch el Nil kennt der weis was dort los ist. Niemand ist mehr weiter gekommen nicht gerade aus und nicht über die Brücke nach Dokki, der Stau dehnt sich schon aus bis Schubra. Cleopatra, steige aus ich habe von den Affen die Schnauze voll, die wollen mal wieder nur abzocken. Wenn der Führerschein nicht echt wäre, dürfte ich damit auch nicht weiter fahren. Die wollen mich nur abzocken. Gegen so etwas war und bin ich allergisch. Genau gegenüber ist mein altes Stammhotel Nil Hilton. Komme Steig aus wir gehen einfach. Ich lass das Auto stehen und ziehe den Schlüssel ab und gehe über die Straße ins Hotel. Ich bin sicher über die andere Straßenseite gekommen, weil sich auch schon diese Seite aufgestaut hat. Laut rufend kommt Cleopatra hinter mir her. „ Ulli, Ulli das kannst du doch nicht machen". Ich konnte das, wenn ich so richtig sauer war konnte ich das. Der ganze Lärm hat sich zu einem Inferno aufgebaut. Die anderen Fahrzeuge hinter mir wissen nicht was los ist. Sie staunten nur darüber über das was da ein Hawager (Ausländer) veranstaltet.

Der einfach sein Auto mitten auf der Straße stehen lässt und sie nicht weiter kommen. Ich gehe im Hotel direkt in meine alte Bar im Nil Hilton und bestellte mir ein Bier. Es dauerte nicht lange bis Cleopatra neben mir steht und mit mir schimpfte. ,, Du Idiot, die sperren uns ein haben sie gesagt". ,, Lass sie doch quatschen, aber das werden sie sich überlegen weil das was sie tun illegal ist. Eine reine Aufbesserung ihrer schlechten Gehälter". ,, Na und, dann habe ich einige Tage Urlaub, aber abzocken auf diese Weise lasse ich mich nicht. Ich spende genug Geld für meine Polizei aber nur für meine. Fast jeder Polizist an jedem Kreisel zwischen Maadi und den Pyramiden bekommt monatlich 50 Pfund, das ist so viel wie sein Gehalt bei der Polizei. Ich habe dann den Vorteil, dass der Verkehr so geregelt wird, dass ich fast immer freie Fahrt habe. Denn mein Auto diesen Riesen Schlitten mit seinen Lampen auf dem Dach sieht man schon von weiten kommen. Das meine Liebe zahle ich gern, aber wenn ich so auf diese Art über den Tisch gezogen werden soll da werde ich bockig. Plötzlich steht ein Sternen Gewitter neben mir ein klein gewachsener Oberpolizist der gut englisch spricht. ,, Mister, sie müssen sofort ihr Fahrzeug wegfahren", da kam sogar das Wort Bitte hinter her. Sie haben Recht ihre Papiere sind in Ordnung". Ich stelle mein leeres Glas ab und zahlte. In Begleitung von Cleopatra und dem Sternenmensch gehe ich zum Auto und machte mich über die Kornisch deren Stau sich jetzt langsam auflöst gerade aus auf den Weg nach Maadi. Solche Erinnerungen kommen dann immer wieder wenn man ein solch bewegtes Leben hatte. Auch zu Hause holen mich diese Abenteuer immer wieder ein. Meinen Punkte Sammler in Flensburg bin ich los, ich bekomme seit dem nie wieder ein Protokoll. Ich hatte auch vor diesem Alfa nie ein Protokoll mit Video Beweis.

Das ist wohl doch Autoabhängig. Hinter meinem BMW dem 7 oder Fünfer hatte ich nie ein Video Fahrzeug obwohl ich nicht minder langsam fuhr. So ein Auto wie mein spezieller Alfa reizt auch die Polizei, verständlicher Weise. Ich musste wieder einmal mit meiner Freundin, ich sagte schon immer mit meinem Pflegekind in ihren Lieblingsort Kitzbühel sie redet so lange davon bis ich mit Ihr fahren musste. Sie war auch eine Frau die gerne Alfa fährt, ihr Alfa bedeutet ihr sehr viel. Da sie immer noch fahren wollte und ich sie nicht dazu bewegen konnte mich fahren zu lassen fuhr ich mit gemischten Gefühlen mit. Sie fährt Streckenweise sehr gut, ist aber dann oft unkonzentriert ich bemerkte ihre Konzentration Schwierigkeiten zwischendurch. Ich will nach der nächsten Raststätte mit ihr wechseln aber sie lässt diese nicht zu. Ich will keinen offenen Streit und lass sie weiter fahren. Dann biegt sie auf einmal Rechts ab und fährt ohne Grund von der Autobahn und will gerade in eine Auffahrt in die verkehrte Richtung in den Auffahrenden Verkehr einbiegen. Ich reagierte sofort, habe die Handbremse angezogen und den Gang raus genommen. Mir dabei bald die Beine verknotet, es knarrt sehr im Getriebe, den ich musste dies ohne die Kupplung machen. Wir schnellen beide nach vorn und stoßen gegen das Armaturen Brett. Aber das Auto steht in der letzten Sekunde. Der sich auf der Auffahrt befindliche Verkehr stockt ebenfalls geschockt und man sieht das diese Fahrer ebenfalls den Atem anhalten. Aber sie sind dann zum Glück weiter gefahren ohne sich weiter um uns zu kümmern. Es ist ja zum Glück nichts passiert bis auf das, dass meine Fahrerin völlig entsetzt ist. Es dauerte noch mehr als 30 Minuten bis sie verstand was geschehen ist. Sie reichte mir wortlos den Schlüssel und wir können friedlich und sicher nach Kitzbühel fahren.

Dort gibt es dann Theater weil ich natürlich ein Zimmer für mich will. Das war immer so wenn wir irgendwo waren, auf einmal will sie nicht mehr alleine schlafen. Nach langem zureden lasse ich dies das erste Mal zu, den ich bemerke das sie es alleine nicht schaffen wird. Ich würde mich schon wehren können gegen etwaige Attacken. Ich mag sie sehr gern, sie kann auch sehr liebenswürdig sein. Aber mit ihr schlafen den Gefallen konnte ich ihr nicht tun. Sie akzeptierte dies auch und ich merkte nur an ihren Versuchen mir abends an der Bar genügend Lust Fördernde Getränke zu spendieren zu testen ob da noch etwas Lust bei ihr vorhanden ist. Sie etwas von mir erwartete und glaubte dieses Ziel mit Alkohol zu erreichen. Ich animierte sie dann immer zum mittrinken und sie wurde dann sehr schnell müde und sie vergaß ihre Vorhaben und ich konnte beruhigt schlafen. Ich mochte es überhaupt nicht wenn man nur nach dem Genuss von Alkohol Bock auf Liebe und auf Sex hat, erst dann den Mut dazu hat zu zeigen was man eigentlich will und möchte. Bei fast allen meinen Freundinnen habe ich dies festgestellt. Auch bei meiner Ex, ich wusste das es nie ohne ein Glas Sekt oder sonstigen Alkohol ging. Manche benötigen sogar stärkere Mittel Drogen. Aufputschmittel und mehr. Ich benötige nur meine Gefühle, ich könnte nicht mit einer Frau schlafen nur weil ich einfach Geil bin. Nein ich muss sie auch mögen und dann benötige ich nur Sie, nichts mehr. Wenn wir dann gemeinsam etwas trinken kann es manchmal noch schöner und verrückter werden. Ich habe die Fähigkeit mich in alle Wünsche einer Frau hinein zudenken Alle diese Wünsche zu meinen Wünschen zu machen. Manch Mal glaube ich schon ich bin anders als andere Männer. Niemals könnte ich mit einer Frau schlafen.

Von der ich das Gefühl hätte sie will dies nicht. Ich muss fühlen das sie mich will mich fordert. Ansonsten würde ich ihn lieber zwischen die Tür stecken und diese auf und zu schlagen. Ich kann mitten im Sex ohne Probleme einfach aufhören. Wenn mich etwas störte, aufstehen und gehen oder das störende besprechen. Ich musste nie etwas dringend zu Ende bringen. Meine eigene Befriedigung konnte nur einhergehen mit der Befriedigung meiner Partnerin die meine Befriedigung erst möglich macht. Ohne diesen Umstand konnte ich leicht auf meine eigene Befriedigung verzichten. Auch bei dieser Dame in die ich mich so verliebt hatte. Die mein Leben etwas durcheinander gebracht hatte, die aber verheiratet ist, mit ihr konnte ich später wieder schlafen. Aber unser Sex war ab da ein anderer als der mit der Liebe die in mir war. Diese Feuer für sie ist endgültig erloschen, dieses Verhältnis. War dann nur noch ein sehr, sehr schlampertes SEX Verhältnis für mich. Sie verstand sich im Sex und ich Genoss die Zeit mit mir das spürte ich, aber es war nicht mehr die Erfüllung für mich. Noch viele Jahre begleiteten mich ihre Wünsche aber ich war ausgebrannt im Herzen gegenüber ihren Wünschen. Bei meinem Pflegekind wusste ich auch immer wenn sie dann wieder zu Hause ihre Besuche bekommen hat. Das konnten dann andere für mich erledigen, es störte mich in keiner Weise, es war ihr Leben und ich wollte ihr Freund sein und bleiben aber nicht ihr Liebhaber. Sie sollte sich ihre Erfüllung von denen holen die dies mochten. Ich hatte ihr auch versprochen auf sie aufzupassen und ich nahm dieses Versprechen sehr ernst. Sie zeigte mir dann immer in Kitzbühel die Orte die sie dann immer mit ihrem verstorbenen Mann besucht hat. Sie war auch manchmal sehr peinlich.

Durch ihre Schwerhörigkeit hatte sie ihre Stimme nicht unter Kontrolle. Sie selbst ist eine schlanke und hübsche Person und immer vom feinsten gekleidet. Sie mochte es überhaupt nicht wenn ich wie ein Bauarbeiter meine Ärmel aufkrempelte. Ich mag keine langen Ärmel ich musste dies auch wenn es Pullover sind immer etwas höher schieben. Ich mag es nicht wenn diese an meine Hand stoßen. Deshalb trag ich auch nie Manschettenknöpfe solche Ärmel machen mich verrückt. Aber wenn wir dann in Lokalen sind in denen die Bedienungen nicht ihrem Stil. Der Figur entsprechen, dann sagt sie es laut. Es soll natürlich nur für mich sein aber das ganze Lokal hört es dann weil sie ihre Lautstärke nicht regeln kann. Diese fette Schlampe von Bedienung, ich würde mich umbringen wenn ich solch einen Hintern hätte und solche fetten Hüften. Manches Mal kam es vor das wir nicht mehr bedient werden. Wenn ich mit ihr schimpfte hieß es dann immer, darf man den nicht mehr Ehrlich sein in Deutschland, armes Deutschland. Damit schloss sie dann immer ihren Kommentar ab. Ich musste dies dann oft mit den Bedienungen klären, aber oft ließen sie auch mich nicht mehr zu Wort kommen. Wobei ich mir oft eingestehen musste das sie wirklich Recht hatte mit ihren Äußerungen, aber man muss ja nicht alles aussprechen was man denkt. Wenn das jeder täte hätten wir so manchen Lebenskampf mehr. Es reicht schon so im Leben, nehmen wir jeden so wie er ist. Mein Sohn treibt sich jetzt für mich in Afrika herum, er ist nach seinen Jahren in Kairo nicht mehr so gern in Afrika. Aber es muss so manchmal sein, weil ich auch immer weniger mein Pflegekind und Freundin allein lassen kann. Ihre weit entfernte Verwandtschaft ist immer nur für zwei Stunden zu Besuch gekommen.

Hat sich von mir bewirten lassen. Ich mochte sie eigentlich alle und hatte mit niemandem Probleme. Sie alle sind auch froh das Sie nun jemanden in der Nähe hatte der auf sie aufpasste. Sie alle spürten nicht die Veränderung was natürlich auch in der Kürze der Zeit nicht möglich war. Patrick hat mich dann dringend nach Nigeria gerufen, es gibt dort Probleme mit unseren Rohrlegern die fast für 3 Millionen dort hin geliefert wurden. Keiner der Maschinen ist nach 3 Monaten Arbeit mehr Einsatzfähig. Wir haben die Maschinen nicht selbst dort hin Verkauft sondern über einen anderen Händler und auch die Umbauten und die Überholung haben andere Firmen in unserem Auftrag gemacht. Natürlich lässt man nun allen Frust an meinem Sohn dem Service Ingenieur aus. Ich setzte mich in den Nächsten Flieger, konnte dies aber erst machen nach dem ich meine Ex gebeten habe bei meinem Pflegekind zu bleiben, ich würde sie für diese Zeit auch bezahlen-Stunde 10.- €. Sie sagte mir nur diese Hilfe wegen ihrem, unserem Sohn zu der mich jetzt benötigt- Ein Flug nach Nigeria ist nie ein Spaß. Ich hatte sehr viel Stress in Nigeria als dieses Land in die absolute Pleite rutschte und ich fast alles verloren habe. Die Hälfte meiner gelieferten Maschinen und Fertighäuser wurden nie bezahlt. Ich habe noch gut in der Erinnerung. Wie mein Taxifahrer auf einmal auf dem Weg vom Flughafen zum Hotel meinen Koffer durch eine Falltür auf die Straße ausgeladen hat. Ich dies bemerkte und ihn mit Gewalt zur Umkehr Zwang. Er wurde dann mein bester Mann in Lagos und seine tolle Schwester Ebenholz meine beste Elektro Ingenieurin und ein ganz tolle Freundin. Beide Kinder eines Diplomaten aus Ethiopien in der Botschaft in Lagos. Sie ist so schwarz wie ein Rabe, aber so wunderbar schön.

Nach unseren europäischen Maßstäben. Wir wurden schnell ein Liebespaar. Bis ich sie dann weiter vermittelte an einen Glücklichen Mitarbeiter von Bilfinger der die Kleine über alles Liebt. Ich hatte des Öfteren mit ihm zu tun im technischen Bereich mit Baumaschinen. Wir haben uns gegenseitig bei der Reparatur im Hafen und auf seinen Baustellen geholfen. Ich konnte nichts weiter für mein Ebenholz tun denn ich wollte und konnte nicht in Nigeria bleiben. Ein Land das in der Kriminalität versinkt, oft konnten wir uns nur mit der Waffe vor Überfällen schützen. Fast immer ist die Polizei und das Militär an den Überfällen aktiv beteiligt. Am nächsten Morgen flieg ich dann von Lagos nach Abudscha dort werde ich von der Baustelle abgeholt. Der Bauunternehmer selbst ist dabei und beschimpfte mich die ganze Fahrt. Natürlich hatte sein Lieferant alle Schuld am Versagen der Maschinen auf uns geschoben. ,, Warten wir einmal ab bis ich die Ursachen mit meinem Sohn feststelle. Ich denke wir bekommen ihre Maschinen wieder flott. Ich bin sicher das uns keine Schuld an dem Debakel trifft". ,, Ihre Worte in Gottes Ohren, aber ich stehe hier unter größtem Druck der ganze Auftrag steht und fällt mit den Maschinen".
Mein Sohn hat bereits gut vorgearbeitet und die Maschinen überprüft. ,, Vater, ich glaube alle Motore sind im Arsch, ich denke es wurden Fehler beim Überholen der Motore gemacht, ich habe mit der Firma bereits telefoniert. Deren Visa zum Kommen sind in Vorbereitung". ,, Du hast sonst alles geprüft". ,, Ja alles ist OK". ,, Gut dann gehen wir Mal gemeinsam ran wenn du dir so sicher bist". ,, Wir öffneten den ersten Motor, machten die Zylinderköpfe ab und schauen tiefer hinein. Als wir sehen das die Zylinder festgebrannt sind, sind wir schockiert, nicht ein einziger Tropfen Öl ist im Motor.

Auch nicht in der Ölwanne. Ich fotografierte dies und habe eine ganz Böse Ahnung. Ich hatte so etwas auch schon einmal in Deutschland erlebt aber auch nur ein einziges Mal. Hier hat es vier gute und wichtige Maschinen erwischt, weil hier Männer am Werk sind die null Ahnung haben weder lesen noch schreiben können. Ich öffne mit meinem Sohn den Kühlwassertank und da wurde alles wahr und klar. Man hat den Einfüllstutzen für Öl mit dem für Wasser verwechselt und dies an allen vier Maschinen. Ich hole sofort den Inhaber der Firma, den noch immer tobenden Engländer heran. „ Mein lieber Edi, das kommt davon wenn man bei solch einem teuren Maschinen Park. Am falschen Ende spart. Ich habe dir beim Maschinenkauf geschrieben. Das du dir einen erfahrenen Meister holen sollst für die Maschinen. Nicht Männer die sich nur Maschinenmeister nennen. Einen der die Maschinen fahren und Pflegen kann. Sie können sich hier nicht auf ihre Mitarbeiter verlassen. Diese Männer hier um mich herum die ich gesehen habe wissen nicht einmal was ein Schraubenzieher ist. Sie können kein Wort Englisch um die Betriebsanleitung zu lesen. Die können nicht das Wort OIL von dem Wort Wasser unterscheiden". Edi ist schockiert und schreit auf. „ Was, nun Ulli, was schlägst du vor". „ Mein Sohn und ich zerlegen jetzt alle Motore und bestellen die erforderlichen Ersatzteile. Mit diesen teilen kommt der entsprechende Monteur von Komatsu aus Deutschland, denn den Monteur hier in Nigeria können sie für diese Reparatur ganz sicher vergessen. Aber der soll bei der Reparatur dabei sein. Haben sie hier eine ordentliche ausgerüstete Werkstatt". „ Ja, aber die ist gute 10 Kilometer von hier entfernt". „ Ok wir zerlegen jetzt jeden Motor und bauen ihn aus, mit dem Riesen Radlader können wir die Motore bewegen.

Wir warten auf die Teile und die werden wenn der Mann das Visa schnell bekommt in 5 Tagen mit dem Monteur hier sein". In 12 Tagen laufen alle Maschinen wie neu. ,, Ok Ulli, legt los, was denkst du welche Kosten auf mich zu kommen". ,, Das habe ich schon ausgerechnet", sagte mein Sohn. Es wird pro Motor auf mindestens 40.000 USD kommen, so über den Daumen". ,, Gut gebt sofort Gas legt los, ich muss zur Regierung und erklären wie dämlich ihre Leute sind die sie mir untergeschoben haben. Angeblich alles Experten Baumaschinen Monteure und Fachleute für Rohrleger. Alle sind Verwandte der Herrschenden die Untergebracht werden müssen zu meinen Lasten". ,, Ja, das sind die Anfangsfehler die alle machen wenn sie in Afrika Geld verdienen wollen. Afrika kostet immer erst Lehrgeld für alle. Ich mache mich dann direkt wieder auf den Weg nach Hause, mein Sohn bleibt noch bis der Monteur auf der Baustelle angekommen ist. Es wurde in dieser Zeit wieder sehr gefährlich in Nigeria. In diesem Teil Nigerias sind die Moslemischen Rebellen die Bokoharam sehr stark. Sie schießen gelegentlich wild um sich und ich bin dann auch sehr froh das er dann wieder gesund nach Hause gekommen ist und alle Maschinen wieder laufen, mit einem neuen Maschinenmeister. Meine Ex ist völlig genervt von der Zickigkeit meiner Freundin. ,, Die fragt nur nach Dir, sie will mich nicht und versteht nicht das du auch arbeiten musst". Ich besänftigte sie wieder mit dem doppelten Lohn den ich versprochen habe. Lohn, den ich aus meiner Tasche zahle. Aber der Endrechnung zuschreiben werde für die Erben die sich alle einen schlanken Fuß machen und nur darauf warteten über alles zu verfügen. Ich muss wieder einige Wochen zu Hause bleiben und nehme die Gelegenheit wahr wieder dringende Reparaturen an den Häusern auszuführen.

Die Balkone der Mieter in dem Haus in dem ich wohne drohen abzustürzen und müssen renoviert werden. Auch an ihrem Haus gibt es Elektrische und Rohrleitungsprobleme. Denn 30 Jahre ist an diesen Häusern nichts mehr gemacht worden. Ich vergnügte mich dann am Abend mit meinen Pferden für die ich einen Stall in meiner Nähe gefunden habe. Keinen schönen Stall aber nah und gut geeignet für meine Kontrolle. Ich konnte immer sicherstellen, dass es meinen Tieren dort gut geht und ich konnte sie immer bewegen. Oft bin ich ausgeritten bis nach Hause auf die Wiese meiner Freundin, die war dann immer fasziniert von dem schönen Araber, ich bin fast immer nur mit dem Araber ausgeritten, Den durfte außer mir niemand besteigen, bis auf die Vorbesitzerin. Cäsar besitzt ein außergewöhnliches Feuer, mit ihm über die Wiesen und Felder zu galoppieren ist eine reine Freude. Ich selbst reite immer nur nach Western Art, kann mich nie mit dem anderen hüpfendem Reit Stil anfreunden. Ich bin verwachsen mit meinem Pferd, mein Pferd spürte mich kaum im Sattel. Selbst bei seinen wildesten Sprüngen bleiben wir eine Einheit wie zusammen gewachsen sagen die anderen Reiter im Stall immer. Ich versuche es auch manches Mal mir den normalen Reit Stil anzugewöhnen, nein es geht nicht. Aber ich habe weder das Reiten noch das Westernreiten jemals gelernt. Ich habe das einfach so gemacht, aber ich hatte vor einmal zu einem richtigen Westernreiter zu gehen um perfekt in dieser Disziplin zu werden. Einmal bei meinem einzigen Reitturnier habe ich im Westernreiten den ersten Platz gemacht. Wir sind gerade einmal wieder durch den schönen Eifel Wald geritten und sind auf dem Weg zum Stall, man kann diesen vom Waldrand schon sehen.

Cäsar ist voller Spannung und ich spürte er will noch einmal richtig durchstarten bevor er in den Stall muss. Ich lasse ihn laufen und er legte mit all seiner Schnelligkeit los. Ich will ihn noch die nächste Anhöhe hoch treiben, aber da habe ich und Cäsar unterschiedliche Ideen. Er will nur noch in den Stall und bemerkt erschrocken, dass wir an dem Abzweig in den Stall vorbei reiten. Er macht aus dem hohen Tempo heraus eine Drehung in diesen Weg hinein, er schafft dies mit größter Mühe. Nur ich bin bei dieser 90 Grad Wende nicht mehr dabei. Ich fliege weiter in die Richtung in die ich eigentlich mit Cäsar zusammen wollte. Ich schlage hart auf den Asphalt auf und war einige Sekunden bewusstlos. Cäsar ist längst im Stall als ich mich mühsam aufrappelte und aufstehe. Nach dem Cäsar allein auf den Hof angekommen ist hat man dort sofort nach mir geschaut. Vorsichtshalber ging ich dann auch noch ins Krankenhaus aber außer einer Gehirnerschütterung ist nichts gewesen. Ich sollte dann noch eigentlich eine Nacht im Krankenhaus bleiben weil mit einer Gehirnerschütterung nicht zu spaßen ist. Ich versprach wieder zu kommen, ich musste nun aber erst nach meinem Cäsar schauen. Der steht friedlich in seiner Box und scheint ganz fidel zu sein er kaut genüsslich seine Möhren und dreht mir nur kurz den Kopf zu. ,, Was ist, lebst ja noch", scheint er nur zu sagen. Schuldgefühle hat er keine. Er hat Recht, ich hätte es wissen müssen, dass er in den Stall will. Man hat sich im Stall den Kerl schon angeschaut, Cäsar ist ohne zu stürzen und ohne Schaden um diese Ecke gekommen. Er hat sich nichts getan Ich gebe mir selbst die Schuld an diesem Sturz ich hätte wissen müssen das er etwas anderes im Kopf hatte als ich. Ich war dann schon noch einige Tage etwas benommen und steige dann wegen meiner Gehirnerschütterung erst nach vier Tagen wieder aufs Pferd.   429

Ich bin schon sehr verwundert gewesen das ich überhaupt eine Gehirnerschütterung bekommen konnte. Ich glaubte oft nach Rückblicken auf mein Leben, das da nichts ist außer Stroh. Ich durfte auch nicht länger warten mit dem Reiten man muss dies tun denn es kann passieren das man nie wieder aufs Pferd geht wenn man zu lange wartet. Mein Trainer Tarek in Kairo sagte immer, man kann erst Reiten wenn man 21 Mal gestürzt ist. Ich war erst das 7 Mal gestürzt da habe ich noch eine Menge Stürze zu erwarten. Meine Ex muss leider nach den erledigten Reparaturen an den Häusern, wieder einmal für einige Tage einspringen zum Schutz meines Pflegekindes. Am Tage kann sich mein Sohn um Ihre Belange kümmern den das Büro ist nur wenige Meter entfernt. Schon des längeren habe ich unser Geschäft ausgeweitet auf Zucker. Es war Zufall das ich in Österreich in Wien auf einen Händler. Stieß der mit Zucker handelt und eine große Niederlassung in Brasilien hat. Ich habe die notwendigen Kontakte in die Welt um diesen Zucker mit seiner Hilfe und der seines Brasilianischen Büros zu verkaufen. Wir haben Bestellungen und die Zahlungszusagen durch LC Letter of Credit alle unwiderrufliche und transferable in für mich schwindelerregende Größen von Schweizer Banken. Als auch anderen Weltweit aktiven Banken. Nur die Schweizerbanken werden von unseren Zucker Lieferanten akzeptiert. Ich bin nun deshalb oft in Wien und in der Schweiz. Wien ist natürlich durch meine STRABAG Termine ein bekanntes Pflaster für mich. Ich habe dort bereits ein Büro was diese neuen Geschäfte einfacher macht. Wir haben Lieferungen nach Kenia, Dubai, Saudi, Kairo und in den Sudan. Gesamtwert der Aufträge 3 Milliarden USD verteilt über 3 Jahre. Alle Lieferungen bereits abgesegnet durch die Banken.

Aus Arabien und der Schweiz zu unseren Gunsten und von den Schweizer Banken zu Gunsten der Lieferanten in Brasilien. Die anstehende Lieferung nach Somalia Süd Somalia. Denn es gibt zwei Somalia Staaten. Die Finanzierung des Zuckers für das zerrissene Land Somali sollte über eine Saudi Bank erfolgen. Ebenso die Finanzierung der Lieferung in den Süd Sudan. Ich bin nur noch unterwegs zwischen diesen Staaten und Den Lieferanten in Brasilien. Natürlich will jeder Sicherheiten. Der Kunde das sein Zucker auch kommt und der Lieferant das sein Geld kommt. Ich benötigte Unterschriften in Somalia, dies verlangt die Zahlungsauslegende Bank die Feisal Bank in Saudi Arabien. Ebenfalls ist die Feisal Bank mit der Zweigstelle im Sudan an der Zahlung der Zuckerlieferung in den Süd Sudan beteiligt. ,, Die Feisal Bank im Sudan ist dann auch zuständig für die Finanzierung des Zuckers nach Somalia. Mir ist das egal so lange die Feisal Bank in Saudi dies abdeckt. Die Zahlungen stehen auch für den Süd Sudan weil auch hier die Staats Bank im Sudan zusätzlich bürgte. Ich musste mir nur noch die Unterschriften von der wackligen Regierung in Somalia holen. Wer soll das tun, keinem kann ich zumuten nach Somalia in dieses Zerrissene und gefährliche Land zu gehen. Ich mache mich auf den Weg über Kenia, mein Treffpunkt mit einem Vertreter der Regierung ist in einem Ort ca. 50 Kilometer von der Grenze entfernt. Man will mich von dieser Fahrt abhalten aber ohne dies Unterschrift da hat niemand eine Chance auf Zucker. Es hängt auch für uns sehr viel davon ab. Die Geschäfte im Bereich der Maschinen haben gezeigt das diese wenig Zukunft haben. Das Internet macht uns den Gebrauchtmaschinenhändlern zu schaffen. Jeder der seine Maschinen zu verkaufen hat.

Setzte diese in den Internetmarkt. Wir müssen aktiv werden und den Zucker und unsere guten Beziehungen Nutzen um diese Möglichkeiten für uns zu nutzen. Die Summen die dabei zum Tragen kommen sind sehr gewaltig. Es geht jeweils um 100.000 to Zucker über 12-24 Monate je nach monatlicher Abnahme. Lieferung die Die kleinsten Schiffe haben ein Volumen von 12.500 MT die größeren bis 60.000 to. Ich benötigte dringend die Zusammenarbeit mit der Feisal Bank Saudi und der UBS um in diesem Markt einzudringen. Die Feisal Bank für die Bestätigungen der Zahlungen der Kunden. Die UBS und andere Schweizer Großbanken für die Bestätigung von uns an die Zuckerlieferanten in Brasilien. Diese großen Beträge konnten mich nicht erschrecken, denn es gibt keinerlei Risiko bei diesem Geschäft für keinen der Beteiligten. Jeder Schritt wird über die Banken geregelt und die Bedingungen aus den Letter of Credit die irrevocable und confirmd sind von einer der Top Banken. Ein dringender Anruf aus den USA löste mich aus dem Zucker Geschäft heraus und bringt die Dinge um die Rohrleger wieder in Bewegung. Das Rohrleger Geschäft ist immer ein sporadisches es kommt in Gang wenn es wieder eine neue Pipeline gibt oder eine fertig gestellt wird. Ein guter Kunde in Texas suchte 15 Rohrleger. So ein Glück, manches Mal hat man auch Glück auch im Geschäft. Gerade zwei Tage vor dieser E-Mail aus Texas hat mir eine Syrische Firma 12 Rohrleger. Angeboten von ihrer Baustelle in Algerien. Ohne dieses Angebot hätte ich zurzeit keine Rohrleger frei gehabt. Diese Maschinen sind im Augenblick sehr rar. Die Reise quer durch die Türkei die mich einige Wochen beschäftigt hat, die Reise mäßig sehr toll war. Ich bin in Istanbul gestartet und über Ankara, Sievas, Erzurum, Buyuk, Dayerbakir, Gaziaty, Adana, Mersin, Konya, Izmir, Bursa, zurück nach Istanbul. Diese Reise war eine der spannensten und schönsten Reisen neben der Reise Südafrika und West USA, die ich gemacht habe.   432

Diese Reise brachte alle Unterschiede zu Tage die solch ein Land wie die Türkei aufweisen. Die die allergrößten Unterschiede aller Reisen die ich bisher gemacht habe. Es ist ein Land das leider noch immer eine starke Hand benötigt, sonst lässt es sich nicht Regieren. Man muss die heutigen Aktionen des Erduan die nach außen hässlich erscheinen in diesem Licht sehen. Die Türkei und so viele arabische Statten lassen sich nicht so einfach in eine Demokratie wenden. Die Probleme die ein Erduan in der Türkei zu bewältigen hat, sind um das Tausendfache Größer und schwerer zu bewältigen als eine ständige GUTWETTER Regierung in der EU, besonders in Deutschland. Ein französischer und jeder Deutsche Kanzler wäre hoffnungslos überfordert mit solchen Problemen. Die Europäer bekommen nicht einmal ihre kleinen Probleme in den Griff. Man muss die Türkei in die EU holen ihr aber einen Sonderstatus zugestehen. Meiner Meinung nach müssten alle Randstaaten Nordafrikas einen Sonderstatus mit der EU bekommen. Die Menschen dort wollen dies seit vielen Jahrzehnten. Die EU muss auf die alten römischen Grenzen zurückgehen. Diesen Ländern einen lockeren Rahmen schaffen zur EU. Das würde die Regionen stabilisieren und die die Flüchtlinge ohne Gewalt im Norden Afrikas belassen. Langfristig wird dies die einzige vernünftige Lösung sein. Ich lebte Jahrzehnte im Norden Afrikas, diese Menschen sind verrückt nach einem Zusammenschluss mit Europa. Jede Regierung in Nordafrika würde mit solch einer Idee jede Wahl gewinnen. Weil die Menschen es sich seit Jahrzehnten wünschen. Sie alle müssten mit einem Sonderstatus nach Europa hinein wachsen. Einen Sonderstatus den die Türkei sich schon längst verdient hat. Meine Reise durch die ganze Türkei war zwar sehr ergiebig ich habe 25 Rohrleger technisch abgenommen.

Aber alle bedurften größere Reparaturen und konnten so noch nicht eingesetzt werden. Mit mir sind Techniker eines italienischen Unternehmens gefahren die diese Rohrleger neben unserem Partner in Dortmund reparieren. Es gibt auch mit allen noch Probleme mit den Zeiten der Freistellung. Es war eine anstrengende Reise die mich bis in die hintersten Ecken der Türkei brachte. Diese Reise fand ausgerechnet im Ramadan statt in einer schwierigen Verpflegungsphase. Noch lange kämpfte ich immer noch um die Preise und den Verschiffungshafen und die Transport dieser großen Maschinen. Es gibt leider nur einen Hafen in der Türkei der diese schweren Maschinen verladen kann. Da sind mir diese 12 Rohrleger in Algerien genau im richtigen Augenblick gekommen. Ich sende sofort eine e-mail an den Kunden in Texas und gebe ihm die Maschinen durch. ,, Wenn du die bekommst Ulli, zu einem vernünftigen Preis hast du bei mir einen Riesen Stein im Brett". ,, Ich werde es versuchen Adam, ich kenne den Syrer aus einem anderen Geschäft. Der Syrer scheint zuverlässig zu sein, ich buche sofort den Flug nach Algier und finde dort auf Anhieb ein tolles und günstiges Hotel. Am nächsten Morgen werde ich abgeholt und werde ca. 40 KM weit von Algier entfernt in eine Halle Gefahren. Ich bin überrascht, ich habe schon so viel Negatives erlebt in Afrika. Dort vor meinen Augen stehen 10 Riesen Rohrleger von Caterpillar. Ich untersuchte jede Maschine auf das genaustе. Leider können wir diese Maschinen nicht laufen lassen weil in keiner Maschine eine Batterie ist. ,, Warum Ali, sind die Maschinen alle ohne Batterie". ,, Da hat etwas nicht geklappt Herr Berger, die hat Caterpillar zum Aufladen geholt die sollten längst wieder eingebaut sein". Er zückt sein Handy und ruft die Vertretung in Algier an. ,, Es dauert noch zwei Tage, sagt der Manager dort.

Ich denke wir fahren in unser Büro und bereiten die Verträge vor". „ Eine gute Idee Ali, dann verschwenden wir keine Zeit. Ihre Leute können dann in Ruhe die Batterien einbauen. Dann die Rohrleger zum Testen aus der Halle fahren". „ Gut dann legen wir los". „ Wir fahren erst ins Büro der Firma und dann in das Wohnhaus des Syrischen Inhabers. Er lebt mit seiner Familie schon sehr lange in Algerien. Ich weiß auch, dass er in Dubai eine Firma hat. So habe ich beinahe volles Vertrauen zu dem Besitzer der Firma aber vorsichtig bin ich natürlich trotzdem. Ich bin so einiges gewohnt von Behörden und Unternehmen in Afrika und Arabien. Vertraglich werden wir uns schnell einig, der Preis meines Angebotes beläuft sich auf genau 2.500-000.- Mio. Euro FOB. „ Können sie FOB liefern, den das bedeutet auch das sie für die Ausfuhrgenehmigung sorgen müssen. Denn das wird nicht so einfach sein denke ich. „ Ich bin Krank Herr Berger und muss langsam arbeiten, mein Anwalt wird die Papiere alle besorgen. Mit meinem Sohn Ali können sie dann auch alles weitere Regeln. Ich muss nächste Woche nach Deutschland, nach Aachen, dann können wir die Zahlung klären. Kein LC, da bekommen wir Ärger mit der Bank". OK, das bekommen wir schon hin wenn die Zahlung nach der FOB Verladung erfolgen kann". „ OK, Hauptsache wir haben dann das Geld, dann müssen wir aber über eine Anzahlung sprechen". „ Wie hoch soll diese sein?". Ich denke 100.000.- € „ Das dürfte bei der Summe von drei Millionen OK sein". „ Ja, das ist OK, wir besprechen dann noch wie es laufen soll?". „ Gut die Anzahlung an mich bereden wir dann in Deutschland. Alles andere mit meinem Sohn hier in Algier". „ Wo werden sie in Deutschland sein?". „ Ich werde in Aachen operiert, ich werde dort ca. 14 Tage bleiben oder 3 Wochen.

Es wäre Gut wenn ich dann die Anzahlung bekommen könnte". ,, Das dürfte kein Problem sein wenn sie in Algier alles geregelt bekommen für die Übernahme und die Verladung und die Ausfuhr der Maschinen". ,, Gut Herr Berger wir arbeiten bereits an der Ausfuhr, ich denke in 14 Tagen werden die Papiere fertig sein". ,, Gut Sir, dann nehme ich Morgen die Maschinen. In den Probeläufen ab, dann sind wir schon einen ganzen Schritt weiter. Ich bespreche dann schon alles mit meiner Bank wie wir die 3. Millionen hier auf die Bank bekommen. Am nächsten Tag sind die Batterien eingebaut und die Maschinen alle im Gelände. Der Test ergibt das die Maschinen so gut sind wie sie aussehen. Das erste Mal das dies in Afrika so ist, ich hätte eigentlich stutzig werden müssen Aber alles ist so gut abgesichert das ich Überhaupt keinen Argwohn habe, trotzdem Ergreife ich natürlich alle Vorsichtsmaßnahmen. Ich fliege wieder nach Hause und werde sofort mit meinem Kunden einig. Ich verkaufte die Maschinen für 3.7 Mio. Euro an ihn. Kein schlechter Gewinn ist in Aussicht. Während der Verkäufer in Aachen ist besuche ich ihn zwei Mal, einmal im Krankenhaus einmal treffen wir uns im Kaffee. Verstrickt in diese ganze Geschichte ist ein Händler ein Araber aus Neuss. Den ich auch schon durch kleinere Geschäfte kenne. Der Verkäufer drängt schon immer darauf die Anzahlung für die Maschinen zu bekommen. Er muss seine Arzt Rechnungen davon bezahlen. ,, Ja, ich würde ihnen schon Recht gern die Anzahlung geben, aber Ihr Sohn konnte mir noch nicht die Dokumente vom Zoll schicken das er die Maschinen überhaupt ausführen kann. Wenn ich dies Zusagen für die Ausfuhrhabe dann bekommen sie sofort die 100.000.- USD". ,, Wir telefonieren beide mit meinem Sohn.

Auch der Vater ist verwundert darüber das er diese Papiere noch nicht hat". ,, Gut, wenn ich diese Papiere habe bekommen sie sofort die 100.000.- USD". ,, Nein Herr Berger wir haben 100.000.- € vereinbart". ,, OK, Ich lese es nach, klar wenn da € steht halte ich mich daran". Es dauerte noch vier Tage bis ich die Papiere habe". Ich rufe sofort in Algerien an und bemühte eine Reederei die ich schon auf den Transport vorbereitet habe mir ein Schiff auszusuchen das möglichst direkt von Algerien die schweren Maschinen in die USA bringen kann. Ich kläre mit meiner Bank in Kairo alles ab damit ich einen Bankscheck mitnehme und mir die Bank in Algier diesen bei Bedarf einlöst für die Anzahlung über 100.000.- €. Mit diesem Scheck in der Tasche und der Zusage des Transfers der 2.5 Millionen fliege ich am nächsten Tag nach Algier. Die 2.5 Millionen sicherte natürlich mein Kunde ab. Am nächsten Tag in Algier kommt. Der Verkäufer der Syrer in das Hotel um seine Anzahlung abzuholen. Ich musste ihn noch um einen Tag vertrösten, weil ich noch zum Zoll muss und dort noch einiges klären muss". ,, Haben sie denn die 100.000.- € hier". ,, Ja, die liegen hier im Safe". ,, Ich sage ihm natürlich nicht das diese vorerst nur als Bar Scheck in meinem Hotel Safe liegen. Wir verabschiedeten uns bis zum nächsten Tag zur Geld Übergabe. Dann trifft mich der Hammer als ich meine e-mails gelesen habe. Mein Kunde aus Südafrika hat mir eine mail geschickt. Er will die Maschinen aus der Türkei, möglichst alle. Er hat aber noch 12 Maschinen in der Nähe von Algier stehen die er bereits bezahlt hat. Er wartet nur noch auf die Ausfuhr Dokumente. Da sind bei mir alle Groschen gefallen und alle Alarm Lampen angegangen, das alles hier scheint ein ausgemachter Betrug zu sein. Aber ich wollte es nicht glauben.

Ich schickte ihm sofort die Daten der Maschinen die ich in Algier kaufen will. „ Die Antwort ist sofort gekommen". „ Ja mein lieber ULLI das sind meine Maschinen und die Schweine wollen dir diese verkaufen, ich habe die schon zur Hälfte bezahlt". „ Wieder einmal hat Afrika mich erwischt, trotz meiner großen Erfahrung. Ich wollte aber noch nicht reagieren, ich will Morgen erst einmal zur Ausfuhrbehörde gehen. Aber nur mit den richtigen Leuten, mir ist es klar hier läuft ein gewaltiger Betrug in den auch Behörden Mitarbeiter verwickelt sind. Im Hotelzimmer stelle ich mich erst einmal eine halbe Stunde unter die Vornehme Dusche und lege mich nackt auf das Bett. Genieße nun die Abkühlung der langsam laufenden Klimaanlage. Ich entspanne mich und bin froh, dass ich mal wieder Schwein gehabt habe und nun anderen noch helfen kann. So könne diese Männer eventuell wieder an ihr Geld kommen?. Aber in Afrika wieder an sein Geld zu kommen, das ist fast unmöglich. Ich will mir nichts anmerken lassen von meinem Frust gegenüber dem Verkäufer. Der Kunde aus Südafrika sitzt auch schon im Flieger nach Algier und hat bereits Interpol informiert. Ich merke nur noch wie meine Zimmertür gewaltsam auffliegt obwohl ich diese zusätzlich mit der üblichen Kette verriegelt habe. Der Riegel für die Kette fliegt bis zu mir auf das Bett. Drei Mann mit gezogenen Pistolen überwältigten mich und fesseln mich ans Bett, so nackt wie ich bin. Sie knackten den Zimmersafe und jaulen auf. „ Wo hast du die 100.000.-€". „ Pech meine Herren, die habe ich erst Morgen, im Safe liegt nur der Scheck den nur ich einlösen kann". „ Sie schauen sich den Scheck an, „ Pech gehabt mein lieber Herr Berger, den Scheck kann jeder einlösen, wir sind hier in Afrika". Sie fesseln mich fester an das Bett und verschwinden.

,, Ich konnte mich befreien, weil ich immer im Ausland zumindest ein kleines Schweizer Messer unter dem Kopfkissen habe. Hier hat es mir jetzt das erste Mal wirklich geholfen. Bei meiner Begegnung mit den Löwen in Namibia war es nur eine moralische Unterstützung. Ich habe das Kissen solange zur recht geschoben bis ich das Messer fassen kann. Ich habe mich mit großer Mühe Befreit in dem ich die dünnen Fesseln mit dem Messerchen im Mund durchschneiden konnte. Wo kann der Scheck sein, doch nur bei dem syrischen Besitzer der Firma. Mir ist es klar, dass sie es schaffen werden diesen Bar Scheck zu Bargeld zu machen. Aber erst wenn die Banken morgen Früh geöffnet haben. Aber da hier alles möglich ist konnte es auch sein das sie diesen Scheck auch Außerhalb der Bank Zeit ausgezahlt bekommen können mit einem Entsprechenden Abzug wenn sie diesen privat weiter geben. Oder sie reichen diesen einfach als Zahlung weiter an einen Gläubiger. Ich musste sofort etwas Unternehmen. Ich bin mir sicher, dass ich den Scheck noch schnappen kann. Die sind sich ebenfalls sicher, dass mich niemand im Hotelzimmer findet und befreien kann und sie bald das Bargeld in der Hand haben. Es ist nicht viel, aber kleine Löcher kann man schon damit stopfen oder aus Algerien verschwinden, zum Beispiel nach Dubai. Ich hatte inzwischen erfahren, dass diese Familie auch in Syrien nicht beliebt ist. Ich nehme mir sofort ein Taxi und lass mich in die Nähe des Wohnhauses des Syrischen Unternehmers fahren. Ich habe dafür gesorgt, dass ich dunkele Kleidung an habe und schleich mich durch den Garten an das Fenster des Wohnzimmers heran. Leider sind alle Fenster verschlossen. Aber alle Männer die an dem Betrug beteiligt sind scheinen dort versammelt zu sein.

Ich kann sie sehen aber leider kann ich nicht verstehen was sie sagen. Aber da ist der Scheck mein Scheck mit dem einer der Männer wedelt, den heftet er an die Pinnwand. Die nicht weit von der Tür entfernt ist. Ich überlegte nicht lange, ich weiß sofort was ich machen muss um den Scheck zu kommen. Wozu habe ich neben Bäcker und Konditor auch den Beruf des Elektrikers und Schlossers erlernt?. Die nötigsten Werkzeuge habe ich in jeder Lage bei mir, ein Messer und Schraubenzieher sind meine ständige Grundausstattung. Längst habe ich die Kabelpakete gesehen die für die Klimaanlagen an der Wand neben mir herunter hängen. Sie hängen dort so günstig herunter, dass ich ungestört dort arbeiten kann. Ich probiert nochmals meine Handy Taschenlampe bevor ich den Kurzschluss starte. Es gibt im Eingangsbereich dort wo der Sicherungskasten ist einen Riesenknall als ich nach dem lösen der Außenisolierung mit dem Messer meinen Schraubenzieher durch das Kabel steche, der Kurzschluss über die drei Phasen ist so heftig das der vergammelte Schaltkasten. Im Flur fast auseinander fliegt. Natürlich habe ich alle drei Phasen überbrückt. Aber auch hier an den Kabeln hat es leicht geknallt und geblitzt. Der dafür verwendete Schraubenzieher ist unbrauchbar geworden, ist fast bis zur Hälfte weggeschmolzen. Ein Gewaltiges Geschrei ertönt im Haus, die Türen fliegen auf, alle stehen im Dunkeln. Ich habe mir den Weg gut in meinen Gedanken geplant. Direkt in der Nähe der Terrassentür die als erste auffliegt ist die Pinnwand an die der Scheck geheftet wurde. Nach dem dieser gründlich von wahrscheinlich dem Käufer begutachtet wurde. Ich erreiche die Pinnwand während alle Männern an mir vorbei strömen. Sie wollen alle auf die Terrasse. Ich muss nun für einen kurzen Augenblick die Handy Lampe benutzen und entdeckte sofort den Scheck an der Pinnwand.

Gleichzeitig mit dem kurzen Aufblitzen der Lampe kommt ein Aufschrei aus vielen Kehlen. Der Deutsche, der Deutsche ist im Haus. Mit meinem Licht hatte ich mich natürlich verraten, noch vor dem Aufschrei lösche ich sofort die Handy Lampe und verstaue den Scheck sicher in meiner Tasche. Jemand greift mich energisch an der Schulter, aber mit einer Drehung habe ich den Kerl abgeschüttelt. Irgendwo flammen dann Kerzen auf und Feuerzeuge. Es wird etwas übersichtlicher. Ich wählte den Weg zur Haustür heraus, weil die meisten Männer sich nun auf der Terrasse befinden. ,, Packt den Kerl, passt auf den Scheck auf". ,, Der Ruf ist zu spät für die Betrüger gekommen. Ich bin bereits aus der Haustür heraus, aber mit einigen Männern im Nacken. Über die dichte Hecke kann ich in einer gewagten Aktion kommen bevor meine Verfolger die Tür erreicht haben. Ich bin hoffentlich unsichtbar für diese Männer auf das Nachbargrundstück entkommen. ,, Keine Polizei, keine Polizei", höre ich die Rufe hinter mir. Ich weiß schon was mir blüht wenn die Horde wildgewordener Nordafrikaner und Araber mich Erwischt. Ich lass mich hinter die Hecke fallen in einen kleinen Graben der für die Wasserversorgung angelegt ist. Ich bleibe ruhig dort liegen. Der Nachbar auf dessen Seite ich jetzt liege kommt auch aus dem Haus gestürmt und will sehen was los ist. Ich hatte das Glück in diesen tiefen Graben gefallen zu sein und bin somit aus allen Blickfeldern verschwunden. Nur langsam beruhigte sich die Lage, ich wartete noch sehr lange und habe meinen sicheren Platz erst verlassen als alle Autos und alle Gäste verschwunden sind. Auch der Nachbar auf dessen Grundstück ich noch liege, verschwindet bald wieder beruhigt in seinem Haus. Ganz vorsichtig machte ich mich auf den Weg zur Hauptstraße.

Ich rechne immer damit, dass man die Straße beobachtete und auf mich wartet. Mein Scheck, der Bar Scheck brennt in meiner Tasche. Ich überlegte sollte ich diesen zerreißen. Jeder der diesen in die Hand bekommt kann diesen irgendwo einreichen und zu cash machen. Aber ich benötige diesen Scheck vielleicht noch, ich muss auf Fred aus Südafrika warten, muss hören was los ist. Noch kenne ich auch nicht die Ergebnisse der Ausfuhrgenehmigungen sind diese Echt oder wie ich vermutete auch getürkt. Mir ist immer klar gewesen das in diesen Ländern alles möglich ist. Ich habe dies schon oft erfahren, selbst Präsidenten schrecken in Afrika nicht vor Betrügereien zurück. Selbst meine Nachfrage bei den falschen Leuten bei der Ausfuhrbehörde wird auch eine falsche Auskunft ergeben. Ich weiß wie meine Partner in Kairo ihre dringenden Verbindlichkeiten behandelten. Sie zahlen den Gläubiger mit einem Scheck der vom Gläubiger in froher Erwartung eingereicht wird und dann von ihren Leuten in der Bank wieder kassiert wird. Man weigert sich dann so lange ein zweites Mal zu zahlen bevor der Scheck nicht wieder zurück ist. Ich erreiche immer in der Deckung der Pflanzen bleibend die Hauptstraße und die nächste Kreuzung. Mit viel Glück finde ich umgehend ein vorbeifahrendes Taxi das mich in mein Hotel bringt. Natürlich rechne ich auch damit das ein, dass ein Taxi extra für mich hierher gerufen wird um mich noch so zu erwischen?. In der Hotel Halle ein Hallo, Fred aus Durban ist mit einigen Handfesten Freunden bereits in der Hotelhalle und erwartet mich. Es wurde eine sehr nette Begrüßung aber wegen meiner Verschmutzung etwas zurückhaltend und dann folgt ein langes Gespräch bevor ich mich im Hotelzimmer umziehe. Das Hotel hat die Tür und den Safe inzwischen repariert.

Tatsächlich hatte die syrische Firma die auch hier in Algier registriert ist und ein Riesen Büro unterhält hier auch resident gemeldet. Fred hatte genau für die Maschinen die man nun mir verkauft hat. Längst einen gültigen Kaufvertrag und hat diese bereits mit 35% angezahlt. Am nächsten Tag hat mein Kunde aus den USA angerufen und schickte mir die Liste der gleichen Maschinen die ihm ein Freund aus Kalifornien angeboten hat und dieser behauptet, dass dies seine Maschinen sind. Er hat diese komplett bezahlt. Nun ist uns klar da dreht jemand das ganze Große Betrugsrad. Da will der Syrer mit viel Geld verschwinden. Am nächsten Tag gehe ich mit meinen Kauf Unterlagen. Mit den Unterlagen von Fred und den neuen Fax Unterlagen aus Kalifornien zum Interpol Büro in Algier. Es ist ein langer Weg dies zu finden, ein kleines verstecktes Büro im Innenministerium behauptete dafür zuständig zu sein. Ich traue der Sache nicht, ich Beschließe das Ministerium wieder mit Fred zu verlassen, denn dieses Interpolbüro ist so getürkt wie alles an diesem Geschäft. ,, Ich glaube Fred, wir werden hier nur verarscht, wir gehen ins Hotel und ich spreche mit meinem Sohn und der deutschen Botschaft. ,, Mein Sohn hatte bereits schon Tage zuvor die Angelegenheit auf mein Anraten bei Interpol vorbereitet und wir sprechen mit der Botschaft. ,, So wie sie mir die Sache hier schildern Herr Berger glaube ich das sie richtig gehandelt haben und ihr Eigentum gesichert haben. Bezüglich des Geschäftsfreundes aus Durban glaube ich, dass er sein Geld unwiderruflich verloren hat. Hier in Algier ist vermutlich nichts möglich. Um gegen den Syrer vorzugehen. der Syrer hat hier beste Beziehungen in Algier, da ist alles möglich. Es könnte passieren, dass ihr hier ganz schnell verhaftet werdet oder sonst verschwindet.

Wir konnten auch nicht mehr viel erreichen, mein Freund aus Kairo der sich in Algier gut auskennt ist auf mein Anraten gekommen und hat hier weiter gesucht und mit seinen Beziehungen bei den Behörden in Algier. Festgestellt, dass diese Maschinen alle nicht ausgeführt werden dürfen. Alle Maschinen sind wegen Baumängel und daraus entstandenen Forderungen an den Syrischen Unternehmer beschlagnahmt worden. Also bis zur Zahlung der Mängel Forderung unverkäuflich sind deshalb sind auch Ausfuhrgenehmigungen ausgeschlossen. Diese Nachricht hat Fred die Beine weggezogen. Er ist ruiniert und völlig am Boden zerstört. ,, Den Kerl, den Sauhund bringe ich um". ,, Du warst ja auch schön leichtsinnig Fred, so einfach eine Anzahlung zu machen und dann in dieser Höhe. Das war wohl die Gier die Maschinen zu bekommen du hättest 2 Millionen damit verdient. Aber darauf haben die Leute spekuliert. Die wissen aber nicht wie dicht das Händlernetz ist, das wir uns fast alle untereinander kennen. Zum Glück ging es für mich so einigermaßen glimpflich aus. Immer wieder gehen mir die eigenen Kosten und meine Zeit verloren durch diese Art von Betrügereien und Konkurse. Außer das auch Aufträge aus anderen Gründen platzen. Ich auf meinen eigenen Kosten und meiner Arbeit sitzen bleibe. Manchmal nicht bezahlt werde, auch von Deutschen Unternehmen, hauptsächlich von Konzernen nicht. Leider ist es immer Öfter. So und ich versuchte es immer wieder einzugrenzen. Ich habe oft Verluste durch solche Betrügereien aber keine Existenziellen bis jetzt. So war das Abenteuer Algerien auch wieder für mich im Gegensatz zu anderen glimpflich ausgegangen. Genauso wie dies durch die Krise mit den geplanten Zementwerken in Deutschland und in Afrika und Arabien.

Wenn diese platzten ist es immer nur mein Einsatz den ich verloren habe. Aber für mich als Kleinunternehmen auch schlimm genug. Die Klagen gegen den Syrer sind wie das bekannte Ballon Schießen der Iraker im Staudamm Ausgegangen. Nichts haben meine Freunde erreicht, sie führten die Prozesse 10 Jahre und verloren dabei noch mehr Geld. Ich musste diese zwischen Spiel sofort abhaken und in Kenia dort weiter machen wo ich im Zucker aufgehört habe. Ein Erlebnis jagt wieder das andere. Ich muss zurückrudern und nach Kenia zurück fliegen um meinen Auftrag dort fortzusetzen. Es war nichts mit dem schnellen Geld mit den Rohrlegern. Der Zucker ist das Maßgebende mein zweites geschäftliches Bein geworden das ich mir mühsam aufgebaut habe. Ich muss nun dringend die Termine mit der Übergangsregierung in Somalia wahrnehmen in dem es um einen Zuckerauftrag geht. Der ohne die Unterschrift der Regierung keine Finanzierung findet. Ich habe mich in Kenia auf meinen Ausflug vorbereitet, die Karten studiert und mich genau darüber erkundigt wo ich gefahrlos über die Grenze kommen kann. Mein Händler aus dem Sudan ist auch vor Ort und hat mir ein Auto besorgt. Ausgerechnet einen uralten Käfer, der aber für mich den Vorteil hatte das ich diese Kiste aus dem FF kenne und im Notfall selbst reparieren kann. Aber ich weiß dass dieser Käfer mich zuverlässig hin und zurück bringen wird. Wenn mich die Terroristen nicht stoppen. Wegen der AL Shabab den dortigen Terroristen in Somalia will ich auch meinen Freund aus dem Sudan nicht mitnehmen. Ich fühle mich alleine viel sicherer. Ich bin gut darin mich aus kniffeligen Situationen heraus zu reden. Ich mute mir auch zu mit den Terroristen fertig zu werden, sie nicht tot zu schießen sondern tot zu quatschen. Ich kenne mich sehr gut aus im Islam, besser als die meisten die glauben Mosleme zu sein.

Die Terroristen sind mit großer Sicherheit keine guten Mosleme, nach meiner Meinung keine. Mein VW Käfer Baujahr 1975 konnte ich nach einer gründlichen Überprüfung feststellen, dass dieser in Ordnung ist. Auf dem Tacho sind keine Kilometer mehr zu erkennen. Aber die Karre ist bestimmt fünf Mal um die KM Uhr gelaufen und mehrfach um den Erdball gekreist. Benzin und Speisen, Wasser sind im Auto und Luft auf den Reifen plus eines Ersatzreifens. Ich hoffe alles in 3 Tagen erledigt zu haben. Es ist ein Irrtum, denn die Terroristen haben Wind von meiner Aktion bekommen. Sie wissen das so ein blöder Deutscher Kontakt sucht mit der Regierung in der Hauptstadt. Sie wissen auch, dass es um Geschäfte mit Zucker geht. Zucker ist auch ein wichtiger Rohstoff für sie. In wenigen Monaten ist Ramadan, da muss Zucker her der wichtigste Rohstoff für ihre Bürger im Rest Somalia den sie kontrollieren. Nicht nur für die Regierung die nur die Hauptstadt und kleine Teile des Landes beherrscht soll diesen Zucker bekommen. Am besten wäre es wenn nur sie die Terroristen diesen Zucker bekommen werden. Das alles konnte ich natürlich in meinen Kühnsten Gedanken nicht annehmen oder nur erahnen. Ich wusste auch später nie ob die Bank oder die Regierung diese INFO Leck hat. Ich mache mich ahnungslos auf den Weg, aber nicht so ahnungslos, dass ich nicht glaubte, dass mich die Terroristen nicht finden werden. Ich halte mich an die Karte und rechne schon mit einem zusammen treffen mit der Al Schabab. Ich bin so ruhig dabei weil ich wie immer auch hier mein Hintertürchen habe, in diesem Fall kann mein Freund der irakische Ex General und nun Offizier bei der AL Schabab. Mir aus der Klemme helfen. In der Karte sind alle Schleichwege eingezeichnet die es in Somalia bis in den nächsten Ort hinein gibt.

Mit den stellen eingezeichnet wo die Terroristen zu vermuten sind. Die Grenzer in Kenia verabschiedeten mich an einem Punkt der kein Grenzübergang ist, sie haben diesen Übergang für mich vorbereitet. Ich kann nur darauf vertrauen, dass dies stimmt. Denn oft genug sind die Terroristen in Kenia eingedrungen ohne bemerkt zu werden. Das Problem ist natürlich immer in ganz Afrika das niemand sich nirgends sicher sein kann. Ich versinke im weichen Dschungelboden mit dem Käfer den ich so Motormäßig eingestellt habe das, das typische so geliebte knatternde Geräusch. Das in Afrika durch selbstgebaute Auspuffaufsätze etwas leiser geworden ist. Der Tank ist voll und um das Wasser für den Motor brauchte ich mich nicht zu sorgen. Das mitgenommene Wasser kann ich nur für mich nutzen. Die ersten 20 Kilometer sehe ich außer einigen Affen und einem dichten Wald überhaupt nichts. Der Weg ist überraschend gut, es muss ein des Öfteren benutzter Weg von Schmugglern sein. Aber dies ist sicher auch ein Weg der den AL Shabab Terroristen bekannt ist, nichts scheint ohne diese Jungs zu gehen. Sie sind noch immer die Herren in großen Teilen dieses schönen Landes Somalia. Das sie ins Elend gestürzt haben. Ich weiß, dass einige meiner Freunde aus dem Irak hier gelandet sind. Einige der hohen Generale und auch einige Soldaten sind hier in Somalia und haben hier bei der Al Shabab Schutz und Unterkunft für ihre Familien bekommen. Den nach der Auflösung der Sunniten Herrschaft im Irak sind nun die Schiiten dort an der absoluten macht. Für sie die Sunniten hat sich das Blatt bitter gewendet. Jetzt sind aus den Unterdrückern die Unterdrücker geworden. ,, Mein Freund General Ala der Sadam Armee hat mir immer gesagt. ,, Ulli, wenn du in die Scheiße rein haust dann spritzt diese überall hin.

Uns findest du überall in Afrika und Arabien und ich bin mit diesen Spritzern in Somalia gelandet mit meiner ganzen Familie. Komme mich bitte dort besuchen, du wirst sehen uns geht es nicht schlecht". ,, Du bist gut, wie soll ich nach Somalia hinein kommen". Mein letztes zusammen treffen mit ihm war in Jordanien. ,, Ich bin Morgen wieder auf dem Weg über Kenia nach Somalia. komm mit mir". ,, Ich muss leider noch hier in Jordanien bleiben. Aber ich werde kommen, wo kann ich dich finden". ,, Wir werden Dich finden wenn du nach Somalia kommen solltest". An diese Begegnung denke ich gerade als ich mit meinem Käfer ganz langsam den Weg entlang schleiche. Mir ist dieser Weg einfach zu gut, so einen Weg habe ich nicht erwartet. Auf meiner Karte zeichnete ich andauern die bereits gefahrenen Kilometer ein. Dort vor mir liegt ein Baumstamm quer über den Weg, es kommt mir nicht ganz geheuer vor. Ich lenke den VW auf eine feste Grasnarbe etwas in den Wald hinein zwischen einige Büsche. Ich weiß aus alter Erfahrung was ich dem Volkswagen zutrauen kann. Ich weiß, dass er manches Mal besser ist als ein Allrad Fahrzeug, zumindest oft ebenbürtig ist. Ich steige vorsichtig aus und mache zu Fuß einen großen Bogen um die Stelle mit dem umgefallenen Baum es könnte eine Falle sein oder auch ein normaler Baumsturz. Aber genau über einen Weg, das will ich untersuchen. Es ist scheinbar tatsächlich nur ein normaler Baumbruch, ich suche die Nahe Umgebung ab und finde keinerlei Hinweis auf eine Falle. Das Ganze kommt mir schon sehr komisch vor, so ein feiner Weg und keine Terroristen weit und breit. Obwohl ich das Gefühl habe, die sind überall rund um mich herum. Aber bemerken konnte ich keinen von ihnen. Ich wischte die Gedanken weg und denke daran, dass ich mit meinem Irak General.

Noch einen Trumpf habe falls mich die Jungs erwischen sollten. Gleich umlegen werden sie mich schon nicht, sicher wollen sie erst wissen was ich hier so alleine im Urwald treibe. Da nichts Verdächtiges zu entdecken ist. Suche ich eine Strecke um dieses Hindernis herum das mein Käfer schaffen kann. Es gelingt mir etwas mühsam aber ich schaffe es. Ich bin mir bei meiner Arbeit mit dem Käfer sicher, dass ich beobachtet werde, aber es gelingt mir dann zügig auf diesem Weg weiter zukommen. Erstaunlicher Weise werde ich nach 40 Kilometern hier bin ich bereits laut meiner Karte in der Terroristen freien Zone. Es erstaunt mich das ich hier erwartet werde von einem Jeep und einem Kettenfahrzeug der Regierung die mich in weniger als einer halben Stunde Fahrzeit direkt zu ihrem Chef bringen. ,, Ha, da ist ja unser Mann mit dem Zucker". ,, Der Zucker steht bereit Leute, ich benötige nur noch für die Bank ihre Unterschriften und die für Afrika und Arabien so wichtigen Stempel". ,, Die sollst du haben, ganz schön mutig hier durch die Wälder zu fahren, wir gehen nie in diesen Wald, der bis zur Grenze absolut Terroristen Land ist". ,, Es dauerte keine Stunde und ein kleines Gespräch nochmals 30 Minuten mit einem stärkendem Mahl. Dann machte ich mich mit den unterschriebenen Papieren wieder auf den Weg. Es war so einfach und so leicht bisher ich hoffte nur. Das ich genauso wieder zurückkommen werde wie auf der Hinfahrt. Es wurde genauso leicht und locker wie die Hinfahrt. Man staunte am Grenzpunkt in Kenia, man glaubte dort nicht, dass ich dort überhaupt gewesen bin. Erst mit den Unterschriften und Stempeln auf den Verträgen kann ich es beweisen. Dann hatte ich noch lange Gespräche mit dem Geheimdienst in Kenia. Sie befragten mich lange.

Aber ich konnte ihnen nur sagen das ich ohne irgend einen einzigen Terroristen zu sehen bis zu meiner Unterschrift gekommen bin und wieder zurück. Erst als ich wieder in Kairo bin, erfahre ich warum ich unbelästigt dorthin gekommen bin. Ich habe ein mail aus Jordanien von meinem General bekommen der wieder in Jordanien weilt. Der von mir die Einsicht in die Dokumente will und ich solle mir überlegen wie ich diesen Zucker zu den Terroristen zur Al Shabab bringe. Das mein lieber ist ganz einfach, ich bringe den Zucker in den Sudan oder nach Jordanien und du bringst diesen wohin du willst. Aber nach Somalia fährt kein einziges Schiff, auch die Lieferung an eure Freunde geht nach Port Sudan oder Mombasa ?. Das mein lieber muss ich noch klären. Hast du gewusst, dass ich in deinem Somalia war". Die Antwort der e.mail ist prompt gekommen, ja ich wusste es, wir waren ständig bei dir. ,, Wir bekommen auch alle Infos direkt aus Kenia. Die Lieferung in den Port Sudan, das wäre eine Möglichkeit. Kläre das mit deinen Freunden im Sudan, wir würden es dann mit kleinen Schiffen dort abholen so wie wir den Zucker benötigen. Denn das sind keine weiten Wege und der Ramadan ist sehr nahe. Mit der Bezahlung haben wir alles geregelt die Zentralbank verbürgt es an die Feisal Bank. Ich mailte zurück, dann danke für den Schutz, ich werde versuchen alles zu klären, dass ihr Euren Zucker bekommt. Möglichst vor der Regierung in Somalia.
Kannst du diese Lieferung an die Regierung nicht verhindern Ulli. Nein mein lieber dann steht auch eure Lieferung auf dem Spiel. Das wird die Feisal Bank im Sudan nicht mitmachen. Alles läuft heiß in unserem neuen Geschäft mit dem Zucker, ich hatte dies vor dreißig Jahren einmal angefangen.

Konnte einige Schiffe voll verkaufen aber damals war die Verdienstspanne noch sehr klein. Erst nach dem die EU die Zuckerindustrie in Europa schützte vor dem Brasilien Zucker da wurde die Sache lohnend. Ich selbst verbrachte noch einige Wochen in Brasilien und schaute mir die Zuckerfabriken an. Ich war selbst einmal Betriebselektriker in jungen Jahren in einer Zuckerfabrik in Northeim. Dort wurde Rübenzucker verarbeitet. So ist es eine Interessante Reise. Man wunderte sich nur darüber das ich es fertig gebracht habe Zucker in den Sudan zu verkaufen obwohl dort eine der größten Zuckerfabriken der Welt steht. Dieser Zucker ist neben dem Öl der größte Exportschlager der Sudanesen, sie müssen dazu kaufen für sich selbst. Aber ein teil des Zuckers ist für den neuen Süden und das Notgebiet in Darfour bestimmt. Aber hier in Brasilien interessiere ich mich für die Verarbeitung von Rohrzucker und die Herstellenden Fabriken und deren Maschinen. Natürlich will ich auch die Zuverlässigkeit der Lieferanten testen. Wir hatten einen guten Lieferanten mit Hilfe der Wiener Finamel gefunden. Herman der deutsche Betriebsleiter der Wiener Gesellschaft in Brasilien ist auch ein ordentlicher Kerl. Wir glauben alle fest daran, dass es klappen wird. Die Lieferanten die Kunden die Banken wir alle bewegten sehr viel mit dem vorgegebenen und mit Letter of Kredit unterlegten vorbereiteten Lieferungen nach Afrika und Arabien. Auf Wunsch der Lieferanten werden dann noch alle Letter of Kredit über die Schweizer Banken gezogen. Das vertrauen auf diese Banken ist dann doch größer als das auf die arabischen und afrikanischen Banken. Diese Änderung über die Schweiz nimmt noch einige Zeit in Anspruch. Alles kostet viel Zeit wenn es gut werden soll. Ich bin schon wieder über einige Monate zu Hause.

Habe noch gelegentlich Besuche von meiner verheirateten Freundin bekommen. Mit meinem Sohn habe ich bereits damit begonnen die Geschäfte zu trennen. Wir wollten die gebrauchten Maschinen und Fabriken bald aufgeben. Er zieht diesen Bereich dann vorerst in seine neue Firma nach Koblenz. Das Zucker Geschäft verbleibt in der bestehenden Firma, wird nur getrennt von der Baugeschichte dem Asphalt. Zucker und Asphalt passt schwierig zusammen und lässt sich schwervermitteln. Zuge der Geschäfte mit Zucker ist das Geschäft mit dem Petroleum hinzugekommen. Ich habe mich immer dagegen gewehrt weil diese kein einfaches und ein unübersichtliches Schwindler Geschäft ist, aber wir versuchten es mit Öl und Diesel aus Angola und Russland. Nigeria war überhaupt keine Option mehr für uns. Es hagelt LOI letter of Intent. Die halbe Welt wollte Öl und Diesel von uns. Ich sauste quer durch die Welt, Meeting hier und Meeting da. Der eine hatte auf einmal Schiffe voll mit Öl auf dem Ozean, der andere Tanker mit Millionen Litern von Rohöl oder Diesel. Ein Riesiges Schwindel-Karussel von dem wir uns schnellstens wieder gelöst haben. Für die STRABAG war ich dabei Bitumen zu günstigen. Preisen aus den USA zu besorgen und aus Kanada. Das Problem ist hierbei der Transport, der in wenigen Händen liegt und Maffia mäßig betrieben wird wie fast alle Frachten. Ich musste aussteigen aus vielen Geschäften, weil ich zu meiner Freundin zu meinem Pflegekind musste. Es gab sehr viel zu regeln denn ich will ein Grundstück von Ihr kaufen um für mich und die Firma ein neues Haus zu errichten. Es waren Notartermine notwendig. Es waren 2900 qm und ich planierte dieses Grundstück füllte es auf mit 50.000 to Basalt Split an. Machte die Bauzeichnungen und habe die Baugenehmigung bekommen.

Dann passierte etwas was ich längst befürchtet habe, als ich wieder einmal am Morgen zu meinem Pflegekind gegangen bin um das Frühstück zu machen da sitzt sie bereits unten auf der Treppe. ,, Ulli, ich bin die Treppe herunter gefallen, ich kann nicht mehr aufstehen. Ich lasse sie vorsichtshalber dort sitzen weil ich einen Verdacht auf einen Knochenbruch habe und rufe den Hausarzt. Der bestätigte meinen Verdacht, sie hat sich einen Oberschenkelhals Bruch zugezogen. Der Krankenwagen musste sie ins Krankenhaus bringen. Es war wieder ein Schlag für mich. Ich hoffe aber, dass dieser Krankenhaus Aufenthalt sie wieder richtig auf die Beine bringen wird. Ich machte alles, das sie auch im Krankenhaus in Bewegung bleibt, ich besuchte sie zweimal täglich im Krankenhaus. Sie scheint in jeder Beziehung auf dem richtigen Weg zu sein. Ich fahre mit Ihr drei Tage hinter einander in die Kantine. Trinke mit ihr Kaffee, wir haben Kuchen gegessen, sie machte alles allein und benötigte keinerlei Hilfe. Ihre Bewegungen sind so gut wie lange nicht mehr. Dann am vierten Tag abends bei meinem Besuch ist sie nicht mehr ansprechbar. Sie liegt da als hätte sie KO Tropfen bekommen. ,, Ja", sagte eine Zimmerkollegin. Die war hier sehr lautstark da wurde sie still gestellt. Sie lärmte weil ihr ein Einzelzimmer laut ihrer Versicherung zusteht. Seit dem liegt sie nun schon seit 16.00 Uhr ohne sich zu rühren in ihrem Bett. Ich schaue sie an, sie liegt da so friedlich wie ein Engel, aber ich weiß auch das sie das Gegenteil eines Engels sein kann. Ich spreche mit der Schwester, die weiß natürlich nicht was los ist. ,, Die Herr Berger die ist doch nur müde und erschöpft. Ich fahre am nächsten Morgen sofort wieder ins Krankenhaus. Ihr Zustand ist unverändert, ich bekomme Angst vor diesen Ärzten und Schwestern auf dieser Station. Ich lasse den Stationsarzt antanzen.

Die Schwester wehrt sich, sie will den Arzt nicht holen. ,, Schwester, wenn in fünf Minuten nicht der DOK hier steht zerlege ich die ganze Hütte hier und sie brauchen die Polizei". Fünf Minuten später ist der Dok da, schimpft und geht auf mich los. ,, Ja, Doktor wer im Unrecht ist muss schreien, ich will nur wissen was mit meinem Pflegekind passiert ist". ,, Sie sehen es doch sie schläft friedlich". ,, Wenn das friedlich ist, die schläft so als wäre sie tot. Ich war bis gestern jeden Tag mit ihr Unterwegs, wir haben gegessen und getrunken. Seit gestern Abend haben sie sie still gestellt weil sie mit Nachdruck ihr Einzelzimmer forderte. Womit haben sie so still gestellt so ausgeknockt das sie seit gestern Abend noch immer nicht ansprechbar ist". ,, Wir haben ihr nichts gegeben lieber Herr Berger hören sie auf uns zu beschimpfen sonst lasse ich sie hinauswerfen". ,, Ich gehe aber ich komme zurück, ziehen sie sich warm an. Wenn sie dann noch immer nicht ansprechbar ist könne sie etwas erleben. Ich ging nach draußen und telefonierte mit ihrem Bruder. Der zum Glück schon auf dem Weg ist und vor dem Krankenhaus auf dem Parkplatz steht. Ich informiere ihn sofort über den Sachstand. Typisch sagte er nur, bei mir im Krankenhaus wird es oft auch so gehandhabt wenn wir überbelastet sind. Wir gehen gemeinsam auf die Station und der Arzt steht schon am Bett. Ich will der Krankenfrau gerade eine Spritze verpassen. Eine wiederbelebungsspritze die sie wieder Munter machen solle. Ihr Bruder der selbst Arzt ist nimmt ihm die Spritze aus der Hand. Nimmt ihren Nacken in die Hand und hebt sie an. ,, mein lieber Doktor, sie oder ihre Schwestern haben meine Schwester bis zur Halskrause vollgeknallt mit Beruhigungsmitteln die gute ist so steif wie ein Brett". ,, Ich nehme meine Schwester sofort mit.

Organisieren sie einen Krankenwagen". ,, Das geht nicht, wir haben noch so viel zu machen mit ihrer Schwester die Untersuchungen sind noch nicht abgeschlossen". ,, Für sie ja lieber Doktor, ich bin selbst Arzt im Krankenhaus in Krefeld. sie sollen froh sein wenn ich nichts gegen sie veranlasse. Die Krankenschwester steht kreidebleich daneben". Zwei Stunden später ist sie wieder zu Hause in ihrem Bett. Zu dritt müssen wir sie nach oben tragen. Sie bekommt nichts davon mit, von dieser KO Behandlung hat sie sich nicht mehr erholt. Sie ist nicht wieder aufgestanden und ist Bettlägerig geblieben. Zwei Jahre mit Stufe 2 und das dritte Jahr mir der Stufe 3. Ich habe mich an mein Versprechen gehalten. Ich habe sich bis auf kurze dringend notwendige Geschäftsreisen um sie gekümmert. Habe meine Arbeit vernachlässigt und meinen Sohn fast drei Jahre mit der Firma allein gelassen. Im dritten Jahr habe ich dann die volle Unterstützung einer Polin, die dann Tag und Nacht bei ihr ist. Die Polinnen wechseln aber alle 2 Monate immer wieder mussten wir neue einweisen. Es waren sehr gute dabei aber auch völlig sinnlose. Nutzlose Weiber denen ich die Arbeit erklären muss. Wenn sie dann mal zu ihrer Erholung nach Hause nach Polen müssen dann springt immer meine Ex für eine Woche ein. Die ich dann immer aus meinem Portmonee zahlen musste. Der Pflegedienst des Roten Kreuzes kommt jeden Tag einmal für 15 bis 20 Minuten für die Körperliche Versorgung. Ich hatte zum Glück ihren Bruder vorher in die Pflicht genommen die Vollmacht für seine Schwester zu übernehmen. Ich wollte auf keinen Fall etwas mit ihren Finanzen zu tun haben. Ich habe alles immer monatlich ausgelegt und dann gegen Belege mit ihm abgerechnet. Ich hatte für alles Vereinbarungen und Verträge.

Über alles was zwischen uns gelaufen ist und 200 Dokumente für jede Vereinbarung. Da sie höchst schwerhörig ist haben wir immer wichtige Dinge nochmals zur Sicherheit gegen Missverständnisse per Fax bestätigt. Per Fax wurden so noch einmal alle Besprechungen und Vereinbarungen bestätigt. Ich konnte meiner Mutter nicht beistehen weil ich so weit entfernt in Afrika war, aber ihr wollte und musste ich helfen. Dann ist die andere Größte Katastrophe gekommen, die Finanzkriese, sie stürzte alle Projekte und Vereinbarte Lieferungen an denen ich arbeite in den Keller. Nach und nach bröckelte nach der Erkenntnis das es einen Riesen Crash in der Welt geben wir alles ab. Die STRABAG löste sich aus den Aufträgen heraus und stellte alles zurück was wir in Vise Belgien in Trier. Olk über mehr als vier Jahren auch im Oman erarbeitet haben. Alle Arbeiten im Weltweiten Bereich des Bitumens und der Treibstoff sind nacheinander durch den Finanz Crash und dessen Folgen unter den Tisch gefallen. Dies machte es uns unmöglich unseren Arbeitsaufwand nachträglich geltend zu machen. Wir konnten lediglich unsere Finanzamts Verbindlichkeiten mit den Riesen Verlusten ausgleichen, wobei die Forderungen zum Vergleich der Riesen Verluste minimal waren. Ich konnte eigentlich nur den Zuckerauftrag aus Dubai retten, weil hier eine Barzahlung vorgesehen war an die Schweizer Bank. Im gesamt Umfang von 12 x 12.500 MT -. Für das erste Schiff 9.000.000.- USD. Davon war monatlich ein Erlös für uns von 1.2 Millionen fällig, Diese Zahlungen würden dann aus den Überschüssen aus dem Letter of Credit an uns gezahlt es machte es mir leicht diese Krise gelassen zu sehen. Ich konnte ruhig bleiben denn diese Altersversorgung. Der Weiterbestand der Firma und weitere Aufträge die gerettet werden musste sind damit gesichert.

Ich habe mit dem Bruder auch eine Übernahme des gesamten Bestandes seiner Schwester mit 300.000.- € vereinbart und mir das Vorkaufsrecht per. Notar gesichert. Damit konnte ich mich auch trotz der Krise zurücklehnen. Die Gelder aus Dubai waren mir sicher, dafür hatte ich die Bankbestätigungen von der Bank aus Dubai und noch die Optionen mit der Feisal Bank. LC,s von den Schweizer Banken. Ich hatte mich auch bereits mit dem Lieferanten darauf geeinigt dem ist diese Zahlung nun in der Krise auch sehr gelegen gekommen ist. Auch die Lieferung in den Sudan war noch machbar und möglich. Ich war noch einige Tage in Dubai bei der Bank und bei dem Kunden als auch in Khartoum bei der Staatsbank. Von beiden Banken hatte ich die volle Bankgarantie. Alle bestätigten das Geld liegt trotz der Krise bereit liegt. Ich war in den Banken und habe die Bereitstellung der Zahlungen mit eigenen Augen gesehen und niemals geglaubt, dass etwas passieren könnte. Mein Sohn hatte bereits in Koblenz seine eigene Firma und wir hatten die Betriebe voneinander getrennt. Die Maschinen und Anlagen lagen nun völlig bei ihm. Ich habe nur noch meinen Zucker und Projekte in Afrika und Arabien. Die alle auch noch nicht gescheitert sind aber auf Grund der Weltlage aufgeschoben wurden. In diesem ganzen Trubel verstarb mein Pflegekind. Ich war gerade wieder in der Nacht aus dem Sudan zurückgekommen, morgens um 7 Uhr klingelt die polnische Pflege ganz verstört an meiner Tür. Ulli komm, da stimmt etwas nicht. Ich eilte sofort hinüber in das andere Haus. Sie, meine Freundin mein Pflegekind ist eingeschlafen, einfach so eingeschlafen. Ihr Körper war schon kalt. Ich rief sofort beim Doktor an der dann um 10.00 Uhr gekommen ist. Ich war völlig verstört aber auch froh, dass sie so einen einfachen tot hatte.

Sie ist ohne große Schmerzen zu haben eingeschlafen mit einem Lächeln im Gesicht so als wollte sie sagen, Ja ich habe es geschafft. Meine Freundin ist über die Jahre immer hilfloser geworden und war nur noch Bettlägerig eben Pflege Stufe 3. Ich bin mir ganz sicher, dass ich so nicht enden möchte und ebenso froh wäre wenn mich der Tod erlösen würde. Sie hat es geschafft habe ich mir gesagt, sie ist nun bei Ihrem Mann der so viele Jahre vor ihr gegangen ist. Mir hat Ihre Pflege und die Vorsituation viel, sehr viel an Zeit gekostet und es hat mir viel abverlangt. Ich musste meine Arbeit stark vernachlässigen und musste alle Grundstücke und Häuser zu meinen Lasten unterhalten. Auch wenn ich dies im Nachhinein bezahlt bekommen sollte über das Erbe. Meine Rechnungen die ich machte gegen das Erbe aufgerechnet werden sollten. Aber ich war trotz der Situation wie in einem Leerraum, sie war für mich der Haltepunkt geworden in den vielen Jahren, eine Freundin. Mein eigentlicher Lebensmittelpunkt. Ich war für viele Wochen erschlagen von ihrem nun doch so plötzlichen Weggang. Es war eine lange Leere in mir, sie fehlte mir sehr, mehr als meine Mutter mir fehlte. Viel mehr als die Lady, die sich um einige Zeit um mein Sexualleben gekümmert hat. Sie ist weg und fehlte nicht, sie hat ihren Mann. Ich habe in dieser Zeit eine neue sehr, liebe Freundin hinzu gewonnen. Es dauerte sehr lange bis ich uns nachgegeben habe. Ich wusste zu diesem Zeitpunkt nicht was mit mir passieren wird. Die finanziellen Probleme, meine angeknackste Seele. Die Probleme im Sudan. Nichts ist in diesem Augenblick in Ordnung bei mir. Auch wenn es so schien als könnten die Probleme des Crash der Banken und der Wirtschaft überwunden werden. Da nun die Auszahlung meines Zuckergeschäftes in kürze erfolgen musste.

Zog ich aus dem Mietshaus in das Wohnhaus meiner verstorbenen Freundin direkt gegenüber ein, weil ich vorhatte alles zu kaufen. Ich hatte für die Wohnung im Mietshaus einen Mietfreivertrag. Bekommen bis 2024. Weil ich keinerlei Schenkung von ihr wollte und das Erbe abgelehnt habe. In vielen Schreiben hat sie mich oft gebeten das Erbe doch zu übernehmen. Dazu hatte ich die Vereinbarung die nun schon 14 Jahre läuft bezüglich der Pflege des Grundstückes und der Umbauten und Teilsanierungen beider Häuser die auf meine Rechnung und meine Arbeit durchgeführt wurden. Ich wollte dies fair mit den Erben abrechnen und den Restbetrag auszahlen an diese. Für mich persönlich fängt dann erst der Wahnsinn an, ein wahrer Wahnsinn. Den Trubel im Geschäft durch die Krise und der Kampf mit den Erben. Den ich dann vom Kaufpreis meine Kosten abgezogen habe. Ich hatte auf Grund der zu erwartenden Gelder aus verschiedenen Geschäften mein Angebot zum Kauf der Häuser bestätigt. Hatte meine Bank auf den Eingang der Gelder vorbereitet. Das Schiff mit dem Zucker wurde bereits in Brasilien beladen. Auch meinem Verkäufer lagen alle Zahlungszusagen von meiner Schweizer Bank vor. Die von der Feisal Bank und Sudan Bank bestätigt wurden. Ohne die Zusage der absichernden Faisal Bank hätte ich nicht reagiert. Die Sudan Bank alleine hätte man nicht anerkannt aber die Feisal Bank war Partner in diesem Geschäft und war mit Ihrer Zentrale. in Saudi Arabien eine der TOP 50 Banken auf dieser Welt. Ebenfalls die Bank in der Schweiz die alle Zusagen übernommen hat. Ich hatte den Kaufvertrag bezüglich des Hauses und der Grundstück vorbereitet aber nicht unterschrieben beim Notar, weil ich die Geld Eingänge erst abwarten wollte. Dann plötzlich ohne Rücksprache überzogen mich die Erben mit verschiedenen Klagen.

Ich lernte kennen was Beziehungen Vitamin B bedeutet. Ich habe eigentlich verhindert durch meinen Einfluss, dass die Erben nichts bekommen haben. Sie sollten nichts erben weil sie sich nie um sie gekümmert haben. Sie wollte mir alles Schenken noch in guten Zeiten und Tagen. Das sie überhaupt etwas bekommen haben, hatten sie nur mir zu verdanken. Durch den Wirbel der Banken Zusammenbrüche und die Wirtschaftsprobleme in der Welt. Konnte ich mich nicht so um alles kümmern wie es hätte sein müssen. Ich gab meine Unterlagen an meinen Anwalt in Koblenz weiter der für mich da sein sollte und alles übernehmen sollte. Bei den Terminen waren dann bei meinem Anwalt alle Originale die das Gericht forderte verschwunden. Es gab plötzlich Forderungen gegen mich als Strafgeld weil ich angeblich meine eigenen Forderungen nicht richtig angegeben habe. Gerichtlich bestätigte Urteile, dies nicht richtig oder an andere Anschriften zugestellt wurden. Aufstellungen die ich sauber und korrekt gemacht habe, dem Gericht und der Kanzlei per Einschreiben oder Übergabe zugestellt habe. Klageschriften die jeder Grundlage der Wahrheit belastet mit unendlichen Lügengeschichten die jeder Grundlage entbehrten. Gegen die ich nicht angekommen bin, weil das Gericht diese nichts zugelassen hat und mein Anwalt diese ignoriert hat. Der Anwalt vor Ort hat alles unter Kontrolle, er und das Gericht und mein Anwalt in Koblenz bildeten eine Einheit gegen mich. Man brachte es sogar fertig mir eine Strafzahlung aufzubrummen weil ich angeblich meine Forderungen gegen das Erbe nicht ordentlich aufgebaut habe. 5000.- €. Der pure Unsinn, erst als ich das übergeordnete Gericht einschaltete habe wurde dies Urteil sofort wegen totalem Unsinn aufgehoben und das AG abgemahnt.

Ich bin niemand der Verschwörungen sieht aber hier war offensichtlich das Problem der deutschen Justiz zu Tage getreten. Es gibt über viele Jahre so gewachsene Verbindungen zwischen den Anwälten, Richtern, Mitarbeitern im Gericht. dass eine Person mit scheinbar geringem Hintergrund. Ohne das noch wichtigere Vitamin B von allen gemeinsam untergebügelt wird. Dann im besonderem wenn Geld fließt, viel Geld fließt, nur muss man dies belegen können. Bei der Entscheidenden Verhandlung sollte ich die originalen Dokumente vorlegen die mein Anwalt hat vor Gericht auf direkte Nachfrage vom Richter verneint diese zu haben oder jemals gesehen zu haben. Dieser verneinte Ausdrücklich vor dem Richter das er jemals diese Dokumente gesehen oder gehabt hat. Wegen der nicht vorgelegten Dokumente verlor ich die Glaubwürdigkeit und den Prozess. Da ich wusste was sich da im Gerichtsaal tut habe ich gewartet und nach der Verhandlung konnte ich sehen. Wie der Richert der unabhängig sein soll sich genau 45 Minuten alleine mit dem Kläger unterhalten hat. Da ahnte ich schon was kommen wird. Ich verlor die 3 Klagen und hatte zwar die Berufung Chance. Eine Berufung die kein Anwalt im Bereich Koblenz durchführen wollte ohne ein Zahlung von 7.500,- € und ohne die Original Dokumente. Diese blieben verschwunden für lange Zeit. Die Berufungszeit lief ab und alles nahm seinen Gang. In Erwartung der 1.5 Millionen aus den Zuckerverträgen, deren Zusicherung ich mir von allen Banken und vom Verkäufer des Zuckers aus Brasilien geholt habe. Machte ich es dann so wie ich es immer machte. Ich machte die Augen kurz zu und schaute dann wieder mit offenen Augen nach vorne. Ich wollte erst einmal auf alles verzichten mich neu orientieren und dann wenn das Geld.

Da ist mit aller Ruhe gebührend zurückschlagen. Gegen die Erben und den Anwälte der Erben und vor allem gegen meinen Anwalt der ein Anwalt der Erben war und Mandanten Betrug begangen hat und die Unterschlagung von Prozess wichtigen Dokumenten vorgenommen hat. Der mit den Erben und dessen Anwalt unter einer Decke steckte und immer noch Bestritt meine originalen Unterlagen und die wesentlichen Dokumente zu haben. Ich schaute wie gesagt nach vorn, wollte alles ruhen lassen bis ich die Dokumente die auf sonderbare Weise verschwunden sind zurück habe. Ohne diese sind mir alle Hände gebunden eine Wiederaufnahme zu erzwingen. Bei allem Schriftverkehr mit dem zuständigen Amtsgericht war ich dann bei Rückantworten plötzlich der Pole der Ansprüche hier in Deutschland stellte. Alles dies passte dann in das gesamt Bild des damals zuständigen AG. Selbst die Gerichtsvollzieher wurden Instrumentalisiert und brachten mir einen unrichtigen Bescheid nach dem anderen. Die dann vom Landgericht kassiert wurden und das Amtsgericht abgemahnt wurde. Da arbeitet das ganze Netz der Beziehungen zwischen den Anwälten Gerichten super zusammen. Der blöde Pole, der ich niemals war, aber der ich lieber gewesen wäre als einer der Beteiligten Personen. Ich kaufte in Erwartung meiner Gelder die nun in Bar aus Dubai kommen sollen, die von zwei Banken verbürgt wurden. Die erste Lieferung Zucker von 12.5 to − 9 Millionen USD. Davon 1.5 Millionen USD für mich dies 12 Monate lang. Damit konnte ich alle Probleme abwenden und kein schlechtes Leben führen. Natürlich wollte ich so weiter machen, ich wollte meine Geschäfte noch lange weiter führen und pflegen. Aber vorrangig war dann die Klärung um das Netzwerk zwischen den Gerichten und Anwälten aufzudecken.

Ein Gericht das nicht einmal die Richtig Stellung der Anklageschrift zuließ. Eine Anklageschrift die nur aus Lügen bestand, die nur dazu diente mich zu diskreditieren. Nur dazu Diente ungerechtfertigte Strafgelder zu verfügen. Sonst keinen anderen Sinn und Zweck verfolgte. Diese Anwälte bezeichnen sich dann hinterher als so cool und clever. Natürlich konnte ich nicht nachweisen wie viele Bestechungsgelder geflossen sind. Ich kaufte mir dann ein Haus in der nahen Umgebung, ich wollte dieses Haus nicht mehr. Ich wartete auf mein Geld um mich auch einmal zu erholen. Um dann in Ruhe die alten Geschichten in Angriff nehmen zu können. Ich sah sehr gute Chancen darin, denn dann plötzlich bekam ich einen Brief vom Groß Büro meines damaligen Anwaltes. Sehr geehrter Herr Berger. Wir bitten sie ihre Unterlagen die noch bei uns sind abzuholen. Diese sind unten in unserem Haus beim Empfang. Seltsam war ebenfalls das mein Anwalt niemals einen Pfennig Geld für seine Arbeit gefordert hat. Ich konnte nur davon ausgehen das er sein Geld von der Gegenseite erhalten hat. Ich habe diese Unterlagen umgehend abgeholt und machte einen Freuden Hüpfer. Alle Unterlagen sind in diesem Aktenordner, der Beweis dafür, dass der Anwalt bewusst vor Gericht die Unwahrheit gesagt hat. Das er bewusst die Unterlagen zurückgehalten hat und mir einen Gewaltigen Wirtschaftlichen Schaden zugefügt hat. Ein Schaden der in eine Höhe von 500.000.- € geht. Mit meinen Unterlagen war ich in der Lage 6 Strafanzeigen gegen die Beteiligten zu machen. Alle Starfanzeigen gingen leer aus. Denn diese hätten mir eine Wiederaufnahme ermöglicht. Hätten, wenn nicht da Erwartungsgemäß die Verbindungen gegen einen Polen gehalten hätte. Ich schloss dann ebenfalls erst einmal die Angelegenheit ab.

Ich wollte in Ruhe später die Sache in Angriff nehmen mit Anwälten aus Mainz. Den hier im Raum Koblenz wäre jeder Anwalt nach meinen bisherigen Erfahrungen nur eine Farce gewesen. Alles ist etwas anders gekommen. Alles wurde schlimmer aber für mich dann doch besser. Ich war auf einmal wieder frei und ohne alles. Ich richtete mich im neuen Haus ein und renovierte es gründlich. Es war ein schönes Haus mit einem enormen Weitblick bis tief in die Eifel hinein Zwar einsam aber ein Traumhaus. Mein Traum von einem Haus und ein kleines bisschen Heimat, kleine Berge ein kleines Stück Kärnten. Aber ich werde wieder in den Sudan gerufen, es geht hier um mein Geld das dort deponiert ist und um die Zucker Lieferung. Mein Geld wird mir bestätigt für die Lieferungen in den Sudan. Dazu die vorbereiteten cash Zahlungen aus Dubai für die monatlichen Lieferungen in der Höhe von 9 Mio. USD So war ich mir sehr sicher mit den Lieferungen nach Dubai doch noch große Einkommen haben werde mit denen ich alle anderen Schlappen erst einmal vergessen konnte. Ich würde mit einem großen Vermögen im Rücken wieder nach Hause kommen und mich von all dem Stress entspannen. Inzwischen Laufen ohne meine Kenntnis die Zwangsräumung des neuen Hauses das ich gerade bezogen habe. Ich wollte auch schon nach wenigen Tagen wieder zu Hause sein und alles klären, vor allem die Finanzen. Mir war es klar, dass die Zahlung für das Haus ausstehen. Dies will ich nun klären mit meinem Geld bei der Bank im Sudan. Nur das dies nun bei der Bank im Süd Sudan ist nach der Teilung der Bank wurden die Letter of Credit und die Auslandsguthaben in den Süd Sudan verlegt. Ich habe keine andere Wahl als mit meinem sudanesischem Freund Hatim nach Juba in den Süd Sudan zu fahren. ,, Hatim, das ist ja eine schöne Scheiße, dort herrscht doch Bürgerkrieg".

,, Ah, das ist nicht schlimm ich kenne beide Seiten und kenne die Wege nach Juba". Es wurde eine höllentour, keine Rede von seinen Beziehungen mit beiden Seiten. Schon drei Kilometer hinter der Grenze, der neuen Grenze zwischen dem Norden und dem Süden. Wurden wir fast erwartungsgemäß überfallen von Rebellen aus dem Süden. Ein wilder Haufen der mit Militär wenig zu tun hatte aber offensichtlich zur Staatsgewalt des Südsudans gehört. Wir wurden in einen alten Schuppen gesperrt und gefesselt. ,, Tolle Beziehungen mein lieber Hatim, wir sind so richtig in der Scheiße". ,, Warte ab es dauert hier nur einige Tage bis man uns überprüft hat. Alles was vom Norden in den Süden kommt wird erst einmal überprüft". ,, Du Witzbold, wir sind schwarze über die Grenze gegangen auf dein Anraten. Das hier sind Rebellen und Gegner der handelnden Regierung in Juba die werden uns ausrauben und einfach erschießen". ,, Ich habe einen Mann bei den Rebellen gesehen. Einen Christen der früher in meinem Dorf lebte, ich versuche diesen zu erreichen der kann uns bestimmt helfen". OK dann leg los bevor auch unser Auto verschwunden ist. Dann können wir 1000 Kilometer laufen. Der gebunkerte Sprit ist sicher schon weg". ,, OK, ich rufe einen der Wächter heran, mal schauen". Hatim richtet sich mühsam auf, seltsam das er davon erst vier Tage nach unserer Gefangenschaft erzählt. Vielleicht hat sich sein Gehirn durch die Angst etwas gelockert. Durch die kleine Luke in der Baracke ruft er nun kräftig nach jemanden. Er hätte sich den Kraftakt sparen können den unser Frühstück kommt wie immer zur fast gleichen Zeit. ,, Was ist los, was schreist du hier wie blöde herum. Nimm lieber dein Frühstück an, esst noch einmal gut bevor wir Euch umlegen".

465

,, Hatim jault regelrecht auf, auch mir wird es mulmig. Wir wissen aber beide, dass es überhaupt keine Probleme macht hier irgendeinen oder überhaupt jemanden umzulegen. Der Süd Sudan schwimmt zurzeit im Blut, nur noch mehr Blut habe ich gesehen beim Huti und Tutzi Aufstand. ,, Höre bitte ich habe einen Freund bei Euch einen der aus meinem Dorf im Norden kommt". ,, Bist du ein Christ aus dem Norden?". ,, Nein aber er ist ein Christ, ein Nachbar von mir, wir waren immer Freunde". ,, Wie heißt der Mann, wie soll ich den Mann finden wir sind hier fast 500 Kämpfer, wir bewachen die Grenze in den Norden". ,, Lass mich hier raus, ich suche ihn mit Dir". ,, Denkst du ich bin Lebensmüde, hier lasse ich keinen Raus ohne die Genehmigung des Generals". ,, Bitte dann melde ihm dies?". Hatim war frohen Mutes und glühte vor Stolz uns hier zu retten. Ich aber hatte Erfahrung mit solchen wilden Rebellen Gruppen, schon oft hatte ich mit diesen zu tun. Hier im Süden von Sudan herrschen zurzeit besondere Regeln, nämlich überhaupt keine es herrscht ein Bürgerkrieg beinahe jeder gegen jeden. Ich hatte eine Idee, ich hatte in Gesprächen im Hotel in Khartoum von dort wartenden deutschen. UN Soldaten erfahren, dass sie nicht weit hinter der Grenze stationiert sind. Sie sind wieder auf dem Weg nach Hause weil die Lage Recht unübersichtlich ist. Ich überlegte was das für uns bedeuten kann, wie könnte ich von dort Hilfe bekommen. Aber der Grenzstreifen ist groß, wo stecken diese deutschen Soldaten?. ,, Aber dies wurde nun Grundlage meiner Planung, da wir nicht mehr gefesselt waren konnte ich unser Gebäude untersuchen. Es ist eine afrikanische Hütte die mit großer Sicherheit irgendwie durchlässig sein muss. Ich hatte schon die Schwachstelle gefunden. Die Hütte hat keine Fundamente und ist einfach in den Sand gesetzt.

Diese Hütte ist ja auch nicht für Gefangene gedacht sondern diente als Lager. Sie wurde nur für uns geräumt. Ich machte mich daran auszuspionieren durch verschiedene Löcher in dem aufgeschichteten Astwerk der Außenwände, wo wir hier im Lager sind. Während Hatim mir verständnislos zuschaut und auf seinen Nachbarn wartete der nie gekommen ist. Ich finde die Stelle an der wir unbemerkt und unter der Hütte hindurch ausgraben können. Die Tür wurde von unseren Wärtern nie benutzt, man traute sich vermutlich nicht in die Hütte hinein. Alles geschieht durch das Minifenster. Licht haben wir auch nur durch diese Luke und durch einige Ritze in den Wänden. Mit einigen stabilen Stöcken habe ich ein gutes Grab Werkzeug gefunden und mache mich sofort an die Arbeit. ,, Hatim, bleib bitte an der Luke, melde sofort wenn sich jemand nähert!". ,, Was machst du da". Hatim schien nicht zu begreifen den er war sicher das ihn sein ehemaliger Nachbar hier heraus holt. ,, Ich betreibe unsere Befreiung aus diesem mini Knast, den nicht weit von hier sind deutsche UN Soldaten". Du spinnt, es gibt keine deutschen UN Soldaten im Süd Sudan". Ich habe durch einen Miniritz in der Wand längst unser Auto entdeckt. Es steht keine 100 Meter von unserem Knast entfernt. Unser Auto steht vermutlich vor der Hütte des Generals oder besser des Anführers dieser wilden Truppe zum General hat er sich sicher selbst ernannt. Mir ist aus Erfahrung klar, dass es sich hier um Rebellen handelt. Es ist für keinen normalen Menschen kaum zu fassen, da hat sich das Land endlich befreit aus der Vorherrschaft des Nordens da bringen sie sich brutal gegenseitig um. Es geht wie immer ausschließlich um Macht und um Geld. Das Geld ist äußerst knapp in diesem neuen Land. Was an Geld da ist wurde sofort verteilt unter den Anführern.

Sie müssen ihre Armeen erhalten und ihren Reichtum mehren. Jetzt haben sie es noch in der Hand. Darum muss ich auch dringend nach Juba. Die Bank in Khartoum redete sich damit heraus das alle Konten nun bei der Bank in Juba sind und nicht mehr bei Ihnen. Ich hatte viele Kontakte mit der Weltbank und versuchte hier Garantien für meine Zuckerlieferungen für den Süd Sudan und andere umkämpfte Teile. Des Sudans zu bekommen. Zucker ist ein wichtiges Lebensmittel in Afrika. Für den Süd Sudan lehnte die Weltbank jede weitere Hilfe ab. Die ersten 8 Milliarden sind in wenigen Tagen versickert und in die Taschen der Militärs geflossen und restlos verschwunden. Die Weltbank hätte dies wissen müssen und hätte niemals diese Summe auf einmal überweisen dürfen. Sie hätte besser solche Projekte wie meine unterstützt. Ich dachte darüber nach was ich hier in diesem Neuen Staat schon erlebt habe. Es war schon schlimm und trotzdem stehe ich schon wieder mit beiden Beinen in diesem so zerrissenen Land. Wo nun alles um Geld und Macht kämpft und jeder Mensch unwichtig ist. Aber ich muss mein Geld retten, auch ich bin nur wegen des Geldes hier, aber wegen meines Geldes. Ich weiß nicht warum ich diesen Weg gegangen bin. Aber es ging um meine Existenzgrundlage und die meiner Familie und Freunde in Afrika und Arabien. Ich hatte die Einnahmen schon in meinem Kopf verteilt. Nach Kairo, Beni Haram, Jordanien, in den Irak, Kongo, Angola und weitere Länder. Natürlich auch für meine Familie nach Deutschland. Dies ließ mich weiter buddeln und Hatim hält Wache und versteht mein Vorhaben überhaupt nicht. Er wartete mehr auf seinen Nachbarn als das er Wache hält. Aber es passt beides zusammen. Niemand kann von außen erkennen was ich da so treibe.

Meine Hände werden schon taub von der buddelei durch den steinigen Boden. Man hatte doch den Untergrund befestigt mit Gestein. Die Hütte wurde leider nicht nur in den Sand gesetzt wie erst von mir vermutet. Es geht, aber sehr langsam und Mühsam mit sehr geschundenen Händen. Dabei schaute ich immer wieder durch den kleinen Ritz zur Hütte des Generals. Den ich dort nur vermute weil unser Auto dort steht und hoffentlich auf uns wartet. Es ist wichtig, das unser Auto noch da ist, noch vor seiner Hütte steht. Es ist noch alles unverändert, es ist eigentlich nicht normal, dass dieses Auto dort nicht bewegt wird. ,, Was machst du da eigentlich Ulli". ,, Wenn du das noch nicht bemerkt haben solltest, ich mache uns einen Weg in die Freiheit frei". ,, Du spinnst, gleich kommt mein ehemaliger Nachbar und wir sind ohne Mühe frei". ,, Du kennst meine Meinung dazu, die Zeiten der Nachbarschaften im Frieden zwischen Christen und Moslemen ist vorbei. Dein Nachbar ist froh, dass du hier festsitzt, auch wenn er dich finden würde, wirst du nicht befreit. Du wirst nicht einmal aufgesucht von Ihm. Er will dich nicht mehr kennen und darf dich nicht einmal mehr kennen". ,, Das glaube ich nicht Ulli, so geht das Leben nicht". ,, Doch mein lieber nur so, die einen haben die Macht und Geld und die anderen haben nichts und manche haben noch weniger als nichts. Da werden dann die Religionen eingesetzt als Kampfmittel". ,, Was hältst du von den Religionen, du bist doch eine Weltreligiöser. Du bist Katholischer Christ und auch Moslem. Wie geht das beides zusammen Khaled, so ist doch dein Name im Islam. Das ist in meinen Augen noch schlimmer als einer verbotenen Religionsgemeinschaft anzugehören". Du suchst dir deinen Gott so aus wie es dir passt, wie du diesen zu deinen Gunsten und Vorteilen.

Verwenden kannst". Mal bist du Christ und wenn du es brauchst wieder Moslem. Ich mache eine kleine Pause bei meiner Wühlerei im Fußboden. Ich bin kurz vor dem Durchbruch, habe schon ein Loch von fast einem qm ausgegraben und 50 Zentimeter tief. Ich musste nur noch den Durchbruch machen, dass wir in weniger als einer Stunde passieren. Dann ist es stock Dunkel und wir sind dann sicherer das uns niemand bemerkt. ,, Du hast auch keine Gute Einstellung zu den Religionen. Ich habe meine eigene Einstellung. Ich bin Moslem geworden und bin dies an erster Stelle. Warum, weil ich diese Art zu beten liebe, weil ich damals als ich Moslem wurde den Islam für die friedlichste Religion auf dieser Erde gehalten habe. Dies hat sich leider gewandelt aber nur deshalb weil diese Religion auf der Suche nach sich selbst ist, nach den Richtigen Werten. Der Islam wurde über viele Jahrhunderte nur von den Oberen benutzt um das eigene Volk zu unterdrücken. Alles geschah im Namen Allahs was nicht anders begründet werden konnte. Das setzt sich fort bis heute, den der Islam wurde nur benutzt. Ich halte den Islam immer noch für die bessere Religion für mich. Ich konnte in diesen Katholischen Kirchen nicht mehr beten, der Prunk und das treiben dort haben in mir Übelkeit hervorgerufen. In der Welt sterben täglich 10.000 Menschen an Hunger und hier in Europa sind die Kirchen mit Gold und allem möglichen Werten ausgestattet. Es ist Gott der Gott aller Menschen an den ich glaube. Ich kann dies nicht gut heißen, ich bin Moslem nun in der ersten Linie aber auch Mensch, Weltmensch, Weltgläubiger. Obwohl ich Moslem bin ist jede andere Religion für mich die richtige, für mich gibt es keine Ungläubigen auf dieser Welt. Denn wir alle haben nur einen einzigen GOTT, dass es nur diesen einen Gott gibt.

Dieser Gott ist so mächtig und groß, wie wir ja alle dies in jeder Religion beschwören. Für mich ist es egal wie jeder seinen Gott nennt, für mich ist dieser Gott nicht an Namen gebunden. Auch nicht daran wie zu diesem Gott gebetet wird, wie diese Religion gelebt wird. Jede Religion zu diesem einen Gott ist richtig keine ist besser als die andere. Kein Christ, kein Jude, kein Moslem hat sich seinen Glauben selbst ausgesucht. Jeder Mensch wurde und wird noch immer in seine Glaubensgemeinschaft hinein geboren. Auch du und ich, es wird Zeit das sich die Gläubigen miteinander verbinden und sich gegenseitig achten, denn sie alle beten nur zu dem einen und einzigen Gott. Wenn dieser Gott so groß und so allmächtig ist wird er keinen bevorzugen. Denn es kommt ihm nur darauf an. Wer ist der bessere Mensch, wer hält sich an seine 10 Gebote". ,, Das lieber Ulli waren gewaltige Worte und jeder weiß es das es so ist, trotzdem handelt jeder anders unter dem Einfluss seiner Religion". ,, das ist der Knackpunkt mein lieber die Religionsführer dieser Erde verhindern die Gleichsetzung aller Religionen, und warum wohl mein lieber Hatim?". Zwischen unseren Religionsgesprächen ist die Dunkelheit herein gebrochen und ich schaue nochmals zu unserem Auto das dort steht wie auf dem Präsentierteller. Es ruft herüber, kommt holt mich und haut endlich ab aus diesem ungastlichen Camp. ,, Wir kommen braver Toyota, wir kommen. Ich buddelte den Rest des Loches aus und es dauerte doch noch 2 Stunden und ich kann durch, dass Loch nach draußen kriechen. Alles um die Hütte ist sehr ruhig so als wartet man darauf, dass wir verschwinden. Aber am anderen Ende des Platzes keine 100 Meter von uns kann ich sehen das dort so richtig etwas los ist. Es ist laut und Wortfetzen schallen herüber.

Dort ist eine prächtige Party am Laufen. ,, Los, Hatim die Chancen sind gut die feiern und saufen". ,, Ich komme nicht mit, ich warte auf meinen Nachbarn". ,, Gut dann warte, wer weiß was passiert wenn die erst besoffen sind". Ich machte mich auf und krieche durch das Loch und schaue mich dicht an die Hütte gedruckt um. Leider ist auch schon der Mond aufgegangen und beleuchtete alles gedämpft. Ich kann nichts erkennen. Was danach aussah als wären hier Wächter um die Hütte postiert, alle haben sich vermutlich in dem Entfernten Saufgelage festgesetzt. ,, Hatim kniet inzwischen hinter mir. ,, Da hast du es, ihr Christen mit den ständigen Saufereien". ,, Das mein lieber ist jetzt unsere große Chance. Wenn die Jungs nicht so gern saufen würden dann würden wir hier nicht weg kommen. Uns Mosleme macht man mit der Religion besoffen ohne Alkohol. Deine Moslemischen Kämpfer Genießen statt Alkohol große Mengen Drogen die Allah auch verboten hat. Komm jetzt ich krieche immer 20 Meter vorweg, dann kommst du nach. Wir dürfen das hohe Gras so wenig wie möglich bewegen. Wenn wir es zu viel bewegen könnte es sein das wir beschossen werden. Ohne Vorwarnung". Ich krabbele als erster los und mache dies ganz vorsichtig, Zentimeter um Zentimeter robbe ich auf dem Bauch durch das hohe Grass. So wie ich es in Angola gelernt habe, von meinem dortigem Freund einem General. Dort bestand aber noch die Gefahr von Minen zerrissen zu werden. Hier sind es nur noch besoffene Rebellen die uns störten könnten bei unserer Flucht aus diesem Camp. Ich habe die nächsten 20 Meter sicher überwunden und warte auf Hatim. Er macht seine Sache auch recht gut so dass ich beruhigt weiter krieche gedeckt von dem Lärm der fröhlichen Rebellen im Hintergrund. Solange sie dort saufen und lustig sind werden sie ihre Ruhe haben.

Wir erreichen den Toyota, unser Traumauto das uns retten muss nach fast 40 Minuten Kriechvorgang. Die Türen des Autos sind unverschlossen und ich bin schon dabei die Kabel zu trennen als Hatim durch die Beifahrertür vorsichtig ins Auto schlüpft. Die Innenbeleuchtung habe ich als erstes lahmgelegt, so dass beim Öffnen der Beifahrertür keine Beleuchtung mehr angeht. Mit diesem Typ Toyota hatte ich schon meine Erfahrung, den gleichen Wagen benutzten wir damals im IRAK. Als mich die Kurden gefangen genommen haben auf der Suche nach dem LKW mit den Motoren. Diese Erfahrung hilft mir nun dabei die Sache schneller zu erledigen. Der Motor springt an, sofort drosselte ich wieder das Gas und rolle so leise wie möglich davon in die Entgegengesetzte Richtung von den feiernden Männern weg. Hatim hockt auf seinem Sitz und schaute fasziniert in die Freiheit die mit jedem Meter näher rückte. Wir finden dann die Straße. Keine Straße in unserem Sinn, es ein von vielen Autos festgefahrenen Weg. Wir sind schon 30 Kilometer vom Camp entfernt und uns ist nichts begegnet bis auf eine viel Zahl von wilden Tieren. Wir müssen nach der Wüste ein ganzes Stück Buschland durchqueren und wagen es noch immer nicht mit Licht zu fahren. Wir rechnen auch noch immer damit, dass hinter uns Lichter auftauchen. Die Rebellen konnten auf der Jagd nach uns natürlich mit Licht fahren und könnten so viel schneller sein als wir im es im Dunkeln können. Auf den Weg zu achten und auf etwaige Verfolger ist Hatims Job, ich blickte ausschließlich nach vorn um nicht einen Unfall zu bauen. Etwas was ich immer getan habe wenn es gefährlich für mich wurde in meinem Leben und das war sehr oft der Fall.

Dann richte ich immer den Blick nach vorne und hacke das hinter mir liegende vorerst ab. Ich habe das nie vergessen und kann so unerwünschtes völlig ausblenden. Erst 100 Kilometer weiter begegnen wir den ersten UN Soldaten, es sind Amerikaner. Die raten uns davon ab weiter nach Juba zu fahren. Denn dort ist die Hölle los und auf dem Weg dorthin, Banditen überall. Männer der Süden ist reiner Chaos, kein Dorf und kein Südsudaner der in seiner neu gewonnen Heimat leben kann. Die Umstände sind dramatischer als jemals zuvor. ,, Dies meine lieben ist ein gefährliches Land das sich im Bürgerkrieg befindet. Hinter jedem Busch kann es für Euch vorbei sein". ,, Ich muss dringend nach Juba. Man hat dort zwar vor einiger Zeit mein Büro in die Luft gesprengt, aber das war damals der Norden mit seinen langen Fingern die noch weit in den Süden reichen". ,, Na dann gute Fahrt, wie sieht es mit Sprit aus hier gibt es die nächsten 400 Kilometer keine Tankstelle, wenigstens keine die noch Sprit hat". ,, Danke, können wir hier von Euch etwas kaufen?". Der Offizier winkte einige Leute heran und wir haben in kürzester Zeit 5 Kanister UN Sprit im Auto. ,, Männer denkt daran, wenn ihr jetzt getroffen werdet kommt ihr direkt in den Himmel". ,, Dank an die UNO, wir hoffen das wir noch nicht in den Himmel kommen, noch ist es immer gut gegangen". ,, Ja, hier im Süden ist es nur reine Glück Sache, euch gute Fahrt". Er beschreibt uns noch auf einem Blattpapier so ungefähr den Weg in Richtung Juba und zeichnete uns auf wo wir noch UN Stationen finden werden. Erst nach 20 Tagen erreichten wir Juba wir benötigten Unterwegs noch viele Stationen die sehr gefährlich waren aber die wir alle bezwingen konnten. Dann die Gespräche bei den Banken in Juba die völlig ins Leere liefen, die Banken haben kein Geld mehr.

Die Militärs haben alle Gelder für ihre Kämpfe abgehoben, auch mit meinem wenigen Geld wird hier ein Bürgerkrieg geführt. Diese ganze Reise und der Stress über 2 Monate ist umsonst gewesen. Mein Konto ist zwischenzeitlich gelöscht worden. Einige Regierungsmitglieder die von den Pleite Banken gehört haben das ich wieder im Lande bin, wollen mich noch zwingen den dringend benötigten Zucker zu liefern. Sie würden die Gelder bereitstellen mit der Feisal Bank in Saudi, nicht in Khartoum. Ich konnte eine Lieferung bestätigen wenn die Gelder dort sind und ich Bestätigung der Feisal Bank habe. Ich verkaufe den Toyota in Juba und konnte damit den Flug von Hatim über Nairobi nach Khartoum bezahlen und meinen Flug von Nairobi über Kairo nach Frankfurt. Wir haben aber noch eine schwierige Reise mit dem Bus vor uns bis nach Nairobi. Weil inzwischen alle Flüge gestoppt sind. Also bleibt uns nur der Bus bis nach Nairobi. Den jede startende Maschine konnte von den Rebellen vom Himmel geholt werden. Darauf hatten wir keinen Bock. Wir fahren da lieber sicherer mit dem Bus. Das Wort Bus war für dieses Auto übertrieben, es ist ein fahrender Schrotthaufen und sicher ist der auch nicht. Aber Afrika ist voll von diesen Transportmitteln. Wir können auf unserer Reise wieder die größte Armut Afrikas feststellen das sogar mein Freund aus dem Sudan staunen muss. „ Irgendwann Khaled kommen die alle nach Europa, was sollen die armen Teufel sonst machen". Hatim sagte jetzt nur noch Khaled zu mir, der Name Ulli war für ihn passe. Wo er nun wusste, dass ich Khaled Moslem bin und dies auch noch von dem höchsten geistlichen der Sunniten persönlich in Kairo durchgeführt wurde. Ich hatte keine Ahnung davon was inzwischen in Deutschland.

Mit meinem neuen Haus passierte und mit meiner Familie. Dort war in meiner Abwesenheit ein Wasserschaden aufgetreten. Ich bemerkte Problem seit längerem an der Außenwand. Die Bilder die ich dort an die Wand gehangen habe sind durchweg. In wenigen Tagen hochgradig verschimmelt. Ich bemängelte dies sofort beim Notar und bei dem Verkäufer des Hauses, wollte dies vor einer endgültigen Zahlung geklärt haben. So wähnte ich mich in der Gewissheit. Sich alles in Ruhe bis zu meiner Ankunft klärt. Ich glaubte da auch noch daran, dass ich mit meinem Geld aus dem Sudan zurückkomme. Als auch das die Zahlung aus Dubai für den Zucker in der Schweizer Bank eingegangen ist. Ich habe in meinen Gefühlen keinerlei Probleme dies alles Rechtzeitig zu schaffen. Wieder ein Denkfehler, das Leben geht so oft andere Wege als ich denke und ich gehen möchte. Als ich zu Hause angekommen bin finde ich einen Berg von Post vom Gericht und erfuhr das die Zwangsräumung statt -gefunden hat. Mein Haus ist Leer und kein Schlüssel passte mehr in das Schloss. Das einzige was läuft ist das Wasser, es läuft aus dem Garagentor heraus. Ich rufe den damaligen Makler an der noch die Schlüssel vom Haus hat. Es gab im Haus einen gewaltigen Rohrbruch dessen entstehen sich schon an meinen Bildern gezeigt hat. ,, Sie hatten Schwein Herr Berger, das Haus ist hin wie ich das sehe". ,, Ja es scheint so, mal wieder Glück im Unglück gehabt". ,, Was machen sie jetzt Herr Berger". ,, ich suche was anderes nachdem ich mein Traumhaus wieder einmal verloren habe. Bitte suchen sie mir etwas Gleichwertiges". ,, Wie sieht es aus mit den Finanzen, Herr Berger". ,, Die sind in Kürze geregelt, ich habe bereits meine Bank in der Schweiz angerufen. Dort sind tatsächlich die 9 Millionen USD eingegangen.

Also wird es keine Probleme geben. Ich gehe jetzt vorübergehend in ein Hotel, möchte meiner Freundin nicht zur Last fallen. Es wird sich alles in Kürze regeln". „ Wie erreiche ich sie Herr Berger, denn das Telefon wird ja nicht mehr gehen. Über mein Handy und meine e-mail bin ich weiterhin überall zu erreichen". Ich suchte mir ein Hotel direkt in einer wunderbaren Stadt am Rhein, in Andernach. Aus wenigen Wochen wurden dann drei Monate Aufenthalt. Ich musste dann noch meinen Hund aus der Hundestation auslösen. Dort hatte ich meinen Schäferhund Aki immer wenn ich unterwegs war. Ich durfte diesen mit der Genehmigung des Hotels mit auf mein Zimmer nehmen plus einer Gebühr für die Zimmer Reinigung. Das war wesentlich billiger als die Hundestation die fast so viel kostete wie mein Zimmer. Damit war ich etwas entlastet von meinen begrenzten Finanzen her. Per e-mail stehe ich immer im Kontakt mit meiner Bank in der Schweiz. Als auch mit dem Zuckerverkäufer, der Zuckerfabrik in Brasilien. Natürlich werden die Gelder erst frei wenn der Zucker in Dubai angekommen ist. Inzwischen wurden Großlieferungen vereinbart in die Türkei nach Ägypten, Kenia und über Kenia in den Süd Sudan. Die Letter of Credit laufen alle über Schweizer Banken in einer unfassbaren Höhe von Insgesamt 2.5 Milliarden. Mein Lebensweg meine Zukunft und die meiner Freunde und meiner Familie. Schien absolut gesichert zu sein. Dann die Hiobsbotschaft von der Schweizer Bank, die Schweizer Regierung hat die 9 Millionen die auf meinem Konto eingegangen sind. Wurden beschlagnahmt wegen des Verdachtes gegenüber meines Kunden aus Dubai wegen Geldwäsche. Es gibt mit ihm irgendwelche Verbindungen mit der Deutschen Bank.

Die höchst Verdächtig für die Schweizer Ermittler sind und schon ist mein Geld vorerst eingefroren. Ich muss dies sofort dem Lieferanten mitteilen der das Schiff vorerst noch umleiten kann. Natürlich ist der Mann stinksauer, aber was soll ich machen. Ich hoffte nur auf eine schnelle Erledigung der Beschlagnahme. Ich bin gegen diese Barzahlung gewesen weil diese völlig aus dem Rahmen läuft. Aber der Käufer bestand bei der ersten Lieferung darauf. Ich arbeitete lieber und sicherer mit einen unwiderruflichen und verbürgtem LC. Es war zwar mehr Papierkram aber übersichtlich. Meine Zeit im Hotel verlängerte sich auf 3 Monate. Ich war voll und völlig aufgeblasen mit Problemen in diesen Monaten. Vor allem hatte ich bedingt durch die Zwangsräumung keinerlei Möbel Geschirr und Kleidung mehr. besitze nur das was ich auf dem Körper trug als ich aus dem Sudan zurückgekommen bin. Dachte überhaupt nicht daran, dass ich für niemanden in dieser Zeit erreichbar bin. Das mich selbst die Polizei suchte und angeblich nicht fand die aber alle meine Handy Nummern hat und meine Mail Adressen. Die Polizei hat sich nie bei mir oder meiner Freundin gemeldet hat. Man könnte böses Vermuten, wenn man nicht die Behörden kennt die sehr oft schlampert arbeiten. Ich habe hier ebenfalls Probleme mit dem Amtsgericht an dem Ort wo man meine Möbel entsorgt hat durch die Zwangsräumung. Trotz vieler Schreiben an das Gericht und an den Gerichtsvollzieher habe ich nie eine Aufstellung der Kosten der Entsorgung und der Verrechnung meiner wertvollen Möbel bekommen. Ich habe nur noch das was ich am Leib getragen habe als ich aus dem Sudan gekommen bin. Ich habe kein Stück Möbel mehr, keinen Teller und keine Tasse mehr. Alle wertvollen Bilder eine neue nicht montierte Küche und vieles mehr wurde geräumt und sind unauffindbar.

Vermutlich verteilt über das Gericht ohne jegliche Kosten. Die Möbel hatten noch einen Gebrauchtwert von 60.000.- € darunter befanden sich ganz antike Stücke und wertvolle Bilder. Bis heute habe ich vom Zuständigen Amtsgericht keine Aufstellung oder Auflistung bezüglich des Verbleibes meiner Gegenstände bekommen. Ich stand da, wie schon so oft in meinem Leben, mit nichts als dem was ich auf dem Leib trug.

Als ich aus dem Sudan gekommen bin. Nur mein Kleidung die ich am Leibe trage Hund und mein Auto sind mir geblieben. Wieder einmal, das dritte Mal in meinem Leben stehe ich ohne alles da. Nicht zu vergessen ich habe meine Rente die sich natürlich halbiert hat auf 700.- € wegen des Abzuges des berechtigten Anteils meiner Ex Frau. Der nach der Scheidung. Der dieser Anteil natürlich zusteht für die 30 Jahre die sie mit mir ausgehalten hat. Niemals würde ich in meiner Situation irgendjemanden aus der Familie um Geld bitten. Ich bin immer zu Recht gekommen und werde es auch dieses Mal schaffen. Es sind ja noch so viele Optionen im Zucker. Dann nach 3 Monaten Hotel gehe ich mit meinem treuen Kerl Aki zu meiner Freundin in die Vordereifel. Dort wollte ich mich erst einmal sortieren und Orientieren für die Zukunft. Ich beschäftigte mich mit Ihrem Garten und Ihrer Scheune die unbedingt Aufgeräumt und entleert werden musste. Es war eine harte Knochenarbeit. Fast 20 cbm Müll und Schrott holte ich aus der Scheune und befreite diese von allem Müll. Sie hat einen Border Colli eine Hündin, die sich gut mit Aki verträgt. Beide nehmen Rücksicht aufeinander, vorsichtig umrunden sie sich wenn mal einer unter der Stufe der Treppe liegt oder sie sich sonst einmal irgendwie gegenseitig behindern. Sie sitzen beide vor dem Tisch und warteten in Ihrer Ecke bis sie dran sind mit der Fütterung.

Sie gehen immer erst zum Futtertopf des anderen, wenn dieser diesen frei gibt. Sie knurren sich auch manchmal an, aber alles bleibt im guten Bereich. Ich hatte gerade wieder einmal den Garten fertig und die Scheune leer. Habe mich überall wieder gemeldet. Denn ich war ja nun bedingt durch meine Probleme für fast 5 Monate verschollen. Aber auch in dieser Zeit hat sich niemand der Behörden die Mühe. Gemacht einmal ins Internet zu gehen. Wo doch jeder Behörden Mitarbeiter mit dem Computer umgehen kann und Zugang ins Netz hat. um nur meinen Namen einzugeben. Oder nur um nach mir zu googeln, in Sekunden hätte er gewusst wie ich zu erreichen bin. Aber in Deutsche Amtsstuben scheint diese Technik sich noch nicht durchgesetzt haben. Ich bin ich seit Jahrzehnten seit dem Start des Internetzes in diesem zwangsweise durch meine Firmen vertreten. Meine Freundin ist beim Turnen und ich säuberte mich gerade von der abgeschlossenen Gartenarbeit. Habe gerade wieder die Zuckergeschäfte ins Rollen gebracht, alles ist vorbereitet für die neuen Abwicklungen. Da hält ein Streifenwagen vor der Tür, eine Polizistin und ein Polizist mit Schusssicherer Weste. Stehen vor dem Gartentor. Noch nie habe ich die beiden Hunde so verrückt gesehen, sie wollten die beiden Polizisten am liebsten zerfetzen. „ Sie müssen mitkommen Herr Berger, wir haben einen Haftbefehl". „ Wofür einen Haftbefehl sagte ich staunend, weil ich verschollen war". „ Nein, wir haben hier einen Haftbefehl weil sie eine Zahlung nicht geleistet haben, genaues wissen wir nicht". Mir selbst war es schleierhaft weil ich überhaupt keine Ahnung hatte was dies sein könnte. Ich konnte nur mit größter Mühe die beiden Hunde ins Haus bringen. Noch nie hatte ich diese Hunde so gesehen, sie überschlagen sich in ihrer Wut auf die Beiden Polizisten.

Die beiden können natürlich am wenigsten dafür, dass ich mitkommen muss. So mitkommen muss wie ich aus dem Garten gekommen bin, dreckig wie eine Sau und noch in den Arbeitsklamotten. So in dieser Ausführung wurde ich mitgenommen, niemand fragte nach meinen Papieren. Ich musste mich weder bei der Polizei noch im Knast ausweisen. Man brachte mich in das unmögliche Gefängnis in Koblenz das eher einem Bunker gleicht als einem Gefängnis. Es dauerte dann fast 3 Wochen bis ich erfahren durfte warum ich im Gefängnis bin. Wegen einer Ölrechnung vor 5 Jahren zuvor. Einer Öllieferung die ich bestellt habe für das Mietshaus für die Erben, die Erben hätten diese Rechnung bezahlen müssen. Es war ein Notfall es waren 13 Grad minus und die Mieter mit 4 Kindern ohne Heizung in dem Mietshaus der Erben. Ich habe das Öl dann in meiner Verantwortung bestellt. Aber die Erben angewiesen diese Rechnung zu begleichen. Ich hatte diese Rechnung völlig abgehakt weil die Zahlung die Angelegenheit der Erben ist. Dafür saß ich nun 3 Monate im Knast und meine Zuckergeschäfte gingen wieder baden. Ich konnte nichts mehr regeln, wurde dann verlegt von Koblenz nach Diez. Denn in Koblenz ist der Teufel los, die Gefangenen werden tagelang durch die Welt geschickt weil Renovierungen angesagt sind und diese nicht durchgeführt werden können wegen der Überfüllung. Aber die so tüchtigen Behörden müssen uns klein Kriminelle festsetzen. Trotz der verheerenden Zustände in allen Gefängnissen der Republik. Man steckt uns dann kurzerhand zu viert in das Gefängnis in Diez. Meine Mitgefangenen sind entsetzt über diese Verlegung. Sie hatten große Angst und trauten sich nicht einmal auf den Hofgang.

Man muss wissen, Diez ist der Knast für die ganz Bösen Buben. Sie machen verzweifelt Eingaben, eine nach dem Anderen. Sie haben ebenfalls so wie ich Zahlungsprobleme. Und haben auch nur Wochen abzusitzen. Aber sie sind so verängstigt davon auf den Hof zu gehen, denn alle hier einsitzenden haben viele Jahre bis Lebenslänglich hier zu verbüßen. Schon der erste gemeinsame Hofgang zeigte die Gefährlichkeit der Situation. Ich konnte sie zu diesem Hofgang überreden und in meinem Schatten wagten sie sich an die frische Luft. Wir sind gerade aus der Tür heraus da fliegen schon die Fetzen, wir haben große Mühe aus dem Bereich der gefährlichen Prügelei zwischen den Gefangenen zu entkommen. Ich war da ruhiger als die beiden den ich kannte diesen Knast schon nach meiner Rückholaktion aus Ägypten. Ich verbrachte in Diez ein Jahr bis meine Strafe dann umgewandelt wurde in Freigang. Da ich diese Zeit auf der Kammer war kannte mich fast jeder der Beamten noch. Was du wieder hier, das können wir nicht glauben. Denn nach Diez kommen nur die schweren Jungs. Keiner mochte glauben, dass man uns für wenige Wochen hergebracht hat. Wo sie selber total überbelegt sind. Die beiden Mitgefangen die mit mir von Koblenz verlegt wurden kommen schnell frei weil sie ihre Verwandtschaft mit der Zahlung der Geldstrafe. Diese Männer ausgelöst hat und von ihrer großen Angst befreit hat. Ehrlich die beiden währen ansonsten in Ihrer Angst in der Zelle verstorben. Nur mit den stärksten Tabletten waren sie zu beruhigen. Mir war es unverständlich das man uns in solch ein Gefängnis verlegt hat. Wer wollte das verantworten wenn etwas passiert wäre. Ich bekam einen Termin beim Chef und dieser sorgte dann dafür, dass ich nach 2 Wochen in den Freigang verlegt werde.

482

Da war es mir wieder möglich mit meinen Kunden und Verkäufern bezüglich des Zuckers wieder Kontakt aufzunehmen Natürlich nur während der Freigänge in denen ich mein Handy benutzen konnte. Sonst ist es verschlossen in einem Außenschrank im Tor. Ich beschäftigte mich in der Zelle dann fast rund um die Uhr mit dem Schreiben von Romanen etc. ich musste etwas tun. Im Freigang habe ich mich dann für die Arbeit in der Gärtnerei gemeldet es war tolles Wetter und ich voller Arbeitswut. Ich denke in diesem Sommer hatte die Anstalt den besten Gemüsegarten aller Zeiten. Ich lernte auch sehr viel von den Langjährigen Mitarbeitern der Gärtnerei. Diese Wochen gehen dann schnell vorüber und ich kann wieder zurück zu meiner Freundin und den Hunden. Schon als ich in Diez alles gepackt habe und ich ausziehen will. Ist ein Bescheid von der Staatsanwaltschaft bekommen wegen eines Busgeldes von 50,- € das ich nicht bezahlt haben sollte. Man will meine Haft tatsächlich um 2 Tage verlängern. Ich habe dann die Kasse im Knast gebeten diese Zahlung von meinem Arbeitsguthaben zurück zu behalten. Ich war mir zwar sicher, dass diese Forderung auch nur ein Behörden Irrtum ist aber ich wollte nach Hause und zahlte. Ich bin erschrocken darüber wie sehr man alte und junge Leute einfach wegen geringer Geldforderungen einsperrt werden. Wobei die Gefängnis alle mehr als überfüllt sind. Die wirklichen Banditen haben aber viel Geld und kommen nie ins Gefängnis. Aber die kleinen sind ja viel einfacher zu Hand haben, man könnte glauben die Staatsanwälte gehen wie andere den einfachen Weg. Die Gefängnisse werden gefüllt mit klein Kriminellen. Das volle Gefängnis erhöhte ihren Stellenwert. Aber solche Fälle wie der Krieg mit meinen Erben.

Werden überhaupt nicht zur Kenntnis genommen. Anwälte die Bewusst vor Gericht lügen und ganze Akten Unterschlagen und damit mich um viele Millionen schädigen, denen sind diese Männer in den großen Kanzleien zu gefährlich. Sie könnten sich an so Cleveren Anwälten die Finger verbrennen. 6 Strafanzeigen habe ich gestellt mit allen Belegen gegen die Anwälte und Erben. Man hat nicht einmal einen Ermittlungsansatz gesehen. Zu Hause bei meiner Freundin suchte ich. Dann nur eine Wohnung ich will ihr nicht länger zur Last fallen. Und sie einengen in ihrem Haus. Auch bewegte sich so einiges in meinen Geschäftlichen Aktivitäten. Meine Zuckergeschäfte starben mit dem 3 monatigem Verlust meiner Einsatzmöglichkeiten. Die Angelegenheit wegen der Geldwäsche meines Kunden aus Dubai war noch immer nicht bereinigt. Ich suchte mir eine Wohnung in Koblenz, ich musste mich dabei an meiner Rente von 700.- € orientieren. Meine gesamte Einrichtung die völlig neu werden musste konnte ich nur Bewerkstelligen durch die Hilfe von Freunden und meiner Freundin. Auch hat der Verkauf meines Autos habe ich dann in dieser Wohnung nicht mehr benötigte finanziert. Es ging wieder aufwärts und alte vergessene Projekte in Afrika auch in Ethiopien sind wieder erwacht. Ich bin als Fachmann für Maschinen, Anlagen und Zementwerke in Afrika und Arabien beliebt. Auch bin ich dafür bekannt, dass ich Hervoragende Camps und Häuser liefern kann. Auch hier war ein Zementwerk in der Nähe von Dire Dawa im Süden von Ethiopien gefragt. Ich wurde eingeladen nach Ethiopien und ich besichtigte die Grundstücke die bereits vorbereitet waren für ein Zementwerk. Die Lage des Grundstückes war einmalig, direkt an einer Bahnlinie die erneuert wird von den Chinesen.

Der wichtige Steinbruch liegt direkt hinter dem Grundstück. Die idealen Bedingungen für ein Zementwerk. Riesige Wasserspeicher sind in der Nähe inklusiv eines Trinkwasserbrunnens. Ich machte Verträge mit dem Unternehmen der Firma Fallat Petroleum aus Saudi Arabien die das ganze finanzierte und schon einiges geleistet hat. Der Geschäftsführer des Unternehmens in Ethiopien war ein Sudanese der Recht rege ist. Ich hatte schlechte Erfahrungen mit Sudanesen und ließ es nicht an der gebotenen Sorgfalt walten. Es war ein Projekt mit einer Gesamtsumme von ca. 400 Millionen USD. Mein Beitrag war das Zementwerk und die Häuser die ich aus Deutschland beziehen wollte. Ich traf den zuständigen Governeur und den Präsidenten von Ethiopien in seinem Burgschloss in Addis Abeba. Eine verrückte afrikanische Stadt im Aufbruch. Aber alles was sich in Ethiopien wirklich bewegte machen die Chinesen. Sie bauen die modernen neuen Straßen in die Richtung Nord Somalia. Sie erneuern die Bahn in Richtung Nord Somalia, denn dort ist der alles entscheidende Hafen. Zurzeit, noch zu meiner Zeit laufen die Transporte vom Hafen nach Addis nur auf unendlichen vielen Trucks die sich mühsam über die Höhen der Berge quälen. Ein Ukrainisches Russisches Konsortium stellte mir eine Bankgarantie in der Höhe von 500 Mio Euro für dieses Projekt zu Verfügung. Mit der ich in diesem Projekt hätte einsteigen können. Damit sind alle meine Probleme geregelt. Ich konnte das Zementwerk so bauen wie ich es wollte. Ich habe Monate in Ethiopien verbracht und alles entworfen dem Präsidenten in Addis Abeba vorgetragen. Ich habe das Zementwerk natürlich ein gebrauchtes geprüft und alles vorbereitet ohne Einsatz eigener Mittel und Gelder.

Ich war für viele Wochen in Ethiopien mit 40,- € in der Tasche. Mein Ticket wurde immer vorweg für den Hin und den Rückflug gesichert. Obwohl ich immer schlechte Erfahrungen mit den Botschaften der Bundesrepublik Deutschland hatte habe ich mich dieses Mal direkt bei der Botschaft gemeldet und meine Tätigkeiten in Ethiopien bekannt gegeben. Ich werde rund um die Uhr versorgt das war meine Vorbedingung für meinen Einsatz den anders wäre nichts möglich gewesen. Ich habe ein wichtiges Unternehmen in Deutschland mit eingebunden das Zementwerke herstellt Thyssen Krupp. Das war mein größter Fehler den die hatten nichts anderes zu tun als meine momentanen finanziellen Engpässe meinen Partnerin in Saudi und Ethiopien mit andauernden Anrufen ständig klar zu machen. Mein Wert bestand in meinen Erfahrungen, in meinem Wissen das ich mir angeeignet habe das so weit gestreut, dass es einen seltenen Wert hat im Bereich von Fabriken, Maschinen und Anlagen und im Städte Bau. Das ist meinen Partnern bewusst und man ignorierte die Anrufe von Thyssen Kupp. Keiner wusste natürlich besser als ich das ich im Augenblick auf dem Punkt null stehe. Aber die Bürgschaft eröffnete mir wieder alle Möglichkeiten. Die Anrufe des deutschen Großunternehmens, ich will es benennen Tyhssen Krupp bleiben dort ungehört. Man weiß bei Thyssen Krupp natürlich auch nicht, dass ich diese Garantie mitgebracht habe, die die ganze Finanzierung des Projektes hätte damit regeln werden können. Der Beweis das ich das kann sind viele Anlagen, Fabriken Städte, Staudämme und mehr die mit meiner Hilfe entstanden sind. Ich stellte mich dann direkt um auf die Lieferung einer gebrauchten oder einer chinesischen Anlage. Ich habe die richtige Anlage gefunden.

Habe die Reparaturen etc. vorbereitet. Ich vermied jegliche Kosten dabei für mich, ich verlangte eine Zahlung für alle meine direkten Leistungen in der Höhe von 10.000.- USD. Für die Anfertigung eines ordentlichen Kataloges, für meine Aktivitäten auch um Geld für das Projekt zu beschaffen. Ich machte einen Status für das gesamt Projekt. Das Zementwerk, ein Betonwerk, eine Ausbildungsstätte im Stil der HTMC in Kairo. Das gesamt Projekt umfasste fast 750 Millionen USD. Wobei ich natürlich meinen Anteil an dem Unternehmen in meinen Leistungen und Anteilen der gelieferten Maschinen versteckte. Dies baute sich auf, auf fast 60 Millionen die ich so durch meine Arbeit anteilig aufbringen konnte. Die Weltbank und die EU sicherten insgesamt 70 Mio Hilfe für das Projekt zu. Natürlich habe ich auch versucht die deutschen Wirtschaftshilfen einzubauen. Dies blieb bis dahin in der GIZ und GTZ hängen. Auch Schreiben an den Außenminister konnte ich nichts beschleunigen. Ich sollte das Zementwerk anliefern, hätte dies gern getan aber ich konnte nicht weil ich nach 1 Jahr Arbeit noch immer nicht die Grundlagen des Grundstückes kannte auf dem die Anlage erstellt werden sollte. Da traute ich Afrika immer noch nicht. Gerade den Ländern nicht die ehemals Kommunistisch waren. Als ich dann auf starkes drängen die Unterlagen bekommen habe, habe ich nicht schlecht gestaunt ich hatte dies fast erwartet nach dem ich gleiche Erfahrungen in einem anderen Vormals Kommunistischem afrikanischem Land gemacht habe. Trotz der vielfachen Versicherung meiner Partner hatte ich bedenken in das Grundstück gesetzt. Dieses Grundstück in das die Partner. Schon einige Millionen investiert haben, ist ein Pachtland vom Staat. Eigentlich nicht schlecht den der Vertrag läuft 80 Jahre. Nur haben die Partner es versäumt die Investment Rechtzeitig vorzunehmen.

Der Präsident hat diese Auflage die 2013 zur Auflage gemacht hat um nur ein Jahr verlängert. Das war mir viel zu riskant nur irgendetwas auf dieses Grundstück zu liefern. Wenn die Regierung den Laden zumacht dann wäre alles bisher gelieferte und investierte ersatzlos verloren und würde sich im Besitz des Staats Ethiopien befinden. Deshalb erwartete ich vom Gouvereur und dem Präsidenten eine Verlängerung der Investitions Zeit um mindestens 2 Jahre. Alles andere wäre unmöglich zu schaffen. Meine Partner haben diesen Artikel wahrscheinlich nicht ernst genomen. Sie haben es auch nicht geschafft wie vertraglich vereinbart mich in ihre bestehende Firma einzubinden. Daran war sicher der deutsche Konzern Schuld der die Partner davon abgehalten hat mich als Geselleschafter einzubinden. Nun war es ein Vorteil für mich. Wenn alles baden geht dann musste ich nicht haften. Alles ging aus dem gleichen Grund zu Grunde wie der Städtebau in Angola. Auch hier stimmte es nicht das das Riesige Grundstück im Eigentum des Partners stand. Dieses Grundstück war vorgesehen für die Bank als Sicherheit. Die Bank in Angola liebte unser Projekt und wollte sich gern daran beteiligen. Das einzige Problem ist auch hier dieses Grundstück das ebenfalls dem Land gehörte nicht unserem Partner. Dieser Umstand verhinderte natürlich die Sicherheitsübertragung an die Bank. Die Sicherheit für die notwendigen Teilkredite die der Anteil des Angola Partners in diesem Projekt sein sollten. Das Projekt ist auch hier gescheitert an der vom Partner Missverstandene Eigentums Verständigung. In Afrika ist das Nutzungsrecht gleichgesetzt mit Eigentums Recht. Was sich dann erst herausstellt das es nicht so ist wenn man Geld für das Grundstück benötigt.

Zum Glück war ich in Afrika bereits vorgewarnt, nach dem Grundsatz aus Erfahrung wird man Klug. Neben dem Aktivitäten im Bau und Anlagen Bau. Versuchte ich die Beziehungen. Meines Partners in Ethiopien. den Prinzen aus Saudi in seiner Funktion als Fliegergeneral zu nutzen. Er ist für den Einkauf der Getränke in der Armee zuständig. Wir gründeten ein Gemeinschafts-Unternehmen in Dubai, mit seinem Geld. Auch diese Aktion wurde vorerst zu nicht gemacht weil unser Partner aktiv im Jemen Krieg eingesetzt wird. Damit viele bereits geplante und bestellte Lieferungen gestoppt wurden. Zum anderen gab es Verträge mit der Firma Bin Laden, die Bestellung von weißem Marmor aus Ethiopien mit der Bearbeitung in Sharja, von unserer noch zu bauenden Fabrik. Ales scheint sich wieder in Rauch aufzulösen, bedingt wieder einmal durch einen Krieg in Arabien. Ich hatte mich für Arabien entschieden und wurde dafür bitter bestraft. Aber ich habe es trotzdem nie bereut, Arabien und Afrika hat mir viel gegeben und auch wieder sehr viel genommen. Aber in meinem Herzen, in meinem Wissen über Menschen und Religionen über Arbeit und Kapital. Über das Leben miteinander und die Möglichkeiten der Liebe und des Lebens gehöre ich zu den super Reichen in dieser Welt. Ich bin sehr zufrieden mit meinem Leben, trotz der vielen Fehlschläge bin ich sehr zufrieden mit meinem Leben. Ich habe 3 Kinder, 5 Enkel und einen Urenkel. Gibt es größere Erfolge und ich habe meine Lust zu schreiben. Nicht nur über mich, den ich schreibe Kinderbücher, Krimis und sonstiges. Ich warte mit 74 auf die Dinge. Die noch kommen können. Mein zweit größter Reichtum ist meine Gesundheit die mich noch lange am Leben erhalten kann. Dies bisschen Zucker das werde ich schon meistern hoffe.

Ich Hätte ich nicht auf den Arzt meiner verstorbenen Freundin gehört. Und wäre ich nicht zu seiner Untersuchung gegangen hätte ich nicht gewusst das ich Zucker 2 habe. Ich persönlich halte Zucker 2 wieder für eine Erfindung der Ärzte und der Krankenkassen. Wer ich wie früher nicht zum Arzt gegangen hätte ich heute nicht einen unnötigen Stand der mich jetzt zwingt täglich eine Tablette zu nehmen um mein Blut zu verdünnen. Die Anti Zuckertabletten nehme ich seit Jahren nicht mehr. Das messen von Zucker das ich anfangs ordentlich durchgeführt habe, habe ich auch abgesetzt nach dem ich erfahren habe wie ungenau diese Messgeräte sind. Ich habe aber meine Essgewohnheiten geändert. Ich war mehr als 50 Jahre bei keinem Arzt trotz Afrika und Arabien. Erst der Arzt hier hat mich krank gemacht. Aber ich ignoriere es einfach. Mein Zuckermessgerät ist im Müll. Meine Zuckertabletten nehme ich nicht mehr. Mal schauen was das Leben so bringt. Meine Devise den Arzt nur noch für den Totenschein. Zum anderen werde ich mich jetzt aktiv dazu einbringen die Religionen aufzurufen sich einander zu achten. Sich gegenseitig zu schützen und nicht zu vernichten. Vernichten wegen eines Glaubens zum gleichen Gott, des einen Gottes. von dem ich überzeugt bin das es für uns alle nur einen gibt. Einen einzigen Gott für alle und das jede Religion nur an ihn gerichtet ist die richtige ist Das Morden um diese Religion muss aufhören. Alle Religionen haben dies gnadenlos in der Vergangenheit gemacht, keine ist davon ausgenommen. Es ist Zeit für alle für ein Umdenken. Die Religionen müssen begreifen das jede Religion die zu Gott führt die richtige ist. Dazu hoffe ich, dass ich mit meiner Freundin und meiner Familie. So gut weiter Leben kann wie ich dies jetzt tue auch wenn ich zurzeit wieder wenig Geld zur Verfügung habe.

Ich arbeite aktiv an einer Verbesserung der Umstände. Ich hoffe auf die Beendigung der bitteren Kriege in Arabien und Afrika. Wir haben jetzt diese Probleme vor unserer Tür. Wer dieses Buch meine wahre Geschichte aufmerksam gelesen hat. Hat verstanden was in unserer Welt geschieht, dies ist unser aller Welt. Diese Welt gehört nicht dem Islam, nicht den Christen, nicht den Juden nicht den anderen Religionen. Diese Welt, diese kleine Kugel Erde, die heute, morgen oder in Millionen Jahren keiner weiß es wieder in Materie verwandelt werden. Nichts und niemand in der Welt wird sich dann jemals an uns seltsame Gattung der Menschen erinnern. Wir sind schon sehr seltsame Geschöpfe ich schließe mich ein in diese Beurteilung der Menschen auch mein Leben ist seltsam verlaufen und von vielen Dingen durchzogen die einem anderen Mitbürger nur ein Kopfschütteln abringen können. Ich habe aber so viel gesehen und erlebt das ich viele Dinge anders beurteilen kann als Leute die niemals ihr Umfeld verlassen haben die weder die Menschen oder die Welt kennen. Ich treffe viele Leute in der Vordereifel die niemals ihr Dorf verlassen haben. Es gibt in der Pregida Bewegung und in der AFD mehr als 50 % der Mitwirkenden Akteure die die Welt nur aus ihrem versorgtem Urlaub heraus kennen, Für die sind die Angestellten die sie bedienen in den Fremden Ländern. Sind für sie Affen geblieben, sind keine Menschen für sie, weil diese Arm sind und keine entsprechende Bildung haben. Bildung die uns hier auch nur die Gemeinschaft ermöglicht hat. Diese Schilderungen sind nur kleine Teile meines Lebens, mehr und genaueres gibt es auf weiteren 5600 Seiten von Wolf Arenberg über Ullrich Berger. Auf diesen 5600 Seiten in 10 Bänden sind die einzelnen Erlebnisse und Strecken durch die Welt genauer Aufgezeichnet und festgehalten.

Schlusswort von Ullrich Berger, original zitiert aus seinen Tagebüchern. Ich Ullrich Berger habe zum Glück die Chance gehabt solch ein Leben zu führen. Es war nicht immer zu meinem besten oder zum Besten meiner Familie. Meine Eigenwilligkeit. Die Sehnsucht in die Fremde in die Ferne die Sucht Menschen zu helfen, haben mich vor sich hergetrieben. Meine Kompakte Ausbildung hat dies Leben ermöglicht. Ein Leben von dem ich keinen einzigen Tag bereue. Mein Bestreben war es nie Reichtum zu erringen. Das Geld für mich war nie der Antrieb. Ich wollte helfen und habe geholfen im Stillen. Ich war und bin ein Mensch der ganz leisen Töne. Ob es meine Firmen in Deutschland und in der Welt waren. Es waren immer nur Firmen und Schulen als Mittel zum Zweck um den Armen zu helfen. Ihnen eine Grundlage zu schaffen, Freunden auf die Beine zu helfen die keinerlei eigene Chancen haben der Armut zu entkommen. Nur Bildung und Arbeit das kann dauerhafte Hilfe bringen. Afrika, Asien, Südamerika, Mittelamerika fehlt der Unterbau des Lebens. Das habe ich versucht mit meinen geringen Mitteln zu ändern. Leider ist es gescheitert an denen die den Reichtum und die Macht besitzen. Als auch am Irrsinn der Religionen, die diese Welt zerstören anstatt sie im Namen Gottes zu vereinen. Jeder einzelne Mensch versteht dies und ist absolut meiner Meinung wenn ich mit ihnen Spreche. Ich spreche überall in der Welt mit ihnen ganz intensiv. Alle stimmen im Stillen meiner Meinung zu. Ich will nicht die Religionen verändern, alle so sollen so bleiben wie sie sind. Aber sie müssen sich gegen seitig achten und auch beschützen. Den ich gehe davon aus, so wie ich es in all meinen Büchern Gebetsmühlenartig wiederhole. Für dieses gewaltige Universum gibt es nur einen einzigen Gott. Die Erde hat nicht ihren eigenen Gott oder Götter.

Wenn es für dieses Universum von dessen Größe wir Menschen noch immer nicht die geringste Ahnung haben. Dann kann es auch nur ein Gott sein von dessen Größe wir keine Ahnung haben können. Auch unsere Religionen können sich nur auf Erlebnisse auf dieser so winzigen Erde berufen wenn es um ihren Gott geht. Anstatt sich zu vereinigen trennen sie sich und stellen unmöglich Thesen auf, Der einzige Grund dafür ist die Stabilisierung ihrer Macht. Macht ist Einfluss und Geld nur darum geht es den sich so unnötig abgrenzenden Religionen einzig und allein die Kontrolle über ihre Religion ihre Menschen zu behalten. Es ist so einfach mit dieser Religion die wichtig ist auf dieser Erde. Nur sie kann das Leben auf dieser Erde in die richtigen Bahnen leiten und die Menschen führen und anzuleiten. Aber man tut es jeweils nur in seiner Religion in die man hinein geboren ist. Wir heben auf dieser Erde Geld um in die Sterne zu fliegen sind aber nicht in der Lage den Menschen hier auf der Erde zu helfen. Überall in der Welt herrscht große Not, was sind das für Religionen die sich gegenseitig zerfetzen und dabei noch mehr Unrecht und Unheil über die Erde bringen.

Wenn die Religionen sich nicht über den einen Gott den wir alle nur haben nicht verständigen und einigen können dann liegt es nur daran das sie wegen des Geldes das einzelnen Religionen einsammeln dies nicht wollen.
An den Menschen, ihren Gläubigen liegt ihnen wenig. Sie hetzen sogar ihre eignen Brüder aufeinander los in den schlimmsten Kriegen. Ob Christen Mosleme Juden oder andere, jede Gruppe denkt nur an sich und verachtet damit Gott.

Engelbert Rausch Verlag
56077 Koblenz
Pfarrer Krauss Stra0e 83
e.rausch@online.de

Liebe Leser der Autor Wolf Arenberg hat über Ullrich
Berger den Kaufmann und Techniker aus seinem
Tagebuch und aus seinen Erzählungen noch zehn
weitere Bücher geschrieben in denn die hier nur
angezeigten Abenteuer ausführlich behandelt werden.
Das Leben des Ullrich Berger in 13.000 spannenden
Seiten.

Ich verspreche ihnen Spannung pur von der ersten bis
zur letzten der 13.000 Seiten. Sie lernen nebenbei die
Welt und die Menschen dieser Welt kennen. In irren und
tollen Abenteuern die Liebe Leben und Geld nicht
ausschließt. Aber in Abenteuern in denen die Religionen
dieser Welt oft der Schlüssel sind. In einer Welt in der
Leben, viele Leben keinerlei bedeutung mehr haben
wenn es um Macht geht. Auch die Geheimdienste dieser
Welt sind an diesen Gewalttaten beteiligt.
Geheimdienste von denen Ullrich Berger oft benutzt
wird.